本书为“上海市教育高地第三期建设项目”之一，
受上海市教育委员会重点学科建设项目国际法学（J51103）资助

International Private Law

国际私法学

袁发强／著

北京大学出版社
PEKING UNIVERSITY PRESS

图书在版编目(CIP)数据

国际私法学/袁发强著.—北京:北京大学出版社,2012.4
(高等学校法学系列教材)
ISBN 978-7-301-20116-9

Ⅰ.①国… Ⅱ.①袁… Ⅲ.①国际私法-法的理论-高等学校-教材
Ⅳ.①D997

中国版本图书馆 CIP 数据核字(2012)第 010914 号

书　　名:国际私法学
著作责任者:袁发强　著
责 任 编 辑:尹　璐　朱梅全　王业龙
标 准 书 号:ISBN 978-7-301-20116-9/D·3044
出 版 发 行:北京大学出版社
地　　址:北京市海淀区成府路 205 号　100871
网　　址:http://www.pup.cn　电子邮箱:law@pup.pku.edu.cn
电　　话:邮购部 62752015　发行部 62750672　编辑部 62752027
出版部 62754962
印　刷　者:河北滦县鑫华书刊印刷厂
经　销　者:新华书店
730 毫米×980 毫米　16 开本　23.75 印张　452 千字
2012 年 4 月第 1 版　2012 年 4 月第 1 次印刷
定　　价:48.00 元

序

国际私法学因其教学内容的高度理论性和抽象性而被学生视为很难弄懂的一门课程。作为半路出家回到教学岗位的我,总想把课本编写得简单易学。数年的教学让我体会到,国内目前多数教材在编写体例上更在意教材本身的逻辑体系,而忽视学生对教学内容接受程度的情况。因此,我尝试按照实践中需要处理的国际私法问题顺序和学生思维接受习惯编写了这本书。

国际私法在实践中需要处理三个方面的问题:一是涉外案件的管辖权;二是涉外案件的法律适用;三是司法协助与外国判决、仲裁裁决的承认与执行。在教学中先讲授涉外民商事争议处理涉及的程序问题,再讲解法律适用,有利于学生理解国际私法理论知识,并且有利于学生明白这些知识在实践中的运用价值。对于理论感兴趣的同学,可以通过尾论部分的专题了解理论研究的基本情况,从而在学习完大部分国际私法知识后形成自己的理论感悟。因此,本教材在内容上分为绪论、总论、分论和尾论四个部分。绪论部分介绍国际私法作为部门法需要解决的任务和调整对象、调整方法的特殊性;总论部分从国际民事争议解决的方法入手介绍涉外案件管辖权、国际司法协助、法律适用理论与方法、冲突规范与法律适用中的具体问题等;在分论部分,每章都在讲解不同涉外民商事法律关系时首先介绍相关争议的管辖权立法规定,再分析相关法律冲突的表现,最后指出法律适用的一般原则和具体立法规定。

本教材在编写过程中考虑到了近年来四个方面的变化:一是国内学术界对外国最新国际私法理论的引进和吸收已经相对成熟;二是国内国际私法学界通过多年的学术争鸣和交流,业已形成一些新的看法和观点;三是我国已于 2010 年通过了《涉外民事关系法律适用法》,该法自 2011 年 4 月 1 日起施行;四是我国涉外司法实践提供了大量新的涉外法律适用案例。因此,教材编写要力求反映新观点、新信息、新法规、新案例,使教材内容和使用能够在未来相当时期内具有稳定性。

总体来说,本教材有以下几个方面的特点:

第一,目前国内多数教材都存在“大而全”的现象,有些教材在编写时不仅作为本科生学习材料,而且还针对研究生。这样编写的教材虽然内容丰富,但没有考虑授课时数的限制,也没有考虑到没有接触过国际私法知识的本科生的接受能力。因此,本教材在编写时,把基本内容放在前三部分介绍,而把作为拓展性知识的阅读材料放在最后部分,并力求篇幅紧凑,方便本科生学习和掌握。

第二,国际私法具有强烈的“学说法”特点,是一门理论性很强的课程。对大多数人而言,国际私法被认为是“一座古老而神秘的象牙塔”。有关理论和学说具有很强的法理学色彩,需要学生具备较强的抽象思维能力和理解能力。目前,现有教材在编写体例上没有充分考虑到学生的接受能力,而是追求部门法学内在的逻辑体系,这样不利于学生掌握和运用。为此,本教材在编写时,将以涉外民商事纠纷的解决为线索,以办案思维顺序和将要面临的问题为导向,展开对有关基础知识的介绍,然后通过单独的编、章适当拓展理论部分。

第三,避免教材“著作化”,对于学术界存在分歧和不同观点的概念、制度将采用成熟的通说,而将有关争议观点和看法放在阅读材料和评论中介绍。不刻意采用个人学术观点和看法,避免将学者个人观点作为通说放入教材中,以实现教材内容的广泛性和稳定性。对于需要从理论高度阐明的问题,放在尾论部分,作为学习总结,让学生回顾和体会立法、司法活动对理论的呼应,感知学习好理论在实践中的意义。

在编写本教材的过程中,我得到了华东政法大学国际法专业部分研究生的协助。他们是刘丹萍、应亦然、李承竺、李泓辉、李缇缇、胡铁木、廖强、耿芳等。他们参与了个别章节的资料收集和编写讨论。廖强同学还协助我完成了统稿、编辑和校对工作。在此,对他们的辛勤劳动表示感谢!

这是我首次独立编写教材,虽然有自己的想法,但教材最终成稿可能还存在一些问题,其中错误之处望读者不吝指出,便于进一步修改完善。

袁发强

2011 年 11 月

目　录

第一编　绪　论

第二编　总　论

第三编 分 论

第一编

绪　　论

第一章　国际私法概论

知识介绍

国际私法的任务是解决涉外民商事案件的管辖权、法律适用以及外国法院判决、仲裁裁决的承认和执行等问题。国际私法的调整对象是涉外民商事法律关系，主要通过直接调整方法和间接调整方法进行调整；国际私法的渊源形式具有双重性和多样性特点，历史发展呈现出多元化特征。厘清国际私法与相关部门法之间的关系有助于理解国际私法知识在司法实践中的地位和作用。

第一节　国际私法的任务

案　例

21 岁中国男子刘波在美国留学毕业后与 19 岁韩国留学生金三顺在美国登记结婚，婚后刘波被公司派遣到中国经营业务，因而刘波长期在中国生活。二人两地分居以致感情逐渐减淡。两年后金三顺在美国提起离婚诉讼。刘波婚后曾在中国上海和加拿大购置了不动产。

在上述案件中，离婚一方为中国人，另一方为韩国人，结婚登记在美国，有关离婚财产处分又涉及中国和加拿大。就该案来说，美国法院是否可以管辖中国的被告？刘波是否可以在中国同时提起诉讼？依据和理由各是什么？假如美国法院受理了金三顺的起诉，美国法院应怎样通知刘波出庭，相应的司法文书怎样送达？对于案件的审理，法官是根据法院地国法律还是他国法律进行裁判？若根据法院地国法律裁判，是否合理？若适用法院地国以外的法律裁判，适用理由何在？在案件审理过程中需要对二人的财产状况进行调查取证，中国法院和加拿大法院是否有义务配合美国法院进行调查取证？如果美国法院作出判决，需要对位于中国和加拿大的财产进行分割和执行，能否得到财产所在国对判决的承认和执行？如果财产所在地国不认可美国法院所作出的判决效力，又应该怎么办？

我们发现前述问题在纯国内诉讼中是不可能发生的，而恰恰是因为当事人、争议的财产，以及权利义务关系不在同一国才会出现这些问题，而这些问题正是国际私法所要解决的任务：

（1）一国法院在什么情况下对涉外民商事案件享有管辖权？享有管辖权的依据是什么？

（2）一国法院在审理涉外民商事案件时，应当适用法院地国法律还是外国法律？若要适用外国法律，应以何种途径和方法查明？

（3）一国法院在案件审理过程中如果需要向外国当事人送达司法文书，或到外国调查取证，应当采取何种方式？一国法院的判决在何种情形下能在他国得到承认和执行？

国际私法学的理论和知识都是围绕上述三大任务展开的。尽管本书在章节内容的编排上并不一定严格按照上述三大任务的顺序排列，但同学们在学习中要牢记国际私法的三大任务，并将所学知识按照上述三大任务的逻辑顺序转化到脑海里。

第二节 国际私法的调整对象

每一个法律部门的产生与存在都有其特定的社会基础，即社会成员之间的交往，社会成员之间的交往形成了各种社会关系。任何法律都是以一定的社会关系为调整对象。这也是划分法律部门的标准之一，是任何一个法律部门赖以存在的根本要素，并能够确定某一法律部门的内涵和外延。

一、国际私法调整对象的特殊性

从第一节所举的案例看，涉外民商事纠纷解决的是民商事法律关系，并且它是涉外的、跨国的。国际私法是调整涉外民商事法律关系的法律规范的总和。

涉外民商事法律关系最显著的特点是具有“涉外”或“国际”因素。具体表现如下：

1．涉外性

涉外民商事法律关系中的主体、客体和内容三个要素中至少有一个或一个以上的因素与国外有联系。作为民商事法律关系的主体一方或双方当事人是外国自然人或法人时，法律关系的主体具有涉外因素；作为民商事法律关系的标的物位于国外时，法律关系的客体具有涉外因素；产生、变更或消灭民商事权利与义务关系的法律事实发生在国外时，法律关系的内容具有涉外因素。如果一个法律关系完全发生在一个法律制度管辖范围内，那么只考虑这个法律制度的规定就可以解决问题。但在现实生活中，即使在同一国家范围内，也可能存在实施不同法律制度的区域。因此，应当把国际私法涉外因素中的“外国”作广义的理解，即把一个国家内的不同法域也包括在内。如在英国国际私法上，苏格兰被视为另一个国家。我国有大陆、台湾、香港、澳门地区四个法域，在私法关系上属于区际私法。因此，所谓“涉外性”，是指民商事法律关系的要素中有一个以上的要素发生在另一个国家或者另一个法律制度区域。

2. 广义性

国际私法所调整的涉外民商事法律关系是广义上的民商事法律关系。在民商合一的国家，可以简称为“民事关系”。在民商分立的国家，民事法律关系是指平等主体之间的财产关系和人身关系，包括物权关系、债权关系、婚姻家庭关系和继承关系等；商事法律关系一般包括公司法关系、票据法关系、破产法关系、保险法关系和海商法关系等。国际私法所指的民商事法律关系既包括物权关系、债权关系、婚姻家庭关系和继承关系等，也包括公司法关系、票据法关系、破产法关系、保险法关系和海商法关系等。

二、法律冲突

一般来讲，只要不同的法律对同一法律关系作了不同的规定，而当某些事实又将这些不同的法律规定联系在一起时，便会产生法律冲突。广义上讲，法律冲突既可以发生在法律的各个领域，也可能发生在法律的不同层次和结构中。从不同的角度可以对法律冲突作不同的分类：以法律冲突发生的领域为标准，可以分为公法冲突与私法冲突；以法律冲突的内容为标准，可以分为积极冲突与消极冲突；以法律冲突的性质为标准，可以分为空间上的法律冲突、时际法律冲突与人际法律冲突；以法律冲突发生阶段为标准，可以分为立法冲突、司法冲突与守法冲突；以法律冲突的效力为标准，可以分为平面法律冲突与垂直法律冲突等等。①

对于这些不同的法律冲突，各自有其解决的办法。一般来说，公法方面的冲突适用法院地法；私法方面的冲突则运用法律适用规范和统一实体法规范解决。立法阶段的冲突应当通过统一立法权或制定统一的实体法解决；司法阶段的冲突应依靠管辖权规则和法律适用规则来协调；对于守法时的冲突，有强制性规定的依强制性规定，无强制性规定的可依照当事人意思自治的原则来解决。空间上的法律冲突，应运用国际私法和区际私法规则解决；时际法律冲突则可采用“新法优于旧法”或“法律不溯及既往”的原则解决；人际法律冲突没有统一规

① 参见肖永平：《国际私法原理》，法律出版社2007年版，第81页。

则,可适用各自属人法。垂直法律冲突适用上位法优于下位法的原则解决;平面法律冲突则应区分国际、区际、人际和时际法律冲突并适用各自的规则解决。

三、涉外民商事法律冲突

任何涉外民商事纠纷都必然牵涉两个以上的国家,即使原、被告属同一国籍,也可能因其权利义务关系发生在另一国而涉及多国。因此,法院在处理这种纠纷时就面临需要依据哪个国家的法律判定当事人的权利义务关系的问题。

国际私法上的法律冲突,是指涉外民商事法律冲突,即各国的民商事法律对同一民商事关系的规定不同而产生的法律适用上的冲突状态。从广义上讲,涉外民商事法律冲突应包括国际和区际民商事法律冲突。匈牙利国际私法学者认为,法律冲突必须在比喻意义上加以理解。它仅仅是指有法律支配的事实或法律关系与几种法律制度相联系,并且必须决定其中哪一种法律制度应当适用于实际案件。[①] 由此可见,国际私法意义上的涉外民商事法律冲突仅是指在法律适用上的冲突,而不是简单的立法不同。

一般认为,涉外民商事法律冲突是以下因素共同作用的结果:

1. 涉外民商事交往增加而形成大量的涉外民商事法律关系

随着经济的不断发展,各国以及不同法域的人们之间民商事交往越来越频繁,出现大量的内国人及其财产在国外或外国人及其财产在内国的现象,由此形成了大量跨国的民商事法律关系。涉外民商事法律关系的大量出现,必然要求有相应法律解决其中的争议,这就提出了应当适用哪国法律加以解决的问题。因此,涉外民商事法律关系的大量出现,是涉外民商事法律冲突产生的首要条件和客观基础。

2. 不同国家的民商事法律对同一法律关系规定不同

即使有了大量涉外民商事交往而形成的涉外民商事法律关系,如果不同国家的民商事法律对于同一法律关系的规定相同,那么适用任何一个国家的法律都会得到完全相同的结果,也就不会出现涉外民商事法律冲突。在实践中,各国的经济、文化、历史、宗教、习惯差异很大,导致各国的立法千差万别。如不同国家对于结婚年龄的规定有所不同,这就产生了法律冲突。因此,不同国家的民商事法律对同一法律关系规定不同是产生涉外民商事法律冲突的法律基础。

3. 一国给予境内的非本国人一定的民商事法律地位

即使有了大量的涉外民商事法律关系,并且不同国家或法域的民商事法律对于同一法律关系的规定不相同,若一个国家不承认在其境内的非本国人具有

① 参见余先予主编:《冲突法》,法律出版社1989年版,第73页。

民商事法律地位，也不会产生涉外民商事法律冲突。如在奴隶社会时期，各国之间不承认外国人的主体地位，也就不会产生涉外民商事法律冲突。因此，一个国家赋予在其境内的外国人一定的民商事权利，让其能够顺利参与到该国的民商事交往活动中，是涉外民商事法律冲突产生的一个重要条件。

4. 在一定条件下，承认非本国的民商事法律在该国内具有域外效力

法律效力范围可分为域内效力和域外效力。所谓法律的域内效力，是指一个国家制定的法律在其区域内具有效力。而法律的域外效力，是指一个国家制定的法律不仅在其管辖区域内具有效力，而且适用于处在该国管辖区域范围之外的本国人。这种域外效力需在外国承认的情况下才能成为现实。各国一般都只在一定条件下承认他国法律的域外效力。而正是这种承认，使得外国法律有了在内国法院适用的可能，产生了本国法律与被承认国法律之间的冲突。一般说来，各国原则上不承认外国公法的效力，仅承认外国民商事法律的效力。这是涉外民商事法律冲突产生的直接原因。

第三节　国际私法的调整方法

涉外民商事法律关系的调整涉及不同国家法律的效力和适用，因而存在调整方法的特殊性。国际私法综合利用间接调整方法和直接调整方法，并主要适用间接调整方法来解决涉外民商事案件中的法律冲突。

一、间接调整方法

所谓间接调整方法，又称为冲突规范的方法，是指根据冲突规范指引准据法来调整涉外民商事法律关系，即通过协调法律冲突的方法来调整涉外民商事法律关系。冲突规范，是指某种涉外民商事法律关系应当适用何种法律的规范。其本身只是指引法院选择某一实体法规范来调整所涉及的民商事法律关系，它不能确定当事人的具体权利义务，只有结合具体案件中涉外民商事法律关系的性质，由选定的准据法最终确定当事人间的权利义务关系。它是解决涉外民商事法律冲突最独特、最古老和最主要的方法。例如，我国《涉外民事法律关系适用法》第11条规定："自然人的民事权利能力，适用经常居所地法。"1931年《解决支票若干法律的冲突公约》第5条规定："因支票成立的债务依债务成立地法。"

间接调整方法具有以下特征：第一，它不直接调整当事人的权利义务关系，而是为这种关系指明调整的法律，它只有与其援引的具体国家法律结合，才能发挥法律规范调整当事人权利义务关系的作用。第二，间接调整方法的冲突规范只是作出立法管辖权选择，仅就涉及的涉外民商事法律关系指定一国或一个法

域的法律,而不管具有立法管辖权的国家或法域内是否存在调整该涉外民商事法律关系的法律,也不管其法律的具体内容如何,具有一定的盲目性、不可预见性,又被称为"盲眼规则"。第三,运用冲突规范解决涉外民商事法律冲突,可能产生诸如识别、反致、公共秩序保留、外国法的查明以及法律规避等限制冲突规范效力的法律问题。第四,依照冲突法的法律渊源,间接调整方法中的冲突规范可分为国内冲突规范和国际冲突规范两种。其中,国内冲突规范是各国通过制定自己的冲突法解决与本国有关的涉外民商事法律冲突。国际冲突规范是有关国家通过双边或多边条约的形式制定统一的冲突法来解决涉外民商事法律冲突。因国内冲突规范系各个国家自行制定,其具体内容不尽相同,可能产生不同国家冲突规范之间的冲突,加剧法律冲突。而国际冲突规范虽然在一定程度上能避免各国冲突规范的冲突,并能使同一涉外民商事法律关系因适用统一的冲突规范而得出相同的判决,从而避免当事人选择有利的法院进行诉讼的现象,但因达成多边条约的困难性而数量极少。

上述特征表明,间接调整方法调整涉外民商事法律关系时,对确定涉外民商事法律关系当事人的权利义务缺乏一定的明确性、可预见性和针对性。因此,这种方法不能从根本上避免和消除涉外民商事法律冲突,只是一种消极的解决方法。

二、直接调整方法

所谓直接调整方法,或称实体法方法,是指利用国际条约或国际惯例中的统一实体法规则,或国内法中的"直接适用的法"调整涉外民商事法律关系。

统一实体法方法,是指在有关国家缔结的双边或多边条约中以及在经过长期反复适用而形成的国际惯例中,直接规定涉外民商事法律关系当事人的权利义务的一种法律冲突解决方法。

与通过冲突规范调整的方法相比,实体法方法将同一民商事法律关系置于一个共同的、统一的实体法律规范之下,对涉外民商事法律关系进行直接调整,避免涉外民商事交往中可能出现的法律冲突,有的学者称之为"避免法律冲突的规范"。但这种方法亦存在局限性:(1) 这种方法适用的领域有限。目前,统一实体法规则多出现在国际经济贸易和知识产权保护等领域。在婚姻家庭、继承等带有人身性质的诸多法律关系中还没有相应的实体法规则,这些法律关系只能通过间接调整方法进行调整。(2) 即使在部分已经制定并适用这种统一实体法规则的涉外民商事法律关系领域中,因统一实体法规则的渊源主要是国际条约,原则上仅对缔约国具有约束力,对非缔约国之间以及缔约国和非缔约国之间则不能当然适用条约中的统一实体法规则来调整涉外民商事法律关系,必须借助间接调整方法加以调整。(3) 国际条约是成员国妥协的产物。一部条约只能反映各成员国已经妥协的内容，对于未能达成一致的部分，以及缔约国对于条约中统一实体法规则作出保留声明的部分，仍不能适用条约中的统一实体法规则来调整涉外民商事法律关系，还必须借助间接调整方法。

"直接适用的法"，是指各国专门适用于涉外民商事法律关系的实体法规范。这种实体法规范直接确定涉外民商事法律关系中当事人的权利义务，减少了涉外民商事法律冲突。"直接适用的法"是为了维护国家利益和社会经济利益，一国通过立法制定的一系列具有强制力的法律规范。这些具有强制力的法律规范在调整涉外民商事法律关系时，可以直接适用而不考虑冲突规范的内容。这一类规范早先只是被认为是一种积极的公共秩序制度，而主要涉及法院地国的强制性实体规范。但是随着适用"外国公法"不得借助冲突规范而加以排除的观念与立法的逐渐推广，对这种"直接适用的法"在他国的适用已呈现出放宽的趋势。目前，时常会出现把各国国内法中的"直接适用的法"纳入国际私法范畴的观点，其争论也就多了起来。我们认为，如果把国际私法直接调整规范的性质和功能定位在构筑整个涉外民商事新秩序上，而不仅仅是解决法律冲突，那么把各国国内法中这种"直接适用的法"纳入国际私法的范畴，当然是有道理的。因为"直接适用的法"同样起着直接调整涉外民商事关系的作用。但目前还没有足够的证据证明，这种"直接适用的法"可以完全摆脱国际私法上公共秩序制度的制约。

三、两种调整方法的共存

直接调整方法相对于间接调整方法来说，虽然具有明显的优势，但仍不能完全取代间接调整方法，其主要原因在于：

1. 直接调整方法只有在案件当事人所属国都是某一国际条约的成员国时才能适用。实践中，当事人双方所属国都是某一国际条约的成员国的情况并不普遍，很多国际条约的成员国数量很少。

2. 在实践中，目前存在的诸多条约主要以调整商事关系居多，而调整民事关系的条约相对较少。

3. 国际条约的制定过程往往很漫长，不是一蹴而就。条约是各缔约国之间国家利益博弈的结果，因而国际条约所规制的领域往往支离破碎，不能构成完整的系统。

4. 国际条约在制定之后，还存在缔约国保留的情况，并且各个国家之间对共同签署的国际公约在本国内的实施情况也不尽相同。

国际私法中的间接调整方法和直接调整方法是相互补充、缺一不可的。对于某一涉外民商事法律关系而言，法院只能适用其中某一种方法。对于存在统一实体法规则的，法院可以优先适用直接调整方法；如果没有统一实体法或其不能解决问题时,法院才适用间接调整方法。总而言之,这两种方法将会长期并存、相互补充地解决国际私法中的争议问题。

第四节 国际私法的渊源

国际私法的渊源即国际私法规范的表现形式。国际私法调整的涉外民商事关系具有复杂性和特殊性,这决定了国际私法的渊源具有双重性和多样性的特点。各国法律制度不同,法律渊源在各国的表现形态也不一样。国际私法的渊源从形式角度可以分为成文法渊源与不成文法渊源;从实质角度可以分为国际法渊源和国内法渊源。

一、国内立法与判例

(一) 国内立法——成文国际私法的主要渊源

国内立法是国际私法最古老也是最主要的渊源。通常认为最早以国内立法的方式规定国际私法的是1756年的《巴伐利亚法典》。虽然各国国际私法的立法模式有所差异,但世界上绝大多数国家的国内立法都包括了有关冲突规范、外国人民商事法律地位、国际民事诉讼及仲裁程序规范方面的规定。即使在普通法系国家,国际私法规范在其国内立法中也有规定。可见,国内立法是国际私法的主要渊源。

作为国际私法主要渊源的国内立法一般可以分为冲突法、实体法和程序法三部分,其中关于冲突规范的国内立法最为重要,一般意义上的国际私法立法模式主要是针对冲突规范而言的。

1. 关于冲突规范的国内立法

目前世界各国关于冲突规范的国内立法模式主要有三种:

(1) 分散式。这种立法模式是将冲突规范分散规定在民法典和其他单行法规的有关章节中,视其具体情况又可分为两种:一种以1804年《法国民法典》为代表,在民法典的不同篇章中分别列入相关的冲突规范,或者在总则中规定冲突规范;另一种以美国和英国为代表,在各类单行的专门法规中,就某一方面的涉外民事关系规定法律适用条款,如1882年英国《票据法》和1962年美国《统一商法典》。分散式的立法模式一般规定得极其简单,而且范围有限。内容上多采用一个硬性的单向的连结点,因而十分封闭。

(2) 专编、专章式。19世纪中叶,国际私法立法出现了在民法典或其他法典中以专编、专章或专节系统地规定冲突规范的立法模式。这种立法模式较之分散立法模式显然是一个进步,它可以相对集中和系统地规定冲突规范。一些国家(如希腊、意大利、葡萄牙等)在修订民法典时,纷纷放弃分散立法模式而转向专编、专章式立法模式,还有一些国家则在民事立法中直接采用这种立法模式,至今仍有许多国家采取这种模式,但其仍存在规定不够全面的缺陷,而且由于民法典本身内容和体系的限制,把作为国际私法主要规范之一的冲突规范放在民法典中加以规定不可能反映国际私法的全貌。

(3) 单行立法式。19 世纪末 20 世纪初,以 1896 年《德国民法典施行法》的颁布为标志,国际私法立法进入了法典化阶段。许多国家开始采用专门法典或单行法规的形式系统地规定冲突规范,这种立法模式被称为法典化模式或单行立法模式。这一立法模式的诞生标志着国际私法立法逐步走向成熟。采用单行法的立法模式制定冲突规范的优越性是显而易见的,它可以系统、完整、清楚地规定冲突规范。既便于法官和当事人知悉法律,又便于他们执行和适用法律,同时亦可增强各冲突规范之间的统一与协调。以国际私法立法模式的进步为契机,第二次世界大战后,在世界范围内掀起了国际私法立法的新高潮,并逐步形成了 20 世纪国际私法立法法典化的基本走向和发展趋势。具体体现在:第一,在立法模式上呈现出向法典化方向发展的趋势;第二,国际私法的调整对象不断扩大,适用范围愈加广泛;第三,弹性连结因素在立法中被广泛采用,冲突规范的灵活性得以加强;第四,政策定向和结果选择的方法在法律选择中受到重视。①

2. 关于实体法的国内立法

国际私法的国内实体法可分为两类:一类是关于外国人民商事法律地位的规范,另一类是专用国内实体规范。

(1) 关于外国人民商事法律地位的规范。外国人民商事法律地位的合理规定可以促进涉外民商事法律关系的发展,反之,就会阻碍涉外民商事法律关系的发展。与此同时,涉外民商事法律关系的发展,也会促进有关外国人民商事法律地位问题的合理解决。因此,各主权国家一般都会在国内立法中规定外国人的民商事权利义务。但有所不同的是,有的国家集中规定在外国人法律地位法中,有的国家则在宪法、民法、商法、民事诉讼法、仲裁法以及其他单行法规中分别予以规定。我国规定外国人民商事法律地位的规范,散见于《宪法》、《民法通则》、《合同法》、《民事诉讼法》等一系列法律法规中。

(2) 关于专用实体规范的国内立法。专用实体规范,是指一国制定的不需要冲突规范指引而可以直接适用于某涉外民商事法律关系的法律规范。这类规范直接适用于相关涉外民商事法律关系,当事人无法律选择的权利。

---

① 参见韩德培:《国际私法》,高等教育出版社、北京大学出版社 2000 年版,第 22—23 页。

3. 有关程序法的国内立法

对涉外民商事法律关系争议的处理仰赖一定的程序规则，各国国内立法中大都规定有解决涉外民商事争议的程序性规范，即国际民事诉讼程序与国际商事仲裁程序规范。在立法方式上，有的国家将国际民事诉讼与国际商事仲裁程序规范同国际私法的其他规范结合在一起，制定专门的法典，如1982年《土耳其国际私法和国际诉讼程序法》、1988年《瑞士联邦国际私法》等；有的国家在民法典中规定国际民事诉讼程序规范，如1984年《秘鲁民法典》；有的国家在民事诉讼法或仲裁法中专章规定国际民事诉讼与国际商事仲裁程序规范，如我国《民事诉讼法》第四编和《仲裁法》第七章。

（二）司法判例——国际私法的重要渊源

所谓判例即“遵循先例”，法院可以援引作为审理同类案件依据的判决。一国法院的判例是否可以成为该国国际私法的渊源，在国际私法实践中存在较大分歧。在西方国家，判例在不同程度上起着国际私法渊源的作用。英美法系国家将判例视为法律的主要渊源。在这些国家，虽然在个别成文法中也有一些零星的国际私法规范立法，但大量的、主要的国际私法规范来自于法院的司法判例。

在英美法系国家，由于判例繁多且十分零乱，常常相互抵触，给国际私法的适用带来许多困难。为此，一些著名的国际私法学者或民间机构便开始了国际私法规范的系统整理和汇编工作，作为这些国家处理涉外民商事案件的权威依据。例如，英国学者戴赛于1896年编著的《法律冲突法》系统全面地归纳整理出了英国判例中所适用的冲突规范，并逐条加以阐释。该书后来由莫里斯等人相继进行修订。作为美国非官方的学术机构，美国法学会承担了美国冲突法的编纂工作，其在国际私法方面的重要贡献在于1934年由比尔任报告员出版的第一次《美国冲突法重述》，1971年以里斯为报告员出版的第二次《美国冲突法重述》，后又经过了修改。加拿大、澳大利亚等国对法院判例的编纂，则远不如英美成功。

不少大陆法系国家也将司法判例作为其国际私法的渊源之一，如法国最高法院及其下属法院的判例就成为法国国际私法的主要渊源。[①] 其他大陆法系国家，如德国、日本等国的现代国际私法也很重视司法判例的作用。我国并不是判例法国家，因此判例在我国不能作为国际私法的渊源。但是，我国最高人民法院定期公布在《最高人民法院公报》上的国际私法案例是分析研究国际私法的重要形式。

① 参见〔法〕亨利·巴蒂福尔、保罗·拉加德：《国际私法总论》，陈洪武等译，中国对外翻译出版公司1989年版，第22—23页。

可见，随着两大法系相互融合的趋势逐渐加强，判例作为国际私法渊源的地位也在逐渐提升。事实上，国际私法争论的问题在某些场合具有对外政策的意义，如果以法典的形式把这些问题固定下来是危险的。因为法典不能保持其灵活性，而各种关系却是经常变化的。

二、司法解释

近年来随着对外经贸关系的发展，我国涉外民商事案件数量上升，有关管辖权、法律适用、司法协助等问题也越来越突出。在现有国际私法立法内容不够健全、完善的情况下，最高人民法院的司法解释在国际私法现代化进程中发挥了重要作用。司法解释主要是指最高人民法院根据法律的授权，对司法实践中怎样具体运用法律作出的解释，包括适用于各级人民法院的一般性司法解释以及针对具体问题和具体案件的具体性司法解释。

由于我国国际私法的立法长期滞后以及现行有效的国际私法规范残缺不全等因素，导致国际司法领域司法解释数量不断增加，同时使得法院在审理涉外民商案件时不得不大量适用司法解释。因此，我国国际私法领域中的司法解释，无论在数量上还是在内容上都已超过了国际私法的立法。现行的国际私法立法主要集中于《民法通则》第八章和新颁布的《涉外民事关系法律适用法》，但因不够全面，客观上仍给司法解释留下了很大的空间。我国关于国际私法的重要司法解释主要包括：

1985 年《最高人民法院关于贯彻执行〈中华人民共和国继承法〉若干问题的意见》

1986 年《最高人民法院关于涉外海事诉讼管辖的具体规定》

1986 年《最高人民法院、外交部、司法部关于我国法院和外国法院通过外交途径相互委托送达法律文书若干问题的通知》

1987 年《最高人民法院关于执行我国加入的〈承认及执行外国仲裁裁决公约〉的通知》

1987 年《最高人民法院转发对外经济贸易部〈关于执行联合国国际货物销售合同公约应注意的几个问题〉的通知》

1988 年《最高人民法院关于贯彻执行〈中华人民共和国民法通则〉的若干问题的意见（试行）》

1988 年《最高人民法院关于执行中外司法协助协定的通知》

1991 年《最高人民法院关于中国公民申请承认外国法院离婚判决程序问题的规定》

1992 年《最高人民法院、外交部、司法部关于执行〈关于向国外送达民事或商事司法文书和司法外文书公约〉有关程序的通知》

1992年《最高人民法院关于审理涉外海上人身伤亡案件损害赔偿的具体规定(试行)》

1992年《司法部、最高人民法院、外交部关于印发〈关于执行海牙送达公约的实施办法〉的通知》

1992年《最高人民法院关于适用〈中华人民共和国民事诉讼法〉若干问题的意见》

1995年《最高人民法院关于人民法院处理与涉外仲裁及外国仲裁事项有关问题的通知》

1998年《最高人民法院关于人民法院撤销涉外仲裁裁决有关事项的通知》

1998年《最高人民法院关于承认和执行外国仲裁裁决收费及审查期限问题的规定》

2000年《最高人民法院关于审理和执行涉外民商事案件应当注意的几个问题的通知》

2000年《最高人民法院关于中国公民申请承认外国法院离婚判决程序问题的规定》

2001年《最高人民法院关于海事法院受理案件范围的若干规定》

2001年《最高人民法院关于涉外民商事案件诉讼管辖若干问题的规定》

2002年《最高人民法院关于向外国公司送达司法文书能否向其驻华代表机构送达并适用留置送达问题的批复》

2002年《最高人民法院关于审理国际贸易行政案件若干问题的规定》

2003年《最高人民法院关于适用〈中华人民共和国海事诉讼特别程序法〉若干问题的解释》

2007年《最高人民法院关于审理涉外民事或商事合同纠纷案件法律适用若干问题的规定》

司法解释实际上已成为我国国际私法的一种正式的法律渊源,这一观点也为国内权威国际私法的教材所采纳。[①] 作为我国国际私法的国内法渊源之一,它在一定程度上推动了我国国际私法的发展。

三、国际条约

国际条约是以国际法为准则,由两个或两个以上的国际法主体,缔结调整其相互间权利义务关系的书面协议。国际私法所调整的涉外民商事法律关系与各国的政治、经济、文化和法律上的利益相联系,因此,主权国家为了在相互交往中避免法律冲突,纷纷通过订立国际条约的方式调整参加国之间的涉外民商事法

① 参见黄进主编:《国际私法》,法律出版社1999年版,第64—65页。

律关系。

国际条约作为国际私法的渊源，具有以下特点：

1. 统一适用性。国际条约中规定的国际私法规范，是各缔约国调整涉外民商事法律关系的依据，除缔约国声明的保留条款外，在各缔约国之间应该一体遵循，具有统一适用性。①

2. 优先适用性。从法律效力上讲，国际条约的订立者是各主权国家的权力机构，因此，国际条约也是国家主权意志的表现。根据"条约必须遵守"的原则，如果国际条约和国内立法对同一问题作出不同规定，缔约国应优先适用条约的规定。这是因为国内法所调整的是一切涉外民商事法律关系，具有普遍适用性；而国际条约是各缔约国针对特定的法律关系所缔结的，因而应当把国际条约作为国内法的例外予以适用。当然，受各国宪法的约束，在有的国家（如法国）国际条约的适用并不优先于国内法。在这类国家，遇有国际条约规定与国内立法不同时，是按照新法优于旧法的原则处理的。

另外，国际私法条约原则上只对缔约国具有约束力，但一些重要的多边条约对非缔约国也会产生一定的影响，非缔约国国内法的规定与条约规定相抵触时，也往往优先适用条约的规定。这是因为，有些多边国际条约往往是各缔约国对某些涉外民商事交往的习惯性做法予以采纳或认可并使之条约化的结果。需要注意的是，如果非缔约国承认或沿用国际条约的规定，只能视为运用国际惯例，而不能视为国际条约对非缔约国存在约束力。

19世纪中后期开始，国际条约开始作为国际私法的渊源。早期国际社会通过缔结国际条约来进行统一冲突法的国际立法工作，随后又大力着手制定统一实体法。目前，作为国际私法渊源的国际条约数量众多，既包括统一冲突法条约和统一实体法条约，又包括国际民事诉讼程序条约和国际商事仲裁条约；既包括专门规定国际私法规范的条约，又包括部分内容涉及国际私法规范的条约；既包括双边条约，又包括多边条约；既有综合性的条约，也有专门性的条约；既有普遍性的条约，也有区域性的条约。根据内容的不同，国际条约大致可分为四类：

1. 关于外国人民商事法律地位的国际条约。这类条约主要有：联合国及其专门机构制定的1950年《关于宣告失踪者的公约》、1951年《关于难民地位的公约》、1957年《已婚妇女国籍公约》以及1961年《减少无国籍状态公约》等；海牙国际私法会议主持制定的1956年《承认外国公司、社团和财团法律人格的公约》；欧共体主持制定的1968年《关于相互承认公司和法人团体的公约》等。

2. 关于冲突法的国际条约。这类条约主要有：海牙国际私法会议主持制定的四十多个国际条约；联合国及其前身国际联盟制定的冲突法公约，如1985年

① 参见刘想树：《国际私法基本问题研究》，法律出版社2001年版，第84页。

《国际货物买卖合同法律适用公约》、1930 年《解决汇票及本票若干法律冲突公约》以及 1931 年《解决支票若干法律的冲突公约》等;欧共体、美洲国家组织等也主持制定了一些冲突法条约,如 1980 年《关于合同义务法律适用的公约》、1979 年《美洲国家间关于国际私法通则的公约》、1979 年《美洲国家间关于支票法律冲突的公约》以及 1994 年《美洲国家间关于国际合同法律适用的公约》等。

3. 关于实体法的国际条约。关于实体法的国际条约主要调整的是国际经济贸易关系,内容涉及国际货物买卖、国际货物运输、国际投资保护、知识产权的国际保护等。最主要的条约有:1980 年《联合国国际货物买卖合同公约》、1924 年《统一提单的若干法律规则的国际公约》(《海牙规则》)、1968 年《关于修改海牙规则的议定书》(《维斯比规则》)以及 1978 年《联合国海上货物运输公约》(《汉堡规则》);1929 年《统一国际航空运输某些规则的公约》、1980 年《联合国国际货物多式联运公约》;1883 年《保护工业产权巴黎公约》、1886 年《保护文学和艺术作品伯尔尼公约》、1891 年《商标国际注册马德里协定》以及 1952 年《世界版权公约》。

4. 关于国际民事诉讼与国际商事仲裁的国际条约。关于国际民事诉讼的重要条约有:1940 年《关于国际民事诉讼程序法的条约》、1954 年《民事诉讼程序公约》、1968 年《关于民商事案件管辖权及判决执行的公约》、1965 年《关于向国外送达民事或商事司法文书和司法外文书公约》以及 1970 年《关于从国外调取民事或商事证据的公约》等。这类条约除由海牙国际私法会议主持制定以外,大多数是由一些区域性国际组织,如欧共体、美洲国家组织等主持制定的。此外,在不同国家间还存在着大量的双边司法协助协定。关于国际商事仲裁的条约主要有:1923 年《仲裁条款议定书》、1927 年《关于执行外国仲裁裁决的公约》、1958 年《关于承认和执行外国仲裁裁决的公约》、1961 年《欧洲国际商事仲裁公约》、1965 年《关于解决国家与他国国民之间投资争端的公约》以及 1975 年《美洲国家间关于国际商事仲裁的公约》等。

四、国际惯例

国际惯例是否可以作为国际私法的渊源,目前各国分歧较大。从世界各国有关法律适用的立法情况看,直接将国际惯例的适用规定在立法中的情况极为少见。目前,可以查到的资料中,只有中国、韩国、蒙古和越南的国际私法中有关于商业惯例适用的规定。1962 年《韩国国际私法》第三章“有关商法事件的若干规定”第 28 条规定:“商事中适用法律的顺序。对于商事的各项具体问题如果本章无其他规定,则适用商业惯例;如果也无此类商业惯例,应适用民法。”该条文没有就商业惯例是国内还是涉外进行划分,但由于是在国际私法中进行规定,相信该商业惯例的含义与我们所谈的国际商事惯例的范围大致相同。

除韩国等少数国家外，目前还没有发现有其他国家在国际私法的法律适用问题上规定国际惯例的情况。一方面，可能是因为主要发达国家的国内商业立法比较完善，国际商业惯例的基本内容已经被纳入其国内立法之中。另一方面，“尊重行业交易习惯和维护正常交易秩序”是西方发达国家的一个重要的司法理念。在这样的法律理念下，法官审理案件时，如果法律（国内立法和国际条约）没有相反的规定或硬性的不同规定，法官就会考虑到交易习惯的问题。因此，不需要在立法上把惯例作为一个单独的问题加以规定。从某种意义上说，惯例的适用是一个商法问题，而不是一个国际私法中的法律适用问题。

不过，各国在有关国际仲裁的立法和仲裁规则中规定适用惯例的情况却不少。例如，1998年《德国民事诉讼法典》第1051条规定：“适用于争议实体的规则：(1) 仲裁庭应根据当事人选择的适用于争议实体的法律规范对争议作出决定。除非另有明文约定，对一个国家的法律或法律制度的选定应认为指的是该国的实体法而非其冲突法。(2) 当事人如对适用法律规范未作选择，仲裁庭应适用与争议事项有最密切联系国家的法律。(3) 仲裁庭仅在当事人明示授权时，按照公允及善良原则裁决争议或充任友好仲裁员。直至仲裁庭作出裁决前，当事人可以作此授权。(4) 在任何情况下，仲裁庭应根据合同条款并考虑到适用相关行业惯例作出决定。”从这个条文可以看出，德国法中的行业惯例是狭义的惯例，也没有区分国内与国际，只是实体上的商业习惯做法，而不是什么法律原则。此外，1994年《意大利仲裁协会国际仲裁规则》第22条、1991年《美国仲裁协会国际仲裁规则》第28条第2款、1998年《荷兰仲裁协会仲裁规则》都肯定了行业交易惯例在解决仲裁纠纷中的运用。

具体来说，各国在有关仲裁的立法和规则中规定适用惯例具有以下特点：首先，主要是由于各国立法情况的不同，国际交易惯例在各国的法律地位也不同。其次，虽然各国法律或国际仲裁立法对国际商事惯例的表述不同，但都只指向实体的惯例，而不包括冲突规范上的惯例。再次，这种惯例不是什么抽象的原则和概念，而是有具体、明确内容的行业惯常做法或交易习惯，是平等交易者之间形成的普遍做法，而不是国家管理经济过程中形成的垂直关系的通常规则。最后，国际惯例的适用仅存在于法律适用方面，不包括管辖权和司法协助领域。

我国法院在审理涉外民商事案件时，在一定条件下可以适用国际惯例。1986年《民法通则》第142条第3款规定：“中华人民共和国法律和中华人民共和国缔结或者参加的国际条约没有规定的，可以适用国际惯例。”但怎样界定“国际惯例”，我国国际私法学界主要有三种观点：一是仅指实体法的国际惯例，二是仅指冲突法的国际惯例，三是既包括实体法又包括冲突法的国际惯例。出现这些不同的观点，表明由于我国商业立法和商法研究的局限，学术界对商事习惯的认识还存在差距，同时也说明现有关于国际惯例的立法尚存在问题。受学术理论的影响,不同观点在司法实践中可能会造成法律实施中的不一致,破坏法制的统一性,因而有必要在修改立法时予以澄清。

第五节 国际私法的历史发展

一、国际私法的萌芽时期

奴隶社会时期,由于生产力低下,跨国交往少,不易引起跨国的纠纷,因此,国际私法不易出现。到了封建社会,生产力和交通工具得到了迅速发展,客观的基础得以奠定,便开始出现了国际私法的萌芽。

古罗马帝国是民法的发源地,随着其征服领土的扩大和商业的发展,罗马公民与异邦人之间的交往越来越频繁。按照罗马法律的规定,异邦人并没有罗马公民所享有的权利,不受市民法(jus civile)的保护,这使得他们之间关于法律适用的矛盾越来越突出。直至公元3世纪产生了万民法(jus gentium),它用来调整罗马市民与非罗马市民、非罗马市民之间的权利和义务关系。有学者认为这就是国际私法的最早表现形式,但由于罗马人当时并不认为外国的法律具有法律效力,因此古罗马时代也没有真正意义上的国际私法。

我国春秋战国时期虽然确实存在许多诸侯国,但那时的"国"并非国际法上"国家"的含义,而是在一个统一大国下的各诸侯国,尽管各诸侯国也有制定法律的权力,但周天子的礼仪才是最高性质的法律。因此,我国当时并不存在国际私法。直到唐朝,生产力得到了极大提高,国力强盛,经济文化发达,同外国的贸易往来频繁,才产生了大量具有涉外因素的民商事关系。为了调整这些具有涉外因素的民商事关系,唐朝颁布了《永徽律》,其中已有了类似今天冲突规范的规定,在其第一篇"名例律"中规定:"诸化外人,同类自相犯者,各依本俗法;异类相犯者,以法律论。"由于我国古代法律民刑不分,这条规定既是刑法规定,又是国际私法规定。但学界对此仍然存有争议,从现有的史料看,并没有相关的诉讼法律文献证明曾经适用过该条文进行民事裁判。

13世纪前后,意大利出现了真正意义上的国际私法。当时的意大利各城邦存在同时有效的两种法律:一是作为普通法的罗马法适用于所有的城邦;二是诸城邦自己制定的"法则"(status),作为特别法仅在各城邦境内有效。由于二者的规定存在差异,产生法律冲突是必然的。由此,现代意义上的国际私法即法域之间的法律冲突法得以产生。法学家们开始着力寻求解决这种冲突的方法。被誉为"国际私法之父"的意大利法学家巴托鲁斯(Bartolus)创立了一种冲突法学说,提出了诸多重要的冲突法原则用以解决各城邦之间的法律冲突。但这些学说和原则并未写进立法条文中,法官在裁判案件时只能依据法学家的学说。此后的五百年间被称为欧洲法学说时代,即法则区别说时代。

第一个将这些原则写进立法条文的是1756年《巴伐利亚法典》,由此便开始了冲突法成文立法时代。

二、1756年到一战前的发展时期

在这个阶段,各国国际私法立法呈现出几个特点:第一,立法数量较少。第二,立法主要集中在关于身份的冲突法(如婚姻、住所等),而对商品经济的立法规范相对简单。第三,立法条文主要是简单的双边冲突规范,即只包含一个抽象的连结点。在确定人的连结点方面具有由人的住所向国籍转化的趋势。特别是在意大利法学家孟西尼提出国籍法学说后,欧洲逐步确立了从住所到国籍的立法标准,对19世纪后期的国际私法立法产生了深远影响。1865年《意大利民法典》(该法典自第6条至第12条系有关国际私法的规定)、1898年《日本法例》以及1918年我国北洋政府颁布的《法律适用条例》等都采用了国籍法原则,以后的国际公约中也采用了这个原则。在这一时期,还出现了萨维尼的法律关系本座说、戴赛的既得权说、斯托雷的国际礼让说等。这些学说有些回答了如何制定法律适用规范,有些则回答了为什么需要适用外国法。

三、20世纪国际私法的繁荣时期

20世纪蒸汽轮船、火车、汽车等交通工具的发展,极大提高了人们跨国流动的可能性,这一时期的国际私法立法覆盖领域更加广泛。国际私法立法条文进一步增加,商事冲突规范数量也大幅上升(如票据的国际私法规范)。此外,关于合同的冲突立法也有了质的变化,更加重视意思自治原则的运用,孟西尼的意思自治学说得到了彻底的贯彻。

二战后,欧洲国际私法呈现出了法典化的趋势,美国国际私法则走向另外一条路,进行了一场冲突法的革命,出现了一大批国际私法理论学说:库克(Cook)的"本地法说";卡弗斯(Cavers)的"优先选择说";柯里(Brained Currie)的"政府利益分析说";艾伦茨威格(Albert A. Ehrenzweig)的"法院地法优先说";里斯主持编纂的以最密切联系原则作为理论基础的第二次《美国冲突法重述》以及冯·梅伦(von Mehren)和特劳特曼(Trautman)提出的"功能分析说"等学说。这场冲突法革命表明美国不再重视形式,而是更加注重结果,以法律选择方法代替法律适用规则。

与此同时,在欧洲大陆,国际私法的发展也表现出了空前的繁荣。奥地利在1978年通过了《奥地利联邦国际私法法规》;1986年德国修订了《德国民法典施行法》,并在1999年进行了再次修订;瑞士于1987年通过了《瑞士联邦国际私法》,这部立法至今仍是当代最具代表、影响最广泛的成文国际私法典;罗马尼亚1992年颁布了《关于调整国际私法法律关系的第105号法》;意大利1995年通过了《意大利国际私法制度改革法》;荷兰制定了《2001年侵权冲突法》和《有关亲子关系法律冲突的解决的2002年3月14日法律》。

四、国际私法统一立法空前发展时期

国际私法统一化运动始于19世纪下半叶,在20世纪得到全面的发展。国际私法的统一,不仅仅是指传统冲突法(包括管辖权、法律适用和外国判决的承认和执行)的统一,亦指实体私法的统一、涉外民事诉讼程序规则的统一以及仲裁法的统一。国际私法统一化运动是从实体法统一开始的。

1. 海牙国际私法会议

在荷兰法学家阿塞尔的倡导和推动下,1893年举行的海牙国际私法会议在国际私法条约化运动中发挥了极为重要的作用。海牙国际私法会议拥有46个成员国,我国于1987年7月3日加入海牙国际私法会议。

海牙国际私法会议的发展分为两个阶段。从1893年第一届会议到1951年的第七届会议之前为第一阶段,在这一阶段,先后召开了6届会议,在民事诉讼、婚姻关系、监护、禁治产及类似的保护措施方面制定了7个国际公约。1951年后为第二阶段。在这一阶段的第七届会议上制定了《海牙国际私法会议章程》。该公约于1955年7月15日生效后,使海牙会议成为一个以统一国际私法规范为目的的永久性政府间组织。1951年之后,国际私法会议在统一国际私法方面取得了巨大的成就。迄今,海牙国际私法会议共举行了13届,通过了36项公约,广泛涉及国际民事和商事领域的法律适用、国际民事诉讼程序及司法合作等。较为重要、参加国较多的公约有:《关于向国外送达民事或商事司法文书和司法外文书公约》、《关于从国外调取民事或商事证据的公约》、《国际诱拐儿童民事方面的公约》、《跨国收养方面保护儿童及合作公约》、《国际司法救助公约》以及《海牙关于取消要求外国公文书认证的公约》等。海牙国际私法会议在促进协调和统一各国国际私法方面的努力,日益受到国际上的重视。

2. 国际统一私法协会

国际统一私法协会,是一个专门从事私法统一的政府间国际组织,成立于1926年,总部设在罗马,宗旨是统一和协调不同国家和国际区域之间的私法规则,并促进这些私法规则的采用。国际统一私法协会有59个会员国,中国于1985年7月23日正式接受该协会章程,并从1986年1月1日起正式成为其会员国。

该协会的主要任务有:(1)为建立统一的私法之目的准备各种法律和公约的草案;(2)为改进私法领域内的国际关系,准备各种协定草案;(3)承担比较私法的研究工作;(4)参与协会认为有必要保持联系的其他组织在该领域已承担的任何项目;(5)组织会议并出版认为值得广泛发行的著作。

与海牙国际私法会议不同,国际统一私法协会从事实体法的国际统一工作。自1926年以来,国际统一私法协会经历了两个阶段。1926年到1939年为第一阶段。在这一阶段,该协会提出了《国际货物买卖合同统一法草案》和《旅店经营人对客人物品被损害、灭失或被盗的责任统一法草案》两个重要的统一法草案。1940年后为第二阶段。1940年3月15日,《国际统一私法协会章程》生效,该协会的国际私法统一工作更加正规化。在这一阶段,该协会致力于私法领域实体法规则的统一工作,制定了许多统一法草案,有的在外交会议上通过并生效。例如,1964年《关于国际货物销售合同成立的统一法公约》和《关于国际货物销售的统一法公约》,1970年《旅游合同国际公约》,1973年《国际票据格式统一法公约》,1983年《国际货物销售代理公约》,1988年《融资租赁公约》,1988年《国际保付代理公约》,以及1994年《国际商事合同通则》。另外,该协会参与制定了一些由其他国际组织通过的公约。例如,1956年《关于国际陆路货物运输合同的公约》、1958年《关于承认和执行抚养未成年人义务判决的公约》和1980年《联合国国际货物销售合同公约》等。

3. 联合国及其直属机构和专门机构的国际私法统一活动

联合国作为最重要的国际组织,为国际私法统一方面作出了不少贡献。例如,联合国国际法委员会在国籍、国家及其财产豁免、外国人的待遇方面推动了国际私法的统一。联合国国际贸易法委员会在国际货物买卖、国际贸易支付、国际商事仲裁和国际海运等领域与其他的国际组织一起制定了不少国际公约和示范法,如1978年《联合国海上货物运输公约》、《联合国国际货物销售合同公约》、《联合国国际贸易法委员会仲裁规则》。

4. 欧盟的国际私法统一活动

欧盟成立后,一直致力于促进成员国之间包括国际私法在内的法律协调和统一方面的工作。到目前为止,比较有影响的公约有1968年《关于民商事案件管辖权及判决执行的公约》、1968年《关于相互承认公司和法人团体的公约》以及1980年《关于合同义务法律适用的公约》。这些公约对国际私法的发展产生了深远影响。

5. 美洲国家组织的国际私法统一活动

美洲国家素有进行国际私法统一的传统。1975年美洲国家组织在巴拿马召开了第一届国际私法会议,制定了6个国际私法公约。1979年召开了第二届国际私法会议,制定了7个国际私法公约。1984年召开了第三届国际私法会议,制定了3个国际私法公约和1个附加议定书。这17个国际私法公约为美洲地区的国际私法统一提供了一套较为完整的规则,同时也推动了世界性的国际私法运动的发展,美洲国家组织成了当今世界最重要的区域性国际私法统一组织之一。

6. 民间组织的国际私法统一活动

民间的团体、机构或组织同样也在推动国际私法统一方面做了大量的工作。例如,国际商会(International Chamber of Commerce,ICC)先后编纂和修订了《1990年国际贸易术语解释通则》、《2000年国际贸易术语解释通则》、《2010年国际贸易术语解释通则》、《跟单信用证统一惯例》以及《托收统一规则》等国际惯例和规则。这些国际惯例和规则在国际商业实践中得到了广泛的认同和采用。

五、中国的国际私法发展史

自唐朝《永徽律》后,宋、元、明朝大多沿用唐朝旧制,国际私法并没有多少发展。这主要是因为:作为一个封建帝国,经济文化已经达到空前的发展程度,形成了以自我为中心的法律文化,统治阶级不认为外国法律与中国法律是平等的,“普天之下,莫非王土”的思想根深蒂固。

鸦片战争后,长期闭关锁国的中国沦为了半殖民地半封建社会,与外国的交往处于不平等地位。虽然在一些不平等条约中有类似法律适用的规定,但都排除中国法律的适用。因此,清朝并没有严格意义上的国际私法。直到1918年,北洋政府颁布了中国历史上第一部国际私法法典——《法律适用条例》。与同时期的资本主义国家的国际私法单行法相比,它是条文最多、内容最为翔实的立法之一。

新中国成立后,与外国交往不多,仅与同一阵营的苏联和朝鲜签订了《中苏友好同盟互助条约》和《中朝友好互助同盟条约》。在当时看来,由于贸易活动量很少,似乎没有进行国际私法立法的必要。

改革开放后,中国的市场经济体制逐步得到确立,与外国的经济贸易往来不断增多。为了适应这一新情况,《民法通则》单列了一章“涉外民事关系的法律适用”规范法律冲突,虽然只有9条,但地位和作用不容忽视。随后,中国经济发展迅速,《民法通则》中的相关规定无法适应对外开放的深度和广度,迫切需要修改。1993年,国际私法学会起草《国际私法示范法》,前后六易其稿于1999年完成修改。该法在国内外受到了广泛重视:欧洲出版的《国际私法年刊》将其英文版全文发表;日本在2003年出版了该法的日文版;全国人大常委会在起草《涉外民事关系法律适用法》时主要参考和借鉴了该法,最高人民法院在2007年发布的《关于审理涉外民事或商事合同纠纷案件的法律适用若干问题的规定》与该法的相关规定几乎完全相同。这说明《国际私法示范法》对中国国际私法立法、实践和理论研究具有重大影响,并在国际上占有一席之地。

2010年,《涉外民事关系法律适用法》颁布,其表现出积极意义的同时也呈现出不足之处。它的局限性表现在:第一,未改变我国国际私法立法分散化的状态,甚至加剧了国际私法立法的碎片化。例如,《民法通则》中关于国际私法的条文仍然有效,不同的法律之间对同一问题都作出了规定,怎样处理它们之间的关系的确存在很大问题。此外,这部法律并没有将商事关系方面的法律冲突纳入其中。第二,个别条文是否能够反映涉外法律关系的现实,立法条文是否妥当还值得推敲。

第六节　国际私法的性质及与相关部门法的关系

一、国际私法的性质

由于国际私法调整的对象是具有国际因素的民商事法律关系,其法律渊源既有国内立法、国内判例,又有国际条约、国际惯例;其范围既包括冲突法,又包括实体法和程序法,因而有关国际私法的性质始终是国际法学界长期以来争论不休的问题。争论主要集中在三个方面:国际私法是国际法还是国内法? 国际私法是程序法还是实体法? 国际私法是公法还是私法? 对于这三个问题,能符合今日国际私法实际情况的客观、科学的回答,只能分别是:国际私法兼具国际法和国内法的性质;国际私法兼具实体法和程序法的性质;国际私法兼具公法和私法的性质。①

(一) 国际私法是国内法还是国际法

1. 国际法说

持"国际法说"的学者认为国际私法具有国际法性质,其代表人物主要有:德国的萨维尼(Savigny)、巴尔(Bar)、弗兰根斯坦(Frankenstein),法国的维斯(Weiss)、毕叶(Pillet),意大利的孟西尼(Mancini),以及苏联的克雷洛夫等,他们被称为"国际法学派"或"世界主义学派"。他们的主要理由有以下几点:(1)国际私法产生于国际社会。萨维尼认为,国际私法之所以会产生,是由于国际社会的存在。国际私法调整的涉外民商事关系,正是在相互交往与合作的国家共同组成的社会中产生的。(2)国际私法调整的关系在本质上与国际公法所调整的关系并没有什么本质区别。维斯认为,国际私法与国际公法的最终目的都在于调整国家之间的关系。克雷洛夫认为,在涉外民商事交往中,每一个人、每一个商行都有其祖国作为后盾,因此,民商事领域的任何争执和冲突,甚至关于离婚的家庭纠纷,归根结底都会变成国家之间的冲突。(3)国际私法的作用在于划分国家主权范围。巴尔认为,国际私法是划分主权范围的法律部门。毕叶认为,国际私法和国际公法一样,都是解决主权冲突的。因此,国际私法调整的虽然是涉外民商事关系,但是从根本上讲仍是各国的主权关系。(4)国际私法与国际公法所采用的原则、制度大致相同,且国际私法的目的在于建立一套世界性

① 参见李双元、宁敏、熊之才:《关于国际私法的几个理论问题》,载《中国国际私法与比较法年刊》第3卷,法律出版社2000年版,第36页。

的通用规则,为此,各国通过国际公约的形式制定了不少统一冲突规范、统一实体法规范,国际条约和国际惯例也日益成为国际私法的主要渊源。

2. 国内法说

持“国内法说”的学者认为国际私法具有国内法的性质,其代表人物主要有:德国的康恩(Kahn)、努斯鲍姆(Nussbaum)、沃尔夫(Wolff),法国的巴丹(Bartin)、巴迪福(Batiffol),英国的戴赛(Dicey)、戚希尔(Cheshire)、诺斯(North)、莫里斯(Morris),美国的比尔(Beale)、库克(Cook)、艾伦茨威格(Ehrenzweig)、里斯(Reese)等,他们被称为“国内法学派”或“民族主义学派”。他们的主要理由有以下几点:(1) 从调整对象看,国际公法的调整对象是各主权国家之间的政治、军事、经济、外交关系,而国际私法主要调整的是不同国家的自然人、法人之间的民商事关系,这两者存在本质的差异。(2) 从法律渊源上看,国际公法的主要渊源是国际条约、国际惯例,而国际私法的主要渊源仍是国内法。国际私法虽然也有国际性渊源,但是这些国际性渊源为数不多,不但覆盖的领域有限,并且仅在缔约国之间生效,同时还要受到各国公共秩序保留的影响。另外,这些国际性渊源中,许多关于国际贸易的统一实体法规范是任意性规范,并不当然具有效力。(3) 从法律规范的制定和适用范围看,国际公法多由各缔约国协议制定,体现的是各国共同意志或是意志的协调;而国际私法主要是由一国的立法机关制定,体现一个国家的意志,各个国家的国际私法在内容和适用范围上存在差异。(4) 从争议的解决方式和机构上看,国际公法上的争端,一般通过国家之间的谈判、斡旋等政治手段,或通过国际法院这种凌驾于国家之上的国际性的机构来解决;而国际私法上的争议则通常是在一国法院或仲裁机构解决。

3. 综合说

持“综合说”的学者认为不能简单地认定国际私法是国际法或是国内法,其代表人物主要有:德国的齐特尔曼(Zitelmann)和捷克的贝斯里斯基(Bystricky)。他们认为国际私法所调整的关系,既涉及国内,又涉及国际;国际私法的渊源,既有国内立法、国内判例,又有国际条约、国际惯例;国际私法本身既涉及一国国内的利益,又涉及他国的利益。因此,国际私法既具有国际法的性质,又具有国内法的性质。

国际私法在适应国际民事交往的发展中,已成为一个横跨国际法和国内法的兼具双重性质的独立法律部门,尽管从渊源上看,目前仍以国内法为主,但国际法的渊源正日益增多。以上三种观点中,综合说更能反映目前国际私法的实质。

(二) 国际私法是实体法还是程序法

有学者倾向于认为国际私法是程序法,其理由为:国际私法只是法院如何解决某种民事关系的管辖权和法律适用问题。有学者则主张国际私法是实体法,主要是基于以下认识：首先，国际私法的范围不包括国际民事诉讼管辖权规范、外国法院判决的承认与执行规范等程序法规范。其次，国际私法范围内的间接规范所调整的是国际民事关系而不是国际民事诉讼关系，所要确定的是有关当事人之间的实体权利义务内容，而不是诉讼权利义务内容。也有学者主张国际私法同时具有实体法和程序法双重性质，主要是基于两个方面的原因：一是主张国际私法的范围里包括有国际民事诉讼管辖权规范、外国法院判决的承认与执行规范等程序法规范；二是认为冲突规范只是解决法律的适用问题，并不能直接确定当事人之间具体的实体权利义务关系，从而具有程序法的性质。

主张国际私法既不是实体法，也不是程序法，而是一种与实体法和程序法并列的自成体系的法律学者，所强调的是：冲突规范这种间接规范既不调整有关当事人之间的诉讼权利义务关系，又不直接确定当事人之间具体的实体权利义务关系。

应该说，国际私法既包括解决法律适用的冲突法，还包括统一实体法、一国的外国人法与直接适用的国内实体法，以及解决涉外民事争议的程序法，容易引起争议的是国际商事条约中的统一实体法规范。因此，国际私法在构成内容上，也明显地既有实体法，又有程序法的性质。

（三）国际私法是公法还是私法

有学者认为国际私法是公法，其理由为：国际私法中包含的法律规范，通常不是私法的，而是间接地调整跨越一国国界的私人间关系，即通过解决不同国家对同一私人关系具有不同法律规定而引起的冲突来调整上述私人关系。有学者认为国际私法是私法，其理由在于，国际私法调整的均是具有涉外或跨国因素的民商事法律关系。也有学者认为国际私法既不属于公法，也不属于私法，而是既具有公法性质，又具有私法性质。事实上，国际私法旨在解决内外国法律在“地域”与“时间”上的适用问题，指示法官如何适用法律，故从这一方面看国际私法具有公法性质；国际私法决定涉外案件所适用的实体法，并间接确定实体法上的权利义务，此处的实体法是指一国的私法，故国际私法又具有私法性质。

因此，国际私法既不完全属于公法，也不完全属于私法；既具有公法性质，又具有私法性质。它所具有的公法性质和私法性质，不能仅从某一规范或某一方面来论证，而是必须要从整体、从多角度来考察。

二、国际私法与相关部门法的关系

（一）国际私法与国际公法的关系

国际公法和国际私法是国际法体系的两个重要分支，二者相互联系，又有区别。二者在调整对象、法律关系的主体、法律渊源以及法律规范的形式、内容和效力范围等方面，都存在重大或本质的差异。

二者之间的联系主要表现在以下几个方面：首先，国际私法在法律渊源和基本原则甚至具体规定上，同样有属于国际公法的内容；其次，国际私法最早出现之时就是国际主义立场，试图探寻解决法律适用的普遍原则或规则，即国际私法一开始就与国际公法一样，是以追求建立国际社会共同遵守的“超国家”的冲突法规则体系为目的的。①

国际私法和国际公法的区别如下：第一，调整对象不同。国际私法调整的对象是涉外民商事法律关系，而国际公法以主权国家之间的政治、经济、军事、外交等领域的国事关系以及国际组织相互间的关系为调整对象。第二，主体不同。国际私法的主体是不同国家的自然人和法人，国家和国际组织只是国际私法的特殊主体；国际公法的主体主要是国家和国际组织。第三，调整的方法不同。国际私法的调整方法主要是以间接调整方法和直接调整方法相结合来调整涉外民商事法律关系；而国际公法则主要是以直接调整方法调整国家、国际组织间的相互关系。第四，法律渊源不同。国际私法的法律渊源主要包括国际条约、国际惯例、国内立法和国内判例；国际公法的法律渊源仅仅是国际条约和国际惯例。第五，争议的解决手段不同。国际私法主要通过一国法院或涉外的仲裁机构解决相关争议，国际公法主要采用外交手段解决争议，也可以在特定情况下由联合国国际法院或国际仲裁机构解决。

（二）国际私法与国际经济法的关系

国际经济法是调整国际经济关系的法律规范的总和。它与国际私法在统一实体法方面相互重合。虽然国际经济法与国际私法在部分内容上相互渗透、互有交叉，但二者在很大程度上又存在区别，表现如下：

表 1-1

区别	国际私法	国际经济法
调整对象	涉外民商事法律关系，既包括财产关系，又包括非财产关系	自然人、法人、国家、国际经济组织之间国际的或跨国的经济流转关系以及国家对经济的管制关系，不包括非财产关系
主体	不同国籍的自然人、法人，特殊主体是国家与有关国际组织	自然人、法人、国家、国际经济组织
调整方法	间接调整方法与直接调整方法相结合	直接调整方法
法律渊源	国内立法、国内判例、国际条约、国际惯例	经济领域的国际公法规范、国际私人商务惯例、各国国内的涉外经济立法

① 参见〔德〕马丁·沃尔夫：《国际私法》，李浩培等译，法律出版社 1988 年版，第 35—36 页。

（三）国际私法与国内民商法的关系

国际私法和国内民商法所调整的都是民商事法律关系，都是以保护私人利益为目的，调整主体双方均为私人或私人团体的法律关系。国际私法最早诞生于国内民商法的适用法，因此每个国家民商法的基本原则与制度都对它的国际私法有着直接的影响，国际私法中的许多制度（如识别、公共秩序保留、法律规避等制度）也是为了保证国内民商法的基本原则不被违背而产生的。

但二者的区别也非常明显：第一，国际私法所调整的民商事法律关系都含有涉外因素，而民商法所调整的主要是不包含外国因素的纯国内民商事法律关系；第二，国际私法是国内民商法的适用法或施行法，主要由间接性质的冲突规范所构成，而民商法几乎全为直接适用的实体规范；第三，国际私法争议中程序问题的解决，许多还要适用国家关于国际或涉外民事诉讼程序的规定，而国内民商事争议中，程序问题的解决只适用一般民事诉讼法；第四，在法律渊源上，国际私法还有国际条约这一方面，而民商法的法律渊源全为国内立法；第五，国际私法调整的是涉外民商事法律关系，因而除了坚持国内民商事法律的一些基本原则外，还特别需要强调主权原则、内外国人和内外国法律平等等国际法原则。

（四）国际私法与国内诉讼法的关系

涉外民商事争议的司法解决途径主要是由一国或一法域的法院适用国际民事诉讼程序进行裁判。在我国，法院所适用的程序规范主要规定在《民事诉讼法》中的第四编“涉外民事诉讼程序的特别规定”。在国内民事争议中，程序问题的解决只适用一般民事诉讼法。

思考题

1. 涉外民商事法律冲突产生的原因都有哪些？针对不同的原因，涉外民商事法律冲突应如何解决？

2. 对比评价国际私法的两种调整方法的优劣。试分析国际私法的调整方法对国际私法研究的意义。

3. 如何看待国际私法与国际经济法的关系？

拓展视野

1. 有关国际私法理论问题部分的介绍，参阅李双元：《国际私法（冲突法篇）》，武汉大学出版社 2001 年版，第 134 页；肖永平：《法理学视野下的冲突法》，高等教育出版社 2008 年版；肖永平：《肖永平论冲突法》，武汉大学出版社

2002年版;李双元、宁敏、熊之才:《关于国际私法的几个理论问题》,载《中国国际私法与比较法年刊》第3卷,法律出版社2000年版,第35—70页。

2. 对于国际私法中的司法解释问题的论述,参阅丁伟:《司法解释与立法的耦合:中国国际私法和谐发展的时代要求》,载《时代法学》2007年第5期;林燕平:《对我国国际私法司法解释现象的法理分析》,载《法学》2000年第5期。

3. 关于国际私法与其他部门法之间的关系,参阅陈安:《论国际经济法学科的边缘性、综合性和独立性》,载《东南学术》1999年第3期;谢石松:《中国国际法学科体系之我见》,载《中国国际私法与比较法年刊》,法律出版社1998年版,第249—258页。

4. 有关国际私法的性质的论述,参阅毕武卿:《国际私法性质二元论》,载《中国国际私法与比较法年刊》,法律出版社2001年版,第107—118页。

5. 对于国际私法的调整对象的介绍,参阅宣增宜:《也论国际私法的对象》,载《政法论坛》1999年第1期。

第二编

总　论

第二章　国际民商事争议解决机制

知识介绍

国际民商事争议的解决方式是多样的。国际民事诉讼只是其中的一种,此外还有国际商事仲裁和替代性争议解决方式(ADR)等。国际私法问题主要发生在国际民事诉讼中,如管辖权、法律适用以及外国判决的承认与执行等。国际商事仲裁也会涉及法律适用问题。替代性争议解决方式是目前国际社会日渐盛行的方式,但没有法律约束力。

第一节　国际民商事争议解决途径和方法

一、国际民商事争议概述

国际民商事争议是当事人在国际民商事交往中所发生的争议。这种争议最大的特点在于其具有国际性,或者说具有涉外因素。为了正确理解国际性,我们应当把握以下两个方面:第一,涉外因素应作广义理解,既包括国家之间,又包括一个国家之内的不同法域(territorial legal unit)之间。从这个意义上说,国际民商事争议的涉外因素,应为“不同法域之间的因素”,如美国各州之间的民商事争议。我国实行“一国两制”,大陆与台湾地区、香港特别行政区、澳门特别行政区之间均属不同的法域。这时也可以参照涉外民事关系的原则适用有关规定予以调整。第二,根据法律关系的三个要素分析国际或涉外民商事法律关系是共识,但最容易被忽视的是法律关系产生、变更或消灭的事实发生在国外。不论是产生、变更或消灭的事实,只要有一项发生在国外,即认定该法律关系含有涉外因素。

需要注意的是,根据我国于 1986 年 12 月 2 日加入《承认及执行外国仲裁裁决公约》时所作的商事保留声明,我国只对根据我国法律认定为契约性和非契约性民商事法律关系所引起的争端适用该公约。“所谓契约性和非契约性的民商事关系”,具体是指由于合同、侵权或者根据有关法律规定而产生的经济上的权利义务关系。例如,货物买卖,财产租赁,工程承包,加工承揽,技术转让,合资经营，勘探开发自然资源，保险，信贷，劳务，代理，咨询服务，海上运输，民用航空、铁路、公路的客货运输，产品责任，环境污染，海上事故和所有权争议等，但不包括外国投资者与东道国政府之间的争端。[①] 可见，我国对国际商事仲裁中的“商事”也作广义解释。

二、国际民商事争议解决的主要方式

传统上，国际民商事争议的解决主要是通过国际民事诉讼程序和国际商事仲裁程序进行的。随着经济的深入发展，为了提高解决国际商事争议的效率，国际上发展了替代性争议解决的方式，主要包括和解、调解、小型审判等方式。

第二节 替代性争议解决机制

一、替代性争议解决机制概述

大量国际民商事争议的解决依靠国际民事诉讼程序进行。西方国家法院诉讼程序严格复杂、费用高昂、周期过长（有时长达5—8年，平均的审理周期也在3年以上），这些都是诉讼的固有弊端。在案件数量激增、司法资源相对有限的情况下，诉讼的这些弊端常常导致纠纷解决途径不畅，从而削弱了司法的权威性，甚至威胁到了社会的稳定。在这样的情形下，替代性争议解决机制（Alternative Dispute Resolution，ADR）得以产生。虽然替代性争议解决的某些方式早就存在，但直到20世纪70年代这种争议解决方式才被称为ADR。它最早源于美国[②]，原指与法院进行的诉讼无关的民间纠纷解决方式，现已引申为对世界各国普遍存在的、民事诉讼制度以外的非诉讼的纠纷解决方式或机制的总称。ADR主要包括和解、协商（negotiation）、调解（mediation）以及小型审判（mini-trial）等。

从字面上理解，ADR似乎应当包括国际商事仲裁这种方式，因为它是国际民事诉讼以外的非司法解决争议的途径。但因其早于ADR出现，并且仲裁裁决可以被司法机关强制执行，从严格意义上讲它并非是ADR的一部分。

二、替代性争议解决机制的特征

ADR之所以受到国际民商事争议双方当事人的青睐，主要基于以下原因：

第一，ADR中的当事人具有高度的自主性。这是因为ADR是在双方当事

① 1987年4月10日《最高人民法院关于执行我国加入〈承认及执行外国仲裁裁决公约〉的通知》。

② ADR原特指美国现代的替代性纠纷解决方式，起源于20世纪30年代对劳动争议的解决方式。

人协商自愿的基础上进行的，其组成和程序规则均由当事人双方自主决定。它是非传统的和非对抗性的解决争议方法，使许多民事案件在陷入法院审判的对抗性制度之前获得解决。

第二，ADR 的程序具有较大的灵活性。这种争议解决方式几乎没有固定模式，当事人可视其争议的具体情况选择合适的争议解决形式和程序。

第三，ADR 程序快捷、及时且费用低廉。由于当事人不必遵循严格的诉讼程序和诉讼时效，简化了解决争议的程序，因而大大缩短了解决争议的时间，并降低了相关费用。

ADR 最重要的特点是解决争议所达成的协议及决定并不具有法律约束力，需要当事人自愿履行协议或决定。如果当事人不自愿履行，当事人还有机会选择其他争议解决方式维护其权益，这有别于国际商事仲裁的裁决效力。

三、替代性争议解决机制的类型

（一）和解

和解是指国际民商事争议发生后，双方当事人在自愿友好、互谅的基础上，按照法律或合同的规定，直接协商解决争议的相关活动。

（二）调解

调解是指第三者应争议双方当事人的请求，通过尽量协调双方的分歧，而不是作出有约束力的决定的方式解决当事人间争议的方法。调解可以说是 ADR 中最为常见和最重要的一种形式，是其他 ADR 方式的基础。与法庭审判相比，调解花费低廉、耗时少，当事人心理压力较小。

调解是由与争议双方无利害关系的第三人参与争议解决的方式。通常争议双方当事人首先订立书面或口头协议，并共同参与对调解员的选择。调解员的主要作用是促成争议双方达成和解协议。为此，该调解员可以按照当事双方约定的程序查明争议的事实，然后对争议双方进行面对面或者背对背的调解，协助双方当事人分析争议的问题，从中找出妥善解决争议的方案，或者促成当事人自行达成和解协议，或当事人自行提出解决此项争议的方案。但无论是当事人自行达成的和解协议，还是调解员提出的解决方案，对争议双方均无法律上的拘束力。当事人可以接受，也可以拒绝。如果当事人接受了调解员提出的解决方案或自行达成了调解协议，调解即告成功。如果调解失败，当事人可以继续寻求其他解决争议的方法，或诉讼，或仲裁。

（三）小型审判

小型审判不能理解为法庭审判，之所以称为“审判”，是因为它的形式与法院公开审理案件类似。实质上，它仅仅是一种模拟诉讼的调解方式。

小型审判的设立与程序完全取决于当事人之间的协议。一般说来，小型审判的组成和程序非常灵活,没有固定的模式。它大致可分为非强制性程序、准强制性程序和强制性程序三种。由于上述特点,小型审判在实践中也常常得到国际民商事争议双方的青睐。

此外,替代性争议纠纷解决方式还包括租借法官(rent judge)、契约指定的调解方式等。租借法官方式主要是雇请或租借退休法官处理私人案件,因为退休法官具有良好的法律专业素养和案件的审判经验,一般能够合理准确地作出裁定。契约指定的调解方式,是指民商事争议发生后才指定调解员的解决争议方式。在契约指定的调解中,调解规则、调解员或调解小组的指定均应根据双方当事人约定的有约束力的条款决定。这些条款通常包含在合营企业合同、大型工程项目合同以及各大公司之间的协议中。所以,有人戏称其构成了"富人所具有的技巧"的一部分。当然,这种方式也可适用于解决小型合同争议,可采用独任调解员的方式。

替代性争议解决方式之所以运用广泛是因为其不仅可以提高效率,而且能够实现正义,维护社会和谐稳定。

第三节 国际民事诉讼

一、国际民事诉讼概述

国际民事诉讼一般是指参与诉讼活动的有关当事人涉及两个或两个以上国家,或者诉讼活动与两个或两个以上的国家存在某种联系的诉讼。简言之,国际民事诉讼就是一国法院审理含有涉外因素的民商事案件的诉讼。在国际民事诉讼程序中,诉讼当事人一方可能是外国人或者其住所地在国外;有争议的客体,导致民事关系引起、变更、消灭的事实在国外。国际民事诉讼牵涉许多具体问题,如内国法院的管辖问题、外国人的诉讼地位问题、文书送达问题、域外调查取证问题、外国法查明问题、国际司法协助与判决的承认与执行问题等。这些问题使得国际民事诉讼成为一种复杂的法律程序。我国《民事诉讼法》第四编专门规定了国际民事诉讼程序中的有关问题。

二、国际民事诉讼中的相关问题

从国际实践看,发生国际民商事争议后,由于国际民事诉讼程序涉外性的特点,其包含许多与国内民事诉讼程序所不同的特殊问题。具体来说,这些特殊问题主要包括以下几个方面:

(一)管辖权问题

国际民商事争议是具有涉外因素的争议,本身涉及多个国家的连结因素,各国法院基于不同的涉外因素可能会产生管辖权的冲突。由于各国的司法传统、审判理念、法律体制等各方面的不同，其确定管辖权的依据也各不相同。因此，应首先确定由哪国法院来审理具体的国际民商事争议。

管辖权问题具有十分重要的意义：(1) 确定管辖权是一国法院受理国际民商事案件的前提。只有确定了对国际民商事案件具有管辖权，该国法院才有权处理该案件。(2) 司法管辖权的确定往往同法律的适用（包括程序法、冲突规则和实体法）密切相关。司法管辖权的确定直接影响案件的审理结果，并最终影响当事人的权利义务关系。

（二）国际司法协助

一般来讲，一国司法机关只能在本国领域内行使司法权，不能在其他国家行使这种权力。因此，各国相互间的司法协助成为克服障碍、便于诉讼顺利进行的重要手段。本书所讲的国际司法协助是解决跨国民商事争议中的司法协助，也即"国际民商事司法协助"。

国际司法协助，是指一国法院应另一国法院或有关当事人的请求，代为履行某些诉讼行为或者在司法方面提供其他的协助。其有广义和狭义之分，狭义的国际司法协助包括送达诉讼文书、传讯证人、搜集证据；广义的国际司法协助还包括外国法院判决和仲裁裁决的承认和执行。

（三）外国法院判决的承认与执行

任何国家法院的判决都是代表其主权国家针对特定的法律争议而作出的，原则上只能在判决国领域内生效。如果没有相关国家的明确承认，任何外国法院的判决在该国领域内都不具有法律效力，而且法院判决的承认和执行是一国司法机关代表国家行使司法主权的重要形式，只能由有关国家的法院来实施。

所谓承认与执行外国法院的判决，是指一国法院依一定的法律程序承认外国法院已生效的判决，使它在本国境内发生效力并加以强制执行的行为。

外国法院判决的承认和执行包括承认和执行两方面内容。承认外国法院的判决就是表示承认该外国判决在确认当事人权利义务方面具有与本国法院判决同等的效力，双方当事人的权利义务应根据外国法院判决内容来确定。如果有人就同一案件向承认判决国法院起诉，则承认判决国法院不再受理。执行外国法院判决，是指义务人不主动履行外国法院判决时，内国法院以本国程序法为依据，采取强制执行措施，迫使该义务人按外国法院判决的内容履行义务。

承认和执行既有联系又相互独立。承认是执行的前提，不予承认也就谈不上执行。但承认外国法院判决并不等于执行外国法院的判决，承认外国法院判决的效果是使外国法院判决的效力延及本国境内，执行外国法院判决还要满足另外一些条件。一般说来,除内容为给付的判决以外,对其他民事判决只须承认,无须执行,如有关身份、婚姻的案件的判决。

（四）外国人的民事诉讼法律地位

外国人的民事诉讼法律地位,是指外国人在某一法院地国境内享有什么样的诉讼权利,承担什么样的诉讼义务,并能在多大程度上通过自己的行为行使诉讼权利承担诉讼义务,即具有什么样的诉讼权利能力和诉讼行为能力。

世界各国的民事诉讼立法和各有关国际条约在规范外国人的民事诉讼地位时原则上给予外国人以国民待遇,即规定外国人享有与本国国民同等的民事诉讼权利,承担同等的民事诉讼义务,如我国《民事诉讼法》第 5 条第 1 款就明确规定:"外国人、无国籍人、外国企业和组织在人民法院起诉、应诉,同中华人民共和国公民、法人和其他组织有同等的诉讼权利义务。"

不过,由于世界各国的文化、政治制度以及社会经济利益不同,诉讼法律制度也存在差异,各国的诉讼立法为了保证内国国民在国外也能得到所在国的国民待遇,一般都在给予外国人以国民待遇的同时,要求以对等互惠为条件,如我国《民事诉讼法》第 5 条第 2 款就规定:"外国法院对中华人民共和国公民、法人和其他组织的民事诉讼权利加以限制的,中华人民共和国人民法院对该国公民、企业和组织的民事诉讼权利,实行对等原则。"

（五）外国人民事诉讼能力

外国人的民事诉讼能力包括外国人的民事诉讼权利能力和民事诉讼行为能力。外国人的民事诉讼权利能力,是指外国人行使民事诉讼权利和承担民事诉讼义务的身份和资格。外国人的民事诉讼权利能力,是外国人的民事权利能力在诉讼领域的延伸和组成部分。

外国人在其本国的诉讼权利能力依其属人法决定,这是世界各国普遍承认的原则。但法院地国给予外国人怎样的诉讼权利,由法院地法决定,如有条约规定则依条约规定。当今世界各国立法和有关国际条约都赋予外国人诉讼权利以国民待遇,保证其能够顺利行使诉权。

外国人的民事诉讼行为能力,是指外国人以自己的行为行使诉讼权利和承担诉讼义务的能力。诉讼行为能力是决定一个人的诉讼地位的重要因素,它直接影响诉讼权利的行使。

对于外国人能否或能在多大程度上以自己的行为有效地行使诉讼权利和承担诉讼义务的问题,各国诉讼立法都作了明确的规定,而且普遍承认对于外国人的民事诉讼行为能力一般由其属人法确定,即如果外国人国籍国或住所地国认为其有诉讼行为能力,法院地国也认为其有诉讼行为能力。在涉外民事诉讼中,为了维持民商事法律关系的稳定,保护善意的当事人,特别是本国国民的合法权益,各国在规定依属人法决定外国人的民事诉讼行为能力的同时,作为补充,都规定如果依法院地法外国人具有民事诉讼行为能力,即视为有能力。

虽然我国《民事诉讼法》对外国人民事诉讼行为能力的确定没有作出明确规定,但根据我国《民法通则》、《民事诉讼法》有关立法精神和实践,对于外国人的民事诉讼能力采取以下原则:外国人在我国参加民事诉讼的权利能力和行为能力原则上依其属人法确定;外国人依其属人法无诉讼权利能力和诉讼行为能力,而依我国法具有诉讼权利能力和诉讼行为能力的,则认为其具有诉讼权利能力和诉讼行为能力。

（六）诉讼费用担保制度

国际民事诉讼中的诉讼费用担保,是指当外国人作为原告在内国法院起诉时,为了防止其滥用诉讼权利以及在败诉时逃避其应缴纳诉讼费用的义务,应被告的请求或依内国法的规定,审理国际案件的内国法院责令原告提供一定的财物作为以后可能判决由他负担的诉讼费用的担保。诉讼费用担保制度中的诉讼费用除了包括案件受理费以外,还包括为进行诉讼所必需而应当由当事人负担的实际开支,如当事人、证人、鉴定人、翻译人员的差旅费、出庭费、鉴定费以及其他诉讼费用,在某些国家还包括由诉讼引起的损害赔偿金。之所以各国在其民事诉讼立法和司法实践中规定诉讼费用担保制度,主要是考虑到进行国际民事诉讼的费用昂贵,一个没有根据的诉讼很容易对被告造成严重损害,还可能对管辖法院造成损失。

值得注意的是,诉讼费用担保制度会造成内外国人在诉讼地位上的不平等,使外国原告在国际民事诉讼中处于不利的地位,违反国际民事诉讼领域的国民待遇原则,最终势必影响国际民商事争议的顺利解决。每个国家的立法和司法实践都应以尽量免除外国原告的这一额外义务作为努力的方向。[①] 因此,有关国家在双边条约和多边条约中互免诉讼费用担保已成为发展趋势。

对于诉讼费用担保问题,我国经历了一个从要求作为原告的外国人提供担保到实行互惠条件下互免诉讼费用担保的转变过程。我国《民事诉讼法》对诉讼费用担保未作直接的规定,1989 年 6 月 29 日最高人民法院审判委员会第 411 次会议通过的《人民法院诉讼收费办法》中规定,我国法院审理外国人、无国籍人、外国企业和组织在我国提起诉讼的案件,原则上不要求提供诉讼费用担保,外国法院要求我国公民、企业和组织提供担保的,我国实行对等原则。2007 年 4 月 1 日施行的《诉讼费用交纳办法》也作了相同的规定。在诉讼费用方面实行互惠对等的国民待遇原则和当今各国的普遍实践相同,平等地保护了中外当事人的合法诉权。

---

① 参见黄进主编:《国际私法》,法律出版社 1999 年版,第 880—881 页。

(七) 诉讼代理制度

诉讼代理,是指诉讼代理人基于当事人或其法定代理人的授权以当事人的名义代为实施诉讼行为,而直接对当事人发生法律效力的行为。在国际民事诉讼中诉讼代理的主要内容是外国当事人是否有权委托诉讼代理人,以及可以委托什么样的人作为诉讼代理人代为实施诉讼行为,以实现或保护其民事诉讼权利和民事实体权利。

在国际社会的司法实践中,还存在领事代理制度,即一个国家的驻外领事,可以根据有关国家的立法和国际条约的规定,在其管辖范围内的驻在国法院,依职权代表其派遣国国民或法人参与有关的诉讼程序,以保护其国民或法人在驻在国的合法权益。

我国《民事诉讼法》第 239 条和第 240 条规定①,外国人在我国人民法院参与诉讼可以亲自进行,也有权通过一定的程序委托我国律师或其他公民代为进行。关于领事代理问题,最高人民法院《关于适用〈中华人民共和国民事诉讼法〉若干问题的意见》第 308 条规定:“外国驻华使、领馆官员,受本国公民的委托,可以以个人名义担任诉讼代理人,但在诉讼中不享有外交特权和豁免权。”第 309 条规定:“涉外民事诉讼中,外国驻华使、领馆授权其本馆馆员,在作为当事人的本国国民不在我国领域内的情况下,可以以外交代表身份为其本国国民在我国聘请中国律师或中国公民代理民事诉讼。”

我国是 1963 年《维也纳领事关系公约》的缔约国,依据该公约的有关规定以及我国同有关国家签订的双边领事条约的规定,外国人所属国的领事可以在我国人民法院代理其派遣国国民的诉讼行为,以保护其派遣国国民的合法权益。此外,我国与美国、意大利、印度、波兰、匈牙利、蒙古、墨西哥、土耳其、古巴、罗马尼亚等国家签订的领事条约中,也都有领事代理条款。

第四节 国际商事仲裁

案 例

2005 年 5 月,丰泽公司和永利公司(住所地在南京)签订合资协议成立

① 我国《民事诉讼法》第 239 条规定:“外国人、无国籍人、外国企业和组织在人民法院起诉、应诉,需要委托律师代理诉讼的,必须委托中华人民共和国的律师。”第 240 条规定:“在中华人民共和国领域内没有住所的外国人、无国籍人、外国企业和组织委托中华人民共和国律师或者其他人代理诉讼,从中华人民共和国领域外寄交或者托交的授权委托书,应当经所在国公证机关证明,并经中华人民共和国驻该国使领馆认证,或者履行中华人民共和国与该所在国订立的有关条约中规定的证明手续后,才具有效力。”

万达公司，合资协议中约定合资当事人之间属于合资性质的纠纷应当提交仲裁解决。2006年3月，万达公司与永利公司因租赁关系产生纠纷，万达公司遂依据丰泽公司和永利公司之间的仲裁条款将争议提交国际商会仲裁院进行仲裁。同年4月，国际商会仲裁院作出仲裁裁决。10月，万达公司向南京市中级人民法院申请承认与执行该仲裁裁决。

请问承认与执行该仲裁裁决的依据是什么？该仲裁裁决能否被我国法院承认与执行？

一、国际商事仲裁概述

国际商事仲裁是指在国际商事交往中，当事人各方依据合同中的仲裁条款或单独达成的仲裁协议，自愿约定将已经发生的或将来可能发生的具有商事性质的争议提交仲裁审理，仲裁庭作出对当事人各方具有约束力的裁定的争议解决方式。

（一）国际商事仲裁与调解、诉讼

1. 国际商事仲裁与调解的共同点在于，都是在双方当事人自愿的基础上进行的。不同点主要体现在下表中：

表　2-1

	国际商事仲裁	调解
当事人是否同意	只要双方当事人合意达成了仲裁协议，即使后来一方不愿意仲裁，另一方仍可根据仲裁协议提起仲裁程序由仲裁庭进行仲裁	自始至终都需要双方的同意
仲裁员与调解员	仲裁员在仲裁中起主要的裁判作用	调解人主要起疏通、说服、劝解和协商的作用
强制执行力	仲裁裁决得到国家法院所体现的国家权力的支持，即仲裁庭作出的裁决具有法律约束力。如果一方当事人不自动履行仲裁庭作出的裁决，另一方有权向法院申请强制执行	调解人虽然能就和解协议提出建议，但自己无权作出最终决定，经调解达成的协议完全靠当事人自觉履行

2. 国际商事仲裁和司法诉讼的处理决定都是由第三者独立自主作出的，并对当事人有约束力，这是二者的共同之处。不同点主要体现在下表中：

表 2-2

	国际商事仲裁	诉讼
管辖权	仲裁机构或仲裁庭不具有强制管辖权，只能受理双方当事人根据其订立的仲裁协议提交解决的争议。如果双方当事人没有达成仲裁协议，任何一方或仲裁机构或仲裁庭都不能迫使另一方进行仲裁	法院是国家机器的重要组成部分，具有法定的强制管辖权
审理人员	仲裁员由当事人指定	法院的法官由国家任命而产生
审理依据	仲裁员可考虑商业惯例，可基于公平考虑作出裁决，而不必严格依照法律的规定	严格依照法律作出判决
受案范围	仲裁事项和范围由双方当事人约定，仲裁庭不可对约定范围外的事项进行仲裁	法院受案范围由法律规定，法院可以审判法定范围内的任何事项
判决或裁决效力	仲裁实行一裁终局，法院保留对仲裁裁决的司法审查权	诉讼一般实行二审终审或三审终审

（二）国际商事仲裁的性质

关于国际商事仲裁的性质，主要包括四种理论，即契约理论、司法权理论、契约和司法权的混合理论以及自治理论。

1. 契约理论（contractual theory）

该理论认为仲裁是基于当事人的意志创立的，完全建立在当事人合意达成的仲裁协议基础上。没有仲裁协议就没有仲裁，仲裁具有契约性。是否通过仲裁解决当事人之间的纠纷，取决于当事人的合意，即应有仲裁协议；当事人双方不仅可以协议选择仲裁机构和仲裁地点，而且在仲裁规则和仲裁实质问题准据法的确定上，也享有较大的自主权。

契约理论否认国家对仲裁的影响，认为依当事人的合意而使仲裁成立是仲裁的本质。仲裁既然来源于仲裁协议，是否订立仲裁协议以及如何订立则完全由当事人双方自主决定，订立一项仲裁协议与订立一项合同并无实质差别。因此，仲裁协议和仲裁裁决的约束力均属于合同约束力的范畴。仲裁协议跟合同一样，其约束力均来自“当事人的合约必须守信执行”这一古训。

契约理论实质上是对当事人意思自治的推崇和肯定。契约理论强调仲裁源于当事人的合意，主张当事人享有无限的意思自治，但该理论抛开法律对仲裁的认可和规制，忽略了仲裁的进行、仲裁员作出的仲裁裁决以及仲裁裁决的承认和执行等无法脱离仲裁地法和裁决执行地法控制的事实，更忽视了当事人意思自治权源于有关国家法律之认可的事实。

2. 司法权理论（jurisdictional theory）

司法权理论认为，国家具有监督和管理发生在其管辖领域内一切仲裁的权力。该理论虽然也承认仲裁源于当事人之间的协议，但同时却强调仲裁协议的效力、仲裁员的权力以及仲裁裁决的承认和执行等方面，仲裁的权威性均取决于有关国家的法律，是国家承认和授权的结果。

司法权理论中仲裁员的自主权受到很大限制，其实质是要求仲裁裁决服从裁决作出地的法律，并使用仲裁地的程序法和冲突规则。司法权理论置仲裁于现代法制语境和背景之下，强调仲裁地法和裁决执行地法对仲裁的支持、限制和监督，尤其注重仲裁地法对仲裁的作用，确立了仲裁制度在一国法律体系中的重要地位。但该理论将仲裁权与司法权、仲裁员与法官、仲裁裁决与法院判决相提并论，完全忽略了仲裁协议在仲裁中的作用和价值。

3. 混合理论（mixed theory）

混合理论又称司法契约理论。该理论认为，尽管从表面上看，司法权理论和契约理论好像是两种相互对立的理论，但从仲裁实践角度看，这两种貌似对立的理论却是可以协调的，也就是说，仲裁中的司法性和契约性是同时存在的，并且不可分割。

混合理论的实质是主张仲裁程序应该按照当事人之间的协议进行，为此仲裁员必须在当事人的意愿和仲裁地法之间寻求一种适度的协调与和谐。至于适用于仲裁争议的实体法，仲裁员应该在仲裁地法允许的范围内适用当事人选择的法律。在当事人没有作出明示选择时，可根据仲裁地的冲突规范确定可资使用的实体法。①

4. 自治理论（autonomous theory）

自治理论是自20世纪60年代发展起来的一种新学说。自治理论既反对将仲裁制度归结为纯司法性或纯契约性，也反对混合理论的观点，而是主张仲裁实际上是超越司法性或契约性的，具有自治性。

持自治理论的学者把仲裁的产生和发展归为商人注重实效的实践结果，是商人首先在不顾及法律的情况下创设并发展了仲裁，而后才得到了法律的承认。他们认为，仲裁中奉行的当事人自治原则是完全出于仲裁制度的实际需要，仲裁协议和仲裁裁决之所以具有强制性是基于国际商业关系的基本需要或内在要求。

（三）国际商事仲裁的国际法律依据

由于各国国际商事仲裁立法和仲裁规则在仲裁程序、仲裁协议和仲裁裁决以及对外国仲裁裁决的承认与执行等具体问题上存在很大的差异，阻碍了国际商事仲裁制度的进一步发展，国际社会为了尽量减少这种冲突，通过了一系列国际公约，主要包括区域性国际公约和国际性公约。

1. 区域性国际公约。主要包括1889年《蒙得维的亚公约》、1928年《布斯

① 参见韩健：《现代国际商事仲裁法的理论与实践》，法律出版社2000年版，第39页。

塔曼特法典》、1961 年《关于国际商事仲裁的欧洲公约》、1966 年《规定统一仲裁法的欧洲公约》、1975 年《美洲国家间国际商事仲裁公约》和 1979 年《美洲国家间关于外国判决和仲裁裁决域外效力的公约》等。

2. 国际性公约。主要包括 1923 年《日内瓦仲裁条款议定书》、1927 年《关于执行外国仲裁裁决的日内瓦公约》、1958 年《承认与执行外国仲裁裁决公约》和 1965 年《关于解决国家与他国国民之间投资争端的公约》。

二、国际商事仲裁的类型

关于国际商事仲裁的类型，依据不同的标准可以作不同的划分。

(一) 机构仲裁和临时仲裁

以仲裁机构的组织形式作为标准，可以将仲裁划分为机构仲裁和临时仲裁。

1. 机构仲裁

机构仲裁，是指由常设的仲裁机构按照自己的仲裁规则来进行仲裁。常设仲裁机构，是指依据国际公约或者一国国内立法所成立的，有固定的名称、地址、组织形式、组织章程、仲裁规则和仲裁员名单，并具有完整的办事机构和健全的行政管理制度，用以处理国际民商事争端的仲裁机构。常设仲裁机构还具备管理和监督的职能，一些仲裁机构还对仲裁程序是否符合规则及仲裁裁决书的形式要件进行审查，以确保仲裁的公正。机构仲裁出现的时间虽晚于临时仲裁，但已成为当今世界最主要的仲裁方式。

2. 临时仲裁

临时仲裁，又称特别仲裁，是指根据双方当事人的仲裁协议，在争议发生后由双方当事人推荐的仲裁员临时组成仲裁庭，负责审理当事人之间的有关争议，并在审理终结作出裁决后即行解散的一种仲裁方式。临时仲裁是国际商事仲裁的初始形态，在常设仲裁机构未出现之前，临时仲裁是唯一的仲裁形式。

(二) 依法仲裁和友好仲裁

以仲裁庭是否必须按照法律作出裁决为标准，可以将仲裁划分为依法仲裁和友好仲裁。

1. 依法仲裁

依法仲裁，是指仲裁庭严格依照法律作出仲裁裁决。仲裁庭在审理实体问题时，首先适用当事人选择的准据法；如果当事人未选择，则根据仲裁地所属国的冲突规则确定合同的准据法；或者在当事人授权的情况下，仲裁庭决定应适用的法律。

2. 友好仲裁

友好仲裁，也称友谊仲裁，是指在国际商事仲裁中，仲裁庭依照当事人在仲裁协议中的约定不适用任何法律，而根据公平、善意原则对争议实质问题作出裁决。是否进行友好仲裁,取决于两个因素:第一,当事人的意愿,如果未经双方当事人的授权,仲裁庭不能进行友好仲裁;第二,仲裁地法的许可,如果仲裁地法不允许友好仲裁,友好仲裁也不能进行。

三、国际商事仲裁协议

(一) 概述

1. 概念

商事仲裁协议,是指在商事交往过程中,当事人在自愿、平等、协商互利的基础上,同意将他们之间已经发生的或者将来可能发生的争议,委托第三方仲裁解决的一种协议。商事仲裁协议是商事仲裁的基石,是仲裁庭或仲裁机构行使仲裁管辖权的依据。

2. 法律特征

商事仲裁协议具有如下特征:第一,仲裁协议只能由具有利害关系的双方当事人或其合格的代理人签订;第二,仲裁协议必须基于双方自愿订立;第三,仲裁协议是当事人自愿将现有争议或将来争议通过仲裁方式解决的意思表示;第四,仲裁协议的效力延及仲裁机构、仲裁员和法院;第五,仲裁协议具有独立性。

(二) 仲裁协议的形式

1. 仲裁条款

仲裁条款,是指当事人在合同中以合同条款的形式达成的,将因有关合同发生的争议提交仲裁解决的一种仲裁协议的形式。仲裁条款在现代仲裁制度中是人们最常采用的一种仲裁协议方式,当事人通过订立仲裁条款,使自己的意志能更多地体现在争议处理的程序中,避免烦琐的诉讼程序,以适应瞬息万变的市场环境。特别是在国际经济交往中,人们为了避免发生争议后诉诸法院的诸多不便,延误商机,往往在签订合同时就把解决纠纷的方式作为合同的条款体现在合同当中,以期争议产生时能得到迅速的解决。

2. 仲裁协议书

仲裁协议书,是指双方当事人在纠纷发生之前或纠纷发生之后,单独签订的一致表示愿意将他们之间的纠纷交付仲裁解决的一种书面文件。

(三) 仲裁协议的法律效力

1. 对当事人

仲裁协议是双方当事人自愿达成的将其纠纷送交仲裁解决的共同意思表示,从本质上讲,仲裁协议是一种契约。依据私法领域中的"契约必须遵守"原则,双方当事人要自觉遵守契约的规定,仲裁协议也不例外。作为双方当事人之间签订的契约,当事人必须受其约束,这种约束对当事人设定了三方面的义务:第一,签订合法有效的仲裁协议的双方当事人只能将争议交由仲裁机构解决,而不得请求法院或其他行政机关处理。这是仲裁协议双方当事人最基本的义务，这时如果一方当事人违背仲裁协议向法院起诉，另一方当事人可根据合法有效的仲裁协议要求法院不予受理。第二，双方当事人不得将超出仲裁协议约定范围的争议事项提交仲裁，而只能就仲裁协议约定的内容请求仲裁，除非双方当事人达成新的仲裁协议，否则仲裁机构不能对超出当事人合意的仲裁范围的争议事项作出裁决。第三，附随义务。附随义务是基于上述两项义务而产生的。附随义务的目的是保证仲裁程序能够顺利进行，包括任何一方当事人不得随意解除、变更已生效的仲裁协议；在仲裁过程中与仲裁庭积极配合，如实陈述案情，提供证据，对仲裁机构作出的仲裁裁决自觉履行等等。

2. 对仲裁机构

仲裁机构的权利源于当事人之间的有效仲裁协议的授权，因此仲裁协议是仲裁权取得的依据。仲裁机构行使仲裁权的范围仅限于仲裁协议约定的事项，若仲裁机构对仲裁协议约定之外的事项进行裁决则属于越权仲裁，作出的裁决是无效的。依据1958年《纽约公约》第5条第1款第3项，裁决事项不属于仲裁协议的范围或者超出仲裁协议范围的，此种仲裁裁决无法得到成员国的承认和执行，但交付裁决的事项与未交付裁决的事项可划分时，裁决中关于交付仲裁事项的决定部分可以得到承认与执行。当事人若在仲裁协议中约定仲裁程序、仲裁所使用的语言、仲裁费用的负担等事项，只要这些事项不违背强制性规定、社会公共秩序，仲裁庭应当以遵照当事人约定的方式行使仲裁权。

3. 对法院

仲裁与诉讼不同，诉讼是法律规定的一种纠纷解决方式，依靠国家强制力保证实施；而仲裁是民间性的纠纷解决方式，源于当事人的协议，充分体现当事人的意思自治。世界各国大多规定了或裁或审的原则，承认有效的仲裁协议具有排除法院管辖权的效力，我国也不例外。我国《仲裁法》第5条规定："当事人达成仲裁协议，一方向人民法院起诉的，人民法院不予受理，但仲裁协议无效的除外。"

4. 对仲裁裁决

仲裁协议是强制执行仲裁裁决的法律依据。虽然仲裁协议的双方当事人在仲裁协议中都约定自觉履行该仲裁裁决，但在实践中仍会发生一方当事人不愿自觉履行仲裁裁决的情况。此时，另一方当事人可请求有关国家的法院予以强制执行仲裁裁决。

（四）仲裁协议的内容

仲裁协议的基本内容是指一项有效的仲裁协议应具备的要素。仲裁协议的内容对仲裁协议的成立起着至关重要的作用，它是双方当事人选择仲裁的共同意思表示的真实、完整的记录，从而决定着仲裁事项、仲裁机构等诸多方面。具体而言,仲裁协议的内容可分为两类:法定内容和约定内容。法定内容是指法律规定仲裁协议必须具备的内容,如我国《仲裁法》第16条规定,有效的仲裁协议必须具备请求仲裁的意思表示、仲裁事项、选定仲裁委员会这三个内容。约定内容是指在法定内容之外,在不违背法律强制性规定的情况下,允许当事人意思自治的事项。

1. 法定内容

所谓请求仲裁的意思表示,是指当事人将争议提交仲裁的共同意思表示。它包含了两方面的内容:一是双方当事人有明确的意愿将争议提交仲裁解决;二是当事人的这种意图通过其行为表示于外部,即外界能够轻易地识别其仲裁意愿。请求仲裁的意思表示是仲裁协议最基本的内容,若此项内容缺失,仲裁协议就不能生效。所谓争议事项,是指当事人通过协议约定哪些争议可以提交仲裁解决。仲裁协议中的仲裁事项是仲裁机构行使管辖权的范围,当事人订立仲裁事项时,应注意以下两方面的内容:一是约定的仲裁事项的范围不可超出法律规定的仲裁的适用范围,即必须是可仲裁事项,否则仲裁机构无权受理。二是仲裁事项必须具体明确。对于仲裁委员会的选定问题,按照我国仲裁法的相关规定,必须符合两个条件:一是当事人选择的仲裁委员会必须确实存在;二是选择的仲裁委员会必须是明确的,唯一的,不可同时选择两个以上的仲裁机构,否则会造成仲裁协议无效的后果。

2. 约定内容

除上述法定内容外,当事人还可对其他事项作出选择,如仲裁地点、仲裁规则、实体问题应适用的法律等。仲裁地点的选择与仲裁所适用的法律(包括程序法和实体法)、仲裁协议的效力、外国仲裁裁决的承认与执行等问题密切相关。就仲裁规则而言,根据我国相关仲裁法规的规定,对于国内仲裁,当事人选择了仲裁机构就必须使用该仲裁机构的仲裁规则,不允许当事人意思自治。而对于涉外仲裁来说,则有条件地允许当事人选择仲裁规则。[①] 就实体问题应适用的法律而言,由于仲裁处理的争议都是当事人之间可自由处分的民商事实体权益,按照私法自治原则,许多国家都规定当事人可以在仲裁协议中约定处理实体问题所适用的法律。

(五) 仲裁协议效力的认定

仲裁协议的实质性要件主要包括:仲裁协议的当事人具有行为能力、请求仲裁的意思表示真实、争议事项具有可仲裁性以及内容合法等。

1. 仲裁协议的当事人具有完全的行为能力

1958年《纽约公约》规定,签订仲裁协议的当事人双方或一方在签订协议时

① 参见《中国国际经济贸易仲裁委员会仲裁规则》第7条。

无行为能力的，那么被请求承认与执行该仲裁裁决的主管机关可以根据当事人申请，拒绝承认和执行依该仲裁协议作出的裁决。[①] 就世界范围而言，大部分国家的法律都规定，仲裁协议的当事人双方或一方在签订协议时无行为能力的，该仲裁协议无效。

2. 当事人请求仲裁的意思表示

与诉讼的强制性管辖相比，仲裁管辖是建立在当事人合意基础上的自愿管辖，因而当事人之间是否有请求仲裁的意思表示尤为重要。书面协议能够更准确、真实地表达当事人的内心意思，从而尽量避免当事人的意思表示与其内心意愿的不一致的情况发生。因此，许多国家法律规定仲裁需有书面的仲裁协议。此外，由于仲裁的前提是当事人请求仲裁的意思表示一致，因此在当事人受到恐吓、胁迫、欺诈等原因违背其内心意愿的情况下订立的仲裁协议，法律将给予救济。[②]

3. 争议事项的可仲裁性

传统上，涉及婚姻、继承、赡养、抚养等涉及人身、家庭关系方面的争议，以及关于竞争法、证券等涉及国家经济管理方面的重大事项是不可仲裁的。但是随着时代的发展，这种状况正在逐渐改变。尤其是在经济领域，专利、证券、反托拉斯等以前认为不可能仲裁的事项，也在晚近一些国家的司法实践中有所松动，并被认为是可仲裁事项。[③]

4. 仲裁协议的内容合法

仲裁协议的内容必须符合法律规定，同时不得违反法律的强制性规定及公共秩序，否则仲裁协议无效。在我国，仲裁协议会因缺乏《仲裁法》第 16 条所规定的内容而无效。

5. 仲裁协议的形式符合法律规定

多数国家仲裁立法都规定仲裁协议必须采用书面形式。但也有少部分国家立法和国际条约允许当事人采用非书面的仲裁协议，如瑞典的仲裁立法和 1961 年《关于国际商事仲裁的欧洲公约》。

（六）仲裁条款独立性原则

仲裁条款独立性是指记载于商事合同的仲裁条款的效力不受该商事合同效力的约束和影响，即仲裁条款作为当事人之间约定的解决争议的条款，可独立存在，不因主合同无效而无效，不因主合同被撤销而失效，只要存在合法有效的仲

① 参见 1958 年《纽约公约》第 5 条第 1 款第 1 项。

② 如《仲裁法》第 17 条第 1 款第 3 项。

③ See Emmanuel Gaillard, John Savage, *Fouchard Gaillard* Goldman on International Commercial Arbitration, Kluwer Law International (1999), pp. 348—349.

裁协议，仲裁庭都可以取得对争议的管辖权。我国相关法律[①]也肯定了该项原则，国际社会也大多承认仲裁条款独立性原则[②]。仲裁条款独立性原则的基本理论依据是当事人意思自治，即仲裁条款之所以能够独立于主合同而单独存在，完全是因为当事人之间在订立合同时达成的将合同履行中可能发生的争议交由仲裁解决的意思表示。因此，按照很多英美国家的法律，当主合同由于欺诈而无效时，仲裁条款仍可独立于该自始无效的合同而存在。同时，这也反映了仲裁制度的价值追求：尊重当事人意思自治，尽最大可能允许争议进入仲裁程序，以期争议能够按照当事人约定的方式得以顺利解决。

四、国际商事仲裁裁决的承认与执行

（一）承认与执行国际商事仲裁裁决制度概述

承认国际商事仲裁裁决，是指一国法院认可外国仲裁裁决具有同本国仲裁裁决一样的效力。1958 年《纽约公约》并未对“承认”下一定义，仅在第 3 条规定：“各缔约国应承认仲裁裁决具有拘束力”，即要求各缔约国承认外国仲裁裁决具有终局的拘束力。执行国际商事仲裁裁决，是指内国法院应仲裁裁决一方当事人的请求，依法定程序，强制另一方当事人履行本国法院承认的外国仲裁裁决规定的义务。承认与执行仲裁裁决制度尤为重要，它是实现当事人权利义务分配不对等的手段，是正义的实现途径，若仲裁裁决无法得到有效承认与执行，则当事人将争议提交仲裁的目的就无法实现。因此，承认与执行仲裁裁决是国际商事仲裁制度不可缺少的一个环节。受《纽约公约》的影响，当今世界大多数国家的承认与执行仲裁裁决制度与《纽约公约》所规定的相似。

（二）承认与执行国际商事仲裁裁决的国际条约

《纽约公约》是至今在世界范围内缔结和加入国家最多的公约之一，是国际商事仲裁裁决得以承认和执行的最重要的法律依据，其主要内容可归纳为三部分，其中第二部分是第 3—6 条，规定了承认与执行裁决的法院应遵循的原则、当事人申请承认与执行裁决应递交的文件、拒绝承认与执行裁决的事由等内容。

1. 承认与执行国际商事仲裁裁决的程序规则

《纽约公约》第 3 条规定：“各缔约国应承认仲裁裁决具有拘束力，并依援引裁决地之程序规则及下列各条所载条件执行之。承认或执行适用本公约之仲裁裁决时，不得较承认或执行内国仲裁裁决附加过苛之条件或征收过多之费用。”该条原则性地规定了各缔约国在承认和执行外国仲裁裁决时在程序上不能比执

① 参见《合同法》第 57 条和《仲裁法》第 19 条第 1 款。

② 参见《联合国国际商事仲裁示范法》第 16 条、《国际商会仲裁规则》第 8 条第 4 款、《联合国国际贸易法委员会仲裁规则》第 21 条第 2 款。

行本地仲裁裁决更为苛刻。该公约第4条规定了申请承认与执行裁决所应提供的文件,包括裁决的正本或者正式副本、仲裁协议的正本或正式副本,同时要求申请人提供的文件具备裁决地所在国的正式文字,若不具备此项正式文字,申请人应当提供经过认证的译本。

2. 拒绝承认与执行的事由

《纽约公约》第5条将可拒绝承认与执行的事由分为两类。第一类属于由申请人提交证据向法院证明的事由,该条第1款规定,这些事由包括仲裁协议无效、仲裁程序不公、非仲裁事项裁决、仲裁庭组成不当、裁决不具拘束力与裁决被撤销等。若被执行人不向申请执行人提出抗辩,并向受理法院提交证据证明存在该五项情形之一情况的,法院不会主动查明这些情形是否存在,仲裁裁决将得到承认与执行。第二类是该条第2款所列事由,主要指仲裁属不可仲裁性、违反公共政策,属于法院有权主动查明而无须被申请人举证的情形。如果法院查明有该等情形之一的,可拒绝承认与执行仲裁裁决。

五、常设仲裁机构的种类

依常设仲裁机构本身的性质和影响范围,可以将常设仲裁机构分为三种:

1. 国际性常设仲裁机构

国际性常设仲裁机构是指依据某一国际组织作出的决议或某项国际条约,为处理国际商事争议而成立的常设仲裁机构。国际性常设仲裁机构不属于任何特定的国家,而是附设于某一国际组织或机构之下,其影响涉及世界各国或某一地区。目前,全球性的国际性常设仲裁机构主要有国际商会国际仲裁院、世界知识产权组织仲裁与调解中心、解决投资争议国际中心。地区性的国际性常设仲裁机构主要有美洲国家间商业仲裁委员会、欧洲经济共同体设立的商事仲裁机构等。

2. 国家性的常设仲裁机构

国家性的常设仲裁机构是指基于一国的决定设立在该国的仲裁机构。国家性常设仲裁机构大都附设在各国商会或其他类似的工商团体之下,属于民间组织性质,如美国仲裁协会、瑞典斯德哥尔摩商会仲裁院等。

3. 专业性的常设仲裁机构

专业性的常设仲裁机构一般是指附设于某一行业组织内专门受理其行业内部争议案件的仲裁机构,如英国伦敦黄麻协会、英国伦敦橡胶交易所、英国伦敦谷物工会、荷兰鹿特丹毛皮交易所、波兰丁尼亚棉花协会等行业组织内部都设有仲裁机构。这些仲裁机构一般是非开放性的,即不受理非会员之间的争议案件。有些专业性常设仲裁机构不附设于某一行业组织内部,这些专业性常设仲裁机构则是开放性的,如英国的海事仲裁协会便属于这类专业性常设仲裁机构,凡是涉及该专业的争议,该专业仲裁机构都可以受理。

六、国际上的主要仲裁机构

（一）国际商会仲裁院

国际商会仲裁院（The International Court of Arbitration of International Chamber of Commerce，ICC）成立于1922年，是附属于国际商会的一个全球性的常设仲裁机构，总部设在巴黎。该仲裁院的宗旨是：通过依照其仲裁规则的规定，以仲裁的方式处理国际商事法律争议，促进国际合作与发展。它是当今国际社会商事仲裁领域最具影响力的仲裁机构。

（二）解决投资争议国际中心

解决投资争议国际中心（International Center for the Settlement of Investment Disputes，ICSID），是世界银行下设的一个独立机构。它成立于1966年10月14日，是根据1965年3月在世界银行主持下签订的《解决国家与他国国民间投资争议的公约》（即1965年《华盛顿公约》）而设立的一个专门处理国际投资争议的全球性常设仲裁机构，总部设在美国华盛顿。ICSID的宗旨是：用调停和仲裁的方法，解决该公约缔约国和其他缔约国国民之间的投资争议，以促进和鼓励私人资本的国际流动。

ICSID设有一个行政理事会、一个秘书处、一个调停人小组和一个仲裁人小组。ICSID具有不同于任何其他商事仲裁机构的特殊法律地位。它具有完全的国际法律人格，具有缔结契约、取得和处理动产和不动产及起诉的能力；中心在完成其任务时，在各缔约国领土内享有该公约所规定的特权和豁免；中心及其财产和资产享有豁免一切法律诉讼的权利；中心的资产、财务和收入以及该公约许可的业务活动和交易，应免除一切捐税和关税；中心及其所有官员和工作人员，享有政府间国际组织及其人员所享有的特权和豁免权。另外，作为当事人、代理人、法律顾问、律师、证人或专家以及在仲裁中出庭的人在进行仲裁的往返途中或仲裁地停留时，也享有该公约第21条规定的豁免权。

ICSID的管辖权严格遵守属人管辖原则，即受理缔约国指派到中心的该国的任何组成部分或机构，与另一缔约国国民之间直接因投资而产生的任何法律争议。可见，该中心受理案件的范围并不是一切因国际投资而引发的争议。当事人双方一旦同意将争议提交中心解决后，就不能单方面撤销其同意。

中国是《解决国家与他国国民间投资争议的公约》的缔约国，如果发生外国投资者与中国国家之间，或者中国投资者与外国国家之间的投资法律争议，基于彼此之间所达成的仲裁协议，可以将争议提交ICSID仲裁解决。

（三）世界知识产权组织仲裁与调解中心

世界知识产权组织仲裁与调解中心（WIPO Arbitration and Mediation Center）成立于1994年，总部设在日内瓦，在行政上属于世界知识产权组织国际局的一部分。该中心利用其在知识产权领域的优势,受理当事人提交的涉及知识产权争议的国际商事案件,特别是高科技领域的技术贸易及相关争议,同时也受理当事人愿意提交的其他民商事案件。该中心管理的争议解决程序有四个:(1)根据WIPO调解规则进行调解;(2)根据WIPO仲裁规则进行仲裁;(3)根据WIPO加速仲裁规则进行仲裁;(4)调解与仲裁相结合的程序。近年来,该中心还尝试利用互联网进行加速仲裁程序。中心备有调解员名册和仲裁员名册,提供当事人使用;在当事人没有指定,或在规定时间内没有指定调解员和仲裁员时,由中心代位指定使用。

(四)伦敦国际仲裁院

伦敦国际仲裁院(London Court of International Arbitration,LCIA)是世界上成立最早的仲裁机构,成立于1892年,当时称为伦敦仲裁厅(London Chamber of Arbitration),1903年改名为伦敦仲裁院。1975年,伦敦仲裁院与皇家特许仲裁院协会合并,1981年改名为伦敦国际仲裁院。LCIA现由伦敦市政府、伦敦工商会和皇家特许仲裁员协会三家共同组成的联合委员会管理。仲裁院的日常工作由皇家特许仲裁员协会负责,仲裁员协会的会长兼任仲裁院的主席。该仲裁院制定了仲裁规则,但当事人也可以约定适用《联合国国际贸易法委员会仲裁规则》。仲裁院备有仲裁员名单,名册由来自三十多个国家的仲裁员组成。

(五)斯德哥尔摩商会仲裁院

斯德哥尔摩商会仲裁院(The Arbitration Institute of the Stockholm Chamber of Commerce, AISCC)是在斯德哥尔摩商会下设立的一个瑞典全国性的仲裁机构,成立于1917年。基于瑞典在政治上是中立国的地位,其仲裁的公正性在国际社会上享有很高的声誉,现在已发展成为东西方国家国际商事仲裁的中心。该仲裁院除自己有一套仲裁规则外,还允许按照当事人的约定,根据《联合国国际贸易法委员仲裁规则》以及其他仲裁规则审理案件。该仲裁院没有固定的仲裁员名单,当事人可自行指定仲裁员,并且所指定的仲裁员不受国籍的限制。该仲裁院依据当事人的请求,还可以向当事人推荐仲裁员。

(六)美国仲裁协会

美国仲裁协会(American Arbitration Association, AAA)成立于1926年,总部设在纽约,在全美主要城市共设有34个办事处,并在纽约和都柏林各设有一个国际争议解决中心。美国仲裁协会由美国仲裁社团、美国仲裁基金会和其他一些工商团体组成,是一个民间性的、非营利性的为公众服务的机构,既受理美国国内的商事争议,也受理国际商事争议案件。该协会制定了国际仲裁规则,也允许当事人约定适用《联合国国际贸易法委员会仲裁规则》。协会设有仲裁员名单,供当事人选定。

（七）中国国际经济贸易仲裁委员会

中国国际经济贸易仲裁委员会（China International Economic and Trade Arbitration Commission, CIETAC,以下简称“仲裁委员会”）是隶属于中国国际贸易促进委员会（中国国际商会）的一个全国性的民间常设仲裁机构。它是中国国际贸易促进委员会根据中央人民政府政务院1954年5月6日的决定，于1956年4月设立的，当时的名称为“对外贸易仲裁委员会”。中国实行对外开放政策后，为了适应国际经济贸易关系不断发展的需要，对外贸易仲裁委员会于1980年改名为“对外经济贸易仲裁委员会”，后又于1988年改名为“中国国际经济贸易仲裁委员会”。自2000年10月1日起，中国国际经济贸易仲裁委员会同时启用“中国国际商会仲裁院”（The Court of Arbitration of China Chamber of International Commerce, CCOIC Court of Arbitration）的名称。

仲裁委员会总会设在北京。根据业务发展的需要，仲裁委员会分别于1989年和1990年设立了深圳分会和上海分会。自2004年6月18日起，仲裁委员会深圳分会正式更名为仲裁委员会华南分会，并同时启用“中国国际商会仲裁院华南分院”的名称。仲裁委员会北京总会及其华南分会和上海分会是一个统一的整体，是一个仲裁委员会。总会和分会使用相同的仲裁规则和仲裁员名单，在整体上享有一个仲裁管辖权。仲裁委员会分会设秘书处，在仲裁委员会分会秘书长的领导下负责处理仲裁委员会分会的日常事务。

仲裁委员会受理契约性或非契约性的经济贸易争议。其范围包括：第一，国际的或涉外的争议案件；第二，涉及香港特别行政区、澳门特别行政区或台湾地区的争议案件；第三，国内争议案件。

经过五十多年的不懈努力，中国国际经济贸易仲裁委员会以其独立、公正、快速、高效的仲裁工作在国内外享有广泛的声誉，现已成为世界上重要的商事仲裁机构之一。

（八）中国海事仲裁委员会

中国海事仲裁委员会（China Maritime Arbitration Commission, CMAC）是根据国务院1958年11月21日的决定，于1959年1月22日设立的专门受理国内外海事争议的常设仲裁机构，当时的名称为“中国国际贸易促进委员会海事仲裁委员会”。1988年6月21日国务院将其改名为“中国海事仲裁委员会”。

按照该委员会现行仲裁规则，中国海事仲裁委员会以仲裁的方式，独立、公正地解决海事、海商、物流争议以及其他契约性或非契约性争议，以保护当事人的合法权益，促进国际、国内经济贸易和物流的发展。

思考题

1. 国际民商事争议解决的主要方式有哪些？国际民商事争议解决方式的发展趋势如何？不同争议解决方式各有哪些特点和优势？

2. 国际民事诉讼管辖权涉及的相关问题有哪些？

3. 商事仲裁是否属于 ADR 替代性争议解决的方式之一？ADR 在 WTO 争端解决机制中的运用情况如何？ADR 目前在中国能够大力推广适用吗？

4. 国际商事仲裁协议的法律效力表现在哪几个方面？国际商事仲裁协议对第三人的效力如何？何为国际商事仲裁协议的妨诉效力？

拓展视野

1. 国际商事仲裁凭借其高度意思自治性、法律适用灵活性以及裁决执行的有效性，在当今被广泛运用，并呈现出了前所未有的繁荣景象。对于国际商事仲裁理论问题的研究，可参阅刘晓红主编：《国际商事仲裁专题研究》，法律出版社 2009 年版。

2. 有关国际商事仲裁现代化的研究及最新案例和资料，可参阅赵秀文：《国际商事仲裁现代化研究》，法律出版社 2010 年版。

3. 关于国际商事仲裁法律与实践的国外著作，可参阅〔英〕雷德芬、亨特等：《国际商事仲裁法律与实践(第 4 版 · 世界法学精要)》，林一飞、宋连斌译，北京大学出版社 2005 年版。

4. 诉讼是解决争议的有效方式，但并不是解决争议的唯一方式。通过非诉讼方式解决争议同样可以达到公平合理解决争议的目的，并且非诉讼方式具有花费低廉、耗时少等优点，通过非诉讼方式解决争议已成为现代法律发展中的一大趋势。关于非诉讼方式解决争议的相关知识，可参阅袁泉、郭玉军：《ADR——西方盛行的解决民商事争议的热门制度》，载《法学评论》1999 年第 1 期。

5. 关于涉外民商事案件的管辖权问题，可参阅章尚锦：《国际民事诉讼管辖权制度研究》，载《北京政法职业学院学报》2004 年第 3 期。

第三章　国际民事诉讼管辖权

知识介绍

国际民事诉讼首先要解决的是一国法院对具有涉外因素案件的管辖权问题。受国家司法主权的制约，各国在确定自身涉外案件管辖权的依据和标准时不完全相同，因而可能产生数个国家对同一案件都行使管辖权或都不行使管辖权的情形，这是管辖权的积极冲突与消极冲突。由此可能出现当事人“挑选法院”现象与多国法院同时审理同一争议的“平行诉讼”情况。

第一节　国际民事诉讼管辖标准与管辖冲突

案　例

原告英达公司、被告盛立公司以及第三人香港国安公司因合资合同履行问题产生纠纷，该合资合同约定：“凡因执行本合同所发生的或与本合同有关的一切争议，双方应通过友好协商解决；如果协商不能解决，应提交中国国际经济贸易仲裁委员会，根据该会的仲裁程序暂行规则进行仲裁。”发生纠纷后原告向法院提起诉讼，被告曾就本案的法院管辖问题提出异议，但于第一次开庭前撤回异议，参加了庭审。

原、被告订立的合同中有仲裁条款时，法院对争议是否具有管辖权？原告提起诉讼后，被告参加庭审是否表明被告接受法院的管辖？

一、国际民事诉讼管辖权概述

（一）国际民事诉讼管辖权的概念

国际民事诉讼管辖权，是指在国家拥有司法权的前提下，一国法院或其他有权审判机关受理、审判具有国际因素的民事、商事类案件的权限范围及法律依据。

在国际公法上，管辖权是国家司法主权的体现，任何主权国家都有属地管辖权和属人管辖权。依据属地管辖权,任何主权国家有权对其领土内的一切人、物和行为行使司法管辖权;依据属人管辖权,任何主权国家有权管辖具有本国国籍的人,包括在国外的本国国民。与国际公法上的管辖权不同,国际私法上的管辖权则是在国家司法主权的大前提下,确定某一具体民商事案件应由哪一国法院来管辖的问题,因而具有重要意义。

国际民事诉讼管辖权在国际民事诉讼法中占有极其重要的地位,它是进行国际民事诉讼的起点。其重要意义具体体现在以下几个方面:

第一,在国际民事诉讼中,首要解决的问题就是管辖权问题,它是一国法院审理国际民商事案件的前提条件和基础。如果一国法院对某一涉外民商事案件没有管辖权,就不能受理该案件,更谈不上继续审理并作出判决。

第二,国际民事诉讼管辖权往往与维护国家主权有关,是一国国家主权在国际民事诉讼领域的具体表现。

第三,司法管辖权的确定通过对案件的识别和公共秩序保留制度影响纠纷的法律适用。

第四,国际民事诉讼管辖权直接影响当事人的利益和审判的结果。因为各国的冲突规范不同,可能就同一事实适用不同国家的实体法,从而得出不同的判决结果。

因此,国际民事诉讼管辖权不仅为理论界所关注,在实践中也为当事人各方高度重视。

(二)国际民事诉讼管辖权的类型

由于世界各国立法及实践部门对管辖权的侧重点不同,以及对国际民事管辖权的分类标准各异,目前存在不同标准的国际民事诉讼管辖权。

表 3-1

<table>
<tr><td rowspan="11">国际民事诉讼管辖权的分类</td><td>分类标准</td><td>分类</td><td>两者比较</td></tr>
<tr><td rowspan="2">基本分类</td><td>属地管辖权</td><td>强调法律行为的地域性质,依据是被告住所地及标的物所在地</td></tr>
<tr><td>属人管辖权</td><td>强调当事人的国籍性质,一国对本国国民具有管辖权</td></tr>
<tr><td rowspan="2">行使主体不同</td><td>立法管辖权</td><td>一国立法或根据国际条约确定管辖权根据的规则</td></tr>
<tr><td>司法管辖权</td><td>一国法院根据立法管辖权,在具体案件上行使的管辖权</td></tr>
<tr><td rowspan="2">管辖权是否具有强制性</td><td>专属管辖权</td><td>一国对特定的国际民商事案件无条件地保留受理和裁决的权力,以排除其他国家法院对此类案件的管辖权</td></tr>
<tr><td>任意管辖权</td><td>一国对普通国际民商事案件(通常与该国重大经济政治利益无密切关系)规定既可由内国法院又可由外国法院管辖的规则</td></tr>
<tr><td rowspan="2">管辖权产生的不同根据</td><td>法定管辖权</td><td>根据国内立法和国际条约享有的管辖权</td></tr>
<tr><td>协议管辖权</td><td>当事人明示或默示选择将争议交给某国法院管辖</td></tr>
<tr><td rowspan="2">管辖权的不同性质</td><td>一般管辖权</td><td>一般国际民商事案件都可以适用的普遍性管辖原则,如“原告就被告”原则</td></tr>
<tr><td>特殊管辖权</td><td>根据国际民商事案件的特殊性质确定的管辖权规则</td></tr>
</table>

二、国际民事诉讼管辖权冲突

（一）国际民事诉讼管辖权冲突的原因

在国际民事诉讼中，基于各国司法主权对管辖权的争夺、国际民商事案件中当事人经济利益的冲突以及各国对同类案件规定了不同的管辖标准等原因，管辖权冲突的现象时有发生。国际民事诉讼管辖权冲突，是指在国际民事诉讼中，与某一国际民商事案件相关联的所有国家都主张管辖权，或者都放弃对案件的管辖权的情况。前者被称为管辖权的积极冲突，后者被称为管辖权的消极冲突。管辖权的积极冲突，即两个以上国家的法院对同一国际民商事案件均要求行使管辖权的现象，一般表现为"一事两诉"和"一事再理"。管辖权的消极冲突，即与国际民商事案件有关联的所有国家均放弃对案件的管辖权，或根据有关的国际条约、国内立法的规定不能行使管辖权而产生的冲突。在实践中，管辖权的消极冲突偶尔也会发生。

各国对于国际民事诉讼立法的不同和观念的差异是导致国际民事诉讼管辖权冲突的直接原因。一般说来，英美法系国家根据"有效控制原则"来决定法院对某涉外民商事案件是否具有管辖权，如在对人诉讼中，只要被告处于法院地国境内或者能够收到传票就具有管辖权；在对物诉讼中，案件所涉及的标的物处于本国境内时就具有管辖权。而大陆法系国家主要是根据国籍、住所、诉讼标的物是否在内国等因素来考虑对某一涉外民商事案件是否具有管辖权。

（二）国际民事诉讼管辖权冲突的协调

1. 国际协调原则

国际民事诉讼管辖权冲突的解决应当坚持国际协调原则。所谓国际协调原则，是指各国解决国际民事诉讼管辖权冲突时，应当在立法和司法活动中，考虑到其他国家的有关立法和司法实践，同时也应考虑国际社会的普遍做法，进而尽量避免和消除冲突。国际协调原则主要包括以下内容：

第一，合意管辖原则。所谓合意管辖原则，即国际民事诉讼的双方当事人在争议发生之前或者发生之后，以协议的方式确定他们之间的争议由哪国法院管辖的原则。由于国际民事诉讼中更多体现出的是当事人私人的利益，因此在国际民事诉讼中引入意思自治，赋予当事人双方协议选择法院的权利已为大多数国家所采用。

第二，有效原则。所谓有效原则，即各国在确定国际民商事纠纷的法院管辖权时，应考虑确保依其确定的管辖法院所作的判决得到承认和执行，保证判决有效的原则。在国际私法实践中，绝大多数国家以当事人的住所地或诉讼标的所在地作为行使管辖权的基础，就是有效原则的体现。有效原则是所有国际民事诉讼管辖权冲突协调原则中最为重要的原则，当前述合意管辖原则与有效原则相冲突的时候,应优先考虑有效原则。

第三,便利诉讼原则。所谓便利诉讼原则,即各国在确定对某一国际民商事案件由何国法院进行管辖时,要考虑到是否便利当事人特别是被告人进行诉讼,以及是否便利管辖法院对案件的审理。在英美法系国家的司法实践中不方便法院规则的运用便是便利诉讼原则的体现。不方便法院规则,是指对某一民商事案件具有管辖权的法院审理这一案件严重不便的,或者对某一方当事人严重不便或不公平的,则该法院有权拒绝行使管辖权。但依据便利诉讼原则确定的管辖权,不得与依合意管辖原则和有效原则确定的管辖权相冲突。

第四,先受理法院管辖原则。所谓先受理法院管辖原则,即当各方当事人就同一国际民商事纠纷基于相同事实以及相同目的分别在不同国家起诉时,原则上应由最先受理的国家的法院行使司法管辖权。先受理法院管辖原则是解决管辖权积极冲突的基本原则。

2. 国际协调的具体做法

综观各国立法和国际条约中有关解决国际民事诉讼管辖权冲突的规定,协调冲突的方法主要有以下几种:

首先,在国内立法方面,内国法院应当尽量减少专属管辖的规定,并增加当事人协议选择法院的范围。

其次,在国内司法方面,法院应当承认和保护当事人协议选择管辖法院的权利;内国法院应当采用一事不再理原则,对于国外法院正在审理的案件应积极终结国内的诉讼程序;采用必要管辖权制度,当事人在有关国家找不到合适的管辖法院时,内国法院应当依据案件与内国的某种联系,扩大内国法院对案件的管辖,积极受理并审理相关案件。

最后,在国际立法方面,各国应当积极通过国际社会的合作消除国际民事诉讼管辖权冲突。目前,有关国际民事管辖权的国际立法主要有:1928 年《布斯塔曼特法典》、1952 年《关于船舶碰撞中民事管辖权冲突若干规则的国际公约》、1958 年《国际有体动产买卖协议管辖权公约》、1965 年海牙《收养管辖权、法律适用和判决承认公约》、1965 年海牙《协议选择法院公约》、1971 年海牙《国际民商事案件中外国判决的承认和执行公约》、1968 年《布鲁塞尔公约》和 2005 年海牙《选择法院协议公约》。

三、确定管辖权的一般原则

综观国际社会的立法和司法实践,各国主要遵循属地管辖原则、属人管辖原则、专属管辖原则以及协议管辖原则来确定国际民事诉讼管辖权。

表 3-2

原则	定义说明	各国采用举例
属地管辖原则（地域管辖原则）	指一国法院基于领土主权原则，对该国领域内一切人、物以及法律行为具有管辖权的原则。它是国家主权原则在国际民商事案件管辖权问题上的具体体现。诉讼中的案件事实和双方当事人与法院地国地域上的联系包括：当事人的住所、诉讼标的所在地、被告财产所在地等作为对法院管辖权具有决定意义的连结点	德国、奥地利、日本等国采用属地管辖原则
属人管辖原则	指一国法院对本国国民具有管辖权限的原则。它是国家主权原则在国际民事诉讼管辖权问题上的体现，但侧重当事人国籍	以法国为代表的拉丁法系国家一般采用属人管辖原则
专属管辖原则	指一国法院对于本国和本国国民的根本利益具有密切联系的国际民事诉讼无条件地享有管辖权，以排除其他国家法院对该类民商事案件的管辖。它是国家主权原则在国际民商事案件管辖权问题上的突出表现	大陆法系和英美法系国家都采用该原则
协议管辖原则	指基于当事人双方的合意选择确定管辖法院的原则，是意思自治原则在国际民事诉讼管辖权问题上的具体体现	该原则被大多数国家所采用

第二节　国际民事诉讼管辖中的若干问题

一、平行诉讼

平行诉讼也称为“诉讼竞合”，是相同当事人就同一争议基于相同事实以及相同目的在两个以上国家的法院进行诉讼的现象。对于绝大多数国际民商事案件而言，并非只有一个国家法院有管辖权，很多国家法院都可以根据本国法院规定的连结因素行使管辖权。

平行诉讼不仅不利于当事人之间纠纷的解决，还会造成司法资源的浪费，引发不同国家之间的管辖权竞争，给国际司法协助带来很大障碍。因此，在国际立法和司法实践中，各国都通过一定方式对其加以避免和解决。

二、挑选法院

（一）概述

挑选法院（forum shopping），又称“择地行诉”、“选购法院”，主要指在国际民事诉讼中，当事人犹如选购商品一样，可以在所有享有管辖权的法院中选择一个最有利自己的法院提起诉讼。

当事人挑选法院一般有下列几种方式：第一，在国际民商事合同领域内，各方当事人在合同中订立管辖条款，约定解决争议的地点。第二，在侵权、婚姻、海商、继承、破产等领域，原告一方主动行诉。原告在可选择法院的范围内，选择一个对自己最有利的法院起诉。第三，原本应成为被告的一方当事人，在双方争议发生之后，为防止本应成为原告的一方当事人选择一个对自己不利的法院行诉，主动在对自己有利的法院行诉，即被告挑选法院。

各国对于挑选法院的态度不尽相同。我们应清醒地认识到，短期内，挑选法院的现象并不能消除。挑选法院所带来的不公平确实存在，怎样去避免是我们必须关注的。

（二）防止挑选法院的方法

各国都在国内、国际层面上从管辖权、法律适用、判决的承认和执行三方面采取相关措施解决挑选法院问题。

1. 国内措施。主要包括以下几个方面：第一，利用冲突规范的规定防止挑选法院。如果有统一的冲突规范，无论当事人怎么挑选法院，冲突规范最后指引的准据法都是一样的。这在一定程度上可以缓解挑选法院的现象发生。第二，国内相关立法对法院行使管辖权作出限制规定。如规定本国法院行使管辖权应以判决能在有关国家执行为条件等。第三，当事人利用管辖权条款。这主要是指当事人双方在合同中约定将来发生的争议由某一法院管辖。从目前看，这种方法对阻止挑选法院有一定意义。第四，不方便法院规则。虽然法院对诉讼的当事人有管辖权，但出于便利的考虑可能导致法院行使自由裁量权而拒绝行使管辖权，并且强迫原告到一个更合适的法院行诉。利用这种原则可以使本身具有管辖权的法院不再审理案件。

2. 国际措施。在防止和解决挑选法院和平行诉讼问题方面，两个最具有代表性的公约是《布鲁塞尔公约》和《卢加诺公约》。《布鲁塞尔公约》是欧共体成员在比利时签订的关于民事诉讼管辖权及判决执行的公约。该公约是目前在国际民事诉讼管辖权方面规定得最为详细和完整的区域性国际公约。

三、不方便法院规则

不方便法院规则，一般是指对某涉外案件具有管辖权的法院，认为其审理该案件具有严重的不方便，另一国法院管辖更为方便而拒绝行使管辖权的一种自我限制管辖权行使的方法。

不方便法院规则的适用与管辖权选择及法律选择问题之间有着重要联系，各国立法和司法实践中，一般都允许当事人享有选择法律的自由。而在国际民事诉讼活动中，原告一般会选择对其有利而对被告不利的法院进行诉讼，此时原告选择法院的目的并非单单追求法律的公正，而是从更为有利的法律中获取利益。因此，法院常适用该规则来拒绝受理外国原告的起诉。英美法系国家较多地采用了这一规则。

四、《协议选择法院公约》

海牙国际私法会议于 2005 年 6 月通过了《协议选择法院公约》，相对于 1999 年的草案，其内容压缩了很多。但它的通过无疑是国际私法统一化进程中的里程碑，体现了各国对于解决国际民事诉讼管辖权冲突的积极意愿和迫切需要。

该公约共 5 章 34 条，其主要内容包括：

1. 第一章“范围与定义”。该公约适用于在民商事领域订立排他性选择法院协议的国际案件。同时该公约对于案件的国际性作了说明，在确定案件管辖权时，除当事人都居住在同一缔约国，以及当事人之间的关系、与争议有关的所有其他因素仅与该国有联系之外的案件均被视为国际性案件。在承认与执行阶段，只要被承认与执行的判决是外国判决，就属于国际性案件。

此外，该公约还规定了不应适用的排他性选择法院协议的类型，主要包括：一方当事人主要是为了私人、家人或家庭目的（消费者）而行为的自然人；内容涉及雇佣合同，包括集体协议。

该公约对于下列事项不适用：自然人的身份与法律能力；扶养义务；其他家庭法事项，包括由婚姻或类似关系产生的夫妻财产制度和其他权利或义务；遗嘱和继承；破产、和解和类似事项；旅客和货物的运费；海事污染、海事请求权的责任限制，共同海损、紧急拖航和海上救助；反垄断（竞争）事项；核能损害责任；由自然人或代表自然人引起的人身损害赔偿；非由合同关系产生的关于动产损失的侵权诉讼；不动产物权及租赁；法人的有效、无效或解散，及其机关决定的有效性；版权和邻接权之外的知识产权的有效性；侵犯除版权和邻接权之外的知识产权，除了因违反当事人间关于该权利的合同而违反诉讼程序；公共登记的有效性。

2. 第二章“管辖权”。只有当存在特定情形时，被选择法院之外的缔约国法院才可中止或驳回排他性选择法院协议所适用的诉讼。这些特定情形包括：

（1）根据被选择法院国家的法律，该协议是无效的；

（2）当事人根据受理法院的国家法律不具有缔约能力；

（3）赋予协议效力会导致明显不公正或将明显违背受理法院国家的公共政策；

（4）因当事人控制之外的特殊原因，协议不能被合理地执行；

（5）被选择法院业已决定不审理该案件。

3. 第三章"承认与执行"。本章规定了缔约国必须承认与执行由排他性选择法院协议指定的缔约国法院所作出的判决。该章也对拒绝承认或执行他国所作的判决的情形作出了规定:

(1)根据被选择法院国家的法律,该协议是无效的,除非该被选择法院已经认定该协议是有效的;

(2)根据被请求国的法律,一方当事人缺乏缔结协议的能力;

(3)对提起诉讼的文书或同等文书,未给被告充分的时间并以一定方式通知被告以便安排答辩,除非原国家的法律允许就通知提出异议,被告参加应诉且对原审法院的通知无异议而出庭答辩;

(4)被请求国通知被告的方式违反被请求国有关文书送达的基本原则;

(5)判决系通过与程序事项有关的欺诈而获得;

(6)承认或执行将明显违背被请求国的公共政策,包括具体诉讼程序会导致判决与该国基本的程序公正原则不符等情况;

(7)该判决与被请求国就相同当事人间的争议所作出的判决不一致;

(8)该判决与另一国先前就相同当事人相同诉因所作出的判决不一致,除非该在先判决满足在被请求国获得承认的必要条件。

4. 第四章"一般条款"和第五章"最终条款",对于如何实施公约作出了其他规定,如公约的解释,公约的签署、批准、接受、核准等程序性事项。

第三节 我国涉外民事诉讼管辖权

我国涉外民事诉讼管辖权的国内立法主要包括《民事诉讼法》及《最高人民法院关于适用〈中华人民共和国民事诉讼法〉的若干问题的意见》、《最高人民法院关于涉外民商事案件诉讼管辖若干问题的规定》、《海事诉讼特别程序法》及《最高人民法院关于适用〈中华人民共和国海事诉讼特别程序法〉若干问题的解释》等。《民事诉讼法》第235条规定:"在中华人民共和国领域内进行涉外民事诉讼,适用本编规定。本编没有规定的,适用本法其他有关规定。"因此,从该规定看,除我国涉外诉讼程序的专门规定外,法院应当援用国内的管辖规定。依照我国的立法和司法解释,对于涉外民事诉讼的管辖原则一般包括:普通管辖、特别管辖、专属管辖和协议管辖。

一、国内立法的规定

我国国内立法和实践基本确立了涉外民事诉讼管辖权以地域权限划分为依据,与确定国内民事诉讼的管辖权大致相同。

（一）普通管辖

我国普通管辖以地域管辖为原则，一般以被告住所地或者惯常居所地作为管辖权确定的依据。《民事诉讼法》第 22 条规定："对公民提起的民事诉讼，由被告住所地人民法院管辖；被告住所地与经常居住地不一致的，由经常居住地人民法院管辖。对法人或者其他组织提起的民事诉讼，由被告住所地人民法院管辖。同一诉讼的几个被告住所地、经常居住地在两个以上人民法院辖区的，各该人民法院都有管辖权。"第 35 条规定："两个以上人民法院都有管辖权的诉讼，原告可以向其中一个人民法院起诉；原告向两个以上有管辖权的人民法院起诉的，由最先立案的人民法院管辖。"从这一条规定可以看出，如果将该条适用到涉外民事诉讼中，在某种程度上，它是解决国际民事诉讼中的平行诉讼问题的原则，即以最先受理地的法院管辖。

我国立法还将原告住所地管辖作为普通管辖的例外。《民事诉讼法》第 23 条规定了以下几种可以由原告住所地人民法院管辖的情形，如果原告住所地与经常居住地不一致的，由原告经常居住地人民法院管辖：

（1）对不在中华人民共和国领域内居住的人提起的有关身份关系的诉讼；

（2）对下落不明或者宣告失踪的人提起的有关身份关系的诉讼；

（3）对被劳动教养的人提起的诉讼；

（4）对被监禁的人提起的诉讼。

根据《民事诉讼法》第 19 条的规定，重大涉外案件由中级人民法院管辖。2001 年《最高人民法院关于涉外民商事案件诉讼管辖若干问题的规定》规定，第一审涉外民商事案件由下列人民法院管辖：

（1）国务院批准设立的经济技术开发区人民法院；

（2）省会、自治区首府、直辖市所在地的中级人民法院；

（3）经济特区、计划单列市中级人民法院；

（4）最高人民法院指定的其他中级人民法院；

（5）高级人民法院。

上述中级人民法院的区域管辖范围由所在地的高级人民法院确定。

对国务院批准设立的经济技术开发区人民法院所作的下列第一审判决、裁定不服的，其第二审由所在地中级人民法院管辖：

（1）涉外合同和侵权纠纷案件；

（2）信用证纠纷案件；

（3）申请撤销、承认与强制执行国际仲裁裁决的案件；

（4）审查有关涉外民商事仲裁条款效力的案件；

（5）申请承认和强制执行外国法院民商事判决、裁定的案件。

此外，该司法解释还规定，发生在与外国接壤的边境省份的边境贸易纠纷案件、涉外房地产案件和涉外知识产权案件,不适用本规定。涉及我国香港、澳门特别行政区和台湾地区当事人的民商事纠纷案件的管辖,参照本规定处理。

（二）特别管辖

我国立法对特别地域管辖作了详细规定,主要包括:在合同纠纷上,除被告住所地法院可以管辖外,合同履行地法院也具有管辖权;在侵权纠纷上,被告住所地法院和侵权行为地法院均可管辖。

此外,我国立法还就在我国领域内没有住所的被告提起的合同或财产权益纠纷的诉讼,规定我国法院可以行使管辖权的多种根据。《民事诉讼法》第 241 条规定:“因合同纠纷或者其他财产权益纠纷,对在中华人民共和国领域内没有住所的被告提起的诉讼,如果合同在中华人民共和国领域内签订或者履行,或者诉讼标的物在中华人民共和国领域内,或者被告在中华人民共和国领域内有可供扣押的财产,或者被告在中华人民共和国领域内设有代表机构,可以由合同签订地、合同履行地、诉讼标的物所在地、可供扣押财产所在地、侵权行为地或者代表机构住所地人民法院管辖。”

（三）专属管辖

专属管辖是指某些特定的民商事案件必须由特定国家的国内法院行使司法管辖权。我国《民事诉讼法》明确了人民法院专属管辖的情形。该法第 34 条规定,下列案件,由本条规定的人民法院专属管辖:

（1）因不动产纠纷提起的诉讼,由不动产所在地人民法院管辖;

（2）因港口作业中发生纠纷提起的诉讼,由港口所在地人民法院管辖;

（3）因继承遗产纠纷提起的诉讼,由被继承人死亡时住所地或者主要遗产所在地人民法院管辖。

《民事诉讼法》第 244 条规定:“因在中华人民共和国履行中外合资经营企业合同、中外合作经营企业合同、中外合作勘探开发自然资源合同发生纠纷提起的诉讼,由中华人民共和国人民法院管辖。”

（四）协议管辖

我国立法确认了明示协议和默示承认两种方式的协议管辖。一方面肯定了协议管辖的效力,另一方面又对协议管辖作出了一定的限制,如对协议范围、选择法院不能违反有关专属管辖与级别管辖的规定,以及必须以书面形式进行的限制等。《民事诉讼法》第 242 条规定:“涉外合同或者涉外财产权益纠纷的当事人,可以用书面协议选择与争议有实际联系的地点的法院管辖。选择中华人民共和国人民法院管辖的,不得违反本法关于级别管辖和专属管辖的规定。”《民事诉讼法》第 25 条规定:“合同的双方当事人可以在书面合同中协议选择被告住所地、合同履行地、合同签订地、原告住所地、标的物所在地人民法院管辖,但不得违反本法对级别管辖和专属管辖的规定。”

二、国际条约的相关规定

我国是许多涉及国际民商事案件管辖权问题条约的参加国,我国参加的有关管辖权的公约主要有:《国际铁路货物联运协定》、《统一国际航空运输某些规则的公约》和《国际油污损害民事责任公约》。

《国际铁路货物联运协定》规定:凡有权向铁路提出赔偿请求的人,即有权根据运输契约提起诉讼。这种诉讼只能向受理赔偿请求铁路国的适当法院提出。

《统一国际航空运输某些规则的公约》适用于所有以航空器运送旅客、行李或货物而收取报酬的国际运输以及航空运输企业以航空器办理的免费运输。公约规定,承运人对旅客因死亡、受伤或身体上的任何其他损害而产生的损失,对于任何已登记的行李或货物因毁灭、遗失或损坏而产生的损失,以及对旅客、行李或货物在航空运输中因延误而造成的损失承担责任。原告有权在一个缔约国的领土内,向承运人住所地或其总管理机构所在地或签订合同的机构所在地法院提起诉讼,也可以向目的地法院提起诉讼。

《国际油污损害民事责任公约》规定,国际油污损害如在一个或若干个缔约国领土(包括领海)内发生,或在上述领土(或领海)内采取了防止减轻油污损害的预防措施的情况下,有关的赔偿诉讼便只能向上述一个或若干个缔约国的法院提出。每一缔约国都必须保证它的法院具有处理上述赔偿诉讼的必要管辖权。

三、我国海事诉讼管辖权制度

海事诉讼在国际民事诉讼中所占比例很大,其程序往往又不同于一般国际民事诉讼程序的规定。我国 1999 年 12 月 25 日通过的《海事诉讼特别程序法》对管辖权问题作了详细规定。

(一) 地域管辖

由于船舶的流动性较大,为方便诉讼、便于当事人及时主张自己的权利,我国在海事诉讼管辖方面规定了多个连结因素。我国海事诉讼的地域管辖,除应依据《民事诉讼法》第 29 条至第 31 条的规定外,还可以由船籍港所在地海事法院管辖;因海上运输合同纠纷提起的诉讼,除应依据《民事诉讼法》第 28 条的规定外,还可以由转运港所在地海事法院管辖;因海船租用合同纠纷提起的诉讼,由交船港、还船港、船籍港所在地、被告住所地海事法院管辖;因海上保赔合同纠纷引起的诉讼,由保赔标的物所在地、事故发生地、被告住所地海事法院管辖;因海船的船员劳务合同纠纷提起的诉讼,由原告住所地、合同签订地、船员登船港或者离船港所在地、被告住所地海事法院管辖;因海事担保纠纷提起的诉讼,由担保物所在地、被告住所地海事法院管辖;因船舶抵押纠纷提起的诉讼,还可以由船籍港所在地海事法院管辖;因港船的船舶所有权、占有权、使用权、优先权纠纷提起的诉讼,由船舶所在地、船籍港所在地、被告住所地海事法院管辖。

(二)专属管辖

我国海事法院对下列涉外海事诉讼享有专属管辖权:因港口作业纠纷提起的诉讼,由港口所在地海事法院管辖;因船舶排放、泄漏、倾倒油类或者其他有害物质,海上生产、作业或者拆船、修船作业造成海域污染损害提起的诉讼,由污染发生地、损害结果地或者采取预防污染措施地海事法院管辖;因在中华人民共和国领域和有管辖权的海域履行的海洋勘探开发合同纠纷提起的诉讼,由合同履行地海事法院管辖。

(三)间接管辖权

我国还对海事纠纷的间接管辖权作出了相关规定:当事人申请执行海事仲裁裁决,申请承认和执行外国法院判决、裁定以及国外海事仲裁裁决的,向被执行的财产所在地或者被执行人住所地海事法院提出,被执行的财产所在地或者被执行人住所地没有海事法院的,向被执行的财产所在地或者被执行人住所地的中级人民法院提出。

债权人基于海事事由请求债务人给付金钱或者有价证券,符合《民事诉讼法》有关规定的,可以向有管辖权的海事法院申请支付令。

债务人是外国人、无国籍人、外国企业或者组织,但在中华人民共和国领域内有住所、代表机构或者分支机构并能够送达支付令的,债权人可以向有管辖权的海事法院申请支付令。

提单等提货凭证持有人,因提货凭证失控或者消灭,可以向货物所在地海事法院申请公示催告。

(四)协议管辖及其他

海事纠纷的当事人都是外国人、无国籍人、外国企业或者组织,当事人书面协议选择中华人民共和国海事法院管辖的,即使与纠纷有实际联系的地点不在中华人民共和国领域内,中华人民共和国海事法院对该纠纷也具有管辖权。

当事人申请认定海上财产无主的,向财产所在地海事法院提出;申请因海上事故宣告死亡的,向处理海事事故主管机关所在地或受理相关海事案件的海事法院提出。

案　例

1993年1月,大连华兴船行与日本平成商事株式会社通过电传签订了一份租船合同，约定由华兴船行派船承运平成商社的一批钢材，装货港为日本大分，卸货港为天津新港。合同签订后，华兴船行于同年2月派船从厦门港驶往日本大分受载。船抵大分后，平成商社以船舶不适航为由拒绝装货。为此，与华兴船行发生争议。经双方协商，由中国船级社与日本NKKK船级社对船舶进行检验，检验结果为船舶适航。但平成商社仍然拒绝装货，致使船舶空载返回大连。华兴船行认为，船舶从厦门驶往日本大分港受载，厦门至大分是此租船合同的预备航次，预备航次的开始即合同履行的开始，厦门是本次租船合同的履行地。因此，1994年3月17日，华兴船行向厦门海事法院起诉。平成商社在答辩中提出管辖权异议，认为合同签订地在日本大分，装货港为大分，卸货港为天津新港，履行地应是大分和天津。平成商社在大连设有分支机构，有可供执行的财产。因此，对本案有管辖权的法院应为日本法院和中国的天津海事法院、大连海事法院。

请问本案应由哪个法院审理？

思考题

1. 互联网的出现对国际民商事管辖权产生了哪些影响？应如何应对互联网对国际民商事管辖权的冲击？

2. 目前我国法律对于平行诉讼有哪些规定？对于该问题的法律规定存在哪些问题？可以通过何种途径加以完善？

3. 不方便法院规则是如何产生的？该规则在发展过程中产生了哪些变化？大陆法系国家对该规则的态度如何？该规则在我国的适用情况如何？

4. 我国的海事诉讼管辖制度有何特殊之处？如何看待涉外海事诉讼管辖权的欺诈性规避问题？

拓展视野

1. 有关国际民事诉讼法的概念、国际民事诉讼程序的法律适用、国际民事诉讼中法院管辖权等的具体法律问题，可参阅李双元、谢石松：《国际民事诉讼法概论》，武汉大学出版社2001年版。

2. 英美法系国家国际民商事管辖权的相关案例及评析，可参阅王军：《国际私法案例选评》，对外经济贸易大学出版社2009年版。

3. 刘力在其《论国际民商事诉讼中的不方便法院原则》中对不方便法院规则作了详细论述，该文载于赵相林主编：《国际私法论丛》，高等教育出版社2005

年版。

4. 湖北省高级人民法院民事庭编写的《涉外民事诉讼管辖权问题研究》(武汉大学出版社2008年版)一书从管辖权概念入手,对国家、国际组织和外国自然人在涉外民事诉讼中的地位、不方便法院规则、平行诉讼、域外法院判决及仲裁的承认与执行、涉外民事公益诉讼、网络争议管辖权等问题作了全面阐述。

第四章　国际司法协助

知识介绍

国际私法中的司法协助具有特定的内容，不同于国际公法中的司法协助。从狭义上讲，国际私法中的司法协助主要包括域外送达与域外调查取证；广义上也可以包括外国法院民商事判决的承认与执行。在有关司法协助的国际条约和双边协定中，一般都指定特定的机关作为成员国提供司法协助的中央机关。

第一节　国际民商事司法协助概述

一、国际民商事司法协助概念

国际私法中的国际司法协助主要是民商事领域的司法协助，它是指一国法院或其他主管机关，根据另一国法院、主管机关或者当事人的请求，代为或协助实行和民商事案件有关的司法行为。

司法协助制度是一项逐渐发展起来的法律制度，现在还处在不断变化和完善的过程中，因而各国对司法协助的范围有种种不同的理解。从司法协助的内容或范围看，主要有狭义和广义两种主张。狭义的国际司法协助包括协助送达诉讼文书、代为询问当事人和证人以及收集证据。英美国家、德国和日本的学者多持这种狭义观点。广义的国际司法协助则除了包括狭义的国际司法协助外，还包括外国法院判决和仲裁裁决的承认与执行。

我国在实践中一般是采用广义司法协助含义。《民事诉讼法》在第四编“涉外民事诉讼程序的特别规定”第二十八章“司法协助”下对送达文书、调查取证、法院判决的承认与执行、仲裁裁决的承认与执行作了较为详细的规定。在我国与外国缔结的司法协助协定或条约中都包含三项主要内容：送达文书、调查取证以及外国法院民事判决的承认与执行。

二、国际民商事司法协助的法律依据

国际民商事司法协助的依据主要是各国国内民事诉讼立法、相关国际条约和互惠原则。除此之外，在实践中还有另外一种情况，即当两个国家之间既无条约也无互惠关系时也会提供司法协助，主要是基于事实上的互惠关系、外交上的考虑和案件涉及本国利益等。

（一）国内立法规定

各国民事诉讼法都不同程度地对国际民商事司法协助作了明确的规定，如德国、意大利、奥地利等国的民事诉讼法中就有系统的规定。我国《民事诉讼法》第 260 条规定：“根据中华人民共和国缔结或者参加的国际条约，或者按照互惠原则，人民法院和外国法院可以相互请求，代为送达文书、调查取证以及进行其他诉讼行为。”第 261 条规定：“请求和提供司法协助，应当依照中华人民共和国缔结或者参加的国际条约所规定的途径进行；没有条约关系的，通过外交途径进行。外国驻中华人民共和国的使领馆可以向该国公民送达文书和调查取证，但不得违反中华人民共和国的法律，并不得采取强制措施。除前款规定的情况外，未经中华人民共和国主管机关准许，任何外国机关或者个人不得在中华人民共和国领域内送达文书、调查取证。”

如果发生外国当事人在其所在国与中国既无条约关系也无互惠原则的情况下请求中国法院承认和执行外国判决，应如何处理？依据《民事诉讼法》第 261 条的规定，在没有条约关系的情况下应通过外交途径进行。

（二）国际条约规定

国际条约和双边司法协助条约是国际民商事司法协助非常重要的法律依据，如 1958 年《承认及执行外国仲裁裁决公约》、1965 年《关于向国外送达民事或商事司法文书和司法外文书公约》以及 1970 年《关于从国外调取民事或商事证据的公约》等。此外，各个国家之间相互签订的数量庞大的双边司法条约也极其重要，是进行司法协助活动的重要依据。我国先后同法国、蒙古、意大利等三十多个国家签订了双边司法协助协定，这些成为我国与相关国家进行司法协助活动的重要依据。

（三）互惠原则

互惠原则是国际习惯法的一般原则，是国际司法协助的另一个重要依据，不少国家都已经在成文法律中明确规定以互惠关系为条件，如我国《民事诉讼法》第 260 条规定：“……按照互惠原则，人民法院和外国法院可以相互请求，代为送达文书、调查取证以及进行其他诉讼行为。”互惠原则的实质是，虽无有关国家之间的双边司法协助协议，但存在事实上的互惠关系。

三、国际民商事司法协助的机关

通常情况下，司法协助的请求由国家提出，具体提出的机关主要有以下几种：

（一）中央机关

国际民商事司法协助的中央机关，是指一国根据本国缔结或参加的相关国际条约或者双边司法协助条约而设立的在司法协助中代表国家的，起联系或转递作用的机关。它的建立是由于过去各国往往通过外交途径进行司法协助，而这种途径的缺陷在于程序非常复杂，手续繁多，外交机关往往不会对请求进行实质核查。1965 年《关于向国外送达民事或商事司法文书和司法外文书公约》首次创建了中央机关进行司法协助的制度，有效克服了外交途径带来的不便。后来有关的司法协助条约和双边司法协助条约纷纷采用了该制度，但是，外交途径这种方式仍然作为一种重要的制度发挥着辅助作用。

我国 1991 年加入《关于向国外送达民事或商事司法文书和司法外文书公约》、1997 年加入《关于从国外调取民事或商事证据的公约》时指定中华人民共和国司法部为中央机关，负责文书的转递。而我国与外国签订的双边司法条约中除了指定司法部为中央机关外，还存在指定最高人民法院或者最高人民检察院为中央机关的情况。

（二）具体执行机关

国际民商事司法协助中具体的执行机关，是指根据双边司法协助条约或国内民事诉讼立法的规定，有权向外国提出司法协助请求并有权代表本国执行外国提出的司法协助请求的机关。一般而言，司法协助的具体执行机关包括司法机关或者其他机关或人员。例如，在比利时通常是由司法执达员完成送达文书的请求，其明显不具备司法机关的性质，也不是司法机关工作人员。在我国司法实践中，民商事案件由人民法院管辖，由法院工作人员执行，可以说法院在我国是民商事司法协助方面的具体执行机关。

（三）外交机关

外交机关在国际民商事司法协助中的作用主要表现为联系、转递司法文书方面，从各国司法实践看，它主要起辅助进行司法协助的作用。如果相关国家没有缔结或参加司法协助方面的双边或多边条约，则两国之间的司法协助一般都应通过外交途径来进行。

四、国际民商事司法协助的法律适用

国际民商事司法协助中的法律适用，是指作为不同国家的请求方和被请求方必须根据一定的法律实施司法协助行为，以保证其效力，但是其与国际私法中

的法律适用还是有一定区别的。

关于法律适用,一般都规定在各国的国内法、国际条约和双边司法协助条约之中。例如,我国《民事诉讼法》第263条规定:"人民法院提供司法协助,依照中华人民共和国法律规定的程序进行。"我国1965年参加的《关于向国外送达民事或商事司法文书和司法外文书条约》第5条规定,被请求方送达文书时应"按照其国内法规定的在国内诉讼中对在其境内的人员送达文书的方法"进行。我国和其他国家缔结的双边司法协助条约也有类似规定。《中华人民共和国和法兰西共和国关于民事、商事司法协助的协定》第4条"司法协助适用的法律"规定:"缔约双方在本国领域内实施司法协助的措施,各自适用其本国法,但本协定另有规定的除外。"

一般说来,司法协助中大部分适用的都是被请求方的国内法,但在某些情况下被请求方司法机关根据有关规定也可适用请求方的某些诉讼程序规则。其原因在于不同国家的诉讼程序规定不同,如取证程序在有的国家要求证人宣誓,而在有些国家则没有规定证人宣誓。而国际社会普遍对域外证据效力的认定采取双重有效原则,即在域外提取的证据既应有法官根据取证地的法律来认定其效力,同时也应根据请求国的法律被认为是有效才最终确定为有效。

这种由请求方依据特殊程序提出的适用请求方诉讼程序的要求,被请求方一般应遵照执行,但其前提是不能与被请求国的立法或强制性规范相冲突。例如,我国《民事诉讼法》第263条对此就作了规定:"外国法院请求采用特殊方式的,也可以按照其请求的特殊方式进行,但请求采用的特殊方式不得违反中华人民共和国法律。"在我国与外国缔结的双边司法协助条约中也有类似规定,如《中华人民共和国和意大利共和国关于民事司法协助的条约》第11条第1款规定:"执行调查取证请求时应适用被请求的缔约一方的法律;如果提出请求的缔约一方要求按照特殊方式执行请求,被请求的缔约一方在采用这种方式时以不违反其本国法律为限。"

五、国际民商事司法协助的拒绝

许多国家为了发展国际合作、增进国家交往,保证国际民商事争议的及时解决,都通过国内立法或者双边、多边条约的形式制定了相关规定。尽管如此,考虑到本国的公共利益、社会效益,或是出于对外国司法的不信任等原因,各个国家都在涉及国际民商事司法协助的国内立法和国际立法中不同程度地规定了拒绝给予司法协助的情形。综合起来,主要存在以下一些做法:

(1) 委托的事项违背内国法或有关国际条约所规定的必要程序;

(2) 对于外国法院委托所递交材料的真实性存在疑问;

(3) 委托事项超越被请求国司法机关的职权范围;

（4）委托事项是被请求国法律明文禁止的；

（5）违背了被请求国的主权和安全；

（6）违背了被请求国的公共秩序或公共政策；

（7）两国间不存在互惠关系。

第二节　域外送达

案　例

原、被告原居住在中国广西，2001 年在中国结婚。2005 年，原告申请到英国居住；2007 年年底，被告因与原告是夫妻关系获得英国居留权。之后，因经济问题，夫妻间产生矛盾。2008 年 2 月 2 日被告离开原告，不知去向，夫妻关系名存实亡。原告遂回到中国，在广西原住所地起诉，请求法院判决原告与被告离婚。

原告不知被告下落，法院应当采取什么方式向被告送达诉讼文书？是否可以公告送达？

一、域外送达概述

域外送达，是指根据有关国内立法或者国际条约的规定，法院将诉讼文书或非诉讼文书向居住在国外的当事人或其他诉讼参与人进行送达的司法活动。送达诉讼和非诉讼文书是一种很重要的司法行为，是一国司法机关代表国家行使司法主权的表现，具有严格的属地性。一国的司法机关在无条约依据或国内立法依据或未征得外国同意的情况下，不得擅自在另一国境内向任何人（包括其本国国民）实施送达行为。为了使国家之间的司法活动能够得到支持和合作，除了各个国家在其国内法对域外送达进行规定外，还通过缔结国际条约来规范这种行为，如 1954 年海牙《国际民事诉讼程序公约》、1965 年海牙国际私法会议制定的《关于向国外送达民事或商事司法文书或司法外文书公约》（以下简称《送达公约》）。此外，各个国家之间还存在许多双边司法协助条约和领事条约，如 1987 年《中法司法协助协定》、1980 年《中华人民共和国和美利坚合众国领事条约》等。

二、域外送达的途径

域外送达的途径主要有两种：一种是通过直接方式送达，另一种是通过间接方式送达。

（一）直接送达

1. 外交代表或者领事送达

外交代表或者领事送达，是指一国法院委托本国驻有关国家的外交代表或领事向驻在国境内的本国当事人进行送达。这是公认的在国际上具有普遍效力的方式，大多数国家都采用和承认它的效力，在国内立法和国际条约里都对这种方式作了明确规定。我国对这种方式持肯定态度，但也有一些国家对这一方式持反对态度。1954 年海牙《国际民事诉讼程序公约》第 6 条和 1963 年《维也纳领事关系公约》第 5 条都有相应规定。另外，《送达公约》第 8 条规定："每一缔约国都有权通过其外交或领事代表机构向身在国外的人完成司法文书的送达，但不得采用任何强制措施。任何国家均可声明其对在其境内进行此种送达的异议，除非该文书须送达给文书发出国国民。"从这里不难看出，国际上虽然通常认为外交或领事代表的送达是可以承认的，但是它仍然必须符合以下两个条件：一是被送达者是送达国本国公民；二是手段合理，不得采取任何强制性措施。

2. 邮寄送达

邮寄送达，是指内国法院将司法文书或司法外文书通过邮局直接邮寄给国外的诉讼当事人或其他诉讼参与人。1954 年海牙《国际民事诉讼程序公约》第 6 条和《送达公约》第 10 条都有这种方式的规定。对于这种方式，各国立法和司法实践不尽一致。鉴于这种方式可能在某种程度上被视为有损国家主权和安全，希腊、瑞士、卢森堡、挪威、德国等国家对此种方式都明确表示不赞成。我国在批准加入《送达公约》时也对邮寄送达作了保留。我国民事诉讼法规定，受送人所在国法律允许邮寄送达的，我国法院可以邮寄方式向域外当事人送达。至于外国法院能否以邮寄方式在我国境内直接送达，我国目前立法无明文规定。一般认为，我国原则上对此持否定态度。

3. 个人送达

个人送达，是指一国法院将诉讼和非诉讼文书交给具有一定身份的个人代为送达。"具有一定身份的人"包括有关当事人的诉讼代理人、当事人选定的人或与当事人关系密切的人。这种方式在英美法系国家较多被采用。在《送达公约》中就有如此规定，我国对此作出了保留。我国民事诉讼法不承认外国个人对我国当事人进行个人送达。

4. 公告送达

公告送达，是指内国法院将需要送达的司法文书的内容以登报或者张贴公告的方法告知相关当事人或其他诉讼参与人，自公告之日起经过一定的时间即视为送达。许多国家的民事诉讼法都规定，在一定条件下可适用公告送达的形式。有的国家规定，只有在穷尽其他方式仍不能有效送达的情况下，才能使用公告送达。我国民事诉讼法也规定，当根据其他方法不能实现送达时，可以公告送达。

5. 以当事人协商一致的方法送达

英美法系国家较多采用此种方式送达。英国法对合同也规定可以采用当事人协商一致的方法进行送达。

（二）间接送达

间接送达又可以称为指定中央机关送达，指的是当事人所在国根据共同缔结或者参与的双边或者多边条约，各自在本国指定一个中央机关具体负责文书在当事国之间的送达。《送达公约》第2条规定，每一缔约国应指定一个中央机关，负责接收来自其他缔约国的送达请求书，并予以转递。一般来说，这种送达方式涉及以下问题：

1. 提出请求的主体

各个国家的法律对有权提出请求的主体并没有统一或者一致的规定，但《送达公约》第3条作了如下规定："依文书发出国法律有权主管的当局或司法助理人员应将符合本公约所附范本的请求书送交文书发往国中央机关，无须认证或其他类似手续。"可见，大部分国家还是认同应该依提出请求国的法律来界定有权提出请求的主体和机关。同时，被请求国大可不必再去查证申请主体是否适格。

2. 提出请求的方式

由于间接送达是由外国请求内国法院提供相应的司法协助，因此，内国在诉讼立法中或者与他国缔结的条约中一般都会规定此种送达应依内国民事诉讼程序或者条约中规定的程序和方式进行送达。

我国《民事诉讼法》第261条第1款规定："请求和提供司法协助，应当依照中华人民共和国缔结或者参加的国际条约所规定的途径进行；没有条约关系的，通过外交途径进行。"我国加入了《送达公约》，依据该公约，一国执行另一国的送达请求主要有两种方式：其一，由被请求国法院依本国法律对国内类似性质的文书所规定的方式送达；其二，依照请求国所要求的特殊方式送达，而且并不要求此类请求一定得通过双方的中央机关，也可由请求机关直接向对方的中央机关发出请求。我国最高人民法院、外交部、司法部1992年联合发布的《关于执行〈关于向国外送达民事或商事司法文书和司法外文书公约〉有关程序的通知》规定，我国法院向外国提出文书送达请求，应通过统一的途径提出："有关中级人民法院或专门人民法院应将请求书和司法文书送达有关高级人民法院转最高人民法院，由最高人民法院通过司法部转送给该国指定的中央机关；必要时，也可由最高人民法院送中国驻该国使馆转送给该国指定的中央机关。"

3. 执行送达的通知

送达完毕后要通知外国有关机关，一般可采用填发送达回执或者有关机关出具送达证明书的形式。《送达公约》第 6 条规定，被请求国中央机关或该国为此目的可能指定的任何机关应依公约规定格式出具证明书。证明书应说明文书已经送达，并应包括送达的方法、地点和日期，以及文书被交付人。如文书并未送达，则证明书中应载明妨碍送达的原因。申请者可要求非中央机关或司法机关出具的证明书由上述一个机关副署。

至于送达回执或者有关机关出具的送达证明如何递交给请求机构，大多数国家采用的是传递司法协助请求书的途径，还有一种使用较为普遍的方式是直接邮寄给请求国的有关机关。

4. 请求的拒绝

各国一般都规定，被请求国有关机构在认为某些具体文书的送达将侵犯其主权或影响其安全，或与其内国的公共秩序（或公共政策）相抵触时，可以拒绝履行这种送达委托。

三、我国域外送达相关规定

（一）我国法院向域外送达诉讼文书

根据《民事诉讼法》第 245 条和相关司法解释的规定，人民法院对在中华人民共和国领域内没有住所的当事人送达诉讼文书，可以采用下列方式：

1. 依照受送达人所在国与中华人民共和国缔结或者共同参加的国际条约中规定的方式送达；

2. 通过外交途径送达；

3. 对具有中华人民共和国国籍的受送达人，可以委托中华人民共和国驻受送达人所在国的使领馆代为送达；

4. 向受送达人委托的有权代其接受送达的诉讼代理人送达；

5. 向受送达人在中华人民共和国领域内设立的代表机构或者有权接受送达的分支机构、业务代办人送达；

6. 受送达人所在国的法律允许邮寄送达的，可以邮寄送达，自邮寄之日起满六个月，送达回证没有退回，但根据各种情况足以认定已经送达的，期间届满之日视为送达；

7. 不能用上述方式送达的，公告送达，自公告之日起满六个月，即视为送达。

（二）外国法院向我国送达诉讼文书

根据《民事诉讼法》第 263 条的规定，外国法院向在我国境内的当事人送达法律文书的，可以采取下列方式：人民法院提供司法协助，依照中华人民共和国法律规定的程序进行。外国法院请求采用特殊方式的，也可以按照其请求的特殊方式进行，但请求采用的特殊方式不得违反中华人民共和国法律。

（三）我国参加的国际条约

我国批准加入了《送达公约》，该公约于 1992 年 1 月 1 日开始对我国生效。根据该公约的规定，每一成员国在加入公约时，必须指定一个中央机关，负责接收来自于其他成员国的送达请求及司法文书，并按照被请求国的国内程序向被送达人送达司法文书。

我国在加入该公约时指定中华人民共和国司法部为我国接受和发出司法协助请求的中央机关。司法部在接到送达请求后，经审查，对于符合公约规定的，按国内程序将文书转送最高人民法院而开始送达程序；对于不符合公约规定的，说明理由并退回请求方。另外，除香港和澳门特别行政区指定了相关机关，即外交部驻香港特别行政区特派员公署、驻澳门特别行政区特派员公署外，北京、上海、江苏、福建、广东五省的法院可以独立向外国提出司法文书域外送达的请求，而不必经由司法部提出。

我国于 1991 年加入《送达公约》时作出了下列声明：

1. 根据《送达公约》第 8 条第 2 款作出声明，该公约其他缔约国只在文书须送达给其本国国民时才有权直接通过其外交或领事代表机构在中国境内进行送达，而且不得采用任何强制措施。

2. 根据《送达公约》第 10 条提出异议，反对其他缔约国在中国境内采用下列方式进行送达：通过邮寄途径直接向身在中国的人送交司法文书；文书发出国的司法助理人员、官员或其他主管人员直接通过中国的司法助理人员、官员或其他主管人员完成司法文书的送达；任何在司法程序中有利害关系的人直接通过中国的司法助理人员、官员或其他主管人员完成司法文书的送达。

3. 根据《送达公约》第 15 条第 2 款作出声明，在符合下列各项条件的情况下，即使未收到任何文书已被送达或交付的证明书，法官仍可作出判决：已依公约所规定的一种方法递送该文书；法官根据具体案件认为自递送文书之日起不少于六个月的适当期间已满；尽管为获取证明书已通过文书发往国的主管机关尽了一切合理的努力，但仍未收到任何种类的证明书。

4. 根据《送达公约》第 16 条第 3 款作出声明，被告要求免除丧失上诉权效果的申请只能在自判决之日起的一年内提出，否则不予受理。

第三节 域外调查取证

一、域外调查取证概述

域外调查取证，是指受诉法院国有关机构或人员为进行有关的国际民事诉讼程序而在法院国境外提取诉讼证据的行为。根据国际社会的普遍实践，进行调查取证是行使国家司法主权的一种表现，因此，调查取证具有严格的属地性，未经相关国家明示或者默示的同意，任何国家不得随意在他国领域范围内调查取证，否则就侵犯了他国国家主权。为了协调各国的域外调查取证制度，国际社会缔结了大量的双边条约和多边条约。例如，1954年的《国际民事诉讼程序公约》、1970年《关于从国外调取民事或商事案件证据的公约》(以下简称《海牙取证公约》)。

域外调查取证活动的范围包括哪些，各国规定并不统一。从现有的国际条约和双边条约看，一般认为主要包括：(1) 询问诉讼当事人、证人、鉴定人或其他诉讼参与人；(2) 提取与民事诉讼程序有关的书证、物证和视听资料；(3) 对某一事实进行调查或对有关书证的真实性进行审查；(4) 对于案件有关的现场、物品进行勘察和检验。在委托外国法院代为调查、审查或勘验时都应该要求该外国法院出具调查或审查报告或勘验笔录，并附上有关的文书、照片、录像、绘图或制作的模型等等。《海牙取证公约》第1条第1款规定："在民事或商事案件中，每一个缔约国的司法机关可以根据该国的法律规定，通过请求书的方式，请求另一缔约国主管机关调取证据或履行某些其他司法行为"。1987年《中华人民共和国和波兰人民共和国关于民事和刑事司法协助的协定》第13条规定，取证范围包括："询问当事人、证人和鉴定人，进行鉴定和司法勘验，以及收集其他证据。"

二、域外调查取证的方式

域外调查取证的方式可以分为直接调查取证和间接调查取证。

(一) 直接调查取证

1. 外交和领事人员取证

外交和领事人员取证，是指内国法院通过该国驻外国法院的外交或领事人员在该外国直接调取证据。这种方式被世界上大多数国家普遍承认和运用，许多国家通过国内立法和国际条约、双边条约等形式对其进行了规定。在国内立法方面，如《日本民事诉讼法》第264条规定："必须在外国进行的证据调查，应委托……驻在该国的日本大使、公使或领事进行。"《法国民事诉讼法》第733条也允许法官经当事人要求或主动地请求法国驻外国的外交、领事机构进行法官认为必要的预审措施和其他审判工作。各国缔结的国际条约、双边条约，如1963年《维也纳领事关系公约》第5条第10款规定，依据现行的国际协定，或者在没有这类国际协定时依照符合接受国法律和规章的任何其他方式，为派遣国法院调查取证是领事的职务之一。日本和英国订立的《领事专约》第25条、日本和美国订立的《领事专约》第17条的规定，都允许领事在其接受国境内进行证据调查。

域外调查取证的对象可以分为两类:一是对本国公民取证,二是对驻在国公民或第三国公民取证。对于第一类对象,绝大多数国家都予以承认和接受。《维也纳领事关系公约》及其他许多双边领事条约都对此作了规定,其原因在于领事的主要职务之一就是保护驻在国境内的本国公民的利益。对于第二类对象,各国做法存在较大的区别。有的采用对等原则,如英国规定,如果对英国公民进行调查取证,必须相应地允许英国法院有权对该外国国民进行调查取证;有的采取许可原则,即领事对驻在国或第三国公民取证必须事先经驻在国当局许可,法国、意大利、挪威和以色列等国就作了如此规定,其中法国、卢森堡、荷兰等国针对该种许可的取得还作了详细的规定。而德国、葡萄牙、新加坡则规定在任何条件下外国领事都不得对本国公民进行调查取证。

2. 特派员取证

特派员取证(taking of evidence by commissioners),是指内国法院在审理相关案件时特委派专门的官员或工作人员去外国境内调查取证的行为。依据《海牙取证公约》第 17 条的规定,在民商事案件方面被合法地专门指定为特派员的人在另一缔约国境内,如果得到取证地国家指定的主管机关的一般性或特定案件的个别许可,并且遵守主管机关在许可中设定的条件,则可在不加强制的情况下进行诉讼所需要的取证行为。

再根据《海牙取证公约》第 21 条的规定,特派员取证同外交官及领事人员取证相同,如果能得到有关国家的许可,可以进行与查证地国法律不相抵触或根据该公约规定赋予的权限不相违背的一切取证行为,并可以在相同条件下接受经过宣誓或证实的证词。除非取证时涉及的当事人或其他诉讼参与人是其派遣国的国民,否则所有出庭或参与取证的传唤都应该用取证地国家的官方文字做成,或者附上该国文字的译本。这也就意味着如果没有取证地国家相关机构的批准或协助,特派员取证时不能采取强制措施,而只能倚仗当事人自愿的意思表示。

由于特派员具有特殊的身份,其象征着一国的司法主权,各国一般都不轻易允许特派员入境进行调查取证,尤以大陆法系国家为甚,而普通法系国家较多采用此种取证方式。

3. 当事人或诉讼代理人取证

此种取证方式主要存在于英美等普通法系国家,尤以在美国最受重视。根据《海牙取证公约》第 23 条的规定,缔约国在签署、批准或加入时可以声明不执行普通法国家以进行审判为目的进行调查的程序。从这种规定我们不难看出,该公约对此有两层意思,一方面公约并没有否认这种取证方式;另一方面又允许参与公约的国家对这种取证方式提出保留。实践中,这种取证方式已经遭到了除美国以外几乎所有国家的强烈反对,基本上这些国家在加入公约之时都对此种取证方式作出了保留。

(二) 间接调查取证

间接调查取证方式又称请求书方式、嘱托书方式,是指受诉法院依据其所属国与有关国家间的条约关系、互惠关系,或者依据该国的国内立法,委托有关外国的法院或其他有权机构代为调查提取位于外国境内的与进行诉讼有关的证据的行为。之所以规定间接方式,是基于直接方式调查取证涉及一国的司法主权,而各国通常对直接方式进行了较多限制而给取证带来不便。《海牙取证公约》第 1 条至第 14 条就对间接方式作出了比较详尽的规定。

1. 提出请求

《海牙取证公约》第 1 条规定:"在民事或商事案件中,每一缔约国的司法机关可以根据该国的法律规定,通过请求书的方式,请求另一缔约国主管机关调取证据或履行某些其他司法行为。"这表明公约明确要求各国享有提出请求和执行请求权的机关均为"司法机关"。

《海牙取证公约》第 2 条规定,每一缔约国应指定一个中央机关,负责接收另一缔约国司法机关发来的请求书,并转交给主管机关执行。中央机关主要具有以下职能:(1) 负责接收另一缔约国司法机关提出的请求书;(2) 将请求书转交给主管机关予以执行;(3) 对外国的请求书进行审查,并在其认为不符合公约的规定时提出异议;(4) 送回已执行的请求书。由此可见,对被请求国而言,其中央机关必须是第一个接到请求书的机关,在此之前,无须别的机关介入。但对请求国而言,司法机关在提出请求后是否要经过其他机关审查才能转递给被请求国,公约未作规定,而将其留待各国解决。

依据该公约,各国可以自行决定中央机关的构成。从成员国目前所作的声明我们可以发现,大多数国家都指定司法部作为本国的中央机关,但也有些国家指定外交部、某一法院或检察院作为中央机关。然而,公约将中央机关途径作为唯一正式途径的同时,并不妨碍缔约国之间以专门协议或协定另行确立与公约规定所不同的方式传递请求书。当然,这些协议对非协议当事国没有拘束力,且不能解除它们为那些非该协议当事国的其他缔约国设立中央机关的义务。

2. 请求书的形式和内容

《海牙取证公约》第 3 条规定了请求书应载明的主要内容,包括请求和被请求机关的名称、当事人及其代理人的姓名和地址、诉讼性质、所需证据、取证对象的情况、取证的特殊程序要求等。

《海牙取证公约》第 4 条规定了请求书应使用的语言,即一般情况下,请求书应用被请求国的文字做成或附有该种文字的译本。除非每一缔约国在签署、批准或参加时依公约对第 33 条作了保留,否则应接受以法文或英文写成的或附有其中一种文字译本的请求书。另外,使用多种官方语言的缔约国也可以声明其所能接受的其他语言。至于译文,则均需经外交官员、领事代表、宣誓译员或经授权的人员证明无误。

3. 请求的执行

《海牙取证公约》第 9 条对请求的执行作了以下规定:第一,明确规定请求书应予迅速执行。如果中央机关认为请求不符合公约的规定,则应在第一时间通知递交该请求书的请求国并指出请求不符合公约之处。第二,规定请求书的执行应根据执行机关本国法律规定的程序和方式进行。但是,由于各国在证据制度上存在差异,如国家之间对证据形式有不同要求等,完全按照被请求国法律获取的证据有可能在请求国不具有证明力,因此,公约规定请求国可在一定条件下对取证程序和方式提出特殊的要求。

4. 请求的拒绝

一般来说,请求被拒绝的原因主要包括以下两个方面:一是请求书的内容已经超越了被请求国司法机关的职权范围;二是被请求国认为其主权、安全等公共利益等受到威胁或损害。在拒绝决定作出之后,被请求国司法机关应将拒绝的理由及取证申请书通过一定的途径退回请求国。这主要体现在公约的第 12 条中。

5. 请求的费用

《海牙取证公约》第 14 条规定:"请求书的执行不产生任何性质的税费补偿。但是,执行国有权要求请求国偿付支付给鉴定人和译员的费用和因采用请求国根据第九条第二款要求采用的特殊程序而产生的费用。"

三、我国域外调查取证的相关规定

我国域外调查取证制度的法律依据主要规定在国内法和我国与外国缔结的双边司法协助条约中。

我国《民事诉讼法》第 260 条规定:"根据中华人民共和国缔结或者参加的国际条约,或者按照互惠原则,人民法院和外国法院可以相互请求,代为送达文书、调查取证以及进行其他诉讼行为。外国法院请求协助的事项有损于中华人民共和国的主权、安全或者社会公共利益的,人民法院不予执行。"此外,最高人民法院、外交部、司法部在 1986 年 8 月 14 日颁布了《关于我国法院和外国法院通过外交途径相互委托送达法律文书若干问题的通知》,我国法院和外国法院通过外交途径相互委托代为调查或取证可以参照该规定。在我国与外国订立的双边司法协助条约方面,只要我国与某国有条约关系,应该按照该条约的规定进行域外调查取证。此外,我国在加入《海牙取证公约》时对某些条款也作出了保留。

第四节　外国法院判决的承认与执行

案　例

中国公民张晓丽向广东省某市中级人民法院申请要求承认美国加州某县法院作出的离婚判决,法院受理了张晓丽的申请。

关于承认与执行外国法院判决的申请,应当由哪个法院受理?法院审查承认外国法院离婚判决的条件有哪些?承认与执行外国法院判决的程序是什么?拒绝承认与执行的理由又有哪些?

一国法院作出判决后,当事人获得胜诉并不代表案件的结束,当事人想要实现胜诉的权利必须依赖判决的执行。在国内民事诉讼中,法院判决的执行依照国内民事诉讼法律的相关规定,但在国际民事诉讼程序中,判决可能需要外国法院的承认与执行,或者外国法院所作的判决要得到内国法院的承认与执行。由于法院判决通常都只在内国发生法律效力,要想得到外国法院的承认与执行,就必须要外国的协助。

一、承认与执行外国法院判决概述

外国法院判决的承认与执行是整个国际民事诉讼程序的最后阶段和关键性阶段。法院的判决能否得到有效的执行,当事人的权益能否得到有效维护都依赖此阶段的实现。一国法院的判决要想得到另一国的承认与执行,首先须界定外国法院判决的准确含义,即要明确“外国”、“法院”、“判决”的含义与范围。

1. 这里所指的“外国”应当理解为不同法域,而不能简单理解为地理范围的外国。如在英国,苏格兰相对于英格兰而言,是外法域,苏格兰法院的判决在英格兰法院看来就是外国法院判决。在中国,中国香港、澳门法院的判决对于内地来说,也被视为外国法院的判决。此外,国际组织所作的判决应当被理解为外国法院的判决。

2. 这里的“法院”的含义也应当作宽泛理解,不能机械地认为只有以“法院”两字命名才能称为“法院”,凡是一国行使司法裁判权的机构都应当被认定为“法院”。如英国的上议院、枢密院都属于法院的范畴。

3. 这里的“判决”因各国法律制度的不同可能名称不尽相同。但只要是通过一国民事诉讼程序所作的司法裁决就应认定为判决。

综上所述,外国法院的判决,是指在一法域以外享有司法审判权的机构通过民事诉讼程序所作的司法裁决。承认与执行外国法院的判决,通常是指一国的有关机构对于外国法院所作的判决的法律效力予以确认,并根据相关立法规定给予强制执行的制度。

承认与执行是两个密切联系的步骤,一国法院判决通常是先承认后进行执行,在这种情况下承认是执行的前提条件。在某些情况下也可能出现只要求承认的情况,如对于婚姻效力的确认,因其不发生财产性的争议就不需要进一步的执行程序;或者在承认以后,执行的条件不再存在也就不会发生执行程序。

二、承认与执行外国法院判决的依据

(一)理论依据

1. 国际礼让说

国际礼让说由17世纪荷兰学者胡伯(Huber)创立,在英美法系国家得到广泛的运用。然而,国际礼让说在得到广泛传播和运用的同时也存在许多不可调和的矛盾。部分学者认为国际礼让说主观性过于明显,未能充分体现承认与执行外国法院判决的实质。

2. 既得权说

既得权说认为,在坚持法律属地性前提下,为了保障合法法律关系的稳定性,对于依外国法有效设定的权利应加以保护,依一国法律正当取得的权利应该被其他任何国家承认和保护。该学说的实质是内国法院应对胜诉方在外国法院所取得的正当权利给予充分的尊重和承认,从而使判决得到有效的执行。

3. 债务说

英国法官帕克(Parker)在1842年的Russell v. Smyth和1846年的Williams v. Jones案件中提出了债务说。后来布莱克本(Blackburn)法官在其他案件中对该学说作了进一步阐述和细化。他认为,外国法院对被告作出的有效判决是一项债务,无论该外国境内的所有法院抑或是内国法院都有责任去执行这一判决。

4. 一事不再理说

一事不再理说起源于罗马法,是指对判决、裁定已经发生法律效力的案件,被告人不得再次起诉,法院也不得再次审理,而应直接承认与执行外国法院所作出的相关判决。在世界范围内,该学说目前在承认与执行外国法院的判决方面运用并不多。相反,在内国法院已经先行或者同时作出相同案件的相关判决时,却有许多国家利用该原则来拒绝承认与执行外国法院所作出的判决。

5. 特别法说和互惠说

特别法说认为,相当于外国的特别法,外国的判决应该得到承认。互惠说是指国际社会根据平等原则互相给予优惠待遇,在国际民商事领域主要体现为一国承认与执行外国法院判决的原因在于其也希望自己所作的判决能够得到外国法院的承认与执行。但是,该学说也远没有说明承认与执行外国法院判决的真正理由。

一国之所以承认和执行他国法院的判决主要是基于一国对外交往的需要。当今全球化日趋深入,各国之间的政治、经济、文化交流已经不可分割,为了国与国之间关系良好稳定地发展,各国都应通力合作对外国法院判决加以承认和执行。

(二) 立法依据

一个国家的法院判决只具有域内效力,要想得到其他国家的承认与执行,该判决必须获得他国的认可。而各国为了在国际社会获得更好的生存和发展条件,一般都会采取积极的态度来应对外国的请求。

在国际立法方面,涉及判决的承认与执行的主要包括区域性公约和国际性公约。区域性公约,如《布鲁塞尔公约》和《卢加诺公约》对管辖权和判决承认与执行作了详尽的规定,使欧洲国家在外国法院承认与判决方面有了统一的规则。尽管这两部公约的适用范围是区域性的,但影响却是全球性的。相对于区域性公约,国际性公约数量极少。海牙国际私法会议第20届外交大会于2005年6月30日通过了海牙《选择法院协议公约》(Convention on Choice of Court Agreement),这意味着海牙国际私法会议从1996年以来,历经十年艰辛所孜孜追求制定一部旨在国际范围内统一民商事管辖权和外国判决的承认与执行的国际统一法公约的努力,最终取得了可喜的成就。但是,该公约的适用范围只包括"民商事领域订有排他性法院选择协议的国际案件",并不包括雇佣合同与消费者合同。

世界上大部分国家都是通过双边条约来获得对判决的承认与执行的,第一个相互承认与执行判决的双边条约由法国和瑞士缔结,此后随着国际社会交往的深入,双边司法协助条约的签订越来越广泛。我国同波兰、俄罗斯等国家都签订了相关内容的条约。

在国内立法方面,大多数国家在其国内的民事诉讼法及单行法中都对承认和执行他国法院的判决进行了相应规定。如《日本民事诉讼法》第200条对此作出了原则性规定,还通过制定《民事执行法》规定了日本法院承认与执行外国法院判决的条件。

三、承认与执行外国法院判决的条件

纵观世界各国的立法与实践,一般承认与执行外国法院判决的条件主要包括以下几个方面:

(一) 作出判决的法院对该案具有合格的管辖权

在外国法院判决的承认与执行中,没有管辖权就根本谈不上判决的承认与执行,它是国际社会普遍公认的条件之一。而一国法院在什么情况下对有关案件具有管辖权,各国立法的规定和有关国际条约的规定不尽相同。大多数国家的诉讼立法都严格规定,原判决国法院的管辖权应该依承认与执行地国家的内国法来确定,如《德国民事诉讼法》第 328 条第 1 款第 1 项规定,“依德国法律,该外国法院无管辖权”时,外国法院的判决得不到承认。《中华人民共和国和法兰西共和国关于民事、商事司法协助的协定》第 22 条第 1 项也明确规定,按照被请求一方法律有关管辖权的规则,裁决是由无管辖权的法院作出时,不予承认和执行。而日本、匈牙利、西班牙等国法律规定,只要根据承认和执行判决国家的内国法并不排除有关外国法院的管辖权即可,并不要求外国法院根据判决承认与执行地国家的内国法应该具有管辖权。此外,有部分国家依判决作出国法律来判定其是否具有管辖权。例如,欧洲共同体国家于 1968 年缔结的《关于民商事件管辖权及判决执行的公约》第 4 条规定,除了专属管辖权以外,每一缔约国法院的管辖权由各缔约国法律自行决定。

多数国际条约规定,只要原判决国法院依有关条约的规定具有管辖权,其他缔约国便应承认其具有管辖权。如 1928 年缔结的《布斯塔曼特法典》第 423 条、1971 年缔结的《关于承认与执行外国民事和商事判决的公约》第 4 条以及有关国家间的双边司法协助条约大多采用此种做法。

（二）作出判决的法院地国与执行国存在互惠关系

互惠原则(reciprocity),是指国际社会根据平等原则互相给予的优惠待遇,在承认与执行外国法院判决方面主要表现为,如果一国对外国法院判决拒绝承认与执行,该外国也可对本国法院判决不给予承认和执行,或者在实行有限制的互惠政策时,如果一方给予另一方的限制条件比较严格的话,另一方亦可在同等条件下不给予对方法院判决予以承认和执行。

我国立法和实践在承认和执行外国法院判决或裁定时,在对待互惠原则的态度上,可以归纳如下:(1) 对于外国法院作出的一般民商事判决,原则上必须要求具有互惠关系,否则不予承认;(2) 对外国法院作出的离婚判决,我国法院在承认时不需要考虑双方之间的互惠关系;(3) 对于外国法院的破产宣告判决,我国法院需要审查双方之间的互惠关系才能决定是否予以承认和执行。可见,我国立法和实践对于互惠原则是非常重视的。

随着国际交往的深入,越来越多的国家开始放弃互惠原则,或者对互惠原则进行软化处理。有的学者认为,我国立法中仍然有必要继续保留互惠原则,但应当区别对待,对于外国法院有关身份关系的判决和非诉纠纷判决可以放弃互惠原则;在判断互惠关系的标准上采用法律上的互惠标准,实践中采用推定存在互惠的做法,以便于我国和外国之间的互利合作。

（三）案件审理体现了程序公正

诉讼程序是否具有公正性，关系到败诉一方当事人的利益。为了保护他们的合法利益，多数国家法律和国际条约均规定内国法院在收到承认与执行外国法院判决的请求时，如果发现外国法院在诉讼中未能对败诉方当事人的权益给予充分保护时，可以拒绝承认与执行其判决。这种权益主要涉及当事人是否被合法传唤，是否恰当地行使辩护权等。除由当事人自身原因导致之外，如果发现败诉一方遭受了不平等待遇，应当认定为该诉讼程序不具备公正性，可以拒绝承认与执行外国法院判决。此外，败诉方当事人并不仅仅局限于本国人，其他国家和地区的人也被列为保护的对象。

我国在一些司法解释和双边司法协助协议中对上述情形作了规定。最高人民法院《关于中国公民申请承认外国法院离婚判决程序问题的规定》第 12 条第 3 项规定，判决是在被告缺席且未得到合法传唤情况下作出时可以不予承认。《中华人民共和国和法兰西共和国关于民事、商事司法协助的协定》第 22 条第 4 项也明确规定，对于在“败诉一方当事人未经合法传唤，因而没有出庭参加诉讼”的情况下所作出的裁决不予承认和执行。

（四）作出的判决是已发生法律效力的判决

承认与执行外国法院的判决必须是已经作出的生效判决，该判决具有既定力和拘束力。这是各国的普遍做法。对于判决的效力判断，大多数学者认为应当依据判决作出国的法律来进行识别。《中华人民共和国和法兰西共和国关于民事、商事司法协助的协定》第 22 条第 3 项规定，当依据作出裁决一方的法律，该裁决尚未确定或不具有执行力时不得被承认和执行。

（五）判决是基于合法手段取得的

依据各国的司法实践，需要承认与执行的外国法院判决必须是通过合法手段获得的。但对于判决的合法性判断依据方面，各国存在不同的看法。合法性的取得一般被认为是依据内国法。例如，美国法院通常基于美国法对欺诈行为所下的定义去审查外国法院判决，而不考虑对该外国法院判决的欺诈手段在原判决国是否也能构成抗辩有关判决的合法性的基础。只有在原判决国立法中有关欺诈的范围比美国法所规定的范围更广时，才考虑适用该外国法的规定，这一做法对保护有关当事人的合法权益来说，是很有意义的。

（六）判决的内容不违反执行国的公共秩序

公共秩序是各个国家极其重要的制度，在英美法系国家又被称为公共政策，各国均以不违反被申请国的公共秩序作为承认和执行外国法院判决的前提，如果承认与执行外国法院的判决将会对内国的公共秩序产生不利影响，为了维护内国的利益，内国法院有权拒绝承认与执行外国法院的判决。例如，1988 年《瑞士联邦国际私法》第 27 条第 1 款规定：“如果对外国判决的承认明显地不符合瑞士的公共秩序，瑞士应该拒绝承认该判决。”1971 年海牙《关于承认与执行外国民事和商事判决的公约》第 5 条第 1 款也规定，“承认或执行判决与被请求国的公共秩序明显不相容，或者判决是经与被请求国所要求的法律程序不相容的程序作出的，或者是在未予任何一方当事人充分机会陈述其意见的情况下作出的”，可以拒绝承认和执行该外国法院判决。

四、承认与执行外国法院判决的程序

（一）提出请求的主体

外国法院判决如果需要在内国得到承认与执行，需要有关主体向内国有权机关提出承认与执行判决的请求。在有权提出请求的主体范围内，依据国际实践的普遍做法，主要有以下三种请求方式：由利害关系人提出请求；外国法院和利害关系人都可以提出；只能由有关的外国法院提出。我国《民事诉讼法》第 265 条规定：“外国法院作出的发生法律效力的判决、裁定，需要中华人民共和国人民法院承认和执行的，可以由当事人直接向中华人民共和国有管辖权的中级人民法院申请承认和执行，也可以由外国法院依照该国与中华人民共和国缔结或参加的国际条约的规定，或者按照互惠原则，请求人民法院承认和执行。”由此可见，我国司法实践采取的是第二种方式，即当事人和外国法院都可以向我国中级人民法院提出请求。

（二）对请求承认与执行的外国法院判决的审查制度

对于外国法院判决承认和执行请求的审查一般包括两个方面：一是形式性审查，二是实质性审查。前者指不对原判决所依据的事实和法律进行审查，只审查该判决是否符合内国承认与执行外国法院判决所规定的条件，而不对案件作任何实质性变动。如果符合形式要件，一般就给予承认和执行。而后者则是指对外国法院所作出的判决从事实和法律上进行审查，如果发现该判决在认定事实或者适用法律上存在问题，则有权驳回该外国法院判决或重新作出判决。目前国际上通行的做法是只进行形式上审查，如 1968 年《关于民商事案件管辖权及判决执行的公约》第 26、29、31 条，1956 年《国际公路货物运输合同公约》、1969 年《国际油污损害民事责任公约》都有相同或者类似的规定。此外，一些国家对于申请承认与执行制度采取的是诉讼方法，即通过提起诉讼来申请承认与执行外国法院的判决，这样对于申请人来说可以获得上诉的机会。我国采取的是裁定的方式，依据《民事诉讼法》的规定，这种裁定一经作出是不可以进行上诉的。

（三）承认与执行外国法院判决的具体方式

世界各国在关于内国法院承认与执行外国法院的判决请求时应该采取何种程序和方式上有着不同的立法规定，但归纳起来大致可以区分为以下几种：

1. 执行令程序

执行令程序，是指被请求国法院面对当事人的请求时，应对原判决在实质上或者形式上进行审查，如果符合内国法有关规定，内国法院就以裁定的形式颁发一个执行令，并交付法院或其他有权执行机关执行该外国判决。世界上大多数国家在执行令上都采用形式审查的方式，一些国际条约和双边司法协助条约也作了这样的规定，如《中华人民共和国和意大利共和国关于民事司法协助的条约》第25条第2款、《中华人民共和国和西班牙王国关于民事、商事司法协助的条约》第18条第2款都明确规定对对方国家法院的判决进行形式审查而不作实质审查。

2. 登记程序和重新审理程序

对于英国法院来说，是采用登记程序还是重新审理程序的主要判断标准是哪个国家作出了该判决。根据英国1868年《判决延伸法》、1920年《司法管理法》、1933年《相互执行外国判决法》、1982年《民事管辖权和判决法》、1968年欧共体国家在布鲁塞尔签订的《关于民商事管辖权及判决执行的公约》，以及英国同法国、比利时等国签订的司法协助条约的规定，有管辖权的英国法院对于英联邦国家和欧共体各国法院所作出的判决适用登记程序，即英国法院在收到有关利害关系人提交的执行申请书以后，一般只要查明有关外国法院判决符合英国法院所规定的条件，就可以予以登记并交付执行。而对于其他国家的判决，英国法院主要采取重新审理的程序，即不直接承认和执行外国法院的判决，而将该判决作为向英国法院进行诉讼的依据，经英国法院重新审理确定该外国法院判决不与内国立法相冲突后，重新作出一个与外国法院判决内容相同或类似的判决，然后再由法院或有权机关执行此判决。这样在形式上执行的就是内国判决。

美国法院对于采取何种程序承认与执行外国法院判决以该判决是否涉及金钱为判断标准。如果该判决涉及金钱，一般都采取重新审理程序。当事人在此时可以采取两种方法：一是在美国法院就相同诉因重新提起诉讼；二是提供相关证明文件，经美国法院审查后，在符合条件的情况下作出一个支付判决。

五、我国立法的相关规定

我国针对承认与执行外国法院判决的立法规定主要包括：(1) 我国参加的国际公约，如《国际油污损害民事责任公约》；(2) 我国和他国签订的双边司法协助条约，如《中华人民共和国和意大利共和国关于民事司法协助的条约》；(3) 我国《民事诉讼法》第264、265和266条。

1. 外国法院判决在我国的承认与执行，主要规定在《民事诉讼法》第265条和266条。根据该两条规定，外国法院作出的发生法律效力的判决、裁定，需要中华人民共和国人民法院承认和执行的，可以由当事人直接向中华人民共和国有管辖权的中级人民法院申请承认和执行,也可以由外国法院依照该国与中华人民共和国缔结或者参加的国际条约的规定,或者按照互惠原则,请求人民法院承认和执行。人民法院对申请或者请求承认和执行的外国法院作出的发生法律效力的判决、裁定,依照中华人民共和国缔结或者参加的国际条约,或者按照互惠原则进行审查后,认为不违反中华人民共和国法律的基本原则或者国家主权、安全、社会公共利益的,裁定承认其效力,需要执行的,发出执行令,依照《民事诉讼法》的有关规定执行。违反中华人民共和国法律的基本原则或者国家主权、安全、社会公共利益的,不予承认和执行。

2. 我国法院判决在外国的承认与执行,主要规定在《民事诉讼法》第 264 条。根据该条规定,人民法院作出的发生法律效力的判决、裁定,如果被执行人或者其财产不在中华人民共和国领域内,当事人请求执行的,可以由当事人直接向有管辖权的外国法院申请承认和执行,也可以由人民法院依照中华人民共和国缔结或者参加的国际条约的规定,或者按照互惠原则,请求外国法院承认和执行。中华人民共和国涉外仲裁机构作出的发生法律效力的仲裁裁决,当事人请求执行的,如果被执行人或者其财产不在中华人民共和国领域内,应当由当事人直接向有管辖权的外国法院申请承认和执行。

思考题

1. 试归纳涉外民商事司法协助的内容和特点及法律适用的特殊性。

2. 东盟自由贸易区在司法协助方面达成了哪些协议?还有哪些地方可以通过何种渠道加以完善?

3. 域外送达在实践中的具体运用情况如何?拒绝域外送达的正当理由有哪些?电子送达与传统纸质送达相比有哪些优势?

4. 我国域外取证制度的法律渊源有哪些?外国在我国取证途径主要有哪些?如何看待美国单方面域外证据开示问题?

5. 承认与执行外国法院判决的条件有哪些?外国法院判决承认与执行中与公共秩序保留的关系如何?

拓展视野

1. 有关大陆法系国家与英美法系国家管辖权标准上的异同,可参阅宣增益:《国家间判决承认与执行中的管辖权标准比较研究》,载《比较法研究》2005 年第 3 期。

2. 对近年来我国域外送达的非常态事件及调研数据分析可知，先入为主的定性和效率的低下是我国目前域外送达中诸种问题的症结所在，如何改变现状以提高送达效率、如何更新和完善有关制度，可参阅何其生：《我国域外送达机制的困境与选择》，载《法学研究》2005 年第 2 期。

第五章　法律适用理论与方法

知识介绍

在国际私法几百年的历史发展中，下面两个问题一直都是探讨的焦点：一国法院为什么要适用外国的法律来处理涉外民商事案件？立法者在制定国际私法和司法者在适用国际私法时如何在内外国法律之间作出选择？对这两个问题的不同回答形成了各种法律适用理论与方法。

第一节　早期法律适用理论

一、法律适用理论与法律选择方法之间的关系

法律适用理论是冲突法存在的理论基础。一国法院为什么要适用外国的法律？如何选择适用法律？所有已产生的法律适用理论都是围绕这两个问题进行研究的。由此产生了种种法律适用理论，如法则区别说、法律关系本座说、最密切联系说等。单纯解释为什么要适用外国法的学说构成了法律适用理论的一类，而探究如何选择法律的各种方法论是法律适用理论的另一组成部分。

法律选择方法是一国的立法机关在制定冲突规范或司法机关在适用冲突规范时，对可能适用于特定国际民商事法律关系的法律进行选择的方法。在大陆法系或成文立法国家，法律选择方法表现为立法上制定冲突规范时的方法；在以美国为代表的部分普通法系国家，则表现为法官在司法过程中选择法律适用的方法。通常情况下，纯粹发生在一国范围内的争议不会发生内外国法律的选择，而只适用法院地所在国法律。如果是涉及两国或两国以上的当事人，或者诉讼标的在国外，各国法律对相关问题的规定又不一致，这时法院在审理案件时就面临对所需要适用的法律进行选择的问题。不同国家所采用的法律选择方法有所不同，主要有以下几种法律选择方法：

1. 依法律规则的性质确定法律的选择。这种方法源于13、14世纪的意大利法则区别说，是根据法律规则的性质来决定其域内或域外的适用。直到现在，它仍然是一种很有价值的法律选择方法。

2. 依法律关系的性质确定法律的选择。这种方法起源于萨维尼的法律关系本座说。它从分析法律关系的性质入手,寻找适用于该法律关系的准据法。这种方法对之后的国际私法立法产生了重大影响。

3. 依最密切联系原则决定法律的选择。这种方法是指确定与某涉外民商事法律关系有最密切地方的法律作为准据法,即要求分析涉外民商事案件的主客观各方面因素,找到一个最密切的联系点,以该地方的法律作为准据法。这种方法具有灵活性,但又缺乏相对的稳定性。

4. 依政府利益分析决定法律的选择。这种方法最早由美国法学家柯里(Currie)提出,它是指通过对法律背后的利益进行分析,决定法律的适用,其实质是将传统的空间连结点改为用政府利益去衡量法律选择的标准。

5. 依结果选择决定法律的选择。这种方法由卡弗斯(Cavers)提出,是指通过对有关国家的实体法进行比较,选择更适合案件公正合理解决的实体法作为准据法。其缺陷在于很难客观地判断什么是更合适的法律,主观性较强。

6. 依有利于判决在外国得到承认与执行和有利于求得判决一致决定法律的选择。因法院的判决需要得到外国的承认与执行,通过有利于判决在外国得到承认与执行的法律选择是重要的方法之一。

7. 依当事人的意思自治决定法律的选择。这种方法允许当事人自己选择所需要适用的法律,传统上主要是在合同领域,现在已经扩展到了侵权、婚姻等众多领域。

8. 依分割方法决定法律的选择。它是指将一个涉外民商事案件中的不同法律问题加以分割,分别适用不同的准据法。这种方法现在越来越受到重视。

9. 依比较损害方法决定法律的选择。这种方法是由美国学者巴克斯特(Baxter)在其发表的《法律选择与联邦制度》一文中提出来的。他认为每一个地方的法律都存在两种不同的目的,即内部目的和外部目的。内部目的是解决州内私人之间的利益,而外部目的是解决州之间私人的利益冲突。若外部目的之间发生了冲突,就看哪个州的内部目的受损害较大,适用受到较大损害的州的法律,从而实现外部目的。

10. 依肯塔基方法决定法律的选择。这种方法是美国肯塔基州的法官通过判例逐渐形成发展起来的,因此称为肯塔基方法。它是指只要肯塔基州与某案件具有足够和充分的联系,肯塔基法院就应该适用法院地法即肯塔基州的法律审理案件。它与最密切联系原则的方法所不同的是,它并不要求法院对于整个案件进行全面分析后找出最密切的因素,而仅仅是法院认为与案件有足够联系就行。这种方法实质上是法院地法。

11. 依功能分析方法决定法律的选择。这种方法由美国学者冯·梅伦(von Mehren)、特劳特曼(Trautman)和温特劳布(Weintraub)提出。他们主张把特定的规则和法律制度作为一个整体，通过考察其政策和目的来解决法律适用问题。

法律适用理论与法律选择方法是既有联系又有区别的两个问题。二者都承认外国法的域外效力，这是适用外国法的前提；不同在于有些法律适用理论本身就构成了具体的法律选择方法，如最密切联系学说的法律适用理论本身也是法律选择的方法之一。可以说，法律适用理论决定了法律选择方法的方向和路径，而法律选择方法是法律适用理论的外在表现和具体化。具体表现在以下几个方面：

第一，一方面，法律适用理论是法律选择方法的前提和基础，法律适用理论产生在先，法律选择方法在后；另一方面，法律选择方法是法律适用理论的发展和运用，但并非所有的法律选择方法都具有理论性，如肯塔基方法就是美国法院在实践中运用的方法，而非理论。

第二，法律适用理论包含两个部分：为什么要适用外国法和如何适用外国法。其中，如何适用外国法的理论也是法律选择方法之一，如法则区别说、法律关系本座说等，但国际礼让说和既得权说属于解释为什么要适用外国法的理论，不是法律选择方法。

第三，涉外法律关系的法律适用离不开法律适用理论的支持和法律选择方法的运用，但二者在不同法系发挥作用的情况不一样。在大陆法系，因成文法的原因，法官只能按照立法条文进行司法活动。因此，法律选择方法是立法者在起草法律条文时的方法，立法者更主要是依据法律适用理论制定法律选择条文。对于法官而言，只是遵守立法中规定的法律适用规则（rule）而已。而以美国为代表的英美法系国家，没有成文的国际私法，因此，法律适用理论成为指导法官选择法律的理论基础，而法律选择方法则是法官在具体案件中选择法律的方式。所以法官在具体案件中不是遵守立法规则，而是按照法律选择方法确定如何适用法律，表现为遵守方法（approach）。

二、巴托鲁斯的法则区别说

法则区别说产生于13世纪的意大利，由后期注释法学派的集大成者意大利著名法学家巴托鲁斯（Bartolus）首先提出来。该学说经历了三个阶段，即意大利的法则区别说、法国的法则区别说和荷兰的法则区别说。其主要内容是将所有的法则分为人的法则、物的法则和混合法则，分别确定了各自适用的范围。它奠定了国际私法的基础，所创立的一些冲突规范对后世国际私法产生了重要影响。

由于当时意大利各城邦的经济发展迅速，相互交往非常密切，同时各城邦都享有制定法则（status）的权力，在法律适用上发生法律冲突在所难免。巴托鲁斯认为如果各城邦都只适用本地法，那就无法体现自然正义的要求，因为人不可能按照他不知道或事先不应知道的法律办事。在当时，不同城邦之间的往来主要是人员和货物的跨城市流动。因此,他将各城邦的法则分类为“人法”、“物法”和“混合法”,分别适用于不同的法律冲突。

巴托鲁斯主张:第一,有关人的法则,不仅对于一国属民在该国时适用,同时对一国属民在另一主权范围内时也适用。他认为人的身份能力具有稳定性,不因人所处的地域不同而改变。该法则适用于解决人的权利能力、行为能力等方面的冲突。后来被总结为“属人法”。第二,有关物的法则,只能适用于在一国主权范围内的物。这样对于流动中的物,就解决了法律的动态适用问题。这一观点后来被总结为“物之所在地法”。第三,有关人处分物的行为需要混合人的法则与物的法则综合判断,如关于权利能力和行为能力问题与个人的属地有关,应依属人法;签订契约和行为的方式,则应依签订契约地或行为地法等。

巴托鲁斯没有解释一个城邦的法院为什么可以适用另一个城邦的法则,而是当然地肯定了外城邦法则的域外效力。他的理论符合当时历史发展的需要,发挥了极大的作用。由于巴托鲁斯是第一个提出法律适用理论的学者,因而被誉为“国际私法之父”。在他之后的五六百年历史中,欧洲国家法院主要依据法则区别说理论审理涉外案件,这一时期也被称为“学说法时代”。

三、杜摩林的意思自治说

16 世纪,法国资本主义工商业得到了相当的发展,与意大利及亚非的一些国家有着频繁的商业交往。此外,法国北部各省处于混乱的割据状态,法律极不统一。为了促进工商业的发展,新兴的资产阶级极力想建立一个统一自由的市场。这种情形引起了法学家们的关注。法国著名学者杜摩林(Dumoulin)在其《巴黎习惯法评述》一书中,详细阐述了自己的看法和思想。杜摩林由于生长于商业发达的法国南部,特别是他长期担任巴黎议会的律师,因此对于教皇的统治不满。他崇尚自由和自然法,主张扩大“人法”的适用范围,并首次提出在契约中应当允许当事人自主选择适用何地的习惯法。这种思想被后人总结为“意思自治”原则,但他本人并没有明确提及这个术语。

他认为契约关系中应当适用当事人自己选择的法律。同时他还指出,即使当事人并没有选择适用的法律,法院也应当推定当事人意欲选择什么法律。杜摩林创立的这个原则符合资产阶级的愿望和要求,被誉为“契约自由的明珠”。这一学说得到后来学者的普遍接受,现已经成为各国国际私法立法中解决契约法律关系冲突的最重要的原则。

四、胡伯的国际礼让说

受洛克国家主权思想的影响,荷兰国际私法学者优利克·胡伯(Ulicus Huber)在 1689 年撰写的《论罗马法与现行法》中专门就法律冲突问题进行了全面

的论述,并提出了著名的法律适用三原则:

(1) 任何国家都拥有主权,其制定的法律仅在其主权所及的领域内有绝对的效力,并约束其国民,在境外无效;

(2) 主权国家的法律适用于其境内的一切人,不管是定居的还是临时居住在该国的人;

(3) 国家承认在外国领土上根据外国法所获得的权利,但并非基于法律上的义务,而是基于"国际礼让",这种承认不能够损害内国及其国民的权利或者利益。

上述第一项和第二项本质上是属地原则,是根据国家的管辖权范围来划分的。第三项原则讲的是一国为什么可以适用外国的法律,是胡伯的核心思想,也常常被称为"国际礼让说",其中隐含了国际私法上重要的公共秩序理论。它是国际私法上首个解释为什么可以适用外国法的法律适用理论。胡伯的三原则对于国际私法的发展产生了深远的影响。胡伯三原则自提出后很快就传到了美国,被美国著名学者斯托雷接受,成为了现代英美国际私法的理论基础。

第二节　近代法律适用理论

一、萨维尼的法律关系本座说

萨维尼是19世纪德国著名的国际私法学家。他曾担任过普鲁士王朝司法大臣、柏林大学校长、马尔堡大学和兰茨胡特大学教授。在1849年出版的《现代罗马法体系》一书第八卷中,他首次提出了"法律关系本座说"理论,将国际私法理论推进到一个新的阶段。为此,他被誉为"近代国际私法之父"。

他从普遍主义的观点出发,认为法院应当适用的法律是各涉外民商事关系依其本身的性质有"本座"所在地的法律。每个法律关系像人一样有住所,都有自己的本座。解决法律的冲突就是对法律关系进行分类,找出各自的本座,适用某一特定的实体法。据此,萨维尼将涉外民商事法律关系分为人的关系、物的关系、契约关系、程序关系等,并指出与其有联系的本座,适用与本座有关的法律。例如,关于人的关系,以人的住所为其本座,适用人的住所地法律;关于物的关系,以物之所在地为其本座,适用物之所在地法;关于契约的关系,以意思自治为其本座,适用当事人选择的法律,如果当事人没有选择,以契约履行地为其本座,适用契约履行地法;关于程序关系,以诉讼地为其本座,适用诉讼地法。他还强调如果上述法律关系适用外国法违反法院地法的强行法时,可以适用法院地法。

萨维尼对法则区别说进行了批判,他认为法则区别说在解决法律冲突时存在种种弊端。法则区别说把法则机械地分为人法、物法和行为法,并没有看到它们之间的联系，难以正确阐释法律域内效力和域外效力的关系。

法律关系本座说的意义在于：第一，继承了罗马法并寻求德国法律的统一；第二，相对于法则区别说以法则的特性为出发点，法律关系本座说转而注重需要处理的法律关系，针对不同的法律关系确定适用的法律；第三，强调住所对人的身份和行为能力的意义；第四，追求法律适用的普遍性和判决结果的一致性。

二、孟西尼的国籍法说

1851 年，意大利著名政治家孟西尼在都灵大学发表了题为《国籍乃国际法的基础》的演说，提出了“国籍法说”。他认为，国籍、当事人和主权这三种因素构成了法律选择的基础。任何法律的适用原则上都以国籍作为连结因素，只有当事人另有意思表示或者适用外国法违反本国公共秩序时，才可以适用国籍以外的连结点。他把国籍因素提升到了指导原则的地位，否定了属地主义的主张。

孟西尼的三原则包括：(1) 国籍原则，又称为民族主义原则。根据这一原则，凡是属于人身关系的涉外民商事关系都应当适用当事人的本国法，这主要包括：人的身份能力、亲属关系、继承关系等。(2) 意思自治原则，又称为自由原则。在债权、物权关系中应当适用当事人自己选择的法律。(3) 公共秩序原则，又称为属地原则或主权原则。它是指一国以公共秩序为目的的法律，应当适用于该国主权范围内一切人，不管是本国人还是外国人。

孟西尼的三原则对 19 世纪后期的国际私法立法产生了深远的影响。例如，1896 年《德国民法施行法》、1898 年《日本法例》以及 1918 年中国北洋政府颁布的《法律适用条例》都采纳了该原则。他的学说使得国际私法理论从民族主义发展到国籍主义，维护了国家统一和主权，使主权因素再度影响冲突法学说。孟西尼扩大了意思自治原则的适用范围，还提出了公共秩序原则。

三、戴赛的既得权说

美国法官斯托雷(Story)对法则区别说进行了发展，这是既得权思想的萌芽。戴赛是英国牛津大学教授，他在 1896 年出版的英美法系国际私法的传世之作《法律冲突论》中提出了“既得权说”。[①] 由于英国当时在世界上拥有众多的殖民地，它不仅面临着新兴的资本主义国家的竞争，同时还受到殖民地人民革命的冲击，为了维护其在海外所获得的既得利益，既得权学说应运而生。戴赛认为，从严格意义上讲，一国法院并非适用外国的法律，而是对依外国法律而获得

---

① “既得权”(vested rights)一词并非戴赛的发明，作为私法概念，最早可追溯到古罗马法。既得权是指个人依法已经取得的权利，常常与“法律不溯及既往”原则相联系。在罗马法中，既得权与期待权相对应，涉及“取得时效”、“消灭时效”等。在罗马法有了“公”、“私”法律概念以后，既得权思想被引入公法，强调公权的行使不得妨碍私人的既得权。

的有效的权利的承认和执行。从理论上看,既得权说本质上是具有严格的属地主义属性的,不承认外国法的域外效力。一国法院的法官在审理案件时不能直接适用外国的法律,也不能执行外国法院所作出的判决,而仅仅是为了维护国际民商事关系的稳定,承认与执行依据外国法所产生的既得权利。

戴赛在继承胡伯和斯托雷的法律适用三原则的基础上,肯定了法律的属地性。他在论述英国宪法,特别是关于主权归属问题时认为,法院只能适用和执行本国议会通过的法律。从这一点看,他无法突破胡伯的前两项原则(关于主权和法律属地性的原则),但英国宪法同时认可人的自然权利,强调法治的公正性,而既得权正是自然权利的表现。要保护人的自然权利和维护司法公正,就应当承认个人基于外国法已经获得的权利。

既得权学说在殖民时期产生了很大的作用,也保护了殖民地宗主国的利益。但该学说是具有缺陷的,既然不承认外国法的效力,为何又要承认依据外国法所取得的权利?现在既得权学说已经被英美国家抛弃,在再版的《戴赛和莫里斯论冲突法》中也删掉了该理论。

第三节　现代法律适用理论

一、库克的本地法说(theory of local law)

沃尔特·惠勒·库克(Cook)是美国的著名学者。他在《冲突法的逻辑与法律基础》一书中提出了具有浓厚的属地主义色彩的“本地法说”理论,并将属地主义推向了极致。他彻底抛弃了“既得权说”和“国际礼让说”等国际私法理论的主张,反对通过演绎的方法来确定法律适用的普遍原则,主张从法院的实际判例中考察规则的可行性。他认为法院永远都只适用本国法,不适用外国法;即使是出于社会利益和司法方便的考虑需要适用外国法时,法官也并不是将外国法作为有效的法律看待,而是将外国法看做为该外国的“内国规范”,是基于内国冲突法所产生的存在于外国的内国规范。这样,在本国法官看来,法院承认的就不是依外国法产生的权利,而只是依本国法所产生的权利。

对于该学说,国际私法学界的评价褒贬不一。库克以实用主义为切入点,重点考察了法官解决法律冲突问题的实际做法,认为法学的目的是预言法官将要采取的行为。他的本地法说理论为此后美国众多现代国际私法理论的形成铺平了道路,但英国学者威希尔则认为他的主张在国际私法理论上是一种倒退,莫里斯认为他的理论是破坏性的,而非建设性的。①

---

① See J. H. C. Morris, The Conflict of Laws, 4th ed., 1993, pp. 446—447.

二、卡弗斯的优先选择说(principle of preference theory)

1933年,时为杜克大学法学院教授的卡弗斯(Cavers)在《哈佛法学评论》上发表了题为《法律选择问题批判》一文。[1] 他没有理会库克对美国州或外国国家主权的过分强调,而是从法院或法官处理实际案件的思维出发,主张法律选择的目的应当符合对当事人公正和实现一定社会目的的效果。

卡弗斯在其《法律选择程序》一书中提出了著名的"优先选择说"理论。他指出,在法律选择过程中存在一个基本概念问题:法院在处理一个涉及外国法(或外州法)也可适用于该案的争议时,应该在不同法律制度之间进行选择,还是在不同的具体法律规则之间进行选择?如果是前者的话,那么直到法律制度被选择以后,从理论上讲,法院还不知道具体规则的内容。因此,这是一种"法域选择规则"或称"管辖权选择规则"(jurisdiction-selecting rule)。

他认为,按照第一次《美国冲突法重述》的模式,结果就是这种"法域选择规则"的模式。这种模式的缺点是盲目性,法官不能达到案件处理公正的结果。只有法院在不同国家(或不同州)的具体法律之间进行选择时,才能比较法律适用的后果,得出合理的结论。卡弗斯关于在不同州(或国家)的实体法律之间进行选择以达到案件公正处理的主张得到了多数美国学者的赞同,但他没有说明优先选择原则的核心即公正的标准是什么。

三、柯里的政府利益分析说(theory of governmental interests analysis)

20世纪50年代后期,在美国国际私法革命中著名法学家布雷纳德·柯里(Currie)创立了另一种更具广泛影响的理论——政府利益分析说。他在其出版的《冲突法论文集》中详细地论述了政府利益分析说。

柯里将法律冲突分为"真实冲突"和"虚假冲突"。"真实冲突"是指某一涉外民商事案件所涉及的两个国家的法律在具体的规定上有所不同,并且这两国的法律所体现的政府利益也存在冲突。而"虚假冲突"则是指某一案件所涉及的两个国家的法律虽然规定不同,但其所体现的政府利益却是一致的。他认为只有出现真实冲突的时候,才会发生法律冲突。法院对于法律的适用需要考虑政府的利益,任何国家的法律都是用来体现政府的利益的,尽管美国各州的法律法规都体现了其政府利益,但并非所有的利益都是合法、合理的,因此法院在审理案件的时候只适用合法、合理的那个州的法律。

柯里的政府利益说实质上想抛弃冲突规范来指引法院应当适用的法律,他构建的理论是通过判断是否具有政府利益来适用法律。他将政府利益和私人利

---

[1] See David F. Cavers, A Critique of the Choice-of-Law Problem, 47 Harv. L. Rev., 173 (1933).

益看得过分绝对化，过分倾向法院地法和过分有利于适用原告的法律。

四、艾伦茨威格的法院地法说(doctrine of lex fori)

艾伦茨威格(Ehrenzweig)是美国加利福尼亚大学的教授，主要出版了《冲突法论》和《国际私法》等著作。他提出了"法院地法说"理论，认为法律冲突的解决实际上是对法院地实体法的解释、分析后得出应当适用的法律。该理论从实证主义出发找到法院应当适用的法律，通常是适用法院地法，适用外国法只是一种例外。为了防止当事人挑选法院，他还提出必须就每一类的法律关系确定一个适当的法院，通过考虑法院与当事人之间的实质联系确定这个适当的法院。不过，根据这种学说很难确定一个适当的法院，反而助长了当事人挑选法院的现象，但他对20世纪美国国际私法理论的变革作出了重要贡献，也是美国当代国际私法学界新浪潮派的重要一员。

五、最密切联系说(doctrine of the most significant relationship)

最密切联系说是当代国际私法学说的最新发展，也是最具影响的学说。它主要是基于美国司法判例产生的。美国哥伦比亚大学里斯教授在其主持编纂的第二次《美国冲突法重述》中极力推崇最密切联系说的运用。他认为法院在适用法律时，主要应看哪一个法域与案件的事实和有关当事人具有最密切的联系。即法院应适用与案件具有最密切联系地的法律。最密切联系学说增强了冲突规范的灵活性，但同时也使得法院在某些案件中适用该理论时变得难以操作，很难确定哪个地方的法律与案件具有最密切的联系。

六、直接适用的法(loi d'application immediate)

直接适用的法是由希腊著名国际私法学家弗朗西斯卡基斯(Francescakis)在其1958年发表的《反致理论和国际私法的体系冲突》一文中首先提出来的。他认为，为了使法律在涉外经济和民事交往中更好地维护国家利益和社会利益，国家制定了一系列具有强制力的法律规范，以调整某些特殊的涉外传统冲突规范，并直接适用于涉外民事关系。这种法律规范，就是"直接适用的法"。从他的这个简单定义看，一国的公法和私法都有可能成为直接适用的法，这引起了各国学者对直接适用的法的讨论。这种方法采用单边的冲突规范，具有较强的属地主义色彩，在国家政府干预经济色彩越来越重的当代具有一定的现实意义。

七、特征性履行说(doctrine of characteristic performance)

特征性履行说，又称为特征性履行原则或特征性债务原则。它是由瑞士学者施尼策尔(Schnitzer)提出用以确定最密切联系的一种方法。他认为，在涉外合同中，当当事人没有选择法律适用时，需要根据合同的特征性履行性质来确定合同应当适用的准据法。它主要是为了克服最密切联系标准在实践操作中的盲目性，使合同准据法的选择变得确定。该理论得到了大多数大陆法系国家的国际私法立法采纳，如《瑞士联邦国际私法》。但也有学者认为该方法适用范围较窄，不能涵盖所有类型的合同，同时特征性履行并不容易确定。

思考题

1. 一个国家的法律体系中除了实体法规范和程序法规范外，为何还要存在冲突规范？冲突规范是否有存在的必要？

2. 一个国家的法院在处理涉外民商事案件时为何不能只适用本国的法律，而需要在一定条件下适用外国法？

3. 试分析法律关系本座说相对于法则区别说的进步意义、最密切联系说与法律关系本座说的异同。

拓展视野

1. 萨维尼在其著作中对"法律规则支配法律关系的地域范围"即法律的地域冲突问题、"法律规则支配法律关系的时间范围"即新法的溯及力问题作了阐述，具体可参阅〔德〕萨维尼：《法律冲突与法律规则的地域和时间范围——现代罗马法体系》第8卷，李双元等译，法律出版社1999年版；对萨维尼法律关系本座说的详细阐述，可参阅马德才：《论萨维尼的"法律关系本座说"在国际私法发展史上的影响》，载《甘肃政法学院学报》2001年第1期。

2. 柯里的"政府利益分析说"是现代冲突法理论中最有影响力的学说之一，有关"虚假冲突"与"真实冲突"以及柯里学说的可操作性、可预见性及精确性等问题的分析和思考，可参阅张潇剑：《评柯里的"政府利益分析说"》，载《环球法律评论》2005年第4期，第485—493页。

3. 肖永平在其《肖永平论冲突法》中，对于法律适用方法和理论有着独到的论述，具体参阅肖永平：《肖永平论冲突法》，武汉大学出版社2002年版。

4. 国际私法在19世纪得到了蓬勃的发展，在20世纪是否有了进一步的发展？其哲学思想、方法论问题是否有新的阐发、深化和改进？国际私法在20世纪末面临的基本困境是什么？1995年，西蒙尼德斯在布雷斯托(Bristol)大会这20世纪最后一次国际比较法大会上作了题为《20世纪末的国际私法——进步还是退步》的报告，其目的是提供一个讨论国际私法基本问题和困境的框架，并确定了如下五个主题：(1) 多边方法、单边方法和实体方法三者的对立与共存；(2) 确定性目标和灵活性目标之间的张力，以及法律选择规则和法律选择“方法”的对立与共存；(3) “管辖权选择规则”和“内容定向”规则或方法的对立与共存；(4) “冲突正义”与“实质正义”的两难困境；(5) 国际一致性目标与保护国家或州利益之间的冲突。具体内容可参阅〔美〕西蒙尼德斯：《20 世纪末的国际私法——进步还是退步》，宋晓译，载《民商法论丛》第 24 卷，法律出版社 2002 年版。

第六章　冲突规范

知识介绍

冲突规范是国际私法的核心规范，是调整涉外民商事法律关系的主要方法之一。它具有十分独特的组成结构，包括“范围”(category)和“系属”(attribution)，其中“连结点”是“系属”中一个十分重要的组成部分。冲突规范的结构可表示如下：

侵权行为的损害赔偿，适用{侵权行为地}法律。

范　围　　　　　　系　　属

连结点

冲突规范的根本目的是选择用于解决涉外民商事争议的法律，即准据法。如上例中，侵权行为地法律就是解决侵权行为损害赔偿纠纷的准据法。法院在援引冲突规范确定准据法的过程中，往往会遭遇区际法律冲突、时际法律冲突、先决问题以及识别问题等。这些问题给涉外民商事争议的解决增添了更多的复杂性。

第一节　冲突规范概述

一、冲突规范的概念和特点

冲突规范(conflict rules)，是指由国内法或者国际条约规定的，指明某一涉外民商事法律关系应适用哪国法律或者何种法律的规范。通过对下列两个法律条文的分析，我们可以得出冲突规范是一种既不同于实体法规范，又不同于程序法规范的特殊法律规范：

条文一：合营企业的形式为有限责任公司。在合营企业的注册资本中，外国合营者的投资比例一般不低于百分之二十五。合营各方按注册资本比例分享利润和分担风险及亏损。(《中外合资经营企业法》第4条)

条文二：合营企业合同的订立、效力、解释、执行及其争议的解决，均应适用中国的法律。(《中外合资经营企业法实施条例》第12条)

条文一规定了中外合资经营企业合营各方当事人在出资、利润以及风险承担等方面的权利和义务，使得各方当事人的权利、责任、义务清晰明确，从而形成了可见的预期，属于典型的实体法规范。

条文二规定合营企业合同的订立、效力、解释、执行以及争议的解决适用中国的法律。该条文与条文一存在着明显区别：它仅仅指明了适用中国的法律，而没有指明适用中国的哪部法律，更没有指明当事人的权利、义务，以及当事人实现其权利、义务的程序。这便是典型的冲突规范。由此我们可以得知，冲突规范具有如下四个特点：

第一，冲突规范的结构不同于一般法律规范。一般法律规范通常由三部分构成，即"适用规范的条件"、"规范的内容"以及"违反规范内容的后果"。而冲突规范有着特殊的结构，它由范围和系属构成。

第二，冲突规范不同于一般的实体法规范。它不直接规定当事人的权利和义务，仅仅指明了某一涉外民商事法律关系应适用哪一国或者何种法律，因此它是法律适用规范（rules of application of law）。由于这个特点，冲突规范被学者形象地比喻为"路标"或者"指示器"，即通过它来找到某一涉外民商事法律关系所应适用的实体法规范。①

第三，冲突规范不同于程序法规范，主要是指导法院在审理某类涉外民商事法律争议时应选择并适用哪一国法律或者何种法律，因此它是法律选择规范（choice of law rules）。

第四，冲突规范是一种间接规范，缺乏一般法律规范所具有的明确性和预见性，必须与它所援引的那个国家的实体法（即准据法）结合起来，才能最终确定当事人的具体权利和义务。例如，我国《涉外民事关系法律适用法》第 36 条规定："不动产物权，适用不动产所在地法律。"该条冲突规范本身并无法解决不动产物权纠纷，必须结合它所指明的不动产所在地法律方可解决纠纷。

二、冲突规范的结构

作为一种特殊的法律规范，冲突规范有特殊的结构：它没有像一般法律规范那样明确区分规范适用的条件和行为模式，也没有明确规定法律后果，而是由范围和系属两部分构成。

（一）范围

范围，又称为连结对象（object of connection）、起作用的事实（operative facts）、问题的分类（classification of issue）等，是指冲突规范所要调整的民商事法律关系的类型或者所要解决的具体法律问题。例如，我国《涉外民事关系法律

① 参见张潇剑：《国际私法论》，北京大学出版社 2008 年版，第 131 页。

适用法》第 13 条规定:“宣告失踪或者宣告死亡,适用自然人经常居所地法律。”第 27 条规定:“诉讼离婚,适用法院地法律。”在这两条冲突规范中,“宣告失踪或者宣告死亡”和“诉讼离婚”即该条冲突规范的范围,说明该条冲突规范用于解决宣告失踪或死亡、诉讼离婚的法律适用问题。在典型的冲突规范中,范围通常位于冲突规范的前半部分。

国际私法的调整对象是涉外民商事法律关系,因此冲突规范范围的种类繁多,如合同关系、侵权行为关系、所有权关系、知识产权关系、婚姻家庭关系、继承关系等都是常见的种类。

(二)系属

系属是规定冲突规范中“范围”所应适用的某一特定的法律,指明法院在处理某一涉外民事法律关系时所应适用的法律。上例“诉讼离婚,适用法院地法律”中,“法院地法律”即该条冲突规范的系属,指明了法院在审理诉讼离婚案件时,应当适用的实体法依据。

在典型的冲突规范中,系属通常位于冲突规范的后半部分,常以“……适用……法律”或者“……依据……法律”的形式出现。

第二节 连结点与系属公式

一、连结点

(一)连结点概述

冲突规范的系属包含了一个很重要的部分,叫做“连结点”(point of contact)或者“连结因素”(connecting factor)、“连结根据”(connecting ground),它是冲突规范借以确定某涉外民商事关系所应适用何国或者何种法律的根据。例如,“侵权行为的损害赔偿,适用侵权行为地法律”这一冲突规范中,“侵权行为地”即连结点。

顾名思义,连结点起着桥梁的作用,它将冲突规范的范围与调整该范围的某一特定国家的实体法联系起来,离开了这一媒介,法院便无从选择法律。从形式方面看,它是把范围和系属联系起来的纽带或媒介,因而是每一个冲突规范所必备的;从实质方面看,它反映了范围中的法律关系与一定地域的法律之间的联系。

纵观各国的立法,常用的连结点有国籍、住所、惯常居所、物之所在地、行为地、法院地、船旗国、最密切联系地等。根据不同的标准,连结点可以区分为以下不同的种类:

表 6-1

分类标准	种类	含义	举例
是否以人的主观意思为标准	客观连结点(objective point of contact)	客观存在的连结点	国籍、法院地、行为地、国籍、住所、居所、营业所、物之所在地等
	主观连结点(subjective point of contact)	由当事人合意产生或者法官意思决定的连结点	当事人的合意选择、最密切联系地等
是否能够变动为标准	动态连结点(variable point of contact)	可以变动的连结点	国籍、住所、居所、动产所在地、法人管理中心地等
	静态连结点(constant point of contact)	固定不变的连结点	侵权行为地、合同签订地、合同履行地、不动产所在地、婚姻缔结地等
连结点的地理坐标是否确定为标准	开放性连结点(open-ended point of contact)	具体地理坐标不确定的连结点	最密切联系地等
	硬性连结点(black-letter point of contact)	具体地理坐标确定的连结点	侵权行为地、国籍、住所、物之所在地等
连结点的性质	单纯的事实(fact)	不因各国法律概念不同	物之所在地、法院地等
	法律概念(concept)	因各国法律概念不同而认定不同	国籍、住所、法律行为地等

连结点是系属的核心,某一涉外民商事关系应当适用哪个国家的法律,归根结底是由连结点决定的。连结点表明某种涉外民商事关系应受一定国家法律的约束。因此,立法者对于某一涉外民商事关系的连结点的选择并不是任意的,而必须能在客观上体现该涉外民商事关系与连结点所指向的法律之间客观的内在联系。选择连结点时需要考虑的因素:(1)“范围”中需要处理的问题的性质与分类;(2)有关连结点在该问题或法律关系中的作用;(3)连结点与有关国家行使立法管辖权的关系;(4)该连结点是否便于认定;(5)连结点的选择是否符合内国处理涉外民商事关系的政策。

(二)连结点选择的发展方向

1. 从僵硬向灵活方向发展,即软化处理连结点。用灵活开放的系属公式代替僵硬、封闭的系属公式,如现在冲突规范中更多地使用当事人意思自治、最密切联系等连结点。

2. 由简单向复杂方向发展,这主要表现在:(1)增加连结点的数量从而增加可供选择的法律。(2) 结合性连结点的运用和互补性连结点的运用,如 1973 年海牙《产品责任法律适用公约》中"适用的法律应为侵害地国家的国内法,如果该国同时又是 a. 直接遭受损害的人的惯常居所地;或 b. 被请求承担责任人的主营业地;或 c. 直接遭受损害的人取得产品的地方"。(3) 对同类法律关系进行细分,依不同性质规定不同连结点。(4) 对同一法律关系的不同方面进行分割,对不同部分或不同环节规定不同的连结点。

3. 连结点含义的多样化。例如,对侵权行为地可以理解为侵权行为发生地,也可以理解为侵权损害结果地。

二、系属公式

(一) 概念

系属公式(formula of attribution),是指把一些解决法律冲突的规则抽象化、固定化,使之成为国际上公认的或为大多数国家所采用的处理原则,以便解决同类性质的法律关系的法律适用问题。在国际私法上,系属公式通常也被称为"冲突原则",即解决冲突的原则。系属公式一般是在双边冲突规范的基础上发展而来的。在长期的国际私法实践中,一些常用的双边冲突规范的系属,由于其具有普遍、稳定和典型的特点,而被逐渐固定和保留下来,最终发展成为了系属公式。因此,系属公式本身并不是冲突规范,而是双边冲突规范的系属,它只有与范围部分结合起来,才构成完整的冲突规范。

(二) 常见的系属公式

常见的系属公式主要有属人法、物之所在地法、行为地法、当事人合意选择的法律、最密切联系地法、法院地法、旗国法等。

1. 属人法(lex personalis)

属人法,是指自然人的国籍所属国法律、住所所在地法律或者惯常居所地法律,主要用于确定当事人权利能力、行为能力、婚姻家庭关系、继承关系等方面的法律适用问题。

什么法律最适合用来决定一个人的身份和能力,规定他的婚姻关系,以及动产继承、个人地位等问题?这个法律究竟是他的国籍国法律,还是住所地法律?归根结底,属人法的连结点该如何选取,是选择国籍还是选择住所地的问题。

属人法这个系属公式最早诞生于巴托鲁斯的"法则区别说",其中的"人法"即自然人的住所地法。这种延续了近六个世纪的做法,随着 1804 年《法国民法典》的颁布而终结了一统天下的局面。1804 年《法国民法典》改用国籍为标准,将国籍国法作为自然人的属人法。该主张得到了孟西尼的大力提倡,逐渐为大陆法系国家所采用,而以英、美为代表的英美法系国家仍然坚持将住所地法作为自然人属人法的标准,这样就形成了属人法的两大派别:

（1）当事人本国法（lex partiae），指自然人国籍所属国法律。该派别以这样的观念为基础：[1]人扎根于他的国家，比扎根于他的家庭更为深入。按照孟西尼的说法，人格是通过国籍而得到承认的。因此，国籍标准的优点在于其客观性、稳定性以及适用上的便利性。大陆法系国家，主要包括法国、德国、意大利、日本、比利时等，以及苏联、东欧和部分拉美国家持该种观点。另外，许多国际条约也采纳了这个观点，尤其是 1902 年和 1905 年有关亲属法的《海牙公约》，以及 1930 年和 1931 年有关汇票和支票的《日内瓦公约》。但是，在当事人无国籍或者涉及复合法域国家时，国籍标准便难以适用。另外，随着人口跨国流动的迅猛发展，当事人很可能已经长期或者永久性离开其国籍国，其与国籍国已无任何联系及利益要求，若仍旧用国籍标准来解决其身份能力问题，对于当事人是很不公平的，很可能影响并限制当事人正常的民商事活动。

（2）当事人住所地法（lex domicilii），指自然人住所地国家的法律。该派别认为，一个人的身份、能力、权利以及个人地位同他的家庭和家宅密切相关，并且允许一个人用变更住所地的方法来改变决定他个人地位的法律。住所地标准的优点主要表现在住所作为属人法上的连结点对当事人身份、能力等事项的调整功能上，而其缺点在于主观色彩过浓，其概念的确定在各国并不统一。目前，英美法系国家，包括英国、美国、加拿大、澳大利亚、挪威、阿根廷等一般都采用该种观点。

为了调和两大法系在属人法上的分歧，近几十年来，很多国家在国际私法实践中逐步采用“惯常居所”（habitual residence）这个连结点来部分地取代国籍或者住所地，作为最终确定属人法的根据。另一种解决分歧的方法是，在立法时兼采本国法与住所地法两种形式，如《土耳其国际私法和国际诉讼程序法》第 4 条尽管坚持“国籍是确定准据法的基本标准”，但同时又规定，对于无国籍人，则适用住所地法或居所地法。[2] 此外，两大法系国家还通过订立国际公约的形式努力调和本国法与住所地法的矛盾，如 1955 年订立于海牙的《关于解决本国法与住所地法冲突的公约》。在属人法的解释问题上，我国一直以“国籍国”为原则，而以“住所地法”为例外，2010 年《涉外民事关系法律适用法》则改为以“经常居住地”为标准。

近几年来，属人法又有了新的发展，即以“当事人所在地”标准代替“国籍国”标准和“住所地”标准。该标准最早出现在 2001 年《联合国国际贸易中应收

① 参见〔德〕马丁·沃尔夫：《国际私法》，李浩培等译，北京大学出版社 2009 年版，第 120 页。

② 《土耳其国际私法和国际诉讼程序法》第 4 条规定：依照国籍确定准据法。国籍是确定准据法的基本标准，但下述情况除外：（1）无国籍人，依其住所地作为确定准据法的标准；没有住所的，依其居所；没有居所的，适用受理案件的国家的法律。（2）多重国籍人，同时具有土耳其国籍的，适用土耳其法律。（3）多重国籍人，不具有土耳其国籍的，则适用与之关系最为密切的国家的法律。

账款转让公约》(United Nations Convention on the Assignment of Receivables Trade)中。该公约规定,受让人与第三人之间的关系适用转让人所在地法(the state in which the assignor is located),但是公约并没有对该术语作出进一步的解释,而是将这个问题留给了各成员国。之后,在2002年海牙《关于经由中间人持有证券的某些权利的法律适用公约》和2005年《联合国国际合同使用电子通信公约》中再次出现了"当事人所在地法"这一标准。虽然"当事人所在地"标准目前还停留在证券或者应收账款等问题上,但从上述国际公约的发展趋势看,该标准正在成为国际社会可以接受的联系标准。

2. 法人属人法(personal law of legal person)

法人属人法,是指法人的国籍国法或住所地法。法人属人法不仅适用于法人的权利能力与行为能力,其适用范围通常还包括:法人的成立和法人的性质;法人的内部体制以及法人合并或分立时对前法人债务的继承;法人的解散等。

在《涉外民事关系法律适用法》颁布之前,我国主要是通过最高人民法院的司法解释来规定法人属人法的问题。《关于贯彻执行〈中华人民共和国民法通则〉若干问题的意见》第184条规定:"外国法人以其注册登记地国家的法律为其本国法,法人的民事行为能力依其本国法确定。外国法人在我国领域内进行的民事活动,必须符合我国的法律规定。"但是,该司法解释仅仅规定了外国法人的属人法问题,没有对本国法人作出规定。《涉外民事关系法律适用法》有效地解决了这个问题,其第14条规定:"法人及其分支机构的民事权利能力、民事行为能力、组织机构、股东权利义务等事项,适用登记地法律。法人的主营业地与登记地不一致的,可以适用主营业地法律。法人的经常居所地,为其主营业地。"

3. 物之所在地法(lex rei sitae)

物之所在地法,是指作为法律关系客体的物所在地国家的法律,主要用于解决涉外物权方面的法律适用问题。那么,这里的物是否应该区分为动产和不动产?对此,各国的理解并不相同。

(1) 英、美等国认为,不动产问题应该依物之所在地法原则,而动产问题应该依属人法解决,即所谓的"动产随人"原则。

(2) 部分大陆法系国家认为,不动产与动产均应无区别地适用物之所在地法原则,如日本和匈牙利。

我国在立法中对于动产和不动产采取了不同的法律适用原则,即对动产适用动产所有人的属人法,而对不动产适用物之所在地法。我国《涉外民事关系法律适用法》第36条规定:"不动产物权,适用不动产所在地法律。"第31条规定:"法定继承,适用被继承人死亡时经常居所地法律,但不动产法定继承,适用不动产所在地法律。"

4. 行为地法(lex loci actus)

行为地法，是指完成某种涉外民商事行为时所在地国家的法律，它来源于14世纪巴托鲁斯所主张的“场所支配行为”这一古老原则，主要用于解决法律行为方式的有效性问题。由于法律行为方式多样，行为地法也多种多样，主要有：

(1) 合同缔结地法(lex loci contractus)，是指合同缔结地所在国的法律，通常用于解决合同形式要件、合同内容合法性以及合同是否成立等方面的法律适用问题。

(2) 合同履行地法(lex loci solutionis)，是指合同履行地所在国的法律，通常用于解决合同履行过程中所产生的争议的法律适用问题。

(3) 侵权行为地法(lex loci delicti)，是指侵权行为地所在国的法律，通常用于解决侵权行为之债的法律适用问题。国际社会对于侵权行为地存在着侵权行为发生地和侵权结果发生地两种理解。

(4) 婚姻缔结地法(lex loci celebrationis)，是指婚姻登记地或者结婚仪式举行地国家的法律，通常用于解决婚姻形式要件方面的法律适用问题，但也有一些国家用其来解决婚姻实质要件方面的法律适用问题。

(5) 立遗嘱地法，是指立遗嘱人立遗嘱时所在地国家的法律，通常用于解决遗嘱方式的有效性或者遗嘱内容的合法性等方面的法律适用问题。

“场所支配行为”是法则区别说以来的一项古老原则，意味着法律行为一般受行为地法的支配，但是它并没有将行为的实质和形式问题作区分，这在一定程度上反映了主权权威的属地主义性质。①

5. 当事人合意选择的法律(lex voluntatis)

当事人合意选择的法律，是指双方当事人自行选择的作为双方之间争议解决依据的法律，通常用于解决涉外合同债务及涉外信托方面的法律适用问题。该系属公式允许双方当事人在缔结合同时自行约定适用某国的法律以解决将来可能发生的合同纠纷，也被称为“意思自治”原则。当事人合意选择的法律有利于保证法律适用结果的可预见性，有利于保护国际经济贸易的安全性，同时有利于减少可能产生的纠纷。在纠纷产生的情况下，有利于纠纷的解决和司法效率的提高。

该原则确立于合同领域，并发展成为合同法律适用的首要原则。随着实践的发展，其适用逐渐扩展到了侵权、继承、婚姻家庭等领域，成为全世界普遍承认的冲突法原则，为各国立法所采纳。我国亦承认并采用了该原则，《涉外民事关系法律适用法》第41条规定：“当事人可以协议选择合同适用的法律。”

---

① 参见车英：《论国际私法连结点的分类、选择和发展》，载《武汉大学学报(社会科学版)》2001年第1期。

6. 最密切联系地法(law of the place of the most significant contact)

最密切联系地法,是指与某涉外民商事法律关系具有最密切联系的国家的法律。该系属公式是从美国法院解决涉外合同纠纷和涉外侵权行为损害赔偿纠纷的司法实践中逐步形成和发展起来的。发展至今,该系属公式的适用范围早已突破了合同和侵权这两个范围,在其他性质的涉外民商事法律关系领域都得到了广泛的运用。综观各国的立法和司法实践,最密切联系地法的适用主要有以下几种方式:

(1) 最密切联系地法作为一项基本原则,适用于冲突法的所有领域,如奥地利。

(2) 最密切联系地法作为一项补充性原则,同时规定少数不适用最密切联系地法的情形,如瑞士。

(3) 最密切联系地法仅适用于合同和侵权领域,其他领域仍然适用传统的冲突规范来指导法律选择,如英国、美国。

(4) 最密切联系地法仅适用于合同领域,不适用于侵权领域,如法国、德国。

(5) 最密切联系地法仅适用于某些非合同或者侵权的特殊领域,如抚养、国籍冲突、住所或者营业地的冲突等,如南斯拉夫。

最密切联系地法使得法院能够结合案件的具体情况和实际需要来决定最适当的法律,以保证个案公正的实现,保证法律适用的灵活性,同时给予法官一定程度的自由裁量权,从而有效弥补成文法的不足。在判断最密切联系地时,最密切联系地法并没有提供必要的确定性分析,在很大程度上依赖于法官自身观念的取向和判断,因此更适合于判例法体制下的法官。

7. 法院地法(lex fori)

法院地法,是指受理涉外民商事案件的法院所在国的法律,通常用于解决诉讼程序的法律适用问题,但是一些国家规定,法院地法还可以用于解决某些实体问题,如涉外离婚或者涉外侵权等方面的法律适用问题。同时,当冲突规范所援引的某一国内立法或者国际条约中没有可以据以适用的实体法规定,或者冲突规范所援引的外国法违反法院地国家的公共秩序时,一般也适用法院地法。另外,法院地法还可以作为识别的依据。

8. 旗国法(law of the flag)

旗国法,是指运输工具的旗帜所属国的法律,通常用于解决飞行器或者船舶在运输中所发生的涉外民商事纠纷的法律适用问题。“旗国”一般指运输工具悬挂的国旗、船体或者飞行器上绘有的国徽所指明的国家,或者是运输工具注册登记地的国家。

第三节 冲突规范的种类

一、冲突规范的种类

根据冲突规范中系属的不同规定,冲突规范可以分为四种基本类型:单边冲突规范(unilateral conflict rules)、双边冲突规范(bilateral conflict rules)、选择适用的冲突规范(choice rules for regulating the conflict of law)以及重叠适用的冲突规范(double rules for regulating the conflict of law)。所谓系属不同,实际上是指连结点的不同,表现为对内国法或外国法的不同援引。

(一)单边冲突规范

单边冲突规范是指其系属直接指明某种涉外民商事关系只适用某一特定国家法律的冲突规范。这类冲突规范只有一个连结点,其指向的法律具有确定性。根据该连结点的不同,单边冲突规范表现为以下三种形式:

1. 直接指明适用内国法,此时的连结点为本国。如《法国民法典》第 3 条第 2 款规定:“不动产,即使为外国人所有,仍适用法国法律。”该条冲突规范只有“法国”这一连结点,明确指明不动产应当适用内国法律。

2. 直接指明适用外国法,此时的连结点为外国。如我国《民法通则》第 143 条规定:“中华人民共和国公民定居国外的,他的民事行为能力可以适用定居国法律。”该条冲突规范只有“定居国”这一连结点,且该定居国法律对于我国而言属于外国法。

3. 直接指明适用某一特定国家的法律,此时的连结点为某一特定的国家。如《苏联与比利时—卢森堡经济同盟临时贸易专约》第 13 条规定:“关于苏联驻比利时商务代表处订立或担保的贸易合同的一切争执,如在该合同中没有关于司法管辖或仲裁的专门条款,应受比利时法院的司法管辖,并依比利时法令解决。”该条冲突规范只有“比利时”这一连结点,指明了比利时法律的管辖权。

单边冲突规范具有适用简便的特点,但由于其往往只对某一涉外民商事法律关系的一个方面或者一种情况予以规定,因此极有可能给法院在适用法律方面留下空白。另外,纵观各国的立法实践,单边冲突规范以直接指明适用内国法的情况比较多见,而随着国家之间交往的日益密切和频繁,平等地适用内外国法是国际私法发展的趋势所在,因此,单边冲突规范在各国立法中的数量日渐下降。

(二)双边冲突规范

双边冲突规范是指规定了一个可推定的系属,需要根据该系属中的连结点并结合实际情况来确定应适用某一国家法律的冲突规范。双边冲突规范也只有一个连结点,但是该连结点具有隐含的双边意义,其指向的法律存在内国法和外国法两种可能。例如,我国《涉外民事关系法律适用法》第 36 条规定:“不动产物权,适用不动产所在地法律。”若不动产位于我国,则应该适用我国的法律;反之,则应适用外国的法律。究竟适用内国法还是外国法,还应当结合具体案情进行确定。因此,同一条双边冲突规范,在不同的事实情况下,可能导致适用内国法或者外国法这两种截然不同的结果,体现了对内、外国法律的平等对待,保证了所适用的法律(准据法)与其所调整的涉外民商事法律关系之间的实质的、最密切的联系,是现代各国国际私法立法中最常用的规范。但是,双边冲突规范往往过于抽象和灵活,其指向的法律往往不可预见。当其指向的某一外国法不符合内国的公共政策和需要时,法院往往会采用反致、公共秩序保留等制度以避免该外国法在内国的适用。

（三）选择适用的冲突规范

选择适用的冲突规范是指系属中存在两个或者两个以上的连结点,法院可选择以其中一个连结点为根据来确定所应适用的法律。根据选择方式的不同,选择适用的冲突规范可以分为无条件选择适用的冲突规范和有条件选择适用的冲突规范。

1. 无条件选择适用的冲突规范,是指法院可以任意地、无限制地选择冲突规范系属中的任一连结点来调整某一涉外民商事法律关系。例如,我国《涉外民事关系法律适用法》第 33 条规定:“遗嘱效力,适用遗嘱人立遗嘱时或者死亡时经常居所地法律或者国籍国法律。”根据该条规定,法院在判断遗嘱效力时,可以选择适用遗嘱人立遗嘱时的经常居所地法律或者死亡时的经常居所地法律或者遗嘱人的国籍国法律。再如,1982 年《土耳其国际私法和国际诉讼程序法》第 6 条规定,法律行为的方式适用行为完成地的法律,也可以适用调整行为效力的法律。根据该条规定,某一法律行为的方式,如果符合该行为发生地的法律或者支配该行为效力的准据法对行为方式所作的规定就有效。

2. 有条件选择适用的冲突规范,是指法院必须依据一定的条件和顺序选择连结点的适用,只有在前一个连结点无法得到适用或者具备了适用后一个连结点的条件时,才能选择后一个连结点作为确定所应适用的法律的依据。例如,《日本法例》第 20 条规定:“亲子间的法律关系,依父之本国法;若无父时,依母之本国法。”该条冲突规范虽然包含了两个连结点,但是前一连结点必须首先得到适用,在该连结点不存在的情况下,才可以适用第二个连结点。再如,我国《涉外民事关系法律适用法》第 23 条规定:“夫妻人身关系,适用共同经常居所地法律;没有共同经常居所地的,适用共同国籍国法律。”该条规定为夫妻人身纠纷提供了“共同经常居所地法律”和“共同国籍国法律”这两种可供选择的法律适用,并且两者的适用存在前后顺序,只有在前者不存在的情况下,后者才得以适用。

(四) 重叠适用的冲突规范

重叠适用的冲突规范是指系属中存在两个或者两个以上的连结点,并应同时适用的冲突规范。例如,1902 年《海牙离婚公约》第 2 条规定:“离婚之请求,非依夫妻之本国法及法庭法均有离婚之原因者,不得为之。”该条规定了夫妻本国法、法庭法等数个连结点,并且数个连结点所指向的法律要同时适用于离婚请求。重叠适用的冲突规范与选择适用的冲突规范相比,都有两个或以上的连结点,其系属都规定了两种以上的法律,但是前者要求连结点所指向的法律全部适用于涉外民商事纠纷中,而后者仅仅要求选择适用其中的一个连结点所指向的法律。

二、冲突规范的发展变化

在现代各国的国际私法立法中,上述四类冲突规范常常交替出现。在制定本国国际私法规范时,立法者采用何种类型的冲突规范,不仅仅是立法技术的问题,更重要的是取决于该国的内外政策和根本利益。如果某一涉外民商事关系适用外国法对内国利益并无多大妨碍或者损害时,立法者便可以采用双边冲突规范或者选择适用的冲突规范;反之,则会考虑采用单边冲突规范或者重叠适用的冲突规范,而在采用重叠适用的冲突规范时,往往要求重叠适用法院地法,从而更好地兼顾本国利益。

国际私法发展初期,涉外民商事关系的种类少、内容简单,相应的传统冲突规范也比较简单,比较概括。为了追求法律适用的稳定性、确定性和可预见性,一条冲突规范往往只规定了一个连结点。20 世纪中叶以后,随着世界经济一体化的进一步深入以及科学技术在民商事领域的广泛运用,涉外民商事法律关系日益多样化、内容复杂化。在此背景下,体现法典主义偏好的冲突规范在立法上过于简单和概括的缺点逐渐暴露,其僵化、机械和呆板的弱点愈发明显。这些缺陷和弱点使得冲突规范难以科学、合理地解决当代国际私法实践中所呈现出来的法律冲突,并且在越来越多的个案中,传统冲突规范所带来的非此即彼的法律选择造成了有悖于公平和正义的法律适用后果,难以保证案件审判的公正性和合理性。

第二次世界大战以后,特别是 20 世纪 50 年代末到 70 年代初,美国开始了“冲突法革命”,并以里斯主持编写第二次《美国冲突法重述》而告一段落。在这次革命中,最引人注目的成果是“最密切联系原则”的引入和运用,使得冲突规范的适用更加灵活。在欧洲,许多国家出现了软化冲突规范的立法倾向和理论思潮,其目的在于克服传统冲突规范的机械、僵化的缺陷,创造出灵活的冲突规范,既具备立法形式上的稳定性,又能够保证案件审判的实体公正。从各国国际

私法实践看,冲突规范的发展变化主要有以下几种方式:

第一,采用灵活开放和复数可以选择的连结点。这主要表现为硬性连结点向开放性连结点的转化,即逐渐扩大"当事人合意"、"最密切联系地"等开放性连结点的适用范围,从而改变以往连结点僵硬性、封闭性的弊端。早期,合同的成立及效力问题受合同缔结地法支配,后来由于交通、通讯方式以及电子技术的迅速发展,使得隔地合同、电子合同等新型合同大量涌现。这些合同的合同缔结地难以确认,而且其与缔结地的联系纯属偶然,缺乏必要联系。在此背景下,合同领域开始适用意思自治原则。之后,最密切联系原则问世,使得冲突规范软化处理的方法又进入了一个新的时代。采用复数的连结点,主要表现为增加连结点的数量,即一条冲突规范中规定两个或者两个以上可供选择的连结点。这种方法增强了法律适用的可选择性,法院能够有机会选择适用使法律关系有效成立或能反映法律关系的利益和重心,或有利于实现法院地国特定的国家政策、公共秩序的法律政策。

第二,对同类法律关系依其不同的性质加以区分并分别规定不同的连结点和冲突规范。20 世纪四五十年代以来,随着科学技术的突飞猛进,新的法律关系不断产生,甚至同一法律关系内部也开始分化,呈现出复杂化和多样化的特点,其中在合同领域和侵权领域表现得尤为明显。在侵权领域,产品责任、知识产权、环境污染等领域特殊侵权行为不断出现,传统的侵权行为地法规则已无法对其进行调整,而需要对不同种类的特殊领域的侵权行为的法律适用问题分别加以规定。类似的情况也发生在合同领域,许多国家已将合同划分为不同的种类,并分别规定了相应的法律选择原则。例如,1982 年南斯拉夫《法律冲突法》将合同首先区分为动产合同和不动产合同,然后依照性质不同又将动产合同区分为 20 种合同并对其分别规定了不同的连结点。

第三,对同一法律关系的不同方面进行分割,对不同部分或不同环节规定不同的连结点。这种做法起源于中世纪合同法律适用领域的分割规则。自法则区别说以来,国际私法学者中始终有人主张把法律行为、法律行为方式、法律行为内容加以区分,把合同的缔结能力、合同方式、合同内容、合同的订立、合同的履行等因素加以区分,并依其不同的连结点适用不同的准据法。例如,缔约能力依照属人法,合同方式依照合同缔结地法,合同关系依照当事人所选择的法律,没有选择的依照有最密切联系的法律等。由于法律关系往往由不同方面和环节构成,各方面和环节具有相对独立性,若一概要求所有方面和环节均受同一个连结点指引的法律支配,显然是不合理的。

第四,连结点含义多样化。这主要表现为同一个连结点在不同场合,为达到不同的效果和目的而采用不同的含义。例如,"侵权行为地"可以解释为侵权行为实施地与侵权结果发生地。

第四节　准　据　法

一、准据法的概念和特点

国际私法的中心任务是为涉外民商事争议寻找合适的法律依据，以便公平合理地解决涉外民商事纠纷。冲突规范作为国际私法的核心规范，其根本目的就是恰当地选择和适用准据法。那么，究竟何为准据法？先来看一个简单的案例。

案　例

英国人约翰死亡时的经常居所地在英国，并在我国境内留下了一笔动产。约翰的继承人向我国法院提出对该笔动产的继承请求。由于被继承人约翰是外国人，因此本案属于涉外继承案件。对于涉外继承案件的法律适用，我国《涉外民事关系法律适用法》第 31 条作出了明确规定："法定继承，适用被继承人死亡时经常居所地法律，但不动产法定继承，适用不动产所在地法律。"由于本案涉及的是动产继承，因此法院应当适用约翰死亡时的经常居所地的法律，即英国的法律。最后，我国法院援用了英国有关动产继承的实体法对该笔动产的继承问题作出了判决。

在该案中，《涉外民事法律关系适用法》第 31 条属于冲突规范，而英国有关动产继承的实体法规定即属于准据法。准据法，是指经过冲突规范的援引，用于确定涉外民商事关系当事人具体权利义务的实体法，既包括某一国家的实体法，也包括某一国际公约、国际惯例中的实体性规定。准据法的确定是国际私法的最终目的，国际私法上的各项原则、制度和规范，都是为了实现这一目的而设计和存在的。准据法，作为国际私法上的特有概念，具有以下几个特点：

1. 准据法必须经过冲突规范的援引。它是由冲突规范系属中的连结点所指向的法律，不是笼统的法律制度或法律体系，而是具体的"法"，即具体的实体法规范或法律文件，只能是具体的法律规则（rules of law）。例如，上述案例中的准据法"英国法"即冲突规范中"被继承人死亡时住所地"这一连结点所指向的法律。如果未经冲突规范援引而直接适用于涉外民商事关系的法律，则不能称为准据法。例如，"直接适用的法"，无须经冲突规范援引就可以直接适用于涉外民商事关系中，就不是准据法。

2. 准据法是实体法。准据法是经过冲突规范援引后用于确定涉外民商事关系当事人具体权利和义务的,因此必须是实体法,而不能是冲突规范或者程序法。司法实践中,经冲突规范援引后的准据法大多为某一国的实体法,有时也可能是国际条约或者国际惯例。例如,根据"合同适用当事人选择的法律"这一冲突规范调整国际合同关系时,如果当事人选择的法律是某一国际条约或者国际惯例,则该国际条约和国际惯例便被援引为国际合同关系的准据法。

准据法为何必须是实体法而不能是冲突规范或者程序法?这是因为准据法是确定涉外民商事纠纷当事人具体权利与义务的依据,程序法无法完成这个任务,只能由实体法担当。另外,冲突规范也不能直接确定具体的权利义务关系,而且有可能引起"反致"问题,而各国立法对于"反致"的态度不一,尚未形成统一意见。

3. 准据法必须能够直接确定涉外民商事关系当事人的具体权利和义务,必须是现行有效的。经过法院地国冲突规范援引后的准据法是确定涉外民商事争议当事人具体权利和义务的最终依据,因此必须是现行有效的法律规定。

二、准据法确定过程中的特殊问题

一般情况下,根据冲突规范系属中连结点的指引,便可以确定相应的准据法。但是在下列特殊情况中,准据法的确定往往要复杂得多。

(一)区际法律冲突下准据法的确定

有些国家内部的不同地区都有自己独立的立法及司法体系,从而形成了两个或者两个以上相对独立的法域。区际法律冲突(interregional conflict of laws),即法域之间的民商事法律规定各不相同而引起的法律适用冲突。如在美国,各州都享有相对独立的立法权和司法管辖权。在此情况下,当别国法院所援用的冲突规范指向美国法时,究竟应该以哪个法域的法律作为准据法?对于这一问题,各国的解决方法并不一致,主要有以下两种方法:

1. 间接指定方法

间接指定方法,是指多法域国家有解决区际私法冲突的规则的,则按照这些规则来确定哪个法域的法律作为准据法的方法。在国际私法上,这些规则被称为"区际私法规则"(private interregional law)或"准国际私法"(quasi-private international law)。采取这种解决方法的国家有秘鲁、波兰、捷克和埃及等国家。如1984年《秘鲁民法典》第2056条规定:"可适用的法律所属的外国如有不同的法律制度并存,则国内冲突应根据该外国法律体系中有效的原则加以解决。"间接指定方法比较简便易行,但是存在一个问题:当冲突规范所指向的多法域国家不存在区际私法规则,或者其区际私法规则也不统一时,准据法的确定便陷入了困境。

2. 直接指定方法

直接指定方法，是指直接指定以多法域国家哪一法域的法律为准据法的方法，在立法和实践中又具体可以分为以下两种方法：(1) 依照冲突规范的具体连结点直接指定以哪个法域的法律为准据法。当然，并非任何一个指向某一多法域国家的法律的冲突规范，都可以采用这种方法。以国籍为连结点的冲突规范便无法采用这种方法，这种方法多用于以行为地、物之所在地、住所或者居所地等作为连结点的冲突规范。例如，我国台湾地区的"涉外民事法律适用法"第28条规定："依本法适用当事人本国法时，如其国内各地方法律不同者，依其国内住所地法，国内住所不明者，依其首都所在地法。"(2) 有些国家还直接指定以与涉外民商事关系有最密切联系的法域的法律作为准据法。这种解决方法并不考虑多法域国家的区际私法规则，而是从涉外民商事关系的具体情况入手，分析多法域国家哪一法域与其有最密切联系，并最终以该法域法律为准据法。我国的立法就采取了最密切联系原则，《涉外民事法律适用法》第6条规定："涉外民事关系适用外国法律，该国不同区域实施不同法律的，适用与该涉外民事关系有最密切联系区域的法律。"

值得注意的是，上述两种方法的运用并非相互排斥，有些国家的立法及国际公约中同时采用了上述两种方法。例如，1979年《奥地利联邦国际私法》第5条第3款规定："如外国法由几部分法域组成，则适用该外国法规则所指定的那一法域的法律。如无此规则，则适用与之有最密切联系的那一法域的法律。"

（二）时际法律冲突下准据法的确定

任何法律制定出来后，肯定不是一成不变的，随着社会情况的发展变化，可能会被部分修订，甚至可能会被新法所取代。所谓时际法律冲突，是指先后于同一地区施行并调整相同问题的新旧法律或者前后法律之间在效力上的冲突。一般来说，在新法施行后所产生的法律关系理所当然地受新法的调整，但是在新法施行前产生并在其施行后依然存在的法律关系，应该由新法调整还是旧法调整？这就是时际法律冲突问题。

在确定准据法时可能遇到的时际法律冲突，大致可以分为以下三种情况：一是法院地国的冲突规范在法律关系确定之后发生了变更，其中有可能是连结点发生了变更，也有可能是限定连结点的时间因素发生了变更，此时法院便面临适用变更前还是变更后的冲突规范的问题；二是法院地国的冲突规范未变化，但是其指定的实体法发生了改变，此时需要确定适用法律关系成立时的旧法还是变更后的新法；三是法院地国的冲突规范及其指定的实体法均未变化，但是有关当事人的国籍、住所地或者动产所在地等连结点的具体事实发生了变更，此时需要确定是依照原连结点指引的法律还是变更后的连结点所指引的法律。

就各国国际私法理论和实践看,针对上述三种情况的时际法律冲突,主要存在以下三种处理规则:

1. 在法院地国冲突规范变更的情况下,准据法的确定应当根据时际冲突法的一般原则加以解决,即按照法律不溯及既往以及后法优于前法或新法优于旧法的原则解决。在实践中,如果新颁布的冲突规范具有溯及力,则应当在新法中明确说明,此时应当适用变更后的冲突规范,否则只能适用法律关系发生时的冲突规范。例如,《匈牙利国际私法》第 75 条第 2 款对溯及力作出了明确规定:"本法令的规定也适用于本法令生效前发生而未作出判决的有关法律关系的争议。"

2. 在法院地国冲突规范本身没有变化,但其所指定的实体法发生变更的情况下,准据法的确定也应当根据时际冲突法的一般原则加以确定,即按照新法中关于溯及力、溯及范围、条件和效果的规定加以确定。一般而言,法律不溯及既往,因此应适用法律关系成立时的旧法,但是如果新法明确规定了溯及力,或者当事人明确表示愿意适用新法的,则适用新法。

另外,国际合同当事人依意思自治原则协议选择适用的准据法发生变更时,是否应当适用新的准据法?关于这个问题,国际私法学界一直存在争议。一种观点认为,由于当事人根据国际合同关系成立时的情况决定了将来争议发生时所适用的准据法,应该适用国际合同关系成立时的旧法,如果适用新法就违背了当事人在订立国际合同时的法律预期,相当于改变了当事人之间的权利义务关系。另一种观点认为,既然当事人选择某国法律作为准据法,则表明他们已把将来可能发生的争议交给这个国家的整个法律制度支配,当该国调整合同关系的法律为一项新的强制性规定所取代时,当事人就应该服从新法。

3. 法院地国冲突规范中的连结点内容没有变化,但是其指向的具体事实发生变更的情况下,无论是立法还是司法实践对于准据法的确定都未形成一致的解决办法,一般根据不同涉外民商事法律关系的性质,分别采用不可变原则和可变原则。根据不可变原则,不论连结点指向的具体事实是否发生了变化,都不导致准据法的变更,仍然应当适用原来的准据法。可变原则,是指在某些涉外民商事法律关系中可以适用当事人变更后的国籍国法或者住所地法作为准据法。日本、英国等国对于哪些法律关系的准据法可以随着连结点指向的具体事实的改变而变更,有着明确的规定。

总之,在连结点指向的具体事实发生变更的情况下,是否应当适用变更后的连结点目标所指引的准据法,应该综合考虑各方面的因素以及法律关系的不同性质,从有利于争议问题公正合理解决的角度来采取相应的方法。总的来说,不能允许当事人借改变连结点指向的具体事实而达到规避法律的目的,也不能为涉外民商事法律关系的继续进行造成不利或者不合理的影响，从而给当事人带来不便。

第五节　识　　别

案　例

安东夫妇为马耳他人，并在马耳他缔结婚姻关系。1870 年，他们从马耳他移居至法属阿尔及利亚。安东先生在法属阿尔及利亚购置了房地产。1889 年，安东先生去世，安东夫人将安东先生的遗产管理人贝斯托罗诉至阿尔及利亚法院，要求除了享有夫妻共同财产的一半以外，还要对安东先生购置的地产的 1/4 享有用益物权。安东夫人起诉时，其住所地在法属阿尔及利亚。究竟安东夫人能否取得其亡夫 1/4 地产的用益物权？法院在作出回答之前必须首先明确安东夫人行使的权利的性质：是配偶权，还是继承权？

若法院将其定性为配偶权，则依据法院地法规定，“配偶权利依结婚时当事人的住所地法；不动产继承依物之所在地法（条文一）”，由于安东夫妇结婚时的住所地是马耳他，因此法院应当援引马耳他的相关实体法作为判决依据。马耳他法律规定：“未亡配偶以配偶身份取得已亡配偶的遗产；未亡配偶可以取得已亡配偶 1/4 地产的用益物权。（条文二）”因此，安东夫人可以取得用益物权。

若法院将安东夫人的权利定性为继承权，则根据法院地法的规定，“配偶权利依结婚时当事人的住所地法；不动产继承依物之所在地法（条文一）”，由于该笔地产位于法属阿尔及利亚，因此法院应当援引法国的相关实体法作为判决依据。法国法规定：“未亡配偶以继承人身份取得已亡配偶的遗产；未亡配偶不得取得已亡配偶地产的用益物权。（条文三）”因此，安东夫人不能取得用益物权。

我们可以看出，由于主审法院是法属阿尔及利亚法院，而条文一“配偶权利依结婚时当事人的住所地法；不动产继承依物之所在地法”是与本案相关的法院地法的冲突规范，因此它在本案中得到当然的适用。顺着该规定，我们整理一下法官的审理思路：

配偶权	继承权
↓	↓
结婚时住所地法（马耳他法，即条文二）	物之所在地法（法国法，即条文三）
↓	↓
安东夫人可以取得其亡夫1/4地产的用益物权	安东夫人不能取得其亡夫1/4地产的用益物权

图 6-1

由此，我们发现主审法院对安东夫人请求权性质的判定直接影响到了判决结果，并且只有在判明了该请求权性质的前提下，法院才能够进一步根据有关的冲突规范选择应予适用的法律，进而作出判决。那么，安东夫人的请求权的性质如何？这就是国际私法中的识别问题。

一、识别的概念

识别（identification），又称为归类（classification）或者定性（characterization），是指按照一定的法律观念，对所要解决的涉外民商事纠纷的性质作出明确的定性并将其归入特定的法律范畴，同时对冲突规范进行解释，从而最终确定应予适用的冲突规范的过程。

识别最早由德国学者卡恩和法国学者巴丹提出，后来逐渐引起国际私法学界的重视，至今已成为国际私法上的一项基本制度。识别制度与冲突规范的适用紧密相关，一般包括两个阶段：第一，依据一定的法律观念对涉外民商事纠纷的法律事实和问题进行识别，即确定争议问题的性质，如是合同问题还是侵权问题，是结婚能力问题还是婚姻形式问题，是实体问题还是程序问题等；第二，依据一定的法律观念对冲突规范中的名词术语和法律概念进行解释和识别。

二、识别冲突及其产生原因

涉外民商事纠纷案件总是与两个或者两个以上的国家存在联系，由于各国的法律观念不同，因此法院地法和有关外国法对于同一涉外民商事纠纷的性质以及同一法律概念会作出不同的解释，并最终导致不同的判决结果，这就是识别冲突。

概括而言，识别冲突的产生主要有以下三点原因：

1. 各国对于同一法律关系的性质理解不同。由于任何一条冲突规范的“范围”都表现为一种特定的法律关系，因此对于同一法律关系性质的不同理解将导致适用不同的冲突规范。例如，关于时效的性质问题，有的国家将其视为实体问题，有的国家将其视为程序问题。在前一种情形中，法院可以适用外国法；在后一种情形中，法院一般不适用外国的程序法而应适用法院地的程序法。

2. 各国对于同一法律术语或者法律概念的理解不同，或者存在于一国法律中的法律术语或概念在另一国法律中却并不存在，而在冲突规范中，无论是范围还是系属，均是由一些法律术语或者法律概念所构成，因此在对冲突规范进行解释时便发生了识别冲突。例如，各国法律都主张"不动产依不动产所在地法律"，但是法国在对不动产进行解释时，认为其中不包括蜂房，而荷兰则认为不动产包括了蜂房。再如，许多国家法律中都有占有时效制度，但是我国法律中没有占有时效制度，而仅有诉讼时效制度。这些对法律术语和法律概念理解上的差异导致了识别结果的差异，最终导致不同范围的冲突规范的适用。

3. 各国对同一事实的法律性质理解不同，因此援引不同的冲突规范。例如，未达到法定婚龄的青年结婚需要父母的同意，英国法律将其视为婚姻的形式要件，而法国则认为是婚姻的能力问题，视为婚姻的实质要件。

三、识别的依据

确定识别的依据是识别问题的关键，即应当根据什么原则或者方法确定依何国法律来进行识别的问题。对此，各国国际私法理论、立法和司法实践存在不同的主张，主要有法院地法说、准据法说、分析法学与比较法说等多种学说。

（一）法院地法说

法院地法说，主张应依据法院地法进行识别。该学说最早由卡恩和巴丹提出，他们认为，审理案件的法院总是按照自己国家的法律观念来判断法律关系的性质。他们的理由是：首先，冲突规范是法院地国家的国内法，用法院地法识别可以保持该国冲突规范与该国其他法律对同一事实情况解释的同一性；其次，依法院地法进行识别简单明确，无须查明外国法的内容，符合诉讼当事人的合理预见；最后，依法院地法进行识别，符合国家主权原则，可以有效防止损害法院地国家的立法和司法主权的行为。

法院地法说是当今国际社会的通行观点，但反对此学说的人认为：如果只依照法院地法进行识别，会过分扩大法院地国的权力，减少外国法适用的机会，有时甚至会将法律事实以及与其有最密切联系的国家的法律人为地割裂开来。为了克服法院地法说的上述弊端，有人提出了"新法院地法说"，主张按照法院地国的国际私法进行识别，这一主张得到了不少学者的拥护。

（二）准据法说

准据法说主张，应根据争议问题所应适用的准据法对该争论问题的性质进行识别。法国学者德帕涅和德国学者沃尔夫持有该学说，他们认为，用来解决争议问题的准据法，同时也是识别争议问题性质的依据。其理由主要是：适用冲突规范是为了指定需要援引特定国家的准据法，依照准据法进行识别可以避免因对冲突规范识别不准确而歪曲适用法律，还可以防止改变应予适用的准据法；另外，以事实构成为出发点来解决识别问题，应当依照准据法，因为准据法是和事实构成有密切联系的法律。

反对此学说的学者认为，识别问题是冲突规范适用过程中产生的问题，只有对争议问题的性质完成识别之后，才能确定应予适用的冲突规范，进而确定应予适用的准据法，那么在识别完成之前，如何用准据法去识别？另外，司法实践中还存在两个甚至两个以上国家的法律均为准据法的情况，此时又该依照哪一个国家的准据法进行识别？

（三）分析法与比较法说

分析法与比较法说主张，应以比较法研究形成的一般法律原则进行识别，即识别的标准不能局限于一国的法律，而应当运用比较方法，对与待识别的法律事实有关的各国法律进行分析，从而寻找出一种各国都能接受的共同原则、共同概念，并以此作为识别的依据。德国学者拉贝尔和英国学者贝克特是该学说的主要代表人物，他们认为，国际私法中的冲突规范，是在若干个法律制度中选择适用何国法律的规范，因而其分类、定性和解释在认识上具有国际普遍性，因此应当在比较法和分析法的基础上解决识别的依据问题。

反对此学说的学者认为，从实践角度而言，各国普遍适用的一般法律原则并不多，而且将大大加重主审法官的负担；从理论角度而言，各国法律文化之间存在着极大的个体差异，仅仅依靠比较研究的分析方法难以获得共同原则、共同概念。“要真正消除各国法律中的认识上的分歧，只有彻底改变各国法律本身才能办到，而这自然是不可能的。”①

除上述三种主张外，国际私法学界还存在以下学说：其一，个案识别说。该说主张，对不同的案件，应该根据具体案情和一国的冲突规范所追求的目标适用不同的法律进行识别。其二，功能定位说。该说主张，依法律制度在社会生活中的功能进行定位，但由于其标准模糊，在实践中极少被采用。一般而言，各国法院普遍依法院地法说进行识别，但又不能将法院地法识别作为一种僵硬不变的模式。在实践操作中，应注意以下几种情况：首先，如果有关冲突规范是由国际公约规定的，则应将该公约作为识别的依据。这是因为，通过国际统一立法的方式来消除识别冲突是一种最为理想的途径。其次，如果法院地法中没有关于某一法律关系的概念时，法官就应当对案件的事实、争论的问题、连结点的数量及质量等作比较和分析，进而找出与本案有最密切联系的国家，并且以该国的法律作为识别的依据。

① 张潇剑：《国际私法论》，北京大学出版社 2008 年版，第 165 页。

四、我国关于识别的理论和实践

识别是援引冲突规范确定准据法的过程中无法回避的一个现实问题。我国学者都没有对上述几种学说中的某一个持明确赞成的态度，但比较倾向于法院地法说为主，兼采其他原则。在立法实践方面，《涉外民事关系法律适用法》第8条第一次对识别的依据作出了明确的规定："涉外民事关系的定性，适用法院地法律。"

案　例

重庆雨田房产公司案①

1996年7月至8月，重庆雨田房地产开发有限公司与约克国际（北亚）有限公司在重庆市签订了买卖合同，约定雨田公司向约克国际公司购买三台机组。约克国际公司于1996年12月和1997年将合同项下的三台机组交付给雨田公司。雨田公司收到机组后，于1997年3月安装，并于同年10月开机调试，随后发现其中两台机组无法正常运行。经检查，该两台机组的部分零件因受潮而受损。雨田公司就上述零件受损问题多次与约克国际公司协商解决方案，在协商未果的情况下，于2002年将其诉至重庆市第一中级人民法院，要求其赔偿相应损失。约克国际公司认为上述零件属于电子敏感元件，其损坏是由雨田公司在收货后长期不使用而受潮所致，拒绝承担赔偿责任。

约克国际公司属于外国法人，因此该案属于涉外合同纠纷。我国《民法通则》第145条规定："涉外合同的当事人可以选择处理合同争议所适用的法律，法律另有规定的除外。涉外合同的当事人没有选择的，适用与合同有最密切联系的国家的法律。"由于双方当事人在买卖合同中未约定法律适用，根据《民法通则》的规定，该涉外合同纠纷应当适用与合同有最密切关系的国家的法律。双方当事人签订、履行合同的行为均在中国，因此理应适用中国关于合同关系的实体法。

本案当事人签订、履行合同的行为发生在1996年和1997年，而合同纠纷发生于2002年，在此之间《合同法》于1999年10月1日起生效实施，《经济合同法》、《涉外经济合同法》、《技术合同法》同时废止。那么在本案中，法院应当如何选择准据法？是适用《合同法》，还是适用《涉外合同经济法》

① 参见(2003)渝高法民终字61号判决书。

作为准据法来解决本案的纠纷？

思考题

1. 与统一实体法相比，冲突规范的调整方法呈现出哪些特点？

2. 连结点具有什么样的法律意义？连结点的发展趋势呈现出什么样的特点？

3. 属人法的发展趋势如何？我国《涉外民事关系法律适用法》中对属人法问题作了哪些规定？

4. 目前有学者指出，在国际私法学界通行的关于冲突规范由范围和系属组成的理论是错误的，其错误的原因在于混淆了冲突规范的条文和冲突规范的本身，事实上，冲突规范与其他法律条文具有相同的逻辑结构，即“假定条件，行为模式，法律后果”这三个要素（参见袁海英：《冲突规范逻辑结构新探》，载《前沿》2010 年第 2 期）。你对该学者的观点持什么样的看法？

拓展视野

1. 有关国际私法的基础理论介绍，可参阅肖永平：《肖永平论冲突法》，武汉大学出版社 2002 版。

2. 国际私法中属人法的发展大致经历了三个历史阶段：13 世纪至 19 世纪是住所地原则的形成时期；19 世纪至 20 世纪中叶是国籍原则与住所地原则的并存时期；20 世纪中叶至今是属人法连结点的新发展时期，在这一时期，“惯常居所”替代了住所，成为属人法连结点在当代的新发展。关于法人属人法的发展趋势，可参阅董海洲：《从“身份”到“场所”——属人法连结点的历史与发展》，载《法学家》2010 年第 1 期。

3. 国际私法中属人法的最新发展动态表现为国籍逐渐淡出冲突规范连结点的视野，住所地这个连结因素的适用范围也在逐渐缩小。与此同时，“当事人所在地”这个主要强调客观存在地的连结因素开始出现在最新的国际立法中，并在有关跨国商事法律关系的法律选择适用中呈现出扩大化的趋势，它代替了“注册登记地”、“营业地”以及“管理中心地”等连结因素在商事法律关系中发挥主要作用。另外，在自然人的身份、能力等普通民事法律关系领域，“惯常居所”替代住所成为主要连结点。关于属人法的最新发展趋势，可参阅袁发强：《属人法的新发展——当事人所在地法》，载《法律科学》2008 年第 1 期。

4. 近半个世纪以来，美国的冲突法理论一直呈多样性发展趋势，学者们对于冲突法是什么和应该是什么的争论一直没有停歇，如冲突法怎样才能促使公正结果的实现。为此，美国法学家们提出了众多国际私法学说。关于美国国际私法的学说，可参阅邓正来：《美国现代国际私法流派》（修订版），中国政法大学出版社2006年版。

第七章　法律适用过程中的具体问题

知识介绍

在运用冲突规范寻找准据法的过程中，存在一系列影响法律选择的因素。例如，对案件争议性质的识别会影响冲突规范本身的运用；对冲突规范指向的外国法是否包括外国实体法的不同理解，决定了法院是否会反致适用法院地实体法或第三国实体法；如果冲突规范所指向的外国实体法与法院地国的公共秩序相违背，法院可能拒绝适用外国法，转而适用法院地自己的实体法；对于当事人故意改变构成连结点的事实，从而规避本来应适用的实体法的行为，法院会认定为法律规避而否定其效力。此外，法院在查明外国法的过程中还存在一些需要解决的问题。

第一节　先决问题

案　例

施韦伯尔再婚案①(Schwebel v. Ungar,1964)

丈夫威克多托和妻子昂加尔都是犹太人，住所地在匈牙利。他们决定移居以色列，在前往以色列途中，他们在一个意大利的犹太人居住区离婚。匈牙利不承认他们离婚的效力，但以色列却予以承认。后来，两人在以色列分别获得了住所。妻子昂加尔在取得以色列的住所后在加拿大的安大略省与施韦伯尔结婚，施韦伯尔随后以妻子重婚为理由向其婚姻缔结地安大略法院请求判决婚姻无效。

案件中第二个婚姻是否有效的实质在于妻子是否具有再婚能力，而再婚能力又取决于妻子的第一个婚姻是否已合法解除。因此，本案要解决两个问题：一

---

① See 48 D. L. R. (2d) 644 (Sup. Ct. (Can)).

是妻子昂加尔的再婚能力,这个问题依据安大略(法院地)的冲突规范应适用以色列法律;二是妻子昂加尔前一次婚姻的离婚效力。

上述案例中离婚效力与再婚能力两者是何种关系?两者的解决顺序如何?怎样判断前一次婚姻的解除是否有效?应当适用离婚时所在地意大利法、原住所地匈牙利法、现住所地以色列法,还是法院地安大略法来作判断?

一、先决问题的含义

先决问题(preliminary questions),是指国际私法中一些争议问题的解决,需要以解决另一些相关问题为先决条件。其中,需要解决的争议问题一般称为"主要问题",而为了解决主要问题而首先要解决的问题就是"先决问题"。如施韦伯尔再婚案中,妻子的再婚能力问题是本案的主要问题,其前次婚姻的解除效力问题是先决问题。

先决问题又被称为"附随问题"(incidental questions),由德国法学家马丁·沃尔夫(Martin Wolff)提出。先决问题具有附随性,它是由于主要问题的处理而被提出,其相对于主要问题而言具有从属性。附随问题的提法强调从属性,但容易忽视其作为一个独立问题存在的特性。相比之下,先决问题的提法更符合我们解决问题的逻辑,即首先解决了先决问题,主要问题才能得以解决。

二、先决问题的构成要件

通说认为,构成先决问题需要具备三个条件:首先,经法院地国冲突规范的指引,主要问题的准据法必须是外国法。在施韦伯尔再婚案中,妻子昂加尔的再婚能力问题是主要问题,这个问题依据安大略(法院地)的冲突规范,应当适用以色列法(外国法)。其次,先决问题本身具有相对独立性,可作为独立争议向法院提出,并且有自己的冲突规范可以援用。在上述案件中,离婚效力问题是一个独立的问题,它援引的冲突规范并不必然受到主要问题的影响。最后,在确定先决问题的准据法时,法院地的冲突规范和解决主要问题的准据法所属国适用于先决问题的冲突规范不同,所援引的准据法不同,判决结果也将不同。

三、先决问题准据法的确定

如前所述,先决问题是一个独立问题。作为一个独立问题,先决问题的准据法应当如何适用?关于这个问题,梅尔齐奥(Melchior)、温格勒尔(Wengler)、沃尔夫(Wolff)、罗伯特逊(Robertson)、安东(Anton)等学者认为,先决问题的准据法应适用主要问题的准据法;拉佩(Raape)、莫利(Maury)、努斯鲍姆(Nussbaum)、科马克(Cormack)等学者则认为,应当适用法院地法。

（一）主要问题准据法说

主要问题准据法说主张先决问题适用的准据法应当援用主要问题的准据法。理由主要有两点：第一，先决问题与主要问题有紧密联系，先决问题是在解决主要问题的过程中引发的，在解决先决问题时，不应将两个紧密联系的问题割裂开来分析；第二，对先决问题适用主要问题的准据法，有利于保持判决的国际一致性，避免同一问题在不同国家争讼时适用不同国家的法律作出不同的判决，防止原告挑选法院。

依据主要问题准据法说，在施韦伯尔再婚案中，离婚效力问题的准据法应当适用主要问题即再婚能力问题的准据法——以色列法，则离婚依据以色列法认定为有效，从而认定妻子具备再婚能力，不构成重婚。

（二）法院地法说

法院地法说主张先决问题适用的准据法应当援用法院地的冲突规范来确定。理由主要有三点：第一，既然先决问题是独立于主要问题的一个单独的诉讼，那么其解决方法也应当与主要问题一样，独立地由法院地的冲突规范解决；第二，援用法院地的冲突规范解决先决问题，可以保持一国范围内对同一事实的判决的一致性；第三，先决问题常常涉及结婚、离婚等身份问题，这些问题与法院地的关系往往更为密切，依法院地的冲突规范来确定准据法，较之使婚姻等身份问题受制于主要问题的准据法更加科学。

依据法院地法说，在施韦伯尔再婚案中，离婚效力问题的准据法应当援引法院地——安大略的冲突规范来确定。依据安大略的冲突规范，离婚效力的认定应当适用离婚时的住所地法院匈牙利法，因此，离婚依据匈牙利法是无效的，妻子不具有再婚能力，构成重婚。

主要问题准据法说与法院地法说的争议由来已久，两者的争议焦点在于对先决问题附随性和独立性两个特征的偏重不同。主要问题准据法说强调先决问题的附随性，有利于保持判决的国际一致性，但只是机械地为了保持与主要问题的一致，没有全面考虑案件处理是否得当，也没有顾及判决在国内法上的一致性；法院地法说强调先决问题的独立性，但忽略了先决问题与主要问题之间的联系。

可见，以上两种传统方式都不能解决所有的先决问题，因而在国际私法的发展过程中，有学者提出了一些新的解决模式，包括个案分析说①、先决问题管辖

① 个案分析说主张每个案件中先决问题的解决没有统一的机械的方法，应该根据其与主要问题准据法所属国和法院地国的关系来判断。

法院地冲突规范说[①]、结果选择说[②]等新学说。

四、我国相关立法规定

从我国现行有效的立法体系看，尚未对先决问题作出明确的规定。在《涉外民事关系法律适用法》起草过程中，曾有过对先决问题作出规定的尝试，其中第8条规定："对于涉外民事争议的先决问题，应当根据该先决问题的自身性质确定其所应当适用的法律。"但是，在正式通过的《涉外民事关系法律适用法》中，取消了对先决问题的单独规定。

第二节　反　　致

案　例

理查德诉联邦政府案

1962年，一架飞机从美国俄克拉何马州起飞，在美国密苏里州失事。理查德作为其中一名飞机失事受害者的法定继承人，提出美国政府在俄克拉何马州执行有关检查事宜时有过失，要求美国政府对受害者给予赔偿。美国联邦最高法院审理此案时，对《联邦侵权求偿法》关于"联邦依作为或不作为地法律负侵权赔偿责任"的规定作出解释，称"作为或不作为地法律"系指该地包括冲突规范在内的整个法律。本案的侵权人美国政府不作为地在俄克拉何马州，根据该州关于侵权赔偿的法律规定，对赔偿数额不作限制。原告理查德主张应依俄克拉何马州这一法律规定对受害人作出赔偿。但俄克拉何马州有一条冲突规则，规定过失致死的损害赔偿依损害结果发生地法律。美国联邦最高法院遂据此转而适用本案的损害结果地法律——密苏里州法律，根据密苏里州关于侵权赔偿有数额限制的法律规定作出了判决。

本案美国联邦最高法院作出有数额限制的赔偿判决的依据是什么？为什么从适用俄克拉何马州法律转为适用密苏里州法律？俄克拉何马州的冲突规则在本案法律适用中发挥了什么作用？如果本案中起飞地在我国境内，由我国法院审理该案是否会发生类似的法律适用情况？

---

① 先决问题管辖法院地冲突规范说主张以确定先决问题的管辖法院为基础，援用应该对先决问题行使管辖权国家的冲突规范来确定准据法。

② 结果选择说目前还没有定论，主要是指以法院地的公共政策为基础，完全从法院地规则间的冲突入手，对法院地的规则进行分类，确定一个适用于先决问题的优先规则。

一、反致的概念及产生条件

反致(renvoi),是指一国法院在审理涉外民商事案件时,依据法院地法应当适用某一外国法,而根据该外国的冲突规范,又应当适用法院地法或其他国家的实体法,最终法院以本国实体法或其他国家的实体法为准据法。反致是一项人为设计的,借用外国冲突规范功能的制度。在反致过程中,冲突规范的指向总是有始有终,不会是无限循环的。反致的产生,需要具备以下三个条件:

(一) 主观条件

主观条件指法院地国主观上对外国法范围的解释既包括该外国法的实体法,也包括其冲突规范。如果外国法的范围仅仅是指外国的实体法,而不包括该国的冲突规范,那么当法院地国的冲突规范指向外国法时,法院地国根据该外国的实体法即可直接作出判决,法律适用到此终止,就不可能产生反致问题。

(二) 客观条件

客观条件指有关国家冲突法的规定不一致,主要表现为有关国家就同一涉外法律关系选择了不同的连结点,或对连结点有不同的理解。如涉外继承问题,有的国家的冲突规范以被继承人的国籍作为连结点,这时可能以被继承人的国籍国法作为准据法;而有的国家则以被继承人生前住所地为连结点,这时可能以被继承人生前的住所地法为准据法。如果这两个国家的冲突规范相互指引,就会产生反致现象。

现实中由于每个国家在政治、经济等方面所处的环境各不相同,制定的冲突规范也存在差异。即使冲突规范的表述相同,对其含义或范围的理解也可能不完全一致。如两国均规定"当事人的行为能力依当事人住所地法",但对"住所地"的理解,可以是当事人事实上的经常居所地,也可以是当事人的户籍所在地。在这种情况下,两国虽均以"住所地"作为连结点,但由于对连结点的理解不同,导致最终指向不同的准据法。

(三) 致送关系

结合案件事实,根据这些国家的冲突规范,在这些国家间产生了冲突规范的相互指向关系,这种冲突规范的相互指向关系就是致送关系。在具体的案件中,没有这样的致送关系,反致也不可能产生。

二、反致的类型

广义的反致包括狭义的反致(remission)、转致(transmission)、间接反致(indirect remission)和双重反致(double renvoi)。

(一) 狭义的反致

狭义的反致又称直接反致或一级反致,是指对某一涉外民商事案件,甲国

(法院地国)按照其冲突规范,应当适用乙国法;而按照乙国的冲突规范,又应当适用甲国的实体法,法院最终依据甲国实体法审理案件。

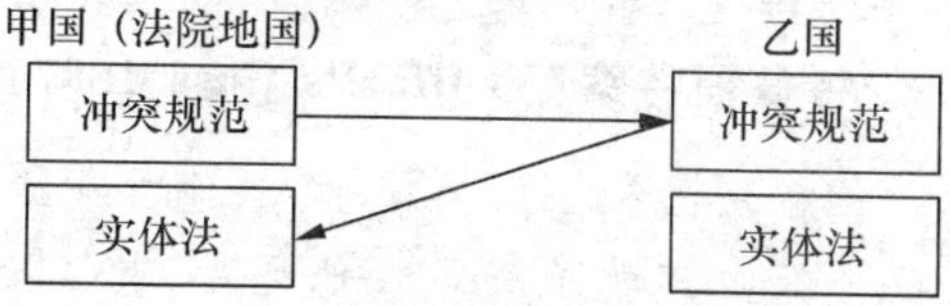

图　7-1

案　例

福尔果案(Forgo's Case,1878)

福尔果是1801年出生于德国巴伐利亚的非婚生子,5岁时随母亲移居法国,并一直居住在法国直至1869年去世。他在法国留有动产,但没有留下遗嘱。福尔果的母亲、妻子这时都已去世,他也没有任何子女,其在巴伐利亚的旁系亲属在法国法院起诉法国国资委,请求继承福尔果在法国的动产。

依据法国的冲突规范,动产继承依被继承人的原始住所地法,即本案中的巴伐利亚法律;依据巴伐利亚继承法,旁系亲属有权继承被继承人的遗产,因而福尔果的旁系亲属可以继承福尔果在法国的动产。但由于本案涉及的动产数额巨大,法国法院希望适用法国的继承法,即除非遗嘱写明,旁系亲属不能成为合法的继承人,对于无人继承的遗产应当收归国有,从而将这笔遗产收归国有。因此,法国法院审理后认为,援用的巴伐利亚法律包括冲突规范,依据巴伐利亚的冲突规范"无遗嘱动产的继承,依事实上的住所地法",即本案中的法国法,从而适用法国的实体法,将福尔果的动产遗产作为无人继承的财产,收归国库。

(二) 转致

转致,是指在处理某一涉外民商事案件时,甲国(法院地国)依据其冲突规范应适用乙国法,而依据乙国的冲突规范,应当适用丙国法,甲国法院因此以丙国实体法为准据法审理案件。

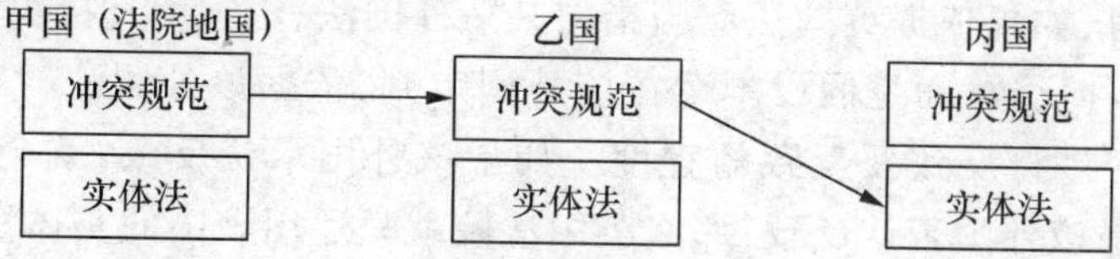

图　7-2

案 例

特鲁福特案(Truffort's Case,1887)

特鲁福特是一位在法国有住所的瑞士人,他立下遗嘱称,包括英国的动产在内的所有财产全部由其教子继承。他死后,其独生子在瑞士苏黎世法院起诉,要求继承其生父的遗产。依据瑞士实体法规定,亲生子女可以继承90%的财产。苏黎世法院受理案件后作出了支持特鲁福特独子诉请的判决。依据英国特有的执行制度,外国法院作出的判决需要重新在英国法院进行审理,才能决定是否进入执行程序。为了执行特鲁福特在英国那部分动产,英国法院对本案重新进行了审理。

在英国审理的本案中,同时涉及英国(法院地国)、法国(当事人住所地)、瑞士(当事人国籍国)三国的法律。依据英国的冲突规范,动产继承应适用被继承人死亡时的住所地法,即法国法;而依据法国的冲突规范,动产继承应适用被继承人的本国法,即瑞士法。最后,英国法院接受了法国冲突规范的转致,适用瑞士法律,支持了特鲁福特独子的请求。

(三)间接反致

间接反致,是指在处理某一涉外民商事案件时,甲国(法院地国)依据其冲突规范应适用乙国法,而依据乙国的冲突规范,应当适用丙国法,而丙国的冲突规范又指向甲国的实体法。法院最终以甲国实体法作为准据法审理案件。

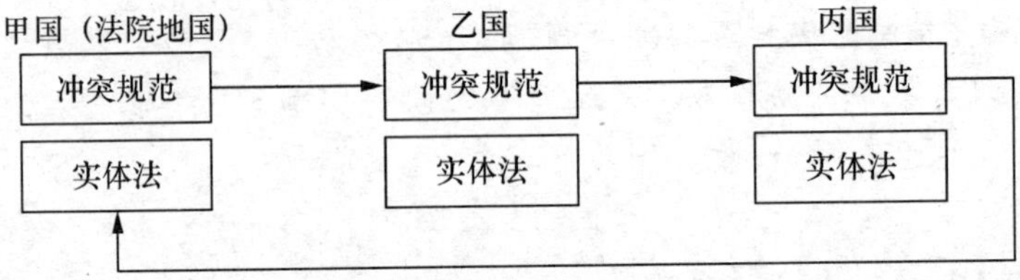

图 7-3

(四)双重反致

双重反致,又称"外国法院说"(foreign court theory),是指英国在处理涉外民商事案件时,如果依据英国法应当指向某一外国法,法官不直接决定是否采用反致、采用何种反致,而是假设本案在该外国审判,依据该外国法对待反致的态度来确定是否进行反致及反致的程度。如果该外国承认反致,就会产生"双重反致",但如果该外国否认反致,那么英国法院就只适用该国的实体法。

双重反致的关键之处在于,法官要假设站在外国法院的立场上,从外国冲突法开始考虑法律适用问题,因此双重反致被称为“外国法院说”。由于受到有关外国接受反致的限制,并且英国只有在有限的身份或死亡财产处理问题上适用反致,双重反致在实践中运用得很少。

三、产生反致的原因

单纯的反致概念只是描述了不同法域间法律的致送过程,但法官之所以要考虑外国冲突规范的指引,绝不是为了完成一次法律致送的旅行或仅仅出于对外国法律体系完整性的尊重。反致的产生及存在与冲突规范调整的目的及方法密切相关。

涉外民商事争议适用哪一个国家的实体法来解决,不仅关系到当事人利益,也会直接或间接涉及国家利益。冲突规范的主要作用是为涉外法律关系选择准据法,以实现争议的合理公正解决,在准据法的选择过程中一方面要关注私人利益的平衡协调,实现案件实体正义,体现司法目的;另一方面,也不能损害国家利益或违背国家外交政策。因此,法院在处理案件时就面临着利益平衡的问题,法律选择在某种程度上就是要寻找一个最佳平衡点。作为法律选择的主要手段,传统的冲突规范通过某个固定的连结点将某一类法律关系与某一个法域联系起来,把法律适用的公正合理寄托在对连结点的充分信赖上。但这种单一的法律选择方式显然不能满足复杂的涉外法律关系利益平衡的需要,尤其在仅适用本国冲突规范不利于维护本国公共利益时,需要法院有一定的弹性空间,通过某种方法对冲突规范加以变通,以维护本国利益或实现利益的平衡。运用反致能够对本国冲突规范的功能偏差作一定的调控。

冲突法作为调整涉外法律关系法律适用的专门法律,致力于解决国际法律冲突问题,体现各国法律平等合作的精神。由于各国历史文化、经济发展、政治制度等方面存在差异,各国法律也表现出诸多差异性,而冲突规范属于一国的国内法,受到本国法律特殊性的影响,因此各国之间冲突规范的差异是必然存在的。通过反致接受外国冲突规范的指定,可以在一定意义上实现判决结果一致,降低各国冲突规范不一致带来的不稳定影响。

由此可见,反致是立法者和司法者经过利益权衡和价值考量而作出的理性选择,这也是反致得以存在的真正基础。

四、对待反致的一般态度

在理论和立法实践中,对反致存在两种截然不同的态度。

(一) 赞成者的主要理由

第一,反致尊重他国的国家主权。在具体案件中,如果法院地国的冲突规范指向某一外国法,而该外国法的冲突规范又指向适用法院地国法或第三国实体法，那么表明该外国放弃了对案件的管辖。此时，法院地国依据该外国法冲突规范的指向确定案件的准据法，即对该外国主权的尊重。

第二，反致尊重外国法体系的完整性。外国法既包括外国的冲突规范，也包括其实体法，如果法院地国的冲突规范指向某一外国法，不应排除该外国法中的冲突规范。

第三，反致有利于扩大本国实体法的适用范围。原本应适用外国实体法的案件，在反致制度下，可能重新指向法院地国的实体法，从而扩大本国实体法的适用范围。

第四，反致有利于维持判决的一致。无论案件在哪一个国家提起诉讼，都可以期望通过反致适用同一国家的实体法，从而减少因各国冲突规范系属中的连结点不同而导致的判决结果不一致。

（二）反对者的主要理由

第一，反致违背了法院地国的主权。反致的运用会导致外国冲突规范的适用，这将有损法院地国的司法主权。

第二，反致可能导致无限循环，不利于对案件迅速作出判决。反致的运用可能导致各国间冲突规范相互指引无限循环并消耗法律资源，给当事人和法院带来不便。

第三，反致违背了冲突规范适用外国法的本意。法院地法的冲突规范指向外国法的本意是适用外国的实体法，因为冲突规范有其自身的独立性，它的目的在于确定应当适用的准据法，如果由一国的冲突规范指向另一国的冲突规范，就与适用外国法的本意相违背了。

上述赞成者与反对者的观点都有一定的合理性和缺陷。如前所述，反致的设计是为了调和各国冲突规范设计的不同，追求判决结果的一致性。当然，这种判决结果的一致性，需要在一定条件下才能通过反致来实现。反致有其存在的理由，我们在讨论对反致的赞成或反对时，需要思考的更为现实的问题是如何利用好反致。

现阶段，最密切联系原则、当事人意思自治原则的运用反映了国际私法的发展趋势，冲突法统一化的趋势也越来越明显。因此，有观点认为，上述方法已经可以达到反致产生的效果，反致已经没有存在价值。然而，采用反致与作为选择法律基本方法的最密切联系原则、当事人意思自治原则之间并无矛盾。反致一般仅运用于自然人身份、能力以及婚姻、继承等领域，最密切联系原则等则多运用在商业纠纷中。

五、我国相关立法规定

从总体上看，我国立法和司法实践对反致一直持反对的态度。我国的《民法通则》在起草过程中曾有过对反致和转致的规定,但后来有学者提出反致不符合冲突规范的宗旨而反对反致,因此《民法通则》中并没有对反致作出规定。1988 年,发布了《最高人民法院关于贯彻执行〈中华人民共和国民法通则〉若干问题的意见(试行)》。该意见第 178 条第 2 款规定:"人民法院在审理涉外民事关系的案件时,应当按照民法通则第八章的规定来确定应适用的实体法。"这一条常被学者解读为我国反对反致制度。

2007 年由最高人民法院审判委员会通过的《最高人民法院关于审理涉外民事或商事合同纠纷案件法律适用若干问题的规定》第 1 条规定:"涉外民事或商事合同应适用的法律,是指有关国家或地区的实体法,不包括冲突法和程序法。"这表明,在涉外合同领域,我国是排除反致的适用。

在《涉外民事关系法律适用法》起草过程中,曾在草案第 2 条规定:"依照本法规定应当适用的法律是指有关国家的民商事实体法,而非冲突法,但对于自然人的法律地位和身份关系,依照本法规定应当适用某外国法律,而依照该国冲突法又应当适用中华人民共和国法律的,可以适用中华人民共和国法律。"这一规定表明,在原则上不接受任何领域任何形式的反致,但在民事身份领域,草案主张接受反致。然而,正式通过的《涉外民事关系法律适用法》取消了草案中的例外规定。该法第 9 条规定:"涉外民事关系适用的外国法律,不包括该国的法律适用法。"从这一最新的立法成果看,我国在包括涉外合同领域、民事身份领域在内的一切涉外民事领域均排除反致。因此,当涉外民事纠纷依照我国冲突规范应当适用某外国法律时,法律适用的指引就此结束,应直接适用该外国的实体法。

第三节　法 律 规 避

案　例

鲍福莱蒙王妃离婚案(Bauffremont's Divorce Case,1878)

鲍福莱蒙王妃原本是比利时人,因与鲍福莱蒙王子结婚而取得法国国籍。后来鲍福莱蒙王妃欲离婚,与罗马尼亚的比贝司哥王子结婚。依据当时法国的法律,离婚是不被允许的。为了离婚,她只身到了准许离婚的德国,并随即取得德国国籍。在德国取得离婚判决后,她与比贝司哥王子结婚,随后两人立即回到了法国生活。鲍福莱蒙王子得知此事后,向法国巴黎法院申请宣判鲍福莱蒙王妃取得德国国籍、离婚、结婚的行为均无效。法国最高法院认为,依据法国法离婚应适用当事人的本国法,即本案中鲍福莱蒙王妃的国籍国德国法,但鲍福莱蒙王妃取得德国国籍的唯一动机明显是规避法国法的适用,因此构成法律规避,最终判决其上述行为均无效。

从1878年鲍福莱蒙王妃离婚案开始,法律规避问题成为国际私法的一个一般问题。那么,怎样的行为能够构成法律规避?外国法能否和本国法一样成为规避的对象?法律规避是一种违法行为还是当事人自由选择法律的行为?如果它是一种违法行为,那么又将导致怎样的后果?当事人是否将因规避法律而受到惩罚?

一、法律规避的概念与构成要素

法律规避(evasion of law),又称法律欺诈,是指涉外民商事法律关系的当事人,故意制造或改变某种连结点的具体事实,以避开原本应适用的对其不利的准据法,从而使对自己有利的法律得以适用的一种逃法或脱法行为。

构成法律规避的要素可用下表来表示:

表 7-1

主观要素	规避某种法律适用的直接故意。例如,鲍福莱蒙王妃离婚案中,鲍福莱蒙王妃到德国并取得德国国籍的唯一、直接动机就是规避法国不准许离婚的法律规定
规避对象	依照法院地法的冲突规范本应适用的实体法。这一实体法应当是强行性或禁止性的法律。如果是任意性法规则,则不存在规避问题。例如,鲍福莱蒙王妃离婚案中,规避的对象是法国婚姻法中关于禁止离婚的强制性规定
行为方式	改变构成冲突规范连结点的具体事实,如改变国籍、住所、物之所在地等。注意:改变连结点的具体事实并不等于改变连结点本身,如鲍福莱蒙王妃案中,鲍福莱蒙王妃并没有改变"本国法"这一连结点本身,而是将"本国法"的"本国"从法国变为德国
客观结果	法律规避行为既遂,即成功避开了原本应适用的对其不利的准据法,从而使对自己有利的法律得以适用。例如,鲍福莱蒙王妃离婚案中,鲍福莱蒙王妃取得了德国国籍,成功避开了法国法,并依据德国法实现了离婚的目的

二、法律规避的效力

如何对待法律规避的效力,在理论和实践中一直存在争议,争议的焦点主要有以下两个方面:

(一)欺诈行为还是合法行为

法律规避行为是欺诈行为还是合法行为,直接决定了法律规避行为是否有效。多数国家的学者认为,法律规避是一种欺诈行为,它的目的在于规避国家的强行法,根据"欺诈使一切归于无效"(fraus omnia corrumpit)原则,作为欺诈行为的法律规避应是无效的。

有少数学者,主要是英美法系国家的学者,主张法律规避是合法行为。他们认为,既然冲突规范给了当事人选择法律的可能,那么当事人为了达到自己的目的,利用冲突规范选择对自己有利的准据法应当是法律所允许的,这种行为应当是有效的。如果不希望冲突规范被当事人所利用,就应由立法者作出规定,而不应由当事人承担法律规避可能带来的风险。但越来越多的学者认识到,如果肯定法律规避的效力,必然会导致法律适用的不稳定,有较大的负面影响。

(二)限于内国法还是包括外国法

关于法律规避的对象问题主要有两种观点。第一种观点认为,法律规避的对象既包括规避内国法,也包括规避国外法。凡是规避法律的行为都是不道德的,都是无效行为。第二种观点认为,法律规避仅针对国内法,不包括外国法,因为一国法院没有义务维护外国法的尊严,并且对外国法的规避的后果可能是适用内国法,因此对法院地国来说,并没有规避法院地国的法律,反而适用了它的法律。

由于对法律规避对象的认识不同,各国有关法律规避的立法主要分为三类:第一类,规避法院地国法无效,规避外国法有效;第二类,规避法院地国法无效,对规避外国法是否有效的问题不作规定;第三类,所有的法律规避行为均无效。

三、我国相关立法规定

目前,我国立法层面,包括最新的《涉外民事关系法律适用法》,均没有对法律规避问题作出明确的规定。现有的规定仅见于最高人民法院的两处司法解释:第一,1988 年《最高人民法院关于贯彻执行〈中华人民共和国民法通则〉若干问题的意见(试行)》第 194 条规定:"当事人规避我国强行性或禁止性法律规范的行为,不发生适用外国法律的效力。"该解释认为,法律规避的范围是强行性或禁止性法律规范,并认为规避法院地国法的行为无效,但对规避外国法是否有效的问题没有规定。第二,2007 年《最高人民法院关于审理涉外民事或商事合同纠纷案件法律适用若干问题的规定》第 6 条规定:"当事人规避中华人民共和国法律、行政法规的强制性规定的行为,不发生适用外国法的效力,该合同争议应当适用中华人民共和国法律。"该解释同样未规定规避外国法的问题,但与 1988 年解释相比,它明确了法律规避行为无效的处理结果,即直接适用我国法律。

除此之外,《涉外民事关系法律适用法》在制定过程中曾有过对法律规避问题进行规定的尝试。全国人大法工委于 2002 年起草《涉外民事关系法律适用法》时,其草案第 61 条第 2 款规定:"中华人民共和国承认在境外缔结的合法婚姻,但当事人故意规避中华人民共和国强制性或禁止性法律规定的除外。"该条规定仅就结婚事项上的法律规避问题单独进行了规定，并且在最终通过的《涉外民事关系法律适用法》中被删除了。

第四节　公共秩序保留

案　例

霍尔泽诉德国铁路局案（1933）

霍尔泽是犹太血统的德国人，就职于辛克尔公司。1931 年辛克尔公司被并入德国帝国铁路局，霍尔泽任该局总管。1931 年，霍尔泽被免去职务，原因是德国议会通过了非雅利安人不得担任领导或管理职务的立法。霍尔泽被解除职务后，鉴于德国帝国铁路局在美国纽约的银行有存款账户，即前往美国纽约的法院对德国帝国铁路局提起诉讼。依据美国的冲突规范，本案应当适用德国法，即身为犹太人的霍尔泽不能在德国担任领导或管理职务，应解除其德国帝国铁路局总管的职务。但审理本案的柯林斯法官最终没有适用德国法。他的理由是，如果一国法律表现为与美国的司法、自由和道德的精神相违背的话，就不需要适用该国法。[①] 本案中，德国法有关非雅利安人不得担任领导或警察职务的规定明显违背了美国的道德信念，因此拒绝适用德国法。

本案中，柯林斯法官拒绝适用德国法的做法在国际私法上被称为公共秩序保留制度。那么，公共秩序保留在什么情况下可以运用？运用公共秩序保留有什么条件或限制？运用公共秩序保留将导致怎样的后果？

一、公共秩序保留的概念

公共秩序保留，是指当某一案件本应适用外国法时，由于该外国法的规定或其适用后果与法院地国的公共秩序有重大的冲突，而排除该外国法适用的国际私法制度。

公共秩序保留制度具有其自身的特点：首先，公共秩序保留虽然是一项法律制度，但它与一国的政治制度密切相关，一国的意识形态、基本制度不同，公共秩序的内涵也会有很大的差异。其次，随着时间推移、国家发展以及国际形势的变化，公共秩序的内涵会产生变化。再次，公共秩序具有模糊性。事实上，没有任

① 参见李双元、欧福永：《国际私法教学案例》，北京大学出版社 2007 年版，第 104 页。

何一个国家试图列举公共秩序的范围。最后，相对于识别、反致等其他限制外国法适用的做法，公共秩序保留具有更彻底地排除外国法适用的作用，并将不能适用外国法的责任归于外国。正是因为公共秩序保留制度的这些特点，世界各国都普遍适用这一制度。

二、公共秩序保留的起源

公共秩序保留制度萌芽于13、14世纪意大利的"法则区别说"。意大利法学家巴托鲁斯将法则分为人法、物法和混合法，认为物法只具有域内效力，而人法具有域外效力，但人法中那些"令人厌恶的法则"[①]（statuta odiosa），如对子女歧视的继承法则，不具有域外效力，在意大利各城邦间，一个城邦在适用另一个城邦的法则时，可以排除后者"令人厌恶的法则"。但巴托鲁斯并没有明确提出公共秩序保留的概念。

17世纪荷兰法学家胡伯（Ulicus Huber）认为，根据国家间礼让原则，国家主权可以承认有效外国法的域外效力，但前提是该外国法对本国国家及人民的权利（力）、利益没有损害，也就是现在所说的公共秩序。

19世纪中叶，德国法学家萨维尼在其"法律关系本座说"中提出基于某些案件的特殊性质，不允许自由地适用本座所在地以外的法律。对于这种限制的情形，必须适用本国法，而不能适用本座所在地的外国法，尽管适用该外国法有一定的合理性。[②] 一国的强制性法律具有排除外国法的效力。

意大利法学家孟西尼是明确提出公共秩序保留概念的第一人。后人将孟西尼的学说概括为以国籍主义为核心的三原则，即国籍原则（也称民族主义原则、本国法原则）、意思自治原则（也称自由原则）和公共秩序保留原则（也称主权原则、属地原则）。不论何种法律关系所应适用的法律，原则上应当以国籍为连结因素，以当事人的本国法为准据法，只有在当事人另有意思表示以及适用外国法与本国公共秩序发生抵触时，才能以国籍以外的其他连结因素来指引法律的适用。[③] 孟西尼将公共秩序保留从法律适用的例外情况上升为国际私法的一项基本原则。

在立法层面上，1804年的《法国民法典》首先以法律形式将公共秩序保留制度确定下来，其第6条规定："个人不得以特别的约定违反有关公共秩序和善良风俗的法律"。在此后的成文法中，1856年《意大利民法典》率先明确规定了对外国法可援用公共秩序保留而排除适用。1896年，世界上第一个单行国际私法

---

① 黄进主编：《国际私法》，法律出版社2005年版，第69页。

② 参见〔德〕萨维尼：《法律冲突与法律规则的地域与时间范围》，李双元等译，法律出版社1999年版，第17页。

③ 参见李双元主编：《国际私法》，吉林大学出版社2002年版，第150—151页。

《德国民法施行法》也作了类似规定。此后,许多国家都在立法时把公共秩序保留作为一项重要的国际私法制度规定下来。可以说,这项作为排除外国法适用的法律制度得到了世界各国广泛的承认与运用。

三、公共秩序保留的适用条件

正如上文所述,公共秩序具有不确定性和模糊性,难以通过列举来确定其范围。但作为一项法律制度,公共秩序保留并不能任意适用。关于公共秩序保留制度适用范围的确定,目前主要有主观说和客观说两种观点。

主观说认为,只要冲突规范指向适用的外国法在内容上与本国的公共秩序相抵触,就可以构成排除外国法适用的理由。例如,在奉行各民族平等的国家,对于别国关于歧视少数民族的法律规定,就可以排除适用。采用主观说的立法例有《意大利民法典》,该法第 31 条规定:"在任何情况下,外国的法律和行为,一个组织或法人的章程和行为,以及私人间的约定和协定,如果违反公共秩序或善良风俗,在意大利领土上无效"。再如,《日本法例》第 30 条规定:"应依外国法时如其规定违反公共秩序和善良风俗的,不予适用"。[①]

客观说认为,本国法院在决定是否运用公共秩序保留时,不仅要看外国法的内容本身是否与本国公共秩序相抵触,而且要注重个案的适用后果。客观说具体又可以分为联系说和结果说两种学说。联系说主张外国法是否被排除适用,除了看外国法内容本身之外,还需看个案与法院地国的联系如何,如果个案跟法院地国有实质的联系,则应当排除适用,反之则不需要排除。结果说则主张,除了关注外国法本身是否妥当外,还需关注外国法适用的结果。只有当外国法的适用结果危及法院地国的公共秩序时,才能排除外国法的适用。

相比较而言,主观说的优点在于,在运用上比较便利,一旦冲突规范指向适用的外国法在内容上与本国的公共秩序相抵触,就可以排除适用外国法,但由于外国法本身违反别国公共秩序的情况比较少,因此采用主观说的国家较少。客观说的优点在于,它重视个案的实际情况,不仅能起到使本国公共秩序不受侵犯的实际效果,而且能比较充分地考虑到个案的现实,避免干涉他国内政的嫌疑,因此总体而言,多数国家采用了客观说。

尽管公共秩序的范围很难通过列举来划定,一些国家的学者仍依据本国的立法精神和司法实践,总结归纳了公共秩序保留的一些适用情形。例如,英国学者戴赛将道德规范、英国人的身份规范、土地法规范、诉讼程序规范和侵权行为规范五种规范列入公共秩序范畴。美国学者库恩(Kuhn)认为,公共秩序保留通常在以下三种场合适用:(1) 外国法会违背文明国家的道德,如引诱犯罪、鼓励

① 参见张潇剑:《国际私法论》,北京大学出版社 2004 年版,第 191 页。

近亲结婚的契约;(2) 外国法会违反法院地国的禁止性规定,如赌博债务;(3) 外国法会违反法院地国的既定政策,并对该国带来损害,如逃税的契约。

从我国的司法实践看,以公共秩序保留排斥外国法适用的案例不多,已有的案例主要涉及司法协助与外国判决的承认与执行。有学术观点认为,在下列情况下,我国法院可以援用公共秩序保留排除外国法的适用:①(1) 如果适用外国法违反我国宪法的基本精神和基本原则,有损于国家统一和民族团结的;(2) 如果适用外国法有损于我国主权和安全的;(3) 如果适用外国法违反有关部门法的基本准则的;(4) 如果适用外国法违背我国缔结或参加的国际条约所承担的义务,或违反国际法上公认的公平正义原则的。

四、外国法排除后的法律适用问题

一国援用公共秩序保留排除外国法的适用后,就面临了如何选择应适用的法律的问题,对外国法排除后的法律适用问题,理论上存在积极说和消极说两种不同的观点。

积极说主张,外国法排除后应当然地适用法院地法。这满足运用公共秩序保留制度排除外国法,扩大本国法适用范围的需要。长期以来多数国家都主张积极说。消极说认为,外国法排除后并不应当然地适用法院地法,而应依据个案的实际情况,寻求与案件有最紧密联系的国家的法律作为准据法。理由是,既然本国的冲突规范选择了外国法,表明案件与该外国有密切的联系,那么排除外国法适用后,应当重新选择与案件有密切联系的国家的法律,而非当然适用法院地法;同时,长期简单地适用法院地法,可能会导致公共秩序保留制度的滥用,因此,不应当一概以法院地法取而代之。

另外,也有少数学者提出,外国法被排除后,法院可以拒绝审判。这一观点认为,冲突规范既然已经选择了某一外国法,即表明了冲突规范排除其他国家法律对本案件的适用,那么当该外国法被排除后,可以视为外国法的内容不能证明,因此作出拒绝审判的决定是正确的。然而,这种观点无论从私人利益角度还是从国家司法主权角度看,都是不合理的。从国家司法主权看,仅以外国法排除为由拒绝审判,是对一国司法主权的放弃;而从个人利益看,个人的诉权不得被随意剥夺,排除某一外国法的适用,并不是寻找合理法律适用的终止;当事人在案件实体上的利益也不因排除外国法而丧失。以外国法被排除为由拒绝审判,是对个人诉权的损害。因此,法院并不能仅因外国法被排除就作出拒绝审判的决定。

---

① 参见赵秀文主编:《国际私法学原理与案例教程》,中国人民大学出版社 2006 年版,第 191 页。

五、法律规避与公共秩序保留

由于法律规避与公共秩序保留的直接后果都是限制外国法适用的制度，而且两者在某些方面有相似之处，因此，法律规避是一个独立的问题还是公共秩序保留的一部分，学者有不同的见解。

法律规避与公共秩序保留制度的相似之处在于，两者都使依法院地国冲突规范所援引的外国法得不到适用，而适用了法院地国法或第三国法律。但两者的区别也很明显，见下表分析：

表 7-2

比较项目	法律规避	公共秩序保留
产生原因	当事人的故意行为	主要是一种法院司法行为；在民事诉讼中，也可能是一种国家行为
保护对象	一国的强行性或禁止性的法律	一国法律中的基本原则与制度
有效性	主流观点认为法律规避行为是无效的	多数国家认可公共秩序保留制度
行为性质	私人行为	一般为国家行为
行为后果	当事人试图适用的法律不能得到适用，当事人还可能承担法律责任	当事人一般不承担任何法律责任

基于对法律规避与公共秩序保留制度关系的不同认识，一些学者认为，法律规避是公共秩序保留的一部分，两者都是为了维护国内法的尊严，在排除外国法后适用了法院地国法的情形下，两者的效果是一致的，因此，可以将法律规避看做是公共秩序保留制度的一个附带问题。持相反观点的学者认为，虽然两者在适用效果上有相似之处，但两者的区别更为明显，尤其两者的性质有明显的区别，显然不能视为同一问题，因此，法律规避是一个独立于公共秩序保留的问题。

就目前的理论与实践看，认为法律规避是独立问题的观点为主流观点。

六、我国相关立法规定

我国对公共秩序保留制度一直持肯定的态度。早在1950年，中央人民政府法律委员会在《关于中国人与外侨、外侨与外侨婚姻问题的意见》中就曾规定："适用当事人的本国的婚姻法以不违背我国的公共秩序、公共利益和目前的基本政策为限度。"

1986年《民法通则》第150条规定："依照本章规定适用外国法律或国际惯例的，不得违背中华人民共和国的社会公共利益。"依据该规定，借助公共秩序保留可以排除的，除了外国法律之外，还包括国际惯例。《海商法》第276条、《航空法》第190条也作了类似的规定。将国际惯例作为适用公共秩序保留的对象,这与当今世界上大部分国家的做法是不一致的。

除了实体法,公共秩序保留在程序法中也有所涉及。《民事诉讼法》第266条规定:“人民法院对申请或者请求承认和执行的外国法院作出的发生法律效力的判决、裁定,依照中华人民共和国缔结或者参加的国际条约,或者按照互惠原则进行审查后,认为不违反中华人民共和国法律的基本原则或者国家主权、安全、社会公共利益的,裁定承认其效力,需要执行的,发出执行令,依照本法的有关规定执行。违反中华人民共和国法律的基本原则或者国家主权、安全、社会公共利益的,不予承认和执行。”可见,在司法协助与外国裁决的承认与执行方面,我国公共秩序的内涵和涉外法律适用方面的内涵不完全一样,在社会公共利益之外,还强调了国家的主权安全。

2010年10月28日通过的《涉外民事关系法律适用法》也对公共秩序保留作出了规定,其第5条规定:“外国法律的适用将损害中华人民共和国社会公共利益的,适用中华人民共和国法律。”可见,我国在国际私法方面最新的立法对公共秩序保留仍然坚持了积极的态度。同时,较之以往立法,《涉外民事关系法律适用法》的进步之处在于明确指明了排除外国法后应当适用的法律,即以我国法律为准据法,填补了以往立法的空白。

《涉外民事关系法律适用法》的通过,完善了我国国际私法领域有关公共秩序保留的立法,但仍有问题值得我们注意。第一,能否以公共秩序排除国际惯例的适用? 依据《涉外民事关系法律适用法》第51条的规定,即《民法通则》第146条、第147条,与本法的规定不一致的,适用本法,以及新法优于旧法的一般原则,《涉外民事关系法律适用法》施行后与《民法通则》有关规定不一致的,应当适用《涉外民事关系法律适用法》的规定,但对于《民法通则》有规定而《涉外民事关系法律适用法》未作规定的部分应当如何处理,法条没有言明。国际惯例是否作为公共秩序保留的对象便是这种情况。第二,尽管《涉外民事关系法律适用法》与《民事诉讼法》中均使用了“社会公共利益”的措辞,但有关公共秩序保留的表述和标准并不完全一致。《涉外民事关系法律适用法》规定的是不得违反我国的社会公共利益,而《民事诉讼法》规定的除了社会公共利益之外,还包括法律的基本原则、国家主权和安全。这表明,在法律适用与司法协助两个不同问题上,公共秩序保留的内涵和范围是不一致的。

第五节 外国法查明

一、外国法查明的概念

外国法查明(proof of foreign law),又称为“外国法内容的确定”、“外国法内容的证明”,是指一国法院根据冲突规范适用外国法时,对该外国法的内容怎样予以确定的问题。由于各国法律千差万别,一国的法官通常只熟悉本国法律,对于外国法的内容并不知晓。在审理某涉外民商事案件需要适用外国法的时候,就必须首先通过一定的方法和途径查明相关外国法是否存在以及内容怎样规定。外国法查明是国际私法中的重要制度,主要包括外国法查明的方法和途径、不能查明外国法的处理、外国法适用错误的救济等内容。

不同国家对于外国法的性质认识存在差异,主要有三种看法:事实说、法律说、折中说。这种差异导致了各国对待外国法查明方法和途径的不同。普通法系国家持事实说,通常将外国法视为事实,认为需要适用的外国法对于国内法来说只不过是一个单纯的事实而已,并非法律。而大陆法系国家如意大利、法国、荷兰等国采用法律说,将外国法同内国法一样看待。德国、日本主要采用折中说,并不将外国法单纯地视为事实,也不视为单纯的法律。

相对于查明国内法来说,外国法的查明对于法官通晓的程度要求不同,以及对于查明有无结果的要求也不同。内国法只要存在,不会发生无法查明的结果,但外国法不一样,即使外国法存在也会出现无法查明的结果。

二、外国法查明的途径

(一)法院依职权查明

这种方法主要为一些欧洲大陆国家所采用,如意大利、荷兰、奥地利和一些拉美国家如乌拉圭等。这些国家规定法院依职权查明外国法主要是基于:将冲突规范所指引适用的准据法看为与内国法一样的法律,根据“法官知法”的原理,法官负有查明外国法的责任。

(二)当事人提供

这种方法主要为一些英美法系国家所采用,如英国等。这些国家将法院所要适用的外国法定性为“事实”,根据“法官运用法律,当事人证明事实”的原理,查明外国法自然就应当属于当事人的义务了。当事人证明外国法有多种方法,一般是当事人提出权威性文件所载的法律,如官方的公报、法院判决书所援引的法律等;也可以由专家证明。

(三)法院依职权查明,当事人提供协助

这种方法是前两种方法的结合,除了法院依职权查明外国法外,在必要的时候也可以要求当事人提供协助。采用这种方法的国家主要有德国、瑞士、秘鲁等。之所以采取这样的方法是因为这些国家认为,外国法的查明既不同于查明内国法的程序,也不同于查明“事实”的程序,因此需要法官负责查明,必要时当事人协助,如《瑞士联邦国际私法》第 16 条第 1 款规定:“外国法的内容由法院依职权查明,为此也可以要求当事人予以合作。”《德国民事诉讼法》第 293 条规

定:“德国法院依职权确定外国法的内容,但也有权要求当事人双方提供有关外国法的证明,如果负责提供有关外国法证据的一方提供不出证据,法院则以证据不足驳回其诉讼请求或抗辩。”

三、不能查明外国法的法律适用

现实中存在不能查明外国法的情形,如需要查明的外国法并不存在,或者通过一切方法仍然无法查明。根据各国的立法和司法实践,一般有以下几种解决方法:

(一)适用法院地法

这是大多数国家国际私法立法所采用的方法。不同的国家具体做法会存在差异,如有的国家通过立法规定直接适用法院地法,如《瑞士联邦国际私法》第16条第2款规定:“外国法不能查明时,适用瑞士法律。”一些英美法系国家则根据司法推定适用法院地法。有的学者认为这种实践有矫揉造作之嫌,不如直接规定适用法院地法。

(二)驳回当事人的诉讼请求

采用这种方法的国家并不多。采取此种做法的理由主要有:第一,适用某一外国法是内国冲突规范的指定,这意味着不允许适用其他法律予以代替;第二,若外国法内容无从知悉,如同当事人不能证明其请求原因事实或其抗辩事实的情形一样,法院得以认为原告的诉讼请求或被告的抗辩无根据,而予以驳回。但仅仅因为当事人不能提供准据法而驳回当事人诉讼请求对当事人并不公正。

(三)适用类似的法律

当无法查明冲突规范所指引的外国法时,法院适用与该法律最相近或最类似的法律。1978年《瑞士联邦国际私法草案》第15条第3款规定:“外国法内容无法查明的,法官可以考虑适用最相近的法律。没有最相近的法律,则适用瑞士法律”。但正式通过的《瑞士联邦国际私法》却删掉了该条规定。怎样判断是不是类似的法律并非易事。通常情况下,两种法律是否存在借鉴,其中一种法律是否以另一种法律为蓝本制定等可以作为参考因素。德国曾经审理过涉及厄瓜多尔人的遗嘱继承案,因无法得到《厄瓜多尔民法典》,法院适用了与《厄瓜多尔民法典》相近似的《智利民法典》。

(四)适用一般法理

在不能查明外国法内容时,适用一般法理。这种方法在司法实践中运用极其罕见,日本法院曾经运用过这种处理方法。

四、外国法适用错误的救济

外国法适用错误主要有两种情形:第一,内国法院依据冲突规范的指引本应适用某一外国的法律,但却错误适用了另一外国或内国的法律。这种错误的实质是适用内国冲突规范的错误。第二,虽然正确地查找到了所应适用的外国法律,但对外国法律的解释却发生了错误,或者本应适用外国的某法律,却适用了另一法律。这两种情形都是实践中容易发生的。纵观各国的立法和实践,对于外国法适用错误的救济,不同国家通常作出不同的规定,主要包括以下两种:

(一)允许当事人上诉

在法院适用外国法错误的情况下,允许当事人上诉。持该主张的国家虽然将外国法视为事实,但在诉讼程序上实行上诉审制度,上级法院具有对下级法院认定的事实和适用法律进行审查的职能。此外,当外国法作为准据法适用到涉外案件中时,它与内国法律并没有差异,因此允许上级法院对其进行审查。采用这种主张的国家主要有英国、美国、奥地利、葡萄牙、芬兰、意大利等国。例如,《布斯塔曼特法典》规定:“在有上诉或其他类似制度的各缔约国内,得以违反另一缔约国的法律或对之作错误解释或不当适用为理由提起上诉,与对其本国法有同样情况者相同,并以同样的条件为依据。”

(二)不允许当事人上诉

不允许当事人上诉的国家认为外国法是一种事实。上级法院对下级法院的审查主要是对法律适用的审查,并不审查下级法院所认定的事实。另外,一些国家虽然将外国法看做法律,但认为上诉审功能是为保证自己国家法律的正确适用,至于外国法的适用,则应当由外国法院的上诉审维护和保障。

五、我国相关立法的规定

我国对于外国法查明的方法采用法院依职权查明和当事人提供相结合的查明方法。根据1988年1月26日通过的《最高人民法院关于贯彻〈中华人民共和国民法通则〉若干问题的意见(试行)》第193条的规定,在案件应适用的法律为外国法时,可通过下列途径查明:(1)由当事人提供;(2)由与我国订立司法协助协定的缔约对方的中央机关提供;(3)由我国驻该国使领馆提供;(4)由该国驻我国使领馆提供;(5)由中外法律专家提供。

《最高人民法院关于审理涉外民事或商事合同纠纷案件法律适用若干问题的规定》第9条规定,当事人选择或者变更选择合同争议应适用的法律为外国法律时,由当事人提供或者证明该外国法律的相关内容。人民法院根据最密切联系原则确定合同争议应适用的法律为外国法律时,可以依职权查明该外国法律,亦可以要求当事人提供或者证明该外国法律的内容。当事人和人民法院通过适当的途径均不能查明外国法律的内容的,人民法院可以适用中华人民共和国法律。

《涉外民事关系法律适用法》第10条规定,涉外民事关系适用的外国法律,由人民法院、仲裁机构或者行政机关查明。当事人选择适用外国法律的，应当提供该国法律。不能查明外国法律或者该国法律没有规定的，适用中华人民共和国法律。从该规定可以看出，我国对于无法查明外国法的处理是适用法院地法，即适用我国法律进行判决。

关于我国法院适用外国法错误时的救济，法律并没有明确规定。依《民事诉讼法》的规定，"一审判决认定事实不清，证据不足，适用法律不当的"都可以提起上诉，在司法实践中，上述条文也能运用到民商事案件中。因此，对于我国下级法院适用外国法错误的判决，是可以通过上诉方式获得救济的。

案　例

香港中成公司借款合同纠纷案

1995 年 5 月 10 日，香港中成财务有限公司（以下简称"中成公司"）与香港鸿润集团有限公司（以下简称"鸿润公司"）签订了《贷款协议书》，约定由中成公司借款 1000 万元港币给鸿润公司，还款日为 1995 年 11 月 28 日，利息及手续费 100 万元港币。鸿润集团提供远期可兑换公司支票给中成公司作抵押，中成公司接受鸿润公司推荐的广东省江门市财政局为其做担保人，江门财政局向中成公司出具了《不可撤销担保书》，承诺为鸿润公司向中成公司贷款提供担保，担保书适用香港法。

后来，鸿润公司未能按期偿还借款。中成公司要求江门财政局履行担保义务未果，遂于 2000 年 8 月 25 日向江门市中级人民法院提起诉讼，请求判令鸿润公司偿还借款本金及利息，江门财政局承担连带清偿责任，并由鸿润公司、江门财政局共同承担诉讼费用。

江门市中级人民法院一审判决，鸿润公司归还借款本金及逾期利息，江门财政局对鸿润公司不能清偿时承担 1/3 的赔偿责任，诉讼费用由鸿润公司承担，驳回了中成公司其余诉讼请求。

中成公司不服提出上诉，认为本案所涉的《贷款协议书》和《不可撤销担保书》，根据香港地区法律为合法有效合同；香港法律并没有就内地政府部门提供对外担保作出任何限制。故由江门财政局向中成公司出具的担保为合法有效担保；江门财政局有义务按照《不可撤销担保书》第 2 条规定清偿贷款。

依据我国有关法律规定，中成公司的上诉请求是否能够得到支持？本案中，借款主合同和担保合同分别应当适用什么法律，理由是什么？

思考题

1. 先决问题在处理方法上有哪些不同的主张？先决问题独立于主要问题而存在的一个重要因素即在于其法律适用的特殊性。而司法活动中，当事人的权利主张与否直接关系到其管辖权的归属，并会对其性质与法律适用发生决定性的影响，如何看待这种悖论？

2. 反致制度存在的价值和意义是什么？如何协调我国不同法域对反致制度的不同态度？

3. 如何处理公共秩序保留与尊重他国主权两者间的关系？我国区际法律冲突中的公共秩序保留与涉外民商事案件中的公共秩序保留有何异同？对于外汇管制等强制性、禁止性规定的适用，是否还可以援用“公共秩序保留条款”加以排除？

4. 法律规避应当如何认定？法律规避与当事人意思自治的界限在哪里？

5.《涉外民事关系法律适用法》对外国法查明问题作了哪些规定？与以往的法律规定相比有哪些不同？这样的规定还存在哪些问题？

拓展视野

1. 在理论上，先决问题有广义的先决问题和国际私法上的先决问题之分。基于这样的区分，通常有关先决问题的构成要素的三要件说也并非公认的观点。同时，在理解先决问题时需要注意其与分割论、识别问题、反致问题的联系与区别。有关内容可参阅肖永平、王保莳：《国际私法中先决问题的理论重构》，载《武大国际法评论》2005 年卷，第 35—58 页。

2. 反致的产生及存在与冲突规范调整的目的及方法密切相关，学界对于采用反致的效果，及其与尊重国家主权、促使判决一致以及法律适用稳定之间的关系一直存有争议，采用反致的价值究竟何在？有关内容的探讨可参阅韩德培：《国际私法上的反致问题》，载《韩德培文选》，武汉大学出版社 1996 年版；赵喜庆、许庆坤：《关于反致制度的反思》，载《中国国际私法与比较法年刊》，法律出版社 2001 年版，第 119—134 页；于飞：《反致制度反思与展望》，载《中国国际私法与比较法年刊》，法律出版社 2001 年版，第 135—155 页。

3. 历史上，萨维尼、孟西尼、库恩等多位法学家都对公共秩序保留进行过阐述，他们的观点各有不同，但不是完全割裂的。实践中，大多数国家都采纳了公共秩序保留制度，但在制度的内涵和运用上存在差异，如法国、德国运用了“公共秩序”的表述，英国则采用了“公共政策”的表述，而我国存在“公共秩序”、“基本政策”、“社会公共利益”等多种表述方式。有关内容可参阅张潇剑：《国际私法论》，北京大学出版社2004年版，第186—190页；黄进：《国际私法上的公共秩序问题》，载《武汉大学学报（社会科学版）》1991年第6期。

4. 关于法律规避以及与公共秩序保留制度之间关系的论述，可参阅赵生祥：《禁止法律规避制度在中国国际私法中的地位》，载《现代法学》2004年第5期。

第三编

分　论

第八章　国际私法的主体

知识介绍

国际私法的主体即国际民商事法律关系的参加者。常见的主体主要是自然人和法人,而国家和国际组织有时也会参与一些国际民商事活动,但不是主要主体。由于主体的涉外性,一国法院需要考虑在什么情况下对外国人和住所在外国的自然人和法人行使管辖权?如何确定双重国籍或无国籍情况下自然人的属人法?依照哪国法律判断自然人和法人的权利能力和行为能力?

第一节　自　然　人

一、自然人国籍、住所和经常居所的法律意义

(一) 国籍

国籍是指一个人属于某一个国家的国民或公民的法律资格,表明一个人同一个特定国家间的固定法律联系,是国家行使属人管辖权和外交保护权的法律依据。在处理涉外民商事法律关系时,国籍是区分内国人和外国人的重要标准。在确定准据法时,也经常适用当事人的本国法,即当事人的国籍国法。

(二) 住所和经常居所

关于自然人的住所,各国法律规定各不相同。有以生活中心为住所,如法国和日本;有以经常居住地为住所,如德国;有以除住居一定处所外,并须有久住的意思才算住所,如瑞士。我国以户籍登记的地址为住所。住所分为意定住所和法定住所。意定住所是由本人自由设定的住所,又称任意住所。法定住所则为法律直接规定的住所,如未成年人和其他无行为能力的人,以其法定代理人的住所为住所;现役军人、被劳动教养的人以及服刑的人,也都有法定住所。住所的确定,使法律关系集中在一处,有利于确定权利义务,解决纠纷。

如婚姻登记、失踪、继承开始、债务履行地、票据权利的行使、审判管辖、法律文书的送达、国籍的取得和恢复、当事人提起诉讼,以及国际私法上关于法律的适用等问题,都与住所有非常重要的联系。我国《民法通则》第15条规定:"公民以他的户籍所在地的居住地为住所,经常居住地与住所不一致的,经常居住地视为住所。"

二、对自然人的管辖

一国法院对自然人在什么情况下具有管辖权,大陆法系和英美法系国家采取了不同的做法,如英美法系国家以被告能够在法院地国合法收到传票为管辖依据;大陆法系国家则主要以被告是否居住在法院地国为管辖依据。在特殊情况下,国籍也可以作为管辖标准,但这种情况并不常见,如法国。另外,在某些与自然人身份有关的诉讼中,也可能以原告住所地或经常居住地为管辖标准,如涉外离婚诉讼,这是为了方便居住在本国境内的当事人进行离婚诉讼。我国《民事诉讼法》第23条规定,对不在中华人民共和国领域内居住的人提起的有关身份关系的诉讼,由原告住所地人民法院管辖;原告住所地与经常居住地不一致的,由原告经常居住地人民法院管辖。此外,英国法律还规定,当英国和敌对国处于战争状态时,外国人对英国人提起诉讼,英国法院可拒绝受理。这一规定不仅对自然人有效,同时对法人也有效。这是为了防止判决敌对国国民及其法人胜诉,有资助敌国的嫌疑。

三、对自然人的法律适用

(一)国籍冲突情况下属人法的确定

国籍冲突的产生主要是基于两个方面:一是生来的冲突,如采用血统原则国家的公民在采用出生地原则国家所生子女,采用出生地原则国家的公民在采用血统原则国家所生子女;二是传来的冲突,主要通过结婚和入籍造成。

1. 国籍的积极冲突解决

当一人同时具有两个以上国籍时,法院地对到底适用哪一个国家的法律感到困惑。纵观各国立法与实践,关于国籍积极冲突情况下的属人法确定,主要有以下几种解决方式:

表　8-1

适用情形	国际通行解决方案	立法例
当事人具有两个以上的国籍，其中包括法院地内国国籍	内国国籍优先①	《意大利国际私法制度改革法》第 19 条第 2 款规定，如果在多个国籍中有意大利国籍，则意大利国籍优先 1979 年《奥地利联邦国际私法》第 9 条规定，自然人的属人法应是该人所属国家的法律。如一人除具有外国国籍外，又具有内国国籍，应以奥地利国籍为准
当事人具有两个以上的国籍，都是外国国籍	后取得的国籍优先（为了变更国籍的自由）	1939 年《泰国国际私法》第 6 条第 1 款规定，当事人在不同时期取得两个以上的国籍，应适用最后取得国籍所属国家的法律 《韩国关于涉外民事法律的法令》第 2 条规定，当事人有一个以上的外国国籍时，其本国法由最后取得的国籍确定
	惯常居所或住所地国籍优先（根据关系比较密切）	《罗马尼亚国际私法》第 12 条第 3 款规定，具有多重国籍的外国人，其本国法为其住所地法律。若没有住所，则为其居所地国法律
	最密切联系地国籍优先（最密切联系）	《波兰国际私法》第 2 条规定，具有两个以上国籍的外国人，以同他关系最密切的国家的法律为其本国法 1988 年《瑞士联邦国际私法》第 23 条规定，如果一个人有几个国籍，只以与其有最密切联系的那个国家的国籍为准，以确定所适用的法律
特别情形	以当事人选择的国籍为准	1986 年修改后的《德国民法施行法》第 14 条第 2 款规定，如果配偶任何一方具有一个以上国籍，则配偶双方可以选择其中一个所属国的法律

2. 国籍的消极冲突解决——住所替代原则

国籍的消极冲突，既包括由于出生时不具有任何国籍和因其他原因丧失原

① 一般来说，各国采用的方式都是内国国籍优先，但是《瑞士联邦国际私法》有所不同，该法第 23 条第 1 项规定，如果一个人除瑞士国籍外还有一个或几个外国国籍，只以瑞士国籍为准，以确定原始法院管辖权。而与其并列的第 2 项规定，除本法另有规定的除外，如果一个人有几个国籍，只以与之有最密切联系的那个国家的国籍为准，以确定所适用的法律。由于这两项是平行的，所以瑞士只是在确定管辖权的时候以内国国籍优先，而在选择适用法律的时候却是依最密切联系原则，而且不区分是否有内国国籍。

有国籍,也包括可能存在国籍但是国籍无法查明的情形。一般而言,各国均主张以住所地法为其本国法。如果没有住所或者住所不确定的,以其居所地法为其本国法。如果居所仍然无法确认,则适用法院地法或通过要求当事人先取得法院地国的国籍,然后再适用其本国法,其本质上也是适用法院地法。如 1982 年《土耳其国际私法和国际诉讼程序法》第 4 条第 1 项规定:"无国籍人,依其住所地作为确定准据法的标准;没有住所的,依其居所;没有居所的,适用受理案件的国家的法律。"1954 年联合国《关于无国籍人地位的公约》第 12 条规定,无国籍人的身份,应受其住所地国家的法律支配,如无住所,则受其居所地国家的法律支配。

3. 我国相关规定

我国有关自然人国籍问题的立法主要有:1980 年《国籍法》;1988 年《最高人民法院关于贯彻执行〈中华人民共和国民法通则〉若干问题的意见(试行)》;1996 年全国人大常委会《关于〈中华人民共和国国籍法〉在香港特别行政区实施的几个问题的解释》;1998 年全国人大常委会《关于〈中华人民共和国国籍法〉在澳门特别行政区实施的几个问题的解释》。

我国《国籍法》第 5 条规定:"父母双方或一方为中国公民,本人出生在外国,具有中国国籍;但父母双方或一方为中国公民并定居在外国,本人出生时即具有外国国籍的,不具有中国国籍。"第 9 条规定:"定居外国的中国公民,自愿加入或取得外国国籍的,即自动丧失中国国籍。"据此,我国不承认双重国籍。对于外国人的国籍冲突,1988 年《最高人民法院关于贯彻执行〈中华人民共和国民法通则〉若干问题的意见(试行)》第 182 条规定,有双重或者多重国籍的外国人,以其有住所或者与其有最密切联系的国家的法律为其本国法。可见,我国是实施以住所和最密切联系地为连结点的选择性冲突规范。而对于无国籍人,上述意见第 181 条规定,无国籍人的民事行为能力,一般适用其定居国法律;如未定居的,适用其住所地国法律。

《涉外民事法律关系适用法》第 19 条规定:"依照本法适用国籍国法律,自然人具有两个以上国籍的,适用有经常居所的国籍国法律;在所有国籍国均无经常居所的,适用与其有最密切联系的国籍国法律。自然人无国籍或者国籍不明的,适用其经常居所地法律。"

(二) 住所冲突情况下属人法的确定

住所产生冲突主要是基于以下原因:第一,各国有关住所的法律规定不同。有的国家法律承认一个人可以有两个或两个以上的住所,如《德国民法典》第 7 条第 2 款规定,一人可同时于数地设立住所。第二,事实认定的不同也可能导致住所的法律冲突。如一弃婴被发现于甲乙两国交界处,两国均可认为该弃婴的住所在(或不在)自己国内。

对于自然人住所发生冲突后,究竟应当适用哪个国家或地区的法律来解决,各国存在不同观点,主要有属人法、属地法和法院地法学说等。传统的做法是以自然人的属人法为主。但随着跨国人员流动越来越频繁,单以住所地国法律作为准据法并不能反映当事人与住所的真实联系。因此,许多国家都改变了单独的做法,采用惯常居所地、经常居所地作为确定准据法的依据。

1．住所的积极冲突

对于积极冲突,其解决方法同国籍的积极冲突较为类似,一般而言,如果当事人的住所中有一个内国住所,则以内国住所优先。如果两个以上的住所都在国外,一般以最密切联系地的住所优先,如《日本法例》第 29 条第 2 款规定:“当事人有两个以上的住所时,与当事人有最密切联系的地方的法律为其住所地法。”

2．住所的消极冲突

对于住所的消极冲突,国际上有两种通行做法:一是用居所或者惯常居所代替住所地;二是以曾经的最后住所为住所地,没有住所地的则考虑居所或惯常居所,如果连居所也没有的,则大多数国家考虑以其现在的所在地为住所地。如《布斯塔曼特法典》第 11 条规定:“……如无住所时,应适用法院地法所采用的原则。”《奥地利联邦国际私法》第 9 条第 3 款规定:“当事人……无住所时,依习惯居所。”

3．我国相关规定

我国《涉外民事关系法律适用法》第 20 条规定:“依照本法适用经常居所地法律,自然人经常居所地不明的,适用其现在居所地法律。”《最高人民法院关于贯彻执行〈中华人民共和国民法通则〉若干问题的意见(试行)》第 183 条规定:当事人的住所不明或者不能确定的,以其经常居住地为住所。当事人有几个住所的,以与产生纠纷的民事关系有最密切联系的住所为住所。

(三)权利能力的法律适用

1．权利能力的法律冲突

对于权利能力原则上各国并不存在法律冲突。尽管各国法律均规定自然人的权利能力始于出生,终于死亡,但由于它们对“出生”和“死亡”的理解和规定不同,自然人的权利能力也会发生法律冲突。其主要表现在以下两个方面:第一,在权利能力开始方面,各国民法对“出生”的理解和规定有很大差异,概括起来有阵痛说、露头说、独立呼吸说、出生完成说、存活说等。我国法律对出生的时间未作明确规定,一般以医学上的公认标准为准,即要符合两个要件:(1)须全部与母体分离,能独立存在;(2)在与母体分离之际必须存活。由于各国对自然人权利能力开始的时间有不同的规定,法律冲突不可避免。第二,在权利能力终止方面,各国对生理死亡和宣告死亡的理解和规定也不同。对于生理死亡时间的界限,有的以呼吸停止为标准,有的以脉搏消失、心脏停止跳动为标准,有的以脑电波停止为标准。此外,不同国家对推定存活制度的规定有所差异,这导致自然人权利能力的终止方面也存在着法律冲突。宣告死亡是指自然人下落不明,超过法律规定的时间,经利害关系人申请,由司法机构依照法定程序和方式宣告该人死亡的一种法律推定制度。各国在这方面的法律冲突表现得尤为明显,如在期限的长短、死亡宣告的生效时间和法律后果方面都有差异。

2. 自然人权利能力的法律适用

关于自然人权利能力的法律适用,国际上大致有三种做法:

(1) 适用有关法律关系的准据法。即将权利能力附属于特定的国际民商事法律关系,适用于特定国际民商事法律关系的准据法,同时又是该法律关系当事人权利能力的准据法。这种做法忽视了权利能力的相对独立性,采用的国家较少。

(2) 适用法院地法。采取这种做法的主要理由是,权利能力有时涉及法院地的公共秩序和法律的基本原则。目前采用这种做法的国家也较少。

(3) 适用当事人的属人法。多数国家采取这种做法,但由于不同国家对属人法的理解不同,具体做法也不同。第一,大陆法系国家一般适用当事人的国籍国法或本国法;第二,普通法系国家一般适用当事人的住所地法;第三,有一些国家对在内国的外国人适用其住所地法,对在外国的本国人适用其国籍国法。

总之,对自然人的权利能力适用其属人法是普遍的做法。由于传统的住所地法原则和本国法原则都有弊端,对属人法的内容作某些补充和改革是必要的。如果适用法院地法或有关法律关系的准据法对案件的处理更为公平合理,也不应排除适用法院地法或有关法律关系的准据法。

3. 我国规定

《涉外民事关系法律适用法》第 11 条规定:"自然人的民事权利能力,适用经常居所地法律。"

(四) 行为能力的法律适用

1. 行为能力的法律冲突

自然人的民事行为能力,是指法律确认自然人通过自己的行为从事民事活动,缔结民事法律关系取得民事权利和承担民事义务的能力。各国立法一般规定自然人取得行为能力的条件有两个:一是必须达到法定年龄;二是必须心智健全,能够承担自己行为的法律后果。自然人可分为完全行为能力人、限制行为能力人和无行为能力人。由于各国法律对成年年龄、构成限制民事行为能力的条件不同,自然人行为能力的法律冲突随之产生。成年年龄是划分完全行为能力人、限制行为能力人和无行为能力人的重要标志。各国民法均有规定,但具体规定差异较大,大到 25 岁,小到 18 岁,这就导致某人在甲国是完全行为能力人,在乙国可能成为限制行为能力人。此外,心智健全程度和精神障碍是限制行为能力人的判断标准。

2. 自然人行为能力的法律适用

关于自然人行为能力的法律适用,主要有本国法主义和住所地法主义两种做法。但在实践中严格贯彻属人法原则,有时对内国交易的安全不利,因为在内国人与外国人交易时,不一定了解对方依其属人法是否有行为能力。因此,国际上的通行做法是原则上适用当事人的属人法(本国法或住所地法),但存在两个例外:一是处理不动产的行为能力适用不动产所在地法;二是有关商务活动的当事人的行为能力可以适用行为地法,即只要其属人法或行为地法认为自然人有行为能力,就应认为其有行为能力。

3. 我国规定

我国《民法通则》第 143 条规定:"中华人民共和国公民定居国外的,他的民事行为能力可以适用定居国法律。"《最高人民法院关于贯彻执行〈中华人民共和国民法通则〉若干问题的意见(试行)》作了如下补充规定:(1) 定居国外的我国公民的民事行为能力,如其行为是在我国境内所为,适用我国法律;在定居国所为,可以适用定居国法律;(2) 外国人在我国领域内进行民事活动,如依其本国法律为无民事行为能力,而依我国法律为有民事行为能力,应当认定其有民事行为能力;(3) 无国籍人的民事行为能力,一般适用其定居国法律,如未定居,适用其住所地国法律。

《涉外民事关系法律适用法》第 12 条规定:"自然人的民事行为能力,适用经常居所地法律。自然人从事民事活动,依照经常居所地法律为无民事行为能力,依照行为地法律为有民事行为能力的,适用行为地法律,但涉及婚姻家庭、继承的除外。"第 13 条规定:"宣告失踪或者宣告死亡,适用自然人经常居所地法律。"

第二节　法　　人

案　例

2005 年 10 月 10 日,中国泰利公司(甲方)与美国斯玛特公司(乙方)签订合资合同。同日,双方订立了《中外合资北京泰龙科技有限公司章程》,约定:甲方出资人民币 70 万元,乙方出资 10 万美元,共同成立北京泰龙科技有限公司,公司的注册资本为人民币 152 万元。北京泰龙科技有限公司成立后,双方在经营过程中发生纠纷。

美国斯玛特公司在中国是否具有诉讼主体资格？依据何地法律判断美国斯玛特公司是否具有行为能力？北京泰龙科技有限公司是否为中国法人？

传统国际私法考虑法人的国籍和住所主要是把法人划分为外国法人和内国法人。随着全球的一体化，跨国商业活动和跨国公司出现，以单一标准硬性将某企业和某国家固定化的做法不可取，使得法人国籍和住所问题日益淡化。不论是在管辖权还是法律适用上，法院地国往往考虑的是某企业在本国是否有经营机构和商业活动。

一、确定法人国籍、住所的法律意义

（一）法人的国籍

法人是拥有自主经营的财产，具有民事权利能力和民事行为能力，依法独立享有民事权利和承担民事义务的社会组织，是相对自然人而言的另一种民商事法律关系的主体。国籍原本是指自然人作为一国公民的法律资格，不适用于法人，但随着国际民商事交往的发展，法人逐渐进入国际社会，参加国际民商事活动，成为国际民商事法律关系的主体，国籍一词便借用于法人。法人的国籍表明法人与特定国家之间的固定法律联系。

法人国籍的法律意义在于：第一，法人的国籍是判断某一民商事法律关系是否为国际民商事法律关系的重要标志之一。国际民商事法律关系主体的国际性，主要体现在双方或多方平等主体的不同国籍上。第二，法人的国籍是确定法人属人管辖的依据之一。属人管辖，即国籍管辖，就是某国对具有本国国籍的法人行使管辖权。

（二）法人的住所

确定法人住所的法律意义在于：第一，可以据以确定诉讼管辖。第二，可以据以确定法律文书的送达处所。第三，可以据以确定债务履行处所。按照我国《民法通则》的规定，履行地点不明确的债务，给付货币的，在接受给付一方的所在地履行；给付其他标的的，在履行义务一方的所在地履行。对公司来说，其履行所在地应为其住所地。按照我国《民法通则》的规定，法人以它的主要办事机构所在地为住所。公司住所不同于公司的一般生产经营场所，公司住所只有一个，而生产经营场所是直接从事生产经营的地点，可以有多个，如营业场所、生产车间、销售网点等。公司住所依法确定后，不得任意变更。如果需要变动，应当依法办理变更登记。

二、对法人的管辖权

对于住所,不同国家的标准不一,当今跨国公司对法人管辖标准突破了住所的范围,对分支机构、执行财产、商业活动也可以行使管辖权。《联合国国际合同使用电子通信方式公约》强调有商业活动的存在可以适用法院地法。作这样规定的目的在于敦促企业法人在另一国从事产品商业服务,应当遵守当地法律,同时也是为了维护消费者的合法权益,方便消费者进行诉讼。

我国《民事诉讼法》第 22 条规定,对法人或者其他组织提起的民事诉讼,由被告住所地人民法院管辖。《最高人民法院关于适用〈中华人民共和国民事诉讼法〉若干问题的意见》第 4 条规定:"法人的住所地是指法人的主要营业地或者主要办事机构所在地。"

(一) 法人的国籍确定

以国籍确定对法人的管辖主要是考虑法人是否在本国注册,主要管理机构是否在本国范围内。在国际私法学界法人国籍的确定主要有以下几种主张:

1. 成员国主义,即资本控制主义。该主张认为法人的国籍等同于设立该法人的自然人国籍。因为法人的权利实际上属于该法人的资本控制者,因此资本在哪一国的公民手中,该法人即属于哪国的法人。但是法人股东是可以经常变动的,采取这种方式容易导致法人国籍的不确定性,并且使得法人可以通过转让股权的方式改变国籍。另外,对于存在几个不同国籍的股东来说,如果资本控制的比例相同或者人数相同,就没有明确区分国籍的标准。因此,这种主张在实际中比较难以操作。

2. 设立地主义,即登记地主义。该主张认为法人的国籍应当为设立地国的国籍。法人之所以成为法人,是由于登记国的登记确认,而在法人违反法律的时候,登记国可以通过撤销的方式解散法人。另外,登记国确定之后就不会改变,比较容易确定。因此,采用这种方式的国家较多。但是这种方式有可能促使当事人故意选择限制较少的国家去登记成立法人,从而实现对限制较多国家的法律规避。

3. 住所地主义。该主张认为法人的住所地国为该法人的国籍。因为法人的住所是法人的经营管理活动中心,也是其主要商事活动所在地,与法人有很密切的联系。然而,法人的住所究竟是何地,不同的国家规定不同。确定何地为住所地,终究难以防止法人随意选择住所地规避法律的行为。

4. 准据法主义。即法人设立时所依据的法律所属国为法人的国籍国。该主张认为任何法人都是依照一定的法律而设立的。这种主张实际上是允许当事人意思自治,通过章程协议选择法人国籍。在当事人没有协议选择的情况下,只能是登记地的准据法。这种标准也容易为当事人利用来规避法律。

5. 复合主义。即设立地主义和住所地主义的综合，要求只有在本国设立并且在本国有住所的法人才能算是内国法人，否则都视为外国法人。二战之后，法人在国际经济交往活动中日益重要的地位使得单一的确定因素不能很好地解决其存在的问题。为了更方便也更准确地确定法人的国籍，同时防止当事人故意规避某些限制较多的国家以及更好地保护本国的产业，这种复合主义的主张得到了很多国家的支持。

目前，对于如何确定法人国籍，国际上尚无统一的标准。各国都是选择有利于自己的确立标准，并且随着形势的改变而改变。在目前的国际实践中，采用登记地主义、住所地主义和复合主义的国家较多。

由于法人所从事的跨国交易行为基本上都是商业活动，与自然人的身份和能力无关，因此为了及时解决跨国商业纠纷，或保护本国当事人的合法权益，很少有国家以单一标准确定管辖权。例如，我国规定外国法人在我国境内有分支机构，或者有可供扣押的财产，或者合同签订地、履行地在我国的，我国法院就具有管辖权。

（二）法人住所的确定

许多国家主张以法人的住所地法作为法人的属人法。因此，在这些国家处理国际民商事案件时，如需要适用法人的属人法，就应适用法人的住所地法。由此可见，法人住所的确定，在国际私法上有重要意义。目前，国际上确定法人的住所主要有以下标准：

1. 管理中心所在地说

该学说认为，法人的住所为主事务所所在地或管理中心所在地，也就是法人的董事会或监事会所在地。其理由是，既然法人的主事务所是法人的决策机构，它决定该法人的活动并监督施行，那么就应该以法人的主事务所所在地为法人的住所，如《日本法例》第50条规定：法人以其主事务所所在地为住所。应注意的是，法人管理中心的设立由法人自行决定，因此可能出现法人借以规避内国法律适用的情况。

2. 营业中心所在地说

该学说认为，法人的住所为法人实际从事营业活动的所在地。理由是，一个法人运用自己的资本进行营业活动的地方是该法人实现其营业目的的地方，与该法人的生存有着重要的关系；另外，法人的营业中心所在地相对来说比较稳定，不可能因当事人意欲规避法律而任意变更。但是，对于从事保险、运输或银行业的法人，由于其营业范围往往跨越数国，因而有时难以确定其营业中心地。

3. 章程指定住所说

该学说认为，法人特别是公司法人的住所应当以法人章程指定的住所为准。章程未指定时，才采用其他标准确定法人的住所。一些大陆法系国家，如葡萄牙等国采纳了该学说。

4. 主要办事机构所在地说

该学说认为,法人的住所为法人的主要办事机构所在地。这是兼采管理中心所在地说和营业中心所在地说的一种主张,因为主要办事机构所在地既可能是管理中心所在地,也可能是营业中心所在地。我国立法采此说,《民法通则》第 39 条规定:"法人以它的主要办事机构所在地为住所。"《公司法》第 10 条规定:"公司以其主要办事机构所在地为住所。"

三、对法人的法律适用

对法人的法律适用,传统上以其注册登记地的法律为判断法人的权利能力和行为能力的标准。但是我们也应看到,与自然人不同的是,法人可能同时在两个地方从事活动,而自然人不可以,因此以单一的登记地确定法律的适用并不妥,需要采取法人属人法和法人行为地法。

(一) 法人国籍和住所

对法人的法律适用,国籍、住所比照类推在当代逐渐被抛弃,美国及《联合国国际合同使用电子通信方式公约》主要考虑分支机构、营业场所、商业存在地的法律。

我国《最高人民法院关于贯彻执行〈中华人民共和国民法通则〉若干问题的意见(试行)》第 184 条规定:"外国法人以其注册登记地国家的法律为其本国法"。《民法通则》第 41 条第 2 款规定:"在中华人民共和国领域内设立的中外合资经营企业、中外合作经营企业和外资企业,具备法人条件的,依法经工商行政管理机关核准登记,取得中国法人资格。"《民法通则》第 39 条规定:"法人以它的主要办事机构所在地为住所。"

(二) 法人的权利能力与行为能力

1. 法人的权利能力与行为能力的法律冲突

法人的权利能力,是指法人作为民事权利主体,享有民事权利和承担民事义务的资格。法人的行为能力,是指法人以自己的意思,通过自身的行为,取得民事权利并承担民事义务的能力。与自然人相比,法人权利能力和行为能力的关系有如下特点:(1) 两者在时间上是一致的,均始于法人成立,终于法人消灭,在法人存续期间始终存在;(2) 两者在范围上是一致的,法人以自己的行为取得权利和承担义务的能力,不能超出其民事权利能力限定的范围;(3) 法人的民事行为能力以不同于单个自然人意思的团体意思为前提,是通过法人的机关来实现的。由于各国民事立法的规定不尽相同,法人的权利能力和行为能力也常发生法律冲突。

2. 法人权利能力和行为能力的法律适用

解决法人权利能力和行为能力的法律冲突问题,国际上的通行做法是法人的权利能力适用法人登记地法，法人的行为能力适用从事商业活动地的法律。

3. 我国法律规定

《最高人民法院关于贯彻执行〈中华人民共和国民法通则〉若干问题的意见（试行）》第184条规定："外国法人以其注册登记地国家的法律为其本国法，法人的民事行为能力依其本国法确定。外国法人在我国领域内进行的民事活动，必须符合我国的法律规定。"我国有些法律还直接规定了外国法人可以享有的具体权利。《涉外民事关系法律适用法》第14条规定："法人及其分支机构的民事权利能力、民事行为能力、组织机构、股东权利义务等事项，适用登记地法律。法人的主营业地与登记地不一致的，可以适用主营业地法律。法人的经常居所地，为其主营业地。"

第三节 国家与国际组织

国家与国际组织是国际法的主体，同时也是国际私法的主体。虽然它们很少参与到跨国商业活动中，但在特殊情况下也可以成为国际私法的主体，像自然人、法人一样参加到国际民商事活动中，如国家政府在饥荒时购买粮食，为了维持政府机构的运转而进行政府采购。发展中的社会主义国家由于管理经济程度高，可能会更多地以政府身份参与到民商事活动中，如进行石油开发。另外，国际组织在章程范围内，或者为了保障组织的正常运转向民事主体购买办公用品等行为，都是其作为国际私法主体的表现。

一、国家

（一）国家作为国际私法主体的特殊性

1. 国家是主权者，这使得国家参与民商事活动的范围非常有限。例如，国家为在外国设立使领馆而与外国公司或商人签订住宅租赁合同或雇佣合同；国家银行向外国私人银行、外国公民进行贷款或发售债券等行为。

2. 国家及其财产享有豁免权。对国家的管辖权，法律适用并无特殊性可言。按照传统国际法理论，国家享有绝对豁免，即使国家实施了非主权行为，参与商业活动，也是可以豁免的。按照法治发展趋势，过分强调国家在商业行为中应予绝对豁免，可能会导致对普通法人和公民的不公平。西方大多数国家都已在其国内法中严格区分国家主权管理行为和商业交易行为，主张国家主权行为享受豁免，商业行为不享受豁免。

3. 国家以自己的名义参与到国际民商事活动中。国家参与国际民商事活动，实际由其授权的国家机关或执行政府特定职能的官员进行，如我国授权的银行。在这里要注意，我国国有公司实施的行为并不能代表国家，因为其是以自己名义独立进行商事活动的法人。

（二）国家及其财产豁免理论

按照国际法原理，平等主体之间无管辖权，即一国法院不能审理以国家作为被告的案件，国家享有豁免。国家豁免理论不仅是国际私法，同时也是国际公法上争论较多的一个理论和实践问题。但如果过分强调绝对豁免，可能会损害自然人和法人的利益，在20世纪六七十年代西方开始抛弃绝对豁免，采用相对豁免理论，把国家的行为区分为主权管理行为和商业交易行为。而发展中国家从维护自身利益出发仍主张绝对豁免，我国一直以来也持该观点。归纳起来，关于国家及其财产豁免的理论主要存在绝对豁免理论、限制豁免理论、废除豁免理论和平等豁免理论。其中，前两者争论的时间比较久，后两者只是在二战之后兴起的理论学说。

1．绝对豁免理论

该理论认为国家的一切行为，无论其行为的性质和目的如何，在他国都享有豁免权，除非该国明示放弃该豁免。这种豁免不仅包括对其直接诉讼的豁免，同时也包括涉及国家财产的间接诉讼中的财产豁免。自英美坚持该理论以来到19世纪，绝对豁免理论得到了大多数国家的支持。

2．限制豁免理论

起源于19世纪末的限制豁免理论，又被称为“相对豁免”和“有限豁免”理论。该理论主张将国家的行为依照其性质划分为主权行为和非主权行为。其中，主权行为在他国享有豁免，而非主权行为不享有豁免。例如，美国的《外国主权豁免法》和1978年英国的《国家豁免法》就作了这种规定。20世纪30年代之后，除了发展中国家较多坚持绝对豁免理论外，越来越多的发达国家逐渐从绝对豁免理论转向了相对豁免理论。

3．废除豁免理论

废除豁免理论主张国家不应当享有豁免权，反对一切形式的豁免。该理论是在20世纪40年代末由英国国际私法学家劳特派特提出的，但是这种完全放弃豁免的理论难以得到国家的支持，只能停留在理论学说阶段。

4．平等豁免理论

平等豁免理论是对绝对豁免和废除豁免的折中。支持者认为，国家豁免理论产生于国家平等这一理论，因而其本身也应当是平等的，所以国家间应享有平等豁免权。

（三）2005年《联合国国家及其财产管辖豁免公约》

2004年12月16日，第59届联合国大会通过了《联合国国家及其财产管辖豁免公约》（以下简称《公约》）并开放签字。我国于2005年9月签署了该公约。它是第一个全面规范国家及其财产管辖豁免问题的普遍性国际公约，也是第一个确认国家及其财产限制豁免的普遍性国际公约。该公约的通过和开放签署对国际法的发展具有重要的理论和现实意义。

《公约》由序言、正文和一个附件组成。其中,正文包括 6 个部分 33 个条款,即第一部分"导言"(第 1—4 条)、第二部分"一般原则"(第 5—9 条)、第三部分"不得援引国家豁免的诉讼"(第 10—17 条)、第四部分"在法院诉讼中免于强制措施的国家豁免"(第 18—21 条)、第五部分"杂项规定"(第 22—24 条)、第六部分"最后条款"(第 25—33 条)。该公约主要涉及以下几个方面内容:

第一,原则上规定了国家行为及财产在他国享有豁免,包括司法管辖豁免和执行管辖豁免。

第二,明确规定了国家行为及财产在他国享有司法管辖豁免。《公约》不但将国家的司法管辖豁免确定为国家的一项权利,使国家有权通过明示同意、主动参与诉讼或反诉三种方式放弃管辖豁免,而且明确规定法院地国给予他国司法管辖豁免是其应尽的义务。

第三,具体规定了被诉国家在八种类型诉讼中不享有司法管辖豁免:一是商业交易;二是雇佣合同;三是人身伤害和财产损害;四是财产所有、占有或使用;五是知识产权和工业产权;六是参加公司或集体机构;七是国家拥有或经营的商业用途的船舶;八是仲裁协定的效果。

第四,规定了国家行为及财产在他国享有执行管辖豁免。《公约》将对国家财产的强制执行分为判决前与判决后的强制执行,分别适用绝对豁免与限制豁免原则,并规定在上述两种情况下,有关国家都可通过明示或默示同意放弃执行管辖豁免。

第五,规定了《公约》的适用范围。《公约》不适用于以下三种情况:一是《公约》不影响现有有关特权和豁免的安排,包括国家元首、外交代表机构、领事机构、特别使团、驻国际组织代表团、派往国际组织的机关或国际会议的代表团及其人员,以及国有或国营的航空器或空间物体所享有的特权与豁免。二是《公约》不涉及刑事诉讼豁免问题,而将此问题留给习惯国际法解决。三是《公约》不适用于军事活动。

第六,《公约》附有一个《对公约若干规定的理解》的附件。根据《公约》第 25 条规定,该附件构成《公约》的组成部分。这个附件是对《公约》部分争议条款所达成的理解。总体看,《公约》的正文部分相对集中地反映了发展中国家的意见,而其附件则以解释的方式更多地体现了英、美等发达国家的关注。

此外,《公约》还对诉讼文书的送达、缺席判决、诉讼期间的特权和豁免等诉讼程序性问题作了规定。

(四) 我国对国家豁免的立场及实践

我国过去一向持绝对豁免立场,但随着市场经济的确立,改革开放的深入发展，可能会改变绝对豁免的态度，这样有利于对我国海外利益的保护。

在如何对待国有企业与国家行为的问题上，西方国家以企业是不是国有借此否定国家豁免权，我国国有企业都通过了公司化改革，是独立的法人，其责任应由自己独立承担。

二、国际组织

（一）国际组织作为国际私法主体的特殊性

国际组织包括政府间国际组织和非政府间国际组织。这里讨论的主要是政府间的国际组织，至于非政府间国际组织，由于其在法律地位上等同于法人，不享有特殊的法律地位。政府间国际组织，是指两个或两个以上的国家为了特定的目的，依照条约建立起来的组织机构。非政府间国际组织是私人或社会团体，依据共同的愿望和要求，为了解决国际非政治问题或发展某一事业而建立的组织。二战之后，国际组织得到了很大的发展，并且在国际事务中发挥着越来越重要的作用，逐渐被认为是国际公法（这里仅指政府间国际组织）和国际私法的主体。

政府间的国际组织依据宪章、章程而设立，依《维也纳外交关系公约》在职能范围内从事活动，其为了维护运转从事商业活动而购买办公设备、雇用工作人员等行为不享有豁免。

第一，国际组织虽然依据成员国的条约成立，但成立后就脱离了所有成员国的管辖。国际组织在参与民商事活动时以组织自己的名义而非成员国名义进行，如《联合国特权及豁免公约》第 1 条第 1 款规定，联合国具有法律人格，具有行为能力。既然国际组织具有主体资格，那么在承担民事责任时，也是以其独立的财产而非成员国的财产承担。

第二，同国家一样，国际组织在参与国际民事活动时享有一定的特权和豁免。国际组织的豁免最初起源于外交特权和豁免，一般直接引用外交豁免规则。联合国成立后，一系列公约才确定了国际组织的特权和豁免问题。关于国际组织的豁免权利来源有职能说和代表说两类，但是不论是何种学说，都承认了其豁免的地位。

第三，国际组织是成员国为了特定目的而成立的，它作为国际民商事法律关系的主体资格，由成员国之间缔结的条约、协议或共同制定的组织章程而确立。因此，国际组织的职能和活动范围必须严格遵循有关条约和组织章程的规定。

第四，国际组织能够参与的民商事活动范围极其有限，并不能像自然人、法人那样广泛地参与到国际民商事活动中。

（二）国际组织的特权与豁免

政府间国际组织的特权与豁免，是在一般外交特权与豁免的基础上发展而来的。在早期,国际组织直接使用有关外交特权与豁免的法律规则。后来,国际社会专门缔结了多项关于国际组织特权与豁免的公约,如1946年《联合国特权及豁免公约》、1947年《联合国专门机构特权和豁免公约》。1947年《联合国与美国关于联合国会所的协定》和1954年联合国教科文组织同法国之间的协定也对国际组织的特权与豁免作了规定。1975年联合国国际法委员会起草并通过了《维也纳关于国家在其对普遍性国际组织关系上的代表权公约》,对国际组织的特权与豁免作了较为详细的规定,遗憾的是,该公约至今仍未生效。

普遍认为,为了执行职务和实现宗旨之需要,国际组织才享有特权与豁免。这在《联合国宪章》和《维也纳外交关系公约》中都有明确规定。但不同意见认为,仅考虑国际组织为了执行职务和实现其宗旨过于片面,应当考虑国际组织的代表性,其一定程度上代表着成员国的愿望和利益。

国际组织在进行国际民商事活动中享有特权与豁免,仅指国际组织本身的有关特权与豁免,而不涉及国际组织官员和职员除执行公务外个人所享有的特权与豁免。根据有关条约的规定,国际组织享有的特权与豁免一般包括:国际组织及其财产对当地国的司法管辖与执行享有豁免;国际组织的财产和资产免受搜查、征用、没收、侵夺和其他任何形式的干涉;国际组织的会所、公文档案不受侵犯等。

三、外交代表和使领馆①

外交代表在驻在国享有特权和豁免是现代国际法的一项基本原则,其法律根据有两种学说:一是职务需要说,即赋予外交代表以特权和豁免是基于他们履行职务的需要;二是代表性质说,即赋予外交代表以特权和豁免是因为他们是派遣国的具体体现。

(一)国际条约的规定

《维也纳外交关系公约》采用职务需要说,同时结合考虑外交人员的国家代表性,对外交代表特权与豁免问题进行了规定。

传统上,领事官员和领事馆雇用人员在无国际条约的情况下,是不能基于习惯国际法而享有特权与豁免的。1963年《维也纳领事关系公约》的签订改变了这一状况。根据该公约的规定,领事官员和领事馆雇用人员只有在与其公务行为有关的案件中才能享受接受国法院或行政机关的管辖豁免。但上述规定不适用于下列民事诉讼:(1)因领事官员或领事馆雇员并未明示或默示以派遣国代表身份而订立的契约所发生的诉讼;(2)因车辆、船只或航空器在接受国内所造

---

① 从逻辑上讲,这个问题应该放在本章第一节自然人中更为恰当。但从强调豁免权上,放在本节似乎自成一体。

成的意外事故而要求赔偿的诉讼。此外，该公约第 45 条就特权与豁免的放弃作了与《维也纳外交关系公约》基本相同的规定。

（二）我国的立法规定

我国《民事诉讼法》第 237 条规定："对享有外交特权与豁免的外国人、外国组织或者国际组织提起的民事诉讼，应当按照中华人民共和国有关法律和中华人民共和国缔结或者参加的国际条约的规定办理。"因此，我国在处理外交及领事官员特权与豁免问题时主要依照《维也纳外交关系公约》、《维也纳领事关系公约》及大量的双边领事条约中的有关规定，以及我国 1986 年 9 月 5 日颁布的《外交特权与豁免条例》和 1990 年 10 月 30 日颁布的《领事特权与豁免条例》。

《外交特权与豁免条例》第 14 条规定，外交代表享有民事管辖豁免和行政管辖豁免，但下列各项除外：(1) 以私人身份进行的遗产继承的诉讼；(2) 违反本条例第 25 条第 3 项规定在中国境内从事公务范围以外的职业或者商业活动的诉讼。

《外交特权与豁免条例》第 15 条规定，外交代表和其他依法享有豁免的人员的管辖豁免可由派遣国政府明确表示放弃；外交代表和其他依法享有豁免的人员，如果主动向我国人民法院起诉，对本诉直接有关的反诉，不得援用管辖豁免；放弃民事或行政管辖豁免的，不包括对判决的执行也放弃豁免，放弃对判决执行的豁免必须另行明确表示。

《领事特权与豁免条例》第 14 条规定，领事官员和领馆行政技术人员执行职务的行为享有司法和行政管辖豁免。领事官员执行职务以外的行为的管辖豁免，按照中国与外国签订双边条约或者根据对等原则办理。领事官员和领馆行政技术人员享有的司法管辖豁免不适用于下列民事诉讼：(1) 涉及未明示以派遣国代表身份所订的契约的诉讼；(2) 涉及在中国境内的私有不动产的诉讼；(3) 以私人身份进行的遗产继承的诉讼；(4) 因车辆、船舶或航空器在中国境内造成的事故涉及损害赔偿的诉讼。

第四节　外国人的法律地位

一、概述

外国人包括具有外国国籍而不具有本国国籍的自然人和法人，在民事法律地位方面，无国籍人通常也被当做外国人看待。外国人的民事法律地位，是指外国自然人、法人或者无国籍人在内国享有民事权利和承担民事义务的法律状况。外国人民事法律地位问题主要涉及外国人与所在国之间的权利与义务关系。给予外国人什么样的民事法律地位是由各个主权国家自行决定的，但各国必须考虑其承担的国际义务和当时的国际关系及有关的国际惯例。

赋予外国人在内国的民事地位是国际交往发展的需要。一般来说,外国人的法律地位主要是通过一国国内法决定的,但是国家在决定给予外国人何种民事法律地位时,也会考虑到国际上普遍的做法。国家之间可以通过缔结条约相互承诺给予缔约国国民以某种民事法律地位,如1928年哈瓦那《关于外国人地位的公约》、1951年联合国《关于难民地位的公约》、1967年《关于难民地位的议定书》、1954年联合国《关于无国籍人地位的公约》等。

二、外国人的法律地位的几种制度

(一)国民待遇(national treatment)

国民待遇,又称平等待遇,是指所在国给予外国人与内国公民享有同等的民事权利地位和承担同等的民事义务。国民待遇在国际私法上的意义在于保证一国领域内的内外国人之间的民事权利地位平等。

国民待遇从产生之日起到目前为止经历了三个阶段:(1)无条件的国民待遇,即不附加任何条件地把内国法律赋予内国人的各种权利同样给予在本国境内的外国人。这种形式的国民待遇制度只在法国资产阶级革命初期存在。由于实际结果并不是法国所希望的法国人在外国也能享受与所在国国民同等的待遇,所以其很快转而采取有条件的国民待遇。(2)有条件的国民待遇,即内国给予外国人以国民待遇要以该外国人所属国也给予内国人以国民待遇为条件,也就是说,内外国约定相互把给予内国国民的权利也同样给予对方国家的国民,也称为互惠的国民待遇。现在世界上各国实行的国民待遇都是以互惠为基础的国民待遇,区别仅在于有些国家采用条约上的互惠国民待遇,而其他国家则采用立法上的互惠国民待遇。(3)特定范围的国民待遇,即一国在立法上规定在某种或某几种权利上给予外国人国民待遇,如发明权、著作权、商标权、船舶遇难救助权、民事诉讼权等等。

当今的国民待遇具有如下特点:国民待遇只是就一般原则而言,并非在具体的民事权利上外国人与内国人完全一样。为了维护本国安全和社会利益,各国都将国民待遇限制在一定范围内。如根据我国有关立法的规定,外国人不能在我国军事、外交、公安和机要部门服务,也不能在我国充任律师、专利代理人、商标代理人等。此外,当前的国民待遇都是一种互惠的待遇,但并非一定以条约和法律上的规定为条件。为了防止内国公民在外国受到歧视,均以对等原则加以制约。

(二)最惠国待遇(most-favored-nation treatment)

1. 最惠国待遇的含义

最惠国待遇,是指授予国给予受惠国的待遇不低于授予国已经给予或将来给予任何第三国的待遇。在最惠国待遇中,给予最惠国待遇的国家称为授予国,接受最惠国待遇的国家称为受惠国，授予国和受惠国以外的第三国称为最惠国。最惠国待遇是由条约确定的，其条款被称为最惠国待遇条款。

2. 最惠国待遇的范围

最惠国待遇的范围一般由最惠国条款所确定。最惠国待遇的适用范围主要包括商品关税、捐税和其他费用的征收，商品进出口，过境，存仓，转换交通工具许可证的发给，海关手续等。但是最惠国待遇有例外情形，包括：第一，一国给予邻国的特权与优惠；第二，边境贸易和运输方面的特权与优惠；第三，有特殊的历史、政治、经济关系的国家形成的特定地区的特权与优惠，如我国与周边国家的优惠；第四，经济集团内部各成员国相互给予对方的特权与优惠，如欧盟成员国之间互相享有的特权和优惠。

3. 最惠国待遇的种类

（1）无条件的与有条件的最惠国待遇。无条件的最惠国待遇，是指缔约一方现在或将来给予任何第三方的一切优惠、豁免或特权应立即无条件地、无补偿地、自动地适用于缔约对方。有条件的最惠国待遇，是指缔约一方已经或将来给予任何第三方的优惠、豁免或特权是有条件的，缔约另一方必须提供同样的条件才能享有这种优惠、豁免或特权。因此，“有条件”中的“条件”并不是有人认为的给予最惠国待遇是以对方给予为条件。

（2）无限制的与有限制的最惠国待遇。无限制的最惠国待遇，是指对最惠国待遇的适用范围不加以任何限制，不仅适用于商品进出口征收的关税及手续、方法，也适用于移民、投资、商标、专利等各个方面。有限制的最惠国待遇，是指将其适用的范围限制在经济贸易关系的某些领域，规定仅在条约规定的范围内适用，在此范围外则不适用。

（3）互惠的与非互惠的最惠国待遇。互惠的最惠国待遇，是指缔约双方给予的最惠国待遇是相互的、同样的。非互惠的最惠国待遇，是指缔约国一方有义务给予缔约国另一方以最惠国待遇，即单方面给予，而无权从另一方享有最惠国待遇。最惠国待遇原则作为自由贸易的支柱，是各国政府正确对待国际市场而普遍接受的一种君子协定，即不同经济制度或奉行不同（乃至相反）经济贸易政策的各国，彼此相约：共同遵守市场机制，公平竞争，机会均等，把对国际市场的人为干扰或扭曲减至大家都可接受的最低限度。

（三）普遍优惠待遇（treatment of generalized system of preference）

普遍优惠待遇，是指发达国家进口发展中国家制成品、半制成品时，在关税贸易上给予后者普遍的、非互惠的和非歧视的优惠待遇，简称普惠制待遇。普惠制待遇具有三个特点：一是普遍性，即所有发达国家给予所有发展中国家对其出口的制成品和半制成品普遍的优惠待遇；二是非互惠性，即由发达国家单方面给予发展中国家或地区以关税优惠待遇，而不要求后者提供对等的“反向优惠”；

三是非歧视性,即发达国家应无歧视、无例外地给予所有而非部分发展中国家以普遍优惠待遇。

（四）非歧视待遇(non-discriminate treatment)

非歧视待遇也被称为无差别待遇,它是指国家之间通过缔结条约,规定缔约国一方不把低于内国或其他外国自然人和法人的权利地位适用于缔约国另一方的自然人和法人。非歧视待遇制度不仅能够防止不公正待遇的产生,而且能保障国际民事交往的正常进行,因而有关国家常常在条约中约定彼此都不把歧视性的限制施与对方。一个国家给予另一国家的自然人和法人以非歧视待遇,只是保证该另一国家的自然人和法人不处于比其他大多数国家的自然人和法人更不利的地位,而并不是意味着一个国家必须把本国人所享有的权利全部给予该另一国家的自然人和法人,也不意味着一个国家必须给予该另一国家的自然人和法人特殊优惠。因此,如果一个国家规定某种民事权利只能由本国人享有,而不把这种权利给予任何外国人,并不违反非歧视待遇制度。同样,一个国家将某种特殊优惠给予某个外国的自然人和法人,而不把这种特殊优惠给予其他外国的自然人和法人,也不违反非歧视待遇制度。

（五）优惠待遇(preferential treatment)

优惠待遇,是指一个国家在某些方面给予外国自然人或法人以特殊的权利或优待。一个国家给予外国人优惠待遇可以通过两种方式进行:一种方式是在国内法中作出特别规定,如我国《外资企业法》第 17 条规定:"外资企业依照国家有关税收的规定纳税并可以享受减税、免税的优惠待遇。外资企业将缴纳所得税后的利润在中国境内再投资的,可以依照国家规定申请退还再投资部分已缴纳的部分所得税税款。"另一种方式是在国家之间缔结的贸易协定中进行规定,如我国政府和泰国政府签订的《贸易协定》第 2 条规定:"缔约双方在两国间进出口商品的关税、捐税和其他税收方面,应本着有利于发展两国贸易的愿望,在各自国家现行有效的法律、条例的范围内,相互给予优惠待遇。"优惠待遇强调在特定领域的特定事项上给予外国人优惠,一般比较具体,如在贸易、投资、关税、航运等领域。

三、外国人在我国的法律地位

对外国人在我国的法律地位的规定主要体现在《民法通则》中。我国《民法通则》第 8 条第 2 款规定:"本法关于公民的规定,适用于在中华人民共和国领域内的外国人、无国籍人,法律另有规定的除外。"从该立法看,我国对外国人实行国民待遇。《民事诉讼法》第 5 条也规定:"外国人、无国籍人、外国企业和组织在人民法院起诉、应诉,同中华人民共和国公民、法人和其他组织有同等的诉讼权利义务。外国法院对中华人民共和国公民、法人和其他组织的民事诉讼权利加以限制的，中华人民共和国人民法院对该国公民、企业和组织的民事诉讼权利，实行对等原则。”

思考题

1. 自然人经常居住地为什么取代国籍、住所成为主要的法律适用的连结点？

2. 各国对于法人的权利能力与行为能力的法律适用规定原则有何不同？

3. 尽管国家豁免作为普遍接受的习惯国际法原则早已确立，但是关于这一原则的适用范围，各国立场长期存在着尖锐的对立和分歧，分析存在哪些分歧以及各国的态度。

4. 世界贸易组织中国民待遇原则体现在哪些方面？

拓展视野

1. 船舶国籍之所以产生并获得广泛认可，是源于确定船舶管辖的归属和有效维持处于公海中的船舶内部秩序以及公海秩序。各国法律有关船舶国籍取得与丧失规定的不一致易引发船舶国籍冲突，有关如何解决好船舶国籍的积极冲突的讨论，可参阅蒋新苗：《船舶国籍法律冲突的消除与防止》，载《湖南师范大学社会科学学报》1999 年第 1 期。

2. 不同国家的理论和实践对国家及其财产管辖豁免的问题分歧较大。黄进教授等在其文章中分析评述了国家商业行为的判断标准、国家与国有企业的关系、免于强制措施的国家豁免三个问题，并结合我国国情和现状提出了一些主张。参阅黄进、曾涛、宋晓、刘益灯：《国家及其财产管辖豁免的几个悬而未决的问题》，载《中国法学》2001 年第 4 期；黄进：《论国家限制豁免理论》，载《中国国际法年刊》，法律出版社 1986 年版，第 288—289 页。

3. 经过修订后的中国外资立法与 WTO 规则已基本接轨，唯有“超国民待遇”的问题尚未触及，学界对国民待遇的理解也出现了分歧。一些学者主张“超国民待遇”与国民待遇兼容，与 WTO 规则并行不悖，对“超国民待遇合理合法理论”应提出质疑，提出“超国民待遇”于法无据，于理相悖。而丁伟教授则认为应重塑我国的外资优惠政策的思路，以便在新形势下深化外资优惠政策新的形式和内涵，逐步消除“超国民待遇”现象。参阅丁伟：《“超国民待遇合理合法论”评析——外商投资领域国民待遇制度的理性思辨》，载《政法论坛》2004 年第 2 期，第 164—170 页。

第九章　涉外民事法律行为与代理

知识介绍

涉外法律行为的法律适用区分法律行为成立与生效的实质要件和形式要件。行为地不仅是确定管辖的重要标志，也是法律适用的重要连结点。代理行为的法律适用分为内部关系和外部关系，分别适用不同的法律原则。

第一节　涉外民事法律行为与代理的管辖

确定涉外民事法律行为与代理关系的管辖权，一般依原告就被告原则，即被告住所地法院拥有管辖权，若被告住所地与经常居住地不一致，由经常居住地法院管辖。除此之外，因民事法律行为与代理的特殊性，还存在其他相应的管辖标准。

一、涉外民事法律行为的管辖权

确定涉外民事法律行为是否有效一般采取行为地法院管辖，如结婚、离婚等身份行为。对于特殊的民事法律行为，如处分不动产物的行为应由物之所在地法院管辖，这是因为不动产具有其特殊性，如我国《民事诉讼法》第 34 条规定，因不动产纠纷提起的诉讼，由不动产所在地人民法院管辖。对不在我国领域内居住的人提起的有关身份关系的诉讼，可以由原告所在地法院进行管辖。

另外，大量民事法律行为的效力取决于其内容和方式等方面。因此，不同类型的民事法律行为有其相应的管辖标准，如在侵权行为中，侵权行为地法院可以管辖；在合同争议案件中，合同签订地、合同履行地、标的物所在地法院等都可以管辖。①

① 本书后面的章节将会对每一类具体的民事法律行为作详细阐述，因此在这一节不再依法律行为的性质进行分类说明。

二、涉外代理关系的管辖权

涉外代理分为内部关系和外部关系，内部关系是指代理人与被代理人之间的关系，外部关系是代理人与第三人间的关系。对于代理内部关系来讲，代理关系是否成立，一般是由代理关系成立地法院管辖；对于代理外部关系来说，代理行为实施地法院具有管辖权。

1. 内部关系

涉外代理分为委托代理和指定代理，对于委托代理，一般由代理协议签订地法院管辖。这是因为代理协议是一种特殊的合同形式，对于合同的管辖，可以由合同签订地即代理协议签订地法院管辖。

2. 外部关系

代理人与第三人的纠纷，管辖首先适用原告就被告的原则，即由被告住所地法院管辖；同时，也可以由代理行为实施地法院管辖。此外，如果该代理行为属于商业代理，财产所在地法院也拥有管辖权，如对于票据纠纷的管辖。

第二节 涉外民事法律行为的法律适用

一、涉外民事法律行为的法律冲突

（一）法律行为含义

“法律行为”一词源于《德国民法典》，萨维尼给出的定义是“行为人创设其意欲的法律关系而从事的意思表示行为”，大多数法学家接受了这一定义。这一定义强调了法律行为的意思表示要素与所产生的私法效果。法律行为一般是指，民事关系中的主体基于其意思表示而设立、变更或消灭民事法律关系的权利义务所实施的行为。包括我国在内的各国民法或国际私法中都对法律行为进行了详细的规定。我国《民法通则》第 54 条规定：“民事法律行为是公民或者法人设立、变更、终止民事权利和民事义务的合法行为。”《罗马尼亚国际私法》第 69—72 条对“法律行为”则作了专章规定。

在国际民商事活动中，涉外民商事关系是由涉外法律行为引起的。由于各国民商立法上的差异，对于涉外法律行为的成立和生效要件规定不同，进而导致了涉外法律行为的冲突。法律行为的成立及生效通常具备实质和形式两方面的要件，实质要件主要包括当事人的行为能力、意思表示以及内容等，即行为人应具有相应的行为能力，而形式要件则指法律行为方式。

（二）涉外法律行为的法律冲突

1. 实质要件

第一，行为能力。各国对于当事人的行为能力要求在法律上的规定各不相同。虽然各国对当事人行为能力的规定主要表现为年龄和心智两个方面，但具体规定却存在明显不同。如不同国家对于行为人结婚的年龄要求并不相同，以及对某些行为能力主体范围的限制也有很大的差异。

第二，意思表示。各国对于法律行为的成立与生效都要求意思表示真实，但对于意思表示的有效性存在不同规定。如最常见的合同意思表示，各国对于缔结合同时的要约与承诺要件的规定不同，在一国被认为是“要约”的，可能在另一国被视为“要约邀请”；关于承诺的生效，一国采取到达主义，而另一国可能采取投递生效主义，这样对于承诺何时生效采取不同做法的国家便产生了法律上的冲突。

第三，行为内容。各国对于法律行为的合法性、可能性以及确定性的要求并不相同。由于各国判断法律行为合法性的标准不一，很可能出现在一国被认为是合法的法律行为在另一国被视为不合法。通常各国都会以“善良风俗”、“公共秩序”等法律原则对在本国所实施的法律行为加以判断，由于何谓“善良风俗”、“公共秩序”以及它们的具体内容包括哪些，不同国家会根据其不同的国家政策以及自身利益作出判断，从而导致法律冲突。

2. 形式要件

在法律行为成立与生效的形式要件方面，各国的立法同样存在很大的差异。主要表现在：第一，对于法律行为是否要求为要式不同。各国对于要式法律行为和不要式法律行为的要求和范围有所不同，有些国家对某些特定的法律行为要求必须为要式，而有些国家只要求当事人意思表示真实即可。第二，对于法律行为是否为书面形式要求不同。一些国家法律规定合同必须采取书面形式，而另一些国家则规定数额较小的合同可以采取口头形式，对其效力一样保护。这些情形都会使得各国在认定涉外法律行为上会发生法律冲突。

二、涉外民事法律行为的法律适用

在涉外法律行为的法律适用上，从各国的国际私法立法与司法实践看，一般都是根据法律行为成立与生效的实质要件和形式要件，分别规定适用不同的法律适用原则。对于法律行为的实质要件，通常根据各种不同的法律关系分别加以确定。如合同的缔结行为适用当事人自主选择的法律；物权行为适用物之所在地的法律；结婚的实质要件适用结婚当事人的属人法等。

各国关于法律行为的形式要件冲突，通常适用行为地法原则解决。行为地法原则来源于“场所支配行为”的古老习惯，并一直沿用至今，为各国国际私法立法所采用。之所以法律行为需要适用行为地法，主要是基于下列理由：(1) 以“法则区别说”为由，认为法律关系可分为属人、属物、属行为三种，各受其所属法律的支配，属行为的法律关系当依其行为地法。(2) 以主权说为由，认为法律是一国行使主权的具体表现，故在行为地为法律行为，包括法律行为的方式，不可不服从该地的法律。(3) 以意思服从为由，认为当事人在行为地为法律行为，即说明当事人有服从行为地法的意思，故法律行为应依行为地法。(4) 以国际习惯为由，认为法律行为依行为地法已是国际社会通认的原则，故凡依行为地法所为的法律行为，各国无不承认其效力。(5) 以证明便利为由，认为法律行为方式是当事人意思表示的外部化，为证明当事人意思表示方便起见，法律行为方式应依行为地法。(6) 以适用便利为由，认为当今国际社会内外国人交往频繁，出于法律适用便利的考虑，法律行为方式应依行为地法。

纵观各国的国际私法立法和司法实践，对法律行为形式要件的准据法的选择主要有以下几种：

1. 以行为地法为主，以法律行为本身的准据法为辅

《白俄罗斯民法典》第 1116 条规定：“法律行为的形式适用行为地法律，但在外国实施的法律行为如果符合白俄罗斯共和国法律的形式要件，则不得因为其不具备形式要件而宣告无效。”采用此种做法的国家主要有阿根廷、智利等中南美洲国家，以及德国、瑞士、比利时、意大利、荷兰、西班牙等国。

2. 选择适用法律行为本身的准据法和行为地法

法律行为本身的准据法与行为地法的适用往往并无主次之分，即这两种准据法之间的关系是选择适用的关系，而非累进适用的关系。法律行为方式只需符合其中任何一个法律对形式要件的要求即告有效。例如，1982 年《土耳其国际私法和国际诉讼程序法》第 6 条规定：“法律行为的方式适用行为完成地的法律，也可以适用调整效力的法律。”1979 年《奥地利联邦国际私法法规》第 8 条规定：“法律行为的方式，依支配该法律行为本身的同一法律；但符合该法律行为发生地国对方式的要求者亦可。”采用此种做法的国家主要有德国、奥地利、匈牙利、挪威、日本、瑞典和瑞士等国。

3. 采用多种连结点，制定选择性的冲突规范，以确定法律行为方式的准据法

受国际上简式主义政策、意思自治原则的影响，大多数国家为了使某些法律行为尽可能有效成立，普遍采取了要求放宽形式要件的做法，在法律行为方式的法律适用上，出现了对冲突规范进行软化处理或规定复数连结点以增加可选性的立法趋势。例如，1942 年《意大利民法典》第 26 条第 1 款规定：“生前赠与行为或最后遗嘱行为，其方式适用各该行为完成地的法律，或适用支配行为实质的法律，或适用行为人的本国法，或在双方当事人有共同国籍时适用双方的本国法。”采用此种做法的国家主要有希腊、意大利等国。

三、法律行为方式准据法的例外

法律行为方式的准据法本应适用于所有种类的法律关系，但在实践中，由于对形式要件性质的认识不一致，对“场所支配行为”原则的内容范围和适用程度的主张不尽相同，因而在法律行为方式的准据法上产生了例外。例外情况主要出现在物权、债权、登记、票据支付等领域。[①] 例如，涉及物权特别是不动产物权的法律行为，适用物之所在地法。登记行为的方式不适用一般行为方式的准据法，而只能适用登记地法。登记关系大多属于一个国家具有专属管辖权的关系，一国法院处理这类关系是很难适用外国法的，如进行知识产权登记、婚姻登记等。涉及契约方面可能适用当事人约定支配契约关系的法律，或没有约定时适用意思表示地法。

四、我国关于涉外民事法律行为法律适用的规定

我国立法中没有关于法律行为方式法律适用的专门规定，但对某些法律行为如不动产物权、票据、合同形式等规定了特定的形式，如关于不动产所有权的法律行为方式，《涉外民事关系法律适用法》第 36 条规定：“不动产物权，适用不动产所在地法律。”应该认为，这条冲突规范所指引的准据法不仅仅用来规范不动产的取得、处分、抵押等行为的实质要件，同时也决定着上述行为的形式要件。

第三节　涉外代理的法律适用

一、涉外代理的法律冲突

代理是指代理人以被代理人（又称“本人”）的名义，在代理权限范围内，与第三人发生民事法律行为，并由被代理人承担法律后果的行为。国际私法所调整的代理关系，是具有涉外因素的代理，即代理人和被代理人具有不同的国籍或者住所在不同的国家，或代理人根据被代理人的委托，在另一国家或地区实施代理行为等。

由于各国有关代理的法律制度存在着较大分歧，在涉外代理中，法律冲突时有发生，具体表现在以下几个方面：

1. 代理权的产生

在大陆法系国家，根据代理权产生的根据不同，主要将代理划分为法定代理和委托代理。第一，法定代理权依据法律规定而产生，并不依赖本人的意愿，如

---

① 参见黄进：《国际私法》，法律出版社 2005 年版，第 254 页。

父母对于未成年子女的代理权，法院指定监护人、遗产管理人而产生的代理权等。第二，委托代理是根据当事人本人意思而产生的，当事人根据自己的意思通过委托或授权，不管是书面方式还是口头方式，给予代理人以代理权，使代理人通过实施民事法律行为，行使代理权，所以在大陆法系理论上又将其称为意定代理。

英美法上的代理主要是契约性代理，也就是委托代理，包括由合同明示确定的代理和由双方行为默示确定的代理，其概念所涉及的范围比大陆法要宽泛得多，除直接代理外，间接代理、居间、行纪、信托等均可纳入代理的范畴；雇主与雇员之间在交易范围内的行为也是典型的代理，而大陆法中的代理是不包括雇佣关系的。至于法定代理，英美法中的家庭法律制度和信托制度在很大程度上代替了旨在保证未成年人或禁治产人能通过代理人顺利参与民事活动的法定代理的职能，所以，英美法对大陆法上所指的法定代理规定甚少，即使同样称做法定代理，它在英美法上却主要指紧急状态下的必要代理（agency of necessity）和夫妻之间的代理（agency from cohabitation）等情况，如承运人为了船舶的安全，在必要时可以将货物倾之于大海。

2. 无权代理或代理无效

国际代理中的无权代理，是指行为人没有代理权而以他人名义与第三人进行国际民商事行为的活动。根据各国法律规定，行为人的无权代理行为对本人不发生任何效力，不过无论是大陆法还是英美法都赋予本人有限制的追认权。关于无权代理人对第三人的责任问题，大陆法上主要取决于第三人在订立合同时是否知道该代理人没有代理权。英美法系国家把大陆法系国家的无权代理称为违反代理权的默示担保，即"默示授权担保原则"（doctrine of implied warranty of authority）。代理人与第三人行为时，代理人对第三人有保证他有代理权的默示担保，如果冒充代理人或者越权行事，第三人就可以违反有代理权的默示担保对他提起诉讼，该冒牌代理人就须对第三人承担责任。其承担的损害赔偿金额一般按第三人的实际损失计算。

3. 代理的终止

代理的终止分两种情况：第一，如果根据当事人的行为终止代理关系，无论是代理期满还是双方同意均可终止代理关系。至于当事人本人能否单方面终止代理关系，各国的立法原则上是允许的。但大陆法系国家规定，本人须在合理的时间内事先通知代理人。如就合同代理而言，德国规定，通知的期限在订约后的前三年内为六个星期，三年以后为三个月。英美法认为，如果代理人有继续为代理行为的必要，则代理权不能因本人单方面通知代理人而终止，如靠代理收入偿付当事人本人的借款，则本人不能单方面终止代理关系。第二，如果根据法律规定终止代理关系，在出现本人死亡、法人破产等情况时，大陆法系国家认为，只能终止民法上的代理权，而商法上的代理权则应适用商法的特别规定。英美法认为，无论民事上的还是商事上的代理权均因之消灭。

4. 代理各方的关系

代理人与被代理人之间的关系，称为代理内部关系。对代理内部关系，各国法律的规定是一致的，即合同关系，当事人双方通过代理协议确定他们之间的权利和义务以及代理权限和佣金等问题。如果代理合同本身没有对这些权利义务作出明确规定，那么他们之间的权利义务关系应依冲突规范所确定的准据法确定。

代理人与第三人之间建立关系，称为代理外部关系，这种关系也包含了被代理人与第三人之间的关系。调整这一法律关系，主要是解决在代理人的代理行为中，究竟是本人还是代理人应对第三人负责的问题，也就是代理行为的法律后果归属问题。不同国家对代理外部关系的具体规定并不相同。大陆法系国家采用名义标准，规定如果代理人以本人的名义并为了本人的利益为代理行为，此项代理就是直接代理，其行为所产生的权利义务直接归属于本人；而间接代理的代理人则是自己成为合同的当事人，本人在原则上与第三人没有直接的法律关系。与大陆法不同，英美法采义务标准，将代理分为代表“公开的本人”和代表“不公开的本人”两种情况，前者类似于大陆法上的直接代理，而后者则与间接代理有所区别，不公开的本人可以在一定条件下介入代理人与第三人之间的合同，第三人也可以选择代理人或是本人作为履约对象。

二、涉外代理的法律适用

代理关系由被代理人与代理人之间、被代理人与第三人之间、代理人与第三人之间这三个方面构成。通常，第一种关系被称为内部关系，后两种关系被称为外部关系。因此，在解决涉外代理的法律适用问题时，一般是将代理关系分割为这两种关系，分别确定应适用的准据法。

（一）涉外代理内部关系的法律适用

被代理人与代理人的关系称为代理人的内部关系，属于基本的代理关系。这种关系一般基于合同关系建立，属于委托代理关系。对于代理的权利义务、代理权的存在和范围、代理的变更或终止、代理人取得薪金或佣金的权利和数额，以及无权代理时或越权代理权时代理人应负之责任等事项，一般是采用当事人意思自治原则确定。因此，被代理人与代理人之间的权利义务关系通常受其代理合同准据法的支配。

从世界各国的立法看，对于代理人与被代理人关系的法律适用主要有以下两种方法：首先，允许当事人合意选择代理合同的准据法。《代理法律适用公约》（Convention on the Law Applicable to Agency）第5条以及英国、法国、美国、德国、瑞士、波兰和匈牙利等国的立法和实践都采纳了该方法。其次，当事人未选择代理合同的准据法的，各国的立法和实践不尽相同：

（1）有的国家主张适用代理人为代理行为地法，以奥地利为代表。

（2）有的国家法律适用代理人营业地法或住所地法，如 1966 年《波兰国际私法》第 27 条、1979 年《匈牙利国际私法》第 25 条和 1982 年南斯拉夫《法律冲突法》第 20 条。

（3）采用“有限的连结点组合法”，并结合“最密切联系地”或“重心地”原则确定准据法。这一做法将代理关系成立地法、代理行为地法、代理人住所地法或营业所所在地法结合起来加以规定，有助于实现法律适用结果的确定与灵活性的统一。例如，第二次《美国冲突法重述》第 291 条规定，被代理人与代理人相互间的权利和义务，可适用第 6 条最密切联系的原则，即可依第 187 条和第 188 条的规定选择适用的法律。依第 187 条的规定，当事人可以选择支配该合同的法律。而依第 188 条的规定，在当事人选择有效的法律时，确定准据法应考虑的因素包括：合同缔结地，合同谈判地，合同履行地，合同标的物所在地，当事人的住所、居所、国籍，公司成立地及营业地等。德国等国也采用该方法。

（二）涉外代理外部关系的法律适用

涉外代理外部关系的准据法确定的事项，通常包括代理人是否有代理权、代理权的范围限制、代理权是否已被撤销以及越权或无权代理行为的责任归属等问题。由于被代理人与第三人的关系问题，即代理人与第三人所为法律行为是否拘束被代理人的问题，直接涉及各方当事人的利益，因此，从保护不同当事人的利益出发，各国采用了以下几种做法：

表　9-1

做法	理由	适用情况及范围
适用被代理人住所地法或代理内部关系的准据法	代理的作用在于扩张和补充被代理人的法律行为能力，而行为能力适用当事人的属人法，代理关系自然也应适用被代理人的属人法，尤其是其住所地法，其着眼于保护被代理人的权益，对被代理人最为有利	最古老的方法，在 19 世纪末较为普遍
适用主合同准据法	一般而言，主合同的准据法，或为代理人与第三人合意选择的法律，或为合同缔结地法，或为合同履行地法，都是第三人能事先预料的，因此，其着眼点在于保护第三人利益	英国、法国

（续表）

做法	理由	代表国家
适用代理行为地法	行为地与代理的实质联系最多，而且较容易为第三方了解和接受，有利于保护第三人的利益，对本人来说，其机会也不失公平	德国、瑞士、奥地利、日本、挪威、瑞典等
混合适用代理人营业地法、代理人惯常居所地法、代理人行为地法等	单纯采用被代理人住所地法、代理人行为地法或主合同地法等作为代理外部关系的准据法都过于偏重对一方当事人的保护，混合适用则更能协调各方当事人的利益，增强法律适用的灵活性和可预见性	1978年《代理法律适用公约》

三、《代理法律适用公约》

《代理法律适用公约》旨在解决代理的法律冲突问题，由第十三届海牙国际私法会议于1978年3月14日通过，并于1992年5月1日生效。英国、美国、法国、德国、瑞士、波兰等国参加了该公约，我国没有参加。该公约共分5章28条，分别为“公约的适用范围”、“本人与代理人的关系”、“本人与第三人的关系”、“一般条款”以及“最后条款”。

（一）公约的适用范围

该公约第1条规定，“当某人（即代理人）有权代表另一人（即委托人）行为，或代表另一人行为，或意在代表另一人行为而与第三人交往所产生的关系带有国际性时，由本公约确定这种关系所适用的法律”，“代理人无论是以自己的名义行为，还是以委托人的名义行为，无论这种行为是经常的，还是偶尔的，均适用本公约”。这是一个范围相当广泛的定义，明确表示公约对直接代理和间接代理、公开本人的代理和不公开本人的代理以及民事代理和商业代理均应适用。此外，公约还适用于“假代理人”（代理人的作用是代表他人接受和转达提议）和“代理谈判人”（与第三人进行谈判）。

同时，该公约也明确规定了与代理关系有关，但不属于该公约适用范围的事项。公约第2条规定，公约不适用于以下事项：当事人的能力；有关代理的形式方面要求；家庭法、夫妻财产制或继承法上的法定代理；根据司法机关或准司法机关决定的代理，或在这类当局直接监督下的代理；与司法性质的程序有关的代理；船长执行其职务上的代理。

（二）本人与代理人之间的关系

该公约规定，本人与代理人之间的关系，适用当事人按照双方共同的意思表示所选择的某国国内法。此种选择必须是明示的，或是从当事人间的协议以及案件的事实中合理而必然地可以推定的。如果当事人未作选择，则适用代理关系成立时代理人的营业所所在地法；假如代理人没有营业所，则改为适用其惯常居所地法。但如果本人在代理人为代理行为国家内有营业所或惯常居所，则应适用代理人为代理行为地法。在本人或代理人有一个以上的营业所时，上述所谓的营业所则是指与代理关系有最密切联系的营业所。但在代理关系是基于雇佣合同而产生的场合，该公约则规定本人与代理人间关系的准据法的确定，不适用公约第二章的规定。

该公约规定了本人与代理人间关系的准据法的适用范围，即代理关系的成立及其效力、双方当事人的义务、履行的条件、不履行的后果以及此项义务的消灭，并且强调本人与代理人间关系的准据法特别适用于下列事项：(1) 代理权的存在和范围、变更或终止、代理人逾越权限或滥用代理权的后果；(2) 代理人指定替补代理人、分代理人或增设代理人的权利；(3) 在代理人和本人之间存在潜在的利益冲突的场合，代理人以本人名义订立合同的权利；(4) 非竞争性营业的条款和信用担保条款；(5) 在顾客中树立的信誉的补偿；(6) 可以获得赔偿的损害的种类。

(三) 本人与第三人、代理人与第三人之间的关系

如前所述，在国际私法上，由于对代理关系保护的着眼点不同，各国常采用不同的法律适用原则。而《代理法律适用公约》既然适用于国际商行为代理，就得协调好外部关系各方当事人的利益。因此，该公约采取了折中的方法。

该公约第 11 条第 1 款规定，在本人与第三人关系中，代理权的存在与范围，以及代理人行使或意图行使代理权所产生的效力，应适用代理人为有关行为时其营业所所在地法。为保护第三人的利益，同条第 2 款规定，有下列情形之一的，则改为适用代理人为代理行为地法：(1) 本人在代理人为有关代理行为地国家内设有营业所，或虽无营业所，但有惯常居所，并且代理人正以本人名义进行活动的；(2) 第三人在代理人为代理行为地国家内设有营业所，或虽无营业所但设有惯常居所；(3) 代理人在交易所或拍卖行为代理行为的；(4) 代理人无营业所。公约还指出，在当事人一方有数个营业所的场合，该条所指的营业所，系指与代理人所为的有关行为有最密切联系的营业所。公约第 12 条还规定，根据代理人与本人之间的雇佣合同而进行活动的代理人，如果没有营业所，则视本人的营业所为代理人的营业所，即适用本人的营业所所在地法来支配本人与第三人间的关系。

该公约第 13 条规定，如果代理人与第三人在不同国家通过信件、电报、电传、电话或其他类似手段进行通讯联系的，适用代理人营业所所在地法；无营业所的，则适用代理人惯常居所地法。这一规定是基于在此种情形下代理行为地与交易无内在联系的考虑而作出的，可视为对公约第 11 条第 2 款的例外规定。

该公约第 14 条规定，如果本人与第三人已就第 11 条所涉及问题的法律适

用作了书面规定，且此项规定已为另一方当事人所接受，则该指定的法律应适用于此类问题。显然，就本人与第三人间关系的法律适用，公约也是允许按照意思自治原则，由当事人合意选择的。

关于代理人与第三人间关系的法律适用问题，公约规定适用于被代理人与第三人间关系的法律，也适用于代理人与第三人间因代理人行使其代理权、超越代理权或无权代理所产生的关系。

（四）一般条款和最后条款

为防止当事人规避有关强制性规范，该公约还规定，在适用该公约时，如根据与案件有重大联系之任何国家的法律，该国强制性规范必须适用，则该强制性规范可以予以实施，而不管该国国际私法规则规定的是应适用何种法律。为了有利于吸引更多的国家参加，该公约还规定了公共秩序保留条款。但为了尽量使公共秩序保留条款对公约效力的限制减少到最低程度，该公约第 17 条严格规定："本公约规定应适用的法律只有在其适用会明显地与公共政策相抵触时才可拒绝适用。"基于考虑到保持该公约适用的普遍性，该公约规定，除了在银行交易中，为银行或银行团进行的代理、保险业务中的代理，以及在行使职权时公职人员替私人从事这类代理活动的行为，缔约国有权保留不适用公约外，不得允许再提出其他保留。最后，该公约倾向于实体法指定说，不接受反致、转致和间接反致。

令人遗憾的是，截至 2008 年 1 月，该公约依然只有阿根廷、法国、荷兰和葡萄牙四个缔约国。公约在国际社会的适用并不普遍，影响力不够。

四、我国关于涉外代理的法律规定

随着我国经济的快速发展，代理制度在涉外民商事交往中所起的作用日渐突出，具有涉外因素的代理关系大量产生。1986 年的《民法通则》和《合同法》都以专章专节的形式规定了代理制度。《涉外民事关系法律适用法》也对涉外代理的相关问题作出了规定，第 16 条规定："代理适用代理行为地法律，但被代理人与代理人的民事关系，适用代理关系发生地法律。当事人可以协议选择委托代理适用的法律。"从该条规定可以看出，对代理关系区分代理的内部关系与外部关系分别规定不同的准据法：代理适用代理行为地法律，但被代理人与代理人的民事关系，适用代理关系发生地法律。另外，当事人也可以协议选择委托代理适用的法律。

第一，代理内部关系。首先适用当事人意思自治原则，代理关系的当事人可以协议选择委托代理适用的法律；若当事人未作出选择，则适用代理关系发生地法律。第二，代理外部关系。也是允许当事人协议选择委托代理适用的法律；若当事人未作出选择，则适用代理行为地法律。

代理行为地法作为一般情况下的准据法，首先是由于在许多情况下，代理行为地正是代理人与第三人交易的场合；其次，代理行为地是联系本人与第三人的桥梁，本人与第三人都能够预见，可保证法律适用的确定性、可预见性。但是，《涉外民事关系法律适用法》将代理关系发生地作为代理内部关系的准据法，并且未对代理关系发生地与代理行为地作出明确说明，不利于具体实践工作中的操作，有待于进一步出台相关的司法解释进行阐释。

案　例

中国某货运代理与某进口商在甲国签订代理合同，某货运代理作为代理人，负责从该国A港接受一批艺术作品，在中国B港交货。代理合同规定，该批作品用于国际展览，要求货运代理在规定的日期之前于B港交付全部货物。货运代理在A港接受货物后，通过定期货运卡车将大部分货物运到B港。后双方因对代理合同中某项条款的分歧引发纠纷。

在本案中，涉外代理合同的准据法应如何确定？若双方诉至中国法院，根据《涉外民事关系法律适用法》规定的冲突规范，当事人可协议选择委托代理适用的法律，若未选择，则适用代理关系发生地法律。货运代理与进口商在甲国签订代理合同，一般情况下代理关系应发生在甲国，但代理关系的成立不一定以签订代理合同为依据。因此，在认定代理关系发生地上会有一定困难。若采用代理人营业地法，则比较容易认定。

思考题

1. 各国法律关于民事法律行为方式及其准据法的规定有何不同？这种不同会产生哪些冲突？

2. 简述代理内部关系的法律适用。

3.《代理法律适用公约》中对准据法确定的规则作了哪些规定？这些规定与我国《涉外民事关系法律适用法》第16条有何不同？

拓展视野

1. 代理是商品经济活动中一项不可缺少的重要内容，在推动经济发展中起着十分重要的作用，各国均在很早便确立了代理法律制度。宣增益在《国际代理法律适用研究》(载《政法论坛》2002 年第 6 期)一文中详细介绍了国际代理的相关知识、两大法系关于代理制度的规定以及海牙《国际代理法律适用公约》,并对我国代理制度的建立提出了一些思考与建议。

2. 刘铁铮在其著作中较早对国际私法中代理法律关系的准据法作出了阐述,具体内容可参阅刘铁铮:《论国际私法代理关系的准据法》,载《国际私法论丛》,台湾三民书局 1984 年版,第 151—171 页。

第十章　涉外财产权属争议

知识介绍

涉外财产权属争议中，对于涉外物权的法律冲突主要适用物之所在地法原则；对于涉外知识产权的法律冲突根据不同类别的知识产权分别适用不同的原则；涉外破产一般适用法院地法，因而案件的管辖权具有重要意义；涉外票据的法律适用涉及多方面的问题，分别适用不同的法律冲突规则。

第一节　涉外财产权的管辖

一、涉外物权的管辖权

涉外物权法律冲突主要体现在以下几个方面：物权的主体和客体，物权的种类与内容，物权的取得、转移和消灭，动产和不动产的区分，物权的保护方法。

关于涉外物权的管辖，各国通行做法是由物之所在地法院管辖。我国《民事诉讼法》第 241 条规定："因合同纠纷或者其他财产权益纠纷，对在中华人民共和国领域内没有住所的被告提起的诉讼，如果合同在中华人民共和国领域内签订或者履行，或者诉讼标的物在中华人民共和国领域内，或者被告在中华人民共和国领域内有可供扣押的财产，或者被告在中华人民共和国领域内设有代表机构，可以由合同签订地、合同履行地、诉讼标的物所在地、可供扣押财产所在地、侵权行为地或者代表机构住所地人民法院管辖。"在涉外物权争议中，如果争议的标的物在我国，我国法院对该案件就具有合格的管辖权。《民事诉讼法》第 34 条规定，因不动产纠纷提起的诉讼，由不动产所在地人民法院管辖。

二、涉外知识产权的管辖权

传统知识产权涉外管辖权制度存在一定的局限性。知识产权的效力在涉外关系上表现出鲜明的地域性特征，其效力范围在理论上仅及于一国的领域范围内，即属地效力。

英美法系国家认为传统上侵犯某一外国知识产权行为的发生地往往处于该外国领域之内，本国法院不便于行使管辖权，所以该外国的法院才是案件的方便法院。因此，英美法系国家的法院在受理有关外国知识产权的纠纷时，往往据此原则认为本国法院为不方便法院，从而拒绝行使管辖权。

大陆法系国家往往把侵犯本国知识产权的案件认定为属于本国专属管辖的范围，外国法院无权管辖。它们认为依一国法律产生的知识产权的有效性、权利归属以及对侵权行为的救济都应由该国法律规定。从这一意义上说，知识产权诉讼与其他专属管辖案件一样，仅仅是“内国诉讼”，而不是涉外诉讼，所以只有本国对其有管辖权。

现代意义上，知识产权纠纷最常见的形式就是侵权之诉，一般来说，侵权之诉由侵权行为地法院管辖。我国没有就涉外知识产权管辖作出单独规定，应当适用管辖制度的一般标准，即原告就被告的原则，如果被告不在我国境内，可以由侵权行为地管辖。

三、涉外破产案件的管辖权

（一）概述

由于现代企业跨国经营活动的深度和广度都有很大发展，在跨国公司面临破产时，会发生母公司与子公司共同破产还是单独破产的问题。哪个国家对于破产享有管辖权，不同国家因采用的标准不同而导致管辖权冲突。

破产法律制度的复杂性使得法官对于是否行使管辖权要平衡多方面的利益关系，既包括不同当事人之间的利益关系，又包括私人利益与社会公共利益的关系。涉外破产案件牵涉多个国家、多种法律制度，而各国法律所确定的管辖权原则和标准又差异很大，因而常常会导致同一跨国案件中数个国家依据不同的连结因素或有时干脆依据公共利益主张管辖权。

破产所涉及的实体法律问题包括很多方面，如所有权、用益物权、担保物权等物权制度；合同、遗嘱等法律行为制度；专利权、商标权等知识产权制度等。一国对某一涉外破产案件行使管辖权，会把涉外破产所涉及的上述法律关系都纳入其管辖范围。然而，针对其中某一具体法律关系同样可能产生管辖权冲突。这意味着，在破产程序开始国和财产所在地国会产生管辖权冲突。各国法院基于维护本国公共利益和保护本国债权人的考虑，也会竞相行使自由裁量权扩张本国的管辖权，这更加剧了涉外破产案件管辖权的冲突。

当然，涉外破产往往不是为了解决特定权利义务关系的实现问题，而是为了实现所有当事人利益最大化所进行的特殊法律程序。所以，在同一债务人涉外破产的案件中涉及的不同国家法院的管辖权并不一定彼此排斥，有时共存可能更有利于涉外破产案件的顺利进行。解决涉外破产案件管辖权冲突有别于一般涉外民商事法律案件管辖权，它的重要途径是管辖权的分配与协调，如在不同国家法院之间分配和协调主要程序和辅助程序的管辖权。

（二）确定涉外破产案件管辖权的一般标准

分配破产财产和保护本国债权人的利益是处理破产案件的基础。因此，只要在本国境内有债务人的财产，只要有利于保护本国债权人的利益，各国几乎不会放弃管辖权。纵观各国立法与司法实践，国际上确立管辖的通行标准主要有两个，即财产所在地和债务人所在地。但是，各个国家对债务人所在地的认识却存在差异。例如，有的国家把债务人的住所地看做其所在地，有的国家则以债务人居所地为其所在地，而另外一些国家则认为债务人主营业所所在地才是债务人的所在地。

1. 债务人所在地

这种标准又可以分为债务人主营业所所在地和债务人住所或居所所在地。以债务人的主营业所所在地作为确定涉外破产案件管辖权的因素主要有：[①]

（1）债务人的主要债权债务多发生于其主要营业地。

（2）由于债务人的账册、文件和财产等多保存在债务人的主营业所，因此，由该地法院行使管辖权便于破产管理人接受有关材料以清理债务人资产。

（3）债务人在主营业所所在地的业务活动往往对当地的社会经济关系有重要影响，出于保护本国公共利益的目的，许多大陆法系国家倾向于选择主营业所为确定管辖权的连结因素。这也显示了破产法公法性的一面，即破产不仅是为了保障债权人公平受偿，同时也是为了整个社会商业活动的健康有序进行。

另外，采用该标准可以有效地防止债务人在一国从事经营活动，与该国债权人进行交易，但在破产后却不受该国管辖的结果发生。

以债务人住所或居所所在地为管辖的因素主要是：破产案件中的住所地管辖原则，主要表现为基于公司在本国成立或债务人在本国有住所而行使管辖权。在涉外破产案件的各种管辖标准中，各国大多承认依债务人住所地为连结因素的地域管辖。住所地与债务人的经济联系最为密切，更有助于实现债权人公平分配债务人财产的目标。纵观各国立法，英美法系国家和北欧国家都比较强调由债务人住所地法院行使破产管辖权，即使是一些大陆法系国家也多把住所地作为破产管理的补充标准予以适用，即规定债务人无营业所时可由债务人住所地法院行使破产管辖权。[②]

不过，对此原则的采用，通常是建立在认为债务人的管理中心与其惯常居所

① 参见赵相林主编：《国际私法》，中国政法大学出版社 2007 年版，第 213 页。

② 同上书，第 214 页。

或法定住所一致的假想前提上。这种假想有助于规制债务人为了选择对自己有利的法律而改变住所或居所的法律规避行为,同时也有助于避免法院以住所为工具而过度地行使管辖权。

2. 债务人财产所在地

破产的主要功能在于通过对债务人财产概括执行,使所有债权人的债权得到公平的清偿,因此债务人的主要财产所在地成为确定管辖权的重要连结因素。财产所在地法院管辖破产案件也便于财产的收集管理和分配。然而,该标准仅适用于大陆法系的一些国家及地区和极少数的英美法系国家和地区,如我国香港地区法院在1951年的Banque des Marchands de Moscou v. Kindersley一案中就以基于外国公司有财产在香港而行使管辖权。

在有些案件中,如果财产不能被移交给外国的住所地法院,财产所在地法院就有必要行使这种管辖权。当出现了为挽救债权人的利益而需要迅速采取措施的情形时,让申请人去求助外国破产程序可能会导致迟延的后果,这种情况下也可以由财产所在地法院行使管辖权。

3. 其他主要标准

法国主张对那些商业利益位于其境内的企业拥有破产管辖权,即便一个企业只有一个分支机构在法国且没有独立的法人资格,法国法院仍可对其行使管辖权。这个标准被称做商业利益标准,以此标准行使的管辖权一般被称做过度管辖权,往往得不到其他国家的承认。

有的国家还把债务人的国籍所属国用做该国在特殊情况下行使破产管辖权的一种补充标准。例如,芬兰的民事诉讼法规定,在国外居住的芬兰人可依其国籍向在芬兰的居住地法院申请破产。挪威、丹麦、瑞典的相关规定则要求在特殊情况下,包括债务人没有习惯居所时,也可以其国籍作为法院确定管辖权的根据。

(三) 管辖权冲突的解决途径

涉外破产案件的复杂性,导致其管辖权冲突及平行程序的不可消除性,也决定了其解决的途径要在尊重各国主权的基础上进行协调与合作,而不是为了统一公平地偿付债权人而让与管辖权。具体措施如下:

1. 国内途径

(1) 在立法上限制管辖权标准的范围,少采用专属管辖。如果一国选择的管辖权依据与破产案件缺乏实际联系,则很难得到其他国家的承认与协助。

(2) 基于不方便法院规则和国际礼让原则,必要时放弃案件的管辖权。一些大陆法系国家的法律规定,当两个或两个以上国家对案件具有合法有效的管辖权时，采用在先受理原则；而英国等采取的做法是，当英国法院和外国法院对同一债务人具有管辖权而债务人没有财产在英国时，英国法院放弃对案件的管辖。

有管辖权的法院个案协商解决，这能够在尊重国家主权的前提下，由双方针对具体特定的某一个或某一类案件平等、灵活地解决管辖权冲突。由于只针对具体特定的案件，所以比较容易达成协议。

2. 国际途径

通过国际协调尤其是缔结国际条约的方式减少管辖权的冲突是另一个有效途径。最好的方式是通过缔结国际条约的方式规定管辖权的统一标准。《欧盟关于破产程序的2000年第1346号规则》（即《欧盟破产程序规则》）第3条、《联合国贸易法委员会跨界破产示范法》第16条第3款都有类似规定。

在解决涉外破产管辖权冲突的问题上，各国采用灵活态度进行管辖权行使的自我抑制非常必要，然而事实却是，基于国家主权和经济利益的考虑，各国总是尽力扩张本国的管辖权。于是，在对等互惠等原则上采取个案协商的方法成为一个比较实际有效的方式。另外，通过缔结国际条约解决管辖权冲突是一个理想方式。但是，到目前为止却没有一部全球性的调整涉外破产案件管辖权冲突的条约出现。当然，并不能因此小觑《联合国贸易法委员会跨界破产示范法》的作用，它所倡导的主要管辖程序和非主要管辖程序的划分以及平行程序的规定，将理想的普及主义与合作的属地主义现实地结合起来，为各国立法和实践找到了一个切实可行的方法。《欧盟破产程序规则》是区域立法在涉外破产领域国际合作的典范，其综合了普及主义和属地主义的成分，采纳了合作属地主义所倡导的主次程序模式来协调多重破产程序带来的矛盾和冲突。总体上看，上述条约、法院所倡导和采用的直接协商等方式并不是单独发挥作用，而是相互协调才能更好地解决管辖权冲突问题。

（四）我国关于涉外破产管辖的法律规定

关于涉外破产案件管辖权，我国现行立法没有专门作出规定，法院在审理涉外破产案件时主要类推适用国内破产案件管辖权的规定。我国国内破产案件管辖权的规定主要有：根据《企业破产法》第3条和第4条的规定，国际破产债务人的住所地在我国境内时，有关的国际破产案件应该由债务人住所地人民法院管辖，并适用我国有关破产法的规定。这可以解释为，我国法院受理的破产案件，破产程序问题适用我国法律。虽然破产程序适用法院地法几乎是一个国际公认的法律适用原则，但是为了取得其他国家的配合与协助，对破产中的实体问题灵活规定若干适用法院地法的例外情形似乎很有必要。

最高人民法院2002年颁布的《关于审理企业破产案件若干问题的规定》第1条对破产案件的管辖权作出进一步规定，即企业破产案件由债务人住所地人民法院管辖。债务人住所地指债务人主要办事机构所在地。债务人无办事机构的，由其注册地人民法院管辖。据此可以得出，我国法律对于国内破产案件以办事机构所在地或注册地法院管辖为标准。

根据我国《民事诉讼法》第241条，即使一法人在我国没有住所地，我国法院也可以基于财产、标的物或代表机构等管辖标志对其行使管辖权。这里的破产应该包括涉外破产案件。这表明我国法院可以基于债务人财产所在地、商业利益这些连结因素行使管辖权。

四、涉外票据的管辖权

我国法律并没有单独就涉外票据纠纷的管辖权作出规定。我国《民事诉讼法》第235条规定："在中华人民共和国领域内进行涉外民事诉讼，适用本编规定。本编没有规定的，适用本法其他有关规定。"因此，涉外票据的管辖权同样适用《民事诉讼法》第27条的规定："因票据纠纷提起的诉讼，由票据支付地或者被告住所地人民法院管辖。"如果这个票据行为的支付地或者被告住所地在我国，那么我国法院就具有管辖权。

第二节　涉外有形财产的法律适用

案　例

某英国商人委托他在俄国的代理商采购某种货物。该代理商按要求购好指定货物，并将货物装上英国商人租的船。在该船舶离开俄国港口之前，英国商人破产。于是，俄国商人扣留了货物。按照英国法律规定，货物所有权已经转移给了英国商人，该代理商无权扣留货物；按照俄国法律，该代理商仍然保留货物的所有权，并允许其扣留货物。1801年，该案被诉至英国法院。

本案争议的问题是什么？关于财产所有权争议应适用哪一国法律？为什么？

对于涉外有形财产的管辖，一般存在两个标准：由被告所在地法院管辖和由财产所在地法院管辖。

一、涉外物权的法律冲突

由于各国法律规定不同,对于动产和不动产的划分常常发生冲突。虽然这种例子比较少见,但不得不加以考虑。例如,池塘中的鱼,有的国家将其定性为不动产,而有的国家则认为其是动产。因此,对其适用法院地法还是物之所在地法会发生冲突。

物权的形成、种类和内容在不同国家也不同。例如,某些大陆法系国家存在占有时效和取得时效的制度;再如,浮动质押制度在中国并不存在。对于物权的纠纷,不同国家的保护方法和保护顺序也不同,如抵押权、留置权、优先权,面临哪个权利保护在先哪个权利保护在后的问题。

对于物权的法律冲突,无论是动产还是不动产,一般各国都主张适用物之所在地法加以解决。

二、物之所在地法原则

(一) 概述

物之所在地法原则(lex loci rei sitae)产生于意大利法则区别说理论。意大利法学家巴托鲁斯针对意大利北部各城邦之间的物权法律冲突问题,提出不动产物权应当适用物之所在地法。该原则在当时的适用范围仅限不动产,而对于动产物权则采取“动产随人”和“动产附骨”的冲突原则,即指动产物权冲突的解决适用当事人住所地法。采用区别适用原则的原因在于,当时动产的重要性不如不动产,因而被当做属地管辖的例外。直至 19 世纪,该区别适用的原则仍然存在于如意大利、西班牙、奥地利等国。但从 19 世纪末期开始,随着国际民商事交流规模的扩大,流动资本的数量和动产数目都急剧增长,动产所有权人住所地和动产所在地经常不一致的矛盾突出,动产所在地国不愿意轻易适用所有人的属人法解决位于自己境内的动产物权问题,同时“动产随人”和“动产附骨”也遭到了许多学者的批判,在实践中逐步被摒弃。后来,许多国家将物之所在地法也适用于动产物权的法律冲突,如 1982 年《土耳其国际私法和国际诉讼程序法》第 23 条规定:“动产及不动产,依物之所在地法。”1995 年《意大利国际私法制度改革法》第 51 条规定:“动产与不动产的占有权、所有权及其他物权,适用物之所在地国法。”1999 年《白俄罗斯民法典》规定:“如法律无其他规定,动产和不动产的所有权与其他物权均适用财产所在地国法。”1979 年《奥地利联邦国际私法法规》和 1988 年《瑞士联邦国际私法》也作了相应的规定。

(二) 物之所在地法原则的理论依据

虽然物之所在地法原则已经成为现代国家解决不动产和动产物权法律适用的主要原则,但是基于何种理论依据?概括起来,主要包括以下学说:

表 10-1

学说	代表人物	基本观点
主权说	梅兰 齐特尔曼 弗兰根斯坦	物权适用物之所在地法是国家主权在国际私法中的体现;是自然法的体现;主权不得被随意分割
法律关系本座说	萨维尼	物权关系的“本座”是标的物所在地,人对物的占有、使用、处分等都必须受制于该物所在地法
利益需要说	巴尔 毕叶	法律是为集体利益制定的,需要体现集体利益,物权关系适用物之所在地法能体现稳定性,维护社会大众的利益;物权不因所有人的不同而适用不同的法律
方便说和控制说	戴赛 莫里斯	所在地是第三人可以合理地寻求确定所有权的客观和易于确定的连结因素;所在地对财产能有效控制,与所在地法冲突的判决是不能在物之所在地国得到承认与执行的
物权关系本质要求说	我国大部分学者	各国统治者普遍希望用自己的法律调整本国境内的物权关系;物权是一种人对物的直接利用关系,适用物之所在地法最为适当;标的物在物权关系中处于重要地位,而标的物置于其所在地的法律控制之下,才能得到有效保护;适用其他地方的法律会有许多技术上的困难

(三)物之所在地的确定方法

在适用物之所在地法原则时,如何确定物之所在地成为关键,而物之所在地的确定又必须根据不同的物采取不同的确定方法。一般说来,不动产较动产容易确定,有体物较无体物容易确定。实践中,原则上是以法院地法为依据,但由于动产所在地尤其是权利和无体动产所在地极其复杂,各国做法各不相同,概括如下:

表 10-2

类别		确定方法
不动产		不动产的自然所在地
有体动产	一般有体动产	动产的自然所在地
	运输过程中的有体动产	从事运输的船舶或飞机注册地或实际所在地
	船舶、飞机等交通运输工具	注册登记地
无体动产	专利、商标、版权等专有财产	权利创设地国
	流通票据和债券	代表这些证券和债券的票据所在地
	公司股票	公司注册地国;若是凭登记转让的股票,则是登记簿所在地国
	商誉	与商誉有关的营业所所在地

（四）物之所在地法的适用范围

物之所在地法是大部分国家普遍采用以解决物权法律冲突的主要原则，各国的立法与实践适用物之所在地法主要解决下列问题：

1．动产或不动产的识别

在现实经济关系中，各国法律制度对动产和不动产的划分并非简单以是否发生位移作为标准。1804 年《法国民法典》将鸽笼中的鸽、养兔园中的兔、池塘中的鱼视为不动产，1896 年《德国民法典》将土地、建筑物及土地中尚未分离出土的种子等附着物视为不动产。在涉外物权法律关系中，依物之所在地法进行识别有利于统一有形财产的性质，保护法律适用的普遍性和一致性。

2．物权客体的范围

外国自然人、法人或外国国家所有权的目标客体是否包含某个国家境内的土地、水流、森林、厂房等财产必须由物之所在地法规定，这也与所有权制度密不可分，如 1998 年《委内瑞拉国际私法》第 27 条规定："财产权的设立、内容及范围，概依财产所在地法。"

3．物权的内容

物权的种类是否包括占有权、地上权、地役权、永佃权等内容，这些权利能否转让、继承都应遵从物之所在地法进行判断。

4．物权的取得、变更和消灭

物权的取得、变更和消灭基于一定的法律行为和法律事实，各国法律对于其方式及条件都有自己的规定，如对动产所有权转移的规定，法国规定只要当事人意思表示一致即可，并不要求实际交付，而我国法律规定动产交付后所有权才转移。对于此类冲突，一般也应适用物之所在地法。

5．物权的保护方法

物权的保护方法包括所有权人请求返还财产、请求排除妨害、取得被侵权之物的孳息、行使请求权的方法与程序等内容，都应适用物之所在地法。

（五）物之所在地法适用的例外

尽管物之所在地法适用范围较为广泛，但对于特殊种类的物和物权的一些特定法律事项，适用物之所在地法会产生不必要的麻烦，应排除适用。这些特殊的法律事项主要有：

表　10-3

适用例外的范围	不适用物之所在地法原因	应该适用的法
运输途中的物品	物品经常变换所在地，很难确定真实所在地，且把偶然联系地作为准据法适用也不合理。但也不是绝对不适用物之所在地法，如果因某种原因滞留某地许久可适用	（1）适用发送地法，如《捷克斯洛伐克国际私法及国际民事诉讼法》第 6 条 （2）使用送达地法，如 1988 年《瑞士联邦国际私法》第 101 条 （3）适用所有人本国法，如 1939 年《泰国国际私法》第 16 条第 2 款

（续表）

适用例外的范围	不适用物之所在地法原因	应该适用的法
船舶、飞行器等运输工具	船舶、飞行器等处于运动中，难以确定所在地，或在公海或公空，无法律规制	一般主张适用登记注册地法或船旗国法或标志国法，如 1979 年《奥地利联邦国际私法法规》第 33 条第 1 款
外国法人终止或解散	物权的人身性质	适用属人法，但是外国法人在内国境内违反内国法律而被内国撤销的情况下不一定适用属人法
与人身关系密切的财产	物权与人身关系、家庭关系等联系密切	(1) 部分国家将遗产不区分为动产或不动产，一概依被继承人的属人法处理，如 1989 年《日本法例》第 26 条、1928 年《布斯塔曼特法典》第 144 条 (2) 其他国家将遗产区分为动产和不动产，动产适用被继承人死亡时的住所地法，不动产适用遗产所在地法
附着于无主土地上的物	某物处于无任何法律管辖的场所，如南极、公海或月球等外层空间	一般依占有者属人法
国家财产	国家财产的物权问题依该国法律规定，国家及财产在国际交往中享有豁免权，法律地位特殊	适用该财产所属国家的法律

三、我国关于涉外物权法律适用的规定

（一）涉外不动产物权的法律适用

我国对于不动产物权的法律适用采用物之所在地法原则。《民法通则》第 144 条规定："不动产的所有权，适用不动产所在地法律。"《最高人民法院关于贯彻执行〈中华人民共和国民法通则〉若干问题的意见（试行）》第 186 条规定："土地、附着于土地的建筑物及其他定着物、建筑物的固定附属设备为不动产。不动产的所有权、买卖、租赁、抵押、使用等民事关系，均应适用不动产所在地法律。"《涉外民事关系法律适用法》第 36 条规定："不动产物权，适用不动产所在地法律。"

（二）涉外动产物权的法律适用

我国对于涉外动产物权的法律规定主要散见于各部门法律之中，主要包括以下条款：

1. 遗产继承

《民法通则》第 149 条规定："遗产的法定继承，动产适用被继承人死亡时住所地法律，不动产适用不动产所在地法律。"

2. 船舶和航空器

《海商法》第 270 条规定："船舶所有权的取得、转让和消灭，适用船旗国法律。"第 271 条规定："船舶抵押权适用船旗国法律。船舶在光船租赁以前或者光船租赁期间，设立船舶抵押权的，适用原船舶登记国的法律。"第 272 条规定："船舶优先权，适用受理案件的法院所在地法律。"

《民用航空法》第 185 条规定："民用航空器所有权的取得、转让和消灭，适用民用航空器国籍登记国法律。"第 186 条规定："民用航空器抵押权适用民用航空器国籍登记国法律。"第 187 条规定："民用航空器优先权适用受理案件的法院所在地法律。"

3. 普通动产物权

《涉外民事关系法律适用法》对于动产物权的法律适用采用了意思自治原则，即当事人可以协议约定动产物权所应适用的法律。该法第 37 条规定："当事人可以协议选择动产物权适用的法律。当事人没有选择的，适用法律事实发生时动产所在地法律。"第 38 条规定："当事人可以协议选择运输中动产物权发生变更适用的法律。当事人没有选择的，适用运输目的地法律。"

第三节　涉外无形财产的法律适用

一、涉外知识产权概述

知识产权(intellectual property)是指个人或集体对其从事科学、技术、文学艺术等智力活动而创造的智力成果依法所享有的权利。知识产权一般被分为两大类：一类是工业产权(industrial property)，包括专利权和商标权，具体指发明、实用新型、外观设计、商标、服务标记、厂商名称和标记、原产地名称等内容；另一类是著作权(copyright)，亦称版权，具体包括文学、艺术、科学作品的版权及由此派生出的邻接权。

国际私法学所研究的知识产权，是指含有涉外因素的知识产权，外国人和本国人都可以取得这种权利的主体资格；一般受到两个或两个以上国家法律的保护；可能同时得到国内法和国际法的保护，各国制定的专利法、商标法、著作权法以及各国缔结或参加的有关双边或多边国际条约是保护知识产权的法律渊源；既受实体法调整也受冲突法调整。

二、涉外知识产权的法律冲突

传统的国际私法很少或几乎没有涉及知识产权的法律冲突与法律适用问题，因为知识产权严格的地域性决定了在一国取得的知识产权仅仅具有域内效力,原则上不发生域外效力,因而不发生法律冲突问题。但自20世纪以来,随着国际经济、技术和文化的交往,知识产权的性质已经突破了其原有的地域性质,仅仅依靠各国国内法对知识产权的保护已经不能满足实际需要。这样就为知识产权法律冲突的产生创造了条件。具体来说,产生知识产权法律冲突的原因主要有以下几个方面:

首先,各国法律对知识产权的取得、行使、保护范围和保护期限等方面的规定不同,如在对著作权的保护期限方面,有的国家规定自作品完成时起至作者去世后25年,而一些国家则规定为作者去世后50年。

其次,国际条约的缔约国之间相互承认和保护知识产权,为法律冲突的产生提供了前提条件。

再次,即使同受某个或某些国际知识产权条约约束的国家,相互给予对方公民或法人的也都是"有限制的国民待遇",因而在权利的原始赋予国法律与被请求给予属地保护国的法律之间,同样也会因各自的规定不同而发生法律冲突。

最后,这些国际条约的不同文本以及各有关条约之间的规定也不尽一致。例如,《商标国际注册马德里协定》和《商标注册条约》关于商标原始注册国的商标注册、撤销是否导致国际注册撤销的问题上就作出了不一致的规定。

(一) 涉外专利权的法律冲突

专利权(patent right),是指发明创造人或其权利受让人对特定的发明创造在一定期限内依法享有的独占实施权。专利权的主要内容与制造、使用、销售、进口、转让和许可等权利有关。一般说来,专利包括发明专利、外观专利和实用新型专利三个类别。它具有独占性、商品性、地域性和时间性等特点,是知识产权最重要的组成部分。

为了保护知识产权,各国一般都制定了保护知识产权的国内立法,专利法是专利制度的核心。各国的专利法在内容上虽有一定的共同之处,如原则上都赋予外国人以国民待遇,一般都规定有优先权制度和防止对专利权的滥用等,但是在某些方面仍然有着较大的差异,主要有以下几方面:

1. 关于专利申请原则的冲突

目前,绝大多数国家对于专利权的归属问题实行先申请原则,如英、法、德、日以及我国都规定了先申请原则,而美国专利法却规定先发明原则,即当两个或两个以上同样发明分别申请专利时,专利权授予先发明的人,而不是考虑申请的时间先后。

2. 专利权的保护期限的冲突

各国专利法对于专利权保护期限的规定各不相同。例如,英国法律规定发明专利的保护期限为20年,自申请日起计算;美国法律规定发明专利和植物专利的保护期限为17年,外观设计为3年半、4年或14年;法国法律规定发明专利的保护期限为20年,实用新型为6年,自申请日起计算;我国专利法规定发明专利的保护期限为20年,实用新型和外观设计保护期限为10年,自申请日起计算。

3. 专利保护范围的冲突

各国对于专利法保护范围的规定也不一样。英国和德国的保护范围较广,几乎对所有技术领域的发明都给予保护。法国专利法规定除了动物品种外,凡具有创造性及工业实用性的新发明均可获得专利。我国也将动物和植物品种以及用原子核变换方法获得的物质排除在专利法的保护范围外。

4. 专利审查制度

目前,世界各国对于专利的审查主要有三种类型:一是形式审查;二是实质审查;三是早期公开、延迟审查。目前英国、德国、日本和我国都规定了早期公开、迟延审查制度,但具体时间有差别。

5. 专利保护种类的冲突

对于实用新型和外观设计是否受专利保护,各国规定不同。英国和德国法律只保护发明专利,不保护实用新型和外观设计。美国现行法律不保护实用新型,只保护发明专利、外观设计专利和植物专利三种。我国对于发明专利、实用新型专利和外观设计专利都予以保护。

(二) 涉外商标权的法律冲突

商标(trademark),是指生产者、经营者为使自己的商品或服务与他人的商品或服务相区别,而使用在商品及其包装上或服务标记上,由文字、图形、字母、数字、三维标志和颜色组合以及上述要素组合所构成的一种可视形标志。商标权又称商标专用权,是指商标所有人在法律规定的有效期限内,对其经商标主管机关核准注册的商标所享有的独占的、排他的使用和处分的权利,主要包括商标专用权、商标续展权、商标转让权、商标许可使用权等。商标权是一种无形产权,属于工业产权的一种,具有专有性、时间性和地域性等特征。由于各国商标法在商标权的获取原则、注册原则和保护期限方面的差异,涉外商标权保护和法律冲突在所难免。为了解决这一问题,世界上大部分国家采取商标注册原则,规定商标权通过注册核准产生,受法律保护,即商标权的成立、内容和效力均适用商标注册地法。

(三) 涉外著作权的法律冲突

著作权又称版权,是指作者及其他著作权人依著作权法对文学、艺术和科学作品所享有的各项专有权利。由于著作权自身特点和国际保护等多方面原因,涉外著作权案件的处理难度通常要比涉外专利、商标等纠纷更大;此外,各国的政治、经济、文化、法律传统、法制环境差异等错综复杂的情况也极大地影响了涉外著作权纠纷的特点和走势,也使得国家利益平衡、裁判的可接受性成为此类案件法律适用的策略选择中不容忽视的重要因素。

著作权保护具有严格的属地性。各国著作权法属于国内法,只在本国境内生效,使得著作权的跨国保护不可避免地会产生这样或那样的法律冲突。冲突主要表现在著作权保护范围、著作权取得原则、著作权内容的限制、著作权保护期限等方面。

三、涉外知识产权的法律适用

对于涉外知识产权的法律适用问题,从各国立法与司法实践看,解决的方法主要有以下几种:

1. 适用原始国法律。即适用专利权、商标权或著作权的产生国法律或有关权利首次赋予国法律,如1967年的《法国关于补充民法典中国际私法内容的法律草案》第2305条规定:"文化及艺术产权由作品的首次发表地法规定,工业产权由注册或登记地法规定。"

2. 被请求保护国法律。即适用实施权利行为或侵权行为发生地的法律,如1979年《奥地利联邦国际私法法规》第34条第1款规定:"无形财产权的创立、内容和消灭,依使用行为或侵权行为发生地国家的法律。"

3. 行为地法律。即对于知识产权的创立、内容和消灭,适用使用行为或侵权行为发生地国家的法律。

4. 分割适用法律。即根据涉及知识产权的不同问题,分别适用不同的冲突规则以确定适当的准据法。这种做法目前比较普遍。

(一)涉外专利权法律冲突

按照国际上的通常做法,在解决专利纠纷问题时,一般应该适用专利授予国的法律。原因是,专利权是一种依据国内法授予的财产权,在未经某国依法授予专利权之前,某一发明创造并不具有财产权性质。同时,依照一国法律所获得的专利权也只受该国法律的强制保护,其他国家既无承认该项专利的义务,也无保护它的责任。因此,关于专利权法律适用的一般规则是适用专利权授予国法律。这一规则反映了专利权极强的地域性特点,也是专利授予国为维护本国利益及其专利制度独立性的要求,如《布斯塔曼特法典》第105条规定:"一切财产,不论其种类如何,均依其所在地法。"第108条规定:"工业产权、著作权以及法律所授予并准许进行某种活动的一切其他经济性的类似权利,均以其正式登记地为其所在地。"第115条规定:"著作权和工业产权应受现行有效的或将来缔结的特别国际公约支配。如无上述国际公约,则此权利的取得、登记和享有均应依授予此项权利的当地法。"除此之外,国际上还有以下主张和实践:

1. 专利权的成立、内容和效力适用专利申请地法

由于专利权具有较强的地域性,无论申请人国籍、住所在何处,在哪个国家

申请专利,都必须按照那个国家的规定办理申请手续。被授予的专利权只能在授予国境内有效。专利权人要想就同一发明创造在另一国境内享有权利,必须按该国的专利法到其境内办理有关申请手续并获得批准。因此,某项发明创造是否符合法定的申请条件,能否被授予专利,以及专利权的内容和效力如何,只能依申请地法律确定。

2. 专利权的成立、内容和消灭,适用实施权利行为地或侵权行为发生地法

部分学者认为一项在原始国取得的专利权能否在外国得到真正的保护,应取决于专利权实施地或侵权行为地而非其他国家的准据法。

3. 专利权的保护,适用专利证签发国或专利申请地国法

原则上专利在登记国的保护依登记地国法律。但是,这种法律适用显得过于机械而不能适应当今国际交流的发展。因此,有的国家提出了专利权原始国法与申请地法选择适用的双边冲突规范,如1979年《匈牙利国际私法》规定:"对发明者或其利益继承人的保护,适用专利证发出国或专利申请地法。"解决涉外专利权冲突问题应平等地适用内国法或外国法,主要根据专利证发出国或专利申请地国在何处予以判断。

4. 法律适用上的"分割论"

对于涉外专利权的法律冲突,可以依据其特点来分别适用不同的准据法,在是否批准外国人的发明专利权上适用被申请国法律;有关专利申请日及优先权上适用被申请国的国内法;专利权的保护范围和保护方法适用被请求保护该权利国家的法律;有关专利职务发明适用劳动合同准据法;有关专利的转让适用当事人选择的法律,在当事人没有明示或默示选择法律时,适用与专利权转让有最密切联系国家、受让方或转让方国家的法律。

(二)涉外商标权法律冲突

有关商标权的成立、内容、范围和效力等的法律适用,均应依注册地法,亦即权利成立地法。1928年《布斯塔曼特法典》第108条和115条对此作出了相似规定。但由于各个国家各自的实际情况不同,具体还存在以下一些具体做法:

1. 商标权的成立、内容和效力,适用商标先使用地法

世界上有些国家的商标法按照使用商标的时间先后来确定商标权的归属,商标注册手续只从法律上起到申请和告示作用,而不能决定商标权的归属,他人可以使用在先为理由对抗使用在后且注册在后的人,请求撤销注册商标。商标权的地域性也要求有关商标权的生效要件、范围、效力及存续期间等的法律适用依商标先使用地法。

2. 商标权的成立、内容和消灭,适用实施权利的行为地或侵权行为地法

1979年《奥地利联邦国际私法法规》第34条规定:"无形财产权的创立、内容和消灭,依使用行为或侵权行为发生地国家的法律。"商标权是无形财产权的

一种,可以适用这种冲突规范。

3. 商标权的保护,适用商标注册证发出国或商标申请地国法

1979年《匈牙利国际私法》规定,商标权的法律冲突可以采用专利权法律冲突的原则,也就是依商标注册证发出国或商标申请地国法。

4. 商标权法律适用“分割法”

对于商标权的法律适用,根据其具有的特点可以分别适用不同的准据法。例如,有关是否批准外国人的商标注册、有关商标注册申请日及优先权依被申请注册国法;有关商标的保护范围和保护方法依被请求保护国法;有关商标的转让,适用当事人选择的法律,当事人没有作出选择的,按照最密切联系原则来确定准据法。

(三) 涉外著作权法律冲突

目前,从各国的理论和实践看,关于著作权法律适用主要有以下一些主张:

1. 著作权的成立、内容和范围适用最初发表地法

主张著作权应适用作品最初发表地法,理由是使著作权在不同国家享有相同待遇,让著作权人有权决定适用的法律,避免侵权人有机会选择准据法。作者的文学、艺术和科学作品通过正式发表,即享有著作权,并在社会上产生经济和文化上的价值,因此作品发表地与著作权的联系很重要。例如,1974年的《阿根廷共和国国际私法条例(草案)》第21条规定:“文学和艺术作品受作品首次发表国的法律支配。外国文学艺术作品的保护期依照其原始国的规定,但不得超过阿根廷准许的期限。”至于同时在一些国家发表的作品,鉴于发表时间不同,以最先发表日为准;但如果同时发表,为了公众和作者的利益,一般会依据作品的重要性来决定主要发表地。

2. 未发表作品的著作权,适用作者的属人法

对于未发表作品的著作权的保护内容、范围等问题,需要考虑的是其由于尚未发表而缺乏最初发表地这个要件,则只能以作者的属人法来确定,属人法包括本国法、住所地法或惯常居住地法等其经常创作并完成作品的场所。作品与作者的人格有着密不可分的关系,所以对于未发表作品的著作权保护以适用作者的属人法最为适宜。

3. 著作权的保护,适用被请求保护国法

1886年《伯尔尼公约》第5条第1款规定,根据本公约作品得到保护的作者,在除作品起源国外的本联盟各成员国,就其作品享受各该国法律现今给予或今后将给予其国民的权利,以及本公约特别授予的权利。

4. 从著作权合同的角度确定解决法律冲突的原则

根据该原则,适用的法律应当是当事人合意选择的法律,如1988年《瑞士联邦国际私法》第110条第3款规定:“就知识产权所订立之合同,依本法关于债

权合同以规定其准据法。”1966年《波兰国际私法》规定：“出版契约依发行人缔约时的住所地法。”

5. 著作权的创立、内容和消灭，适用行为地国法

在权利实施地或侵权行为地对著作权进行保护能够充分体现有效性，如1979年《奥地利联邦国际私法法规》第34条第1款规定：“无形财产权的创立、内容和消灭，依使用行为或侵权行为发生地国家的法律。”

6. 著作权法律适用的“分割论”

该原则主张法律适用应根据著作权关系的特点，对著作权同一方面的法律关系加以分割并分别依其特性适用不同的准据法。例如，有关著作权的存在问题适用作品最初刊行国法或作品来源地法；有关作品国籍的取得依作品最初刊行国法；有关是否和如何保护著作权，依该国缔结或参加的国际公约和所在国的法律规定；有关著作权保护的范围、期限和向作者提供保护的救济方法，依向其提出要求保护的国家的法律；有关著作权的转让，适用当事人选择的法律或按最密切联系原则来确定准据法。

四、我国相关立法规定

（一）我国有关涉外专利权的法律规定

我国关于涉外专利权方面的法律法规主要包括：1984年颁布、1992年和2000年修订的《专利法》，1993年《关于受理台胞专利申请的规定》，1994年《中国专利局关于受理台胞国际申请的通知》，1995年《关于港澳地区专利申请若干问题的规定》，1997年《中国专利局关于香港回归后中国内地和香港专利申请若干问题的说明》，2002年修订的《专利法实施细则》，2003年《专利代理管理办法》。

根据以上法律规定，我国在有关涉外专利权的法律适用中主要存在以下做法：

表 10-4

涉外专利权方面	法律适用的做法
在我国没有经常居所或者营业所的外国人、外国企业或外国其他组织在我国申请专利	适用其所属国与我国签订的协议或共同参加的国际条约，或者依照互惠原则，否则应根据我国专利法办理。同时外国人的一切专利事务应当委托国务院指定的专利代理机构来办理，包括向国家知识产权局提出有关申请，并依我国专利法审查批准和授予专利权
外国申请人就同一发明或实用新型享有的优先权	外国申请人就同一发明或实用新型在外国提出申请之日起12个月内，或者就同一外观设计在外国第一次提出申请之日起6个月内，又在我国提出申请的，如果其所属国存在与我国签订的协议或共同参加的国际条约，或者依照互惠原则，可以享有优先权

（续表）

涉外专利权方面	法律适用的做法
港澳地区法人申请专利	港澳地区的法人应当委托国务院指定或者授权知识产权局指定的专利代理机构办理，或者通过其在内地的亲友委托国内专利代理机构办理
我国单位或个人就其国内完成的发明创造向外国申请专利	我国单位或个人应当首先向知识产权局申请专利，并经国务院有关主管部门同意，委托国务院指定的专利代理机构办理

（二）我国有关涉外商标权的法律规定

我国关于涉外商标权方面的法律法规主要包括：1982 年颁布、1993 年和 2001 年修订的《商标法》，2002 年《商标法实施条例》和 2003 年《马德里商标国际注册实施办法》等。

根据以上法律规定，我国在有关涉外商标权的法律适用中主要存在以下做法：

表 10-5

涉外商标权方面	法律适用的实践
外国人或外国企业在我国申请注册商标	外国人或外国企业的所属国如果存在与我国签订的协议或共同参加的国际条约，或者两国有互惠原则，则照此办理，但是应当委托国务院指定的机构进行代理，并应当使用中文，外文书件应附中文译文，提交的代理委托书应办理有关公证、认证手续
外国人在我国注册商标所享有的优先权	我国遵从《巴黎公约》的原则，即凡是公约成员国国民，如果已经向《巴黎公约》成员国之一提出过商标注册申请，又就同一商标在相同商品上向我国提出注册申请，其享有从第一次申请后 6 个月内的优先权，但在享有优先权的手续上，其应当提交书面声明以及在其他成员国第一次申请的副本及其他有关证明文件
我国单位或个人就其商品向外国申请注册	首先必须在我国工商行政管理机关注册，再依据《巴黎公约》和《商标国际注册马德里协定》或根据对等原则，以及对方国家的无条件国民待遇原则在外国申请商标注册，但必须委托国务院指定的代理机构办理。此外，申请者应先到所在地县、市工商行政管理局登记，且商标所有权人必须是申请者本人

（三）我国有关涉外著作权的法律规定

我国关于涉外著作权方面的法律法规主要包括：1990 年颁布、2001 年和 2010 年修订的《著作权法》，2002 年《著作权法实施条例》，1992 年《实施国际著作权条约的规定》,2001 年修订的《计算机软件保护条例》,2002 年《计算机软件著作权登记办法》。

根据以上法律规定,我国在有关涉外著作权的法律适用中主要存在以下做法:

表　10-6

涉外著作权方面	法律适用的实践做法
涉外著作权的保护	遵循"双国籍国民待遇原则",即我国公民、法人或非法人单位的作品无论在境内或境外是否发表,均作为我国作品,受我国著作权法保护;外国人的作品如果首先在我国境内发表也被视为我国作品;外国人的作品在我国境外首先发表,30 天内在我国境内发表的也视为在我国境内首先发表而受我国著作权法的保护
外国人已在我国境外发表作品	如果其所属国存在与我国签订的协议或共同参加的国际条约,则照此办理
我国公民、法人或非法人单位作品在外国的保护	如果要想在外国得到法律保护,根据我国已参加的国际公约规定,在公约某一成员国首次发表视为在其他成员国也同时得到保护;或者在我国发表后 30 天内在《伯尔尼公约》的成员国发表,受到所有成员国的法律保护

(四)《涉外民事关系法律适用法》中关于涉外知识产权的法律适用规定

《涉外民事关系法律适用法》对涉外知识产权的法律适用作出了明确规定,主要包括知识产权的归属和内容、知识产权的转让与许可和知识产权的侵权责任等方面。该法第 48 条规定:"知识产权的归属和内容,适用被请求保护地法律。"第 49 条规定:"当事人可以协议选择知识产权转让和许可使用适用的法律。当事人没有选择的,适用本法对合同的有关规定。"第 50 条规定:"知识产权的侵权责任,适用被请求保护地法律,当事人也可以在侵权行为发生后协议选择适用法院地法律。"

五、涉外证券争议的法律适用

涉外证券争议案件的管辖法院一般是证券发行地,因为只有证券发行地才能确定证券是否合法有效和对世效力,至于证券侵权之诉则可以由证券交易地法院管辖。《涉外民事关系法律适用法》第 39 条规定:"有价证券,适用有价证券权利实现地法律或者其他与该有价证券有最密切联系的法律。"第 40 条规定:"权利质权,适用质权设立地法律。"

第四节 涉外破产的法律适用

一、涉外破产的法律适用

鉴于涉外破产问题的复杂性，各国关于破产的法律适用立法多采用分割制，即将涉外破产分成不同方面或环节，依据不同的冲突规则指引准据法。一般说来，涉外破产的法律适用主要包括破产程序、破产财产、与破产财产有关的权利、破产债权以及破产管理等方面。

（一）涉外破产程序的法律适用

1. 适用原则

破产程序是指当债务人不能以其财产清偿债务时，为保护多数债权人的利益，由法院对债务人的财产进行概括性强制执行，不论通过清算还是企业重组的方式，使债权人获得公平清偿的破产法律制度所涉及的程序。普通法系国家多以法院受理破产申请作为破产程序开始标志，而不论法院是否宣告债务人破产，即受理开始主义。大陆法系国家立法多规定破产程序以法院宣告债务人破产为标志，没有破产宣告就没有破产程序，即宣告开始主义。

破产程序作为一种程序制度，应当适用破产开始地法或者破产宣告地法，即破产法院地法，主要破产程序适用受理主要程序的法院地法，非主要破产程序适用受理非主要程序的法院地法。破产法院地法支配破产程序中几乎所有的程序性问题，包括破产案件的国内管辖权、破产申请的提出方式、破产管理人的任命范围和程序、债权申报的规则、债权人会议的组成和召集、债权人投票的权利分配和行使方式、决议的通知和申诉等事项。例如，《欧盟破产程序规则》第 4 条第 2 款规定的破产法院地法支配的事项包括哪些类型的债务人可以进行破产、哪些财产可以列为破产财产及已控制的资产如何处理或者在破产程序开始后资产如何移交、债务人和管理人的权限范围、破产程序对债务人尚待履行的合同的影响、开始破产程序对个别债权人采取强制执行措施的影响、哪些债权可以申请为破产债权及如何处理在破产程序开始后产生的债权、破产程序结束的条件和效力、债权人在破产程序结束后的权利以及破产程序的费用等。

2. 适用例外

虽然破产程序问题适用法院地法是国际公认的规则，但这一规则也有适用例外的情形。为避免外国债权人申请债权的不方便，公平对待外国债权人，以下情况可以适用债权人所在国法律：在外国报纸上刊登开始破产审理的公告；外国债权人申报债权的期限及方式；通知已知债权人登记债权和参加债权人会议等事项。在商业登记机关、官方报纸或当地财产登记机关登载破产通知，以及执行和出售外国资产，传统上被认为是外国破产问题及外国破产承认的核心，通常要符合当地的形式要求并需要当地一些机关的合作与协助，因此如果针对以上事项一味地适用法院地法，其结果可能得不到有关国家的承认和协助，对两国间关于破产问题的合作也会产生负面影响。

（二）涉外破产实体的法律适用

涉外破产实体问题涉及面广：如破产财产的范围、破产管理人的权利、豁免财产、财产权的证明与确认、破产分配顺序、优先权、和解和整顿、可撤销交易、抵消权和破产免责等。传统的做法是，开始破产程序的国家往往倾向适用本国法，但由于各国有关破产实体问题的范围大相径庭，依据本国法作出的破产裁决可能得不到他国的承认与协助。所以，目前越来越多的国家意识到针对涉外破产实体问题不能单纯适用本国法，对破产实体法律适用进行分割研究显得尤为重要。

1. 破产财产

破产财产是指破产宣告时至破产程序终结前应归破产人所有，但由破产管理人占有和管理，用以破产分配的全部财产。在破产财产的构成范围上，各国立法采取的做法大致可以分为两种模式，即膨胀主义与固定主义；所谓膨胀主义，是指界定破产财产范围时，不仅包括破产人在破产宣告时的全部财产，而且也包括破产宣告后至破产程序终结前破产人新取得的财产，如破产人在破产宣告后，通过劳动、知识、技能等所得到的一切财产，这些财产均应纳入破产财产而不能由破产人自由处分。固定主义是以破产人在破产宣告时的全部财产为限，不包括破产人在破产宣告后所取得的财产。固定主义在总体上说有利于帮助破产人恢复事业。

2. 与破产财产相关的权利

在破产法中，破产程序中产生的与破产财产相关的权利，不仅包括别除权、取回权，还包括撤销权和抵消权。

（1）破产别除权

破产程序解决的主要是债务人和无担保债权人之间的财产分配问题，对于有担保的债权人无须通过破产程序就能实现其债权，其可以在破产程序开始前通过变卖债务人或第三人的担保财产获得清偿。有担保的债权人所享有的这种权利在大陆法系中被称为别除权，在英美法中称为有财产担保的债权。

虽然各国法律一般规定别除权或有财产担保的债权不受债务人破产的影响，但对以下问题的规定却差异甚大：可供担保的财产范围；可被担保的债务；履行担保手续；对债权人的限制；有担保债权人享有的救济；破产程序可否冻结有担保债权的执行；是否存在优于担保权的优先权等。各国法律规定存在的上述差异，导致法院依据不同国家法律来确定是否存在有担保债权以及如何处理有担保债权问题会产生不同的结果，从而对破产程序产生重大影响。在大陆法系国家，别除权属于担保物权，因此，在涉外破产中对于别除权通常适用物之所在地法。别除权的创设、存在及其效力均依照物之所在地法确定。

（2）破产取回权

破产取回权一般是指破产管理人占有不属于破产财团的财产，财产权利人可以不依破产程序直接对该项财产行使权利，从破产财产中取回其财产的权利。目前，国际上讨论比较多的是有关承认所有权保留的效力，即在买卖合同中，当买方已经占有了货物但尚未支付货款时，如果买方或者卖方被宣告破产，是否可以援引合同中的所有权保留条款主张直接从破产财产中取回货物，而不依破产程序进行求偿。因为所有权保留属于物权问题，所以各国一般适用物之所在地法，即应取回财产的所在地法律，这样比较易于得到财产所在地国的承认和协助。但欧盟对此有不同规定，根据《欧盟破产程序规则》第7条第1款的规定，如果买卖合同中有所有权保留条款，当买方开始破产程序，而货物位于法院地以外的国家时，卖方可以根据所有权保留条款享有对货物的所有权；如果卖方被宣告破产，所有权保留条款的效力是不被承认的，卖方将失去对货物的所有权。

（3）破产撤销权

破产撤销权又称否认权，是指破产财产的管理人对于破产人在被破产宣告前（或破产案件受理前）的法定期间内，对与他人进行的欺诈行为或损害全体债权人公平清偿的行为有否认权，并可申请法院撤销。[①] 破产管理人行使撤销权的基础是可撤销交易，即基于自身利益或与债权人之间的特殊关系等原因进行的交易，包括无偿转让、非正常的低价转让等欺诈性转让和其他交易。各国对这类可撤销交易作出了不同的规定，如对于撤销期间各国规定的时间长短不一，这必然导致法律适用的冲突。目前，各国对这一问题所采用的法律适用规则主要有以下几种：① 适用法院地法；② 适用债务人住所地法；③ 适用债务人住所地法，或适用法院地法；④ 基于个案来确定是适用法院地法还是住所地法；⑤ 重叠适用法院地法和住所地法。其中前三种是常用的法律适用规则。

（4）破产抵消权

破产抵消权是指在破产宣告时，对破产人负有债务的债权人所享有的不依破产程序，直接以自己所享有的债权抵消所负的相当数额的债务的权利。一般来说，与破产抵消权最密切相关的法律是法院地法（破产程序开始地法院地法）和支配主债权（债权人对债务人拥有的债权）的法律，其中法院地法原则是其中较为传统的法律适用规则。目前比较通行的观点是，如果外国破产管理人试图执行的主债权受外国法支配，法院应当适用外国法，包括有关抵消的破产规则；

① 参见王欣新：《破产法专题研究》，法律出版社2002年版，第154页。

如果主债权受法院地法的支配,法院应当适用自己的法律,包括其破产规则。《欧盟破产程序规则》对此问题的规定对我们有一定的启示,其第 6 条第 1 款规定,债权人以其对债务人的债权相互抵消的权利,不受破产程序开始的影响,只要支配破产债务人的债权的法律允许进行此种抵消。

3. 破产债权

破产债权是指在破产宣告前成立的,对破产人发生且经依法申报确认,并由破产财产中获得公平清偿的可强制执行的财产请求权。[①] 对破产债权的范围及清偿顺序,各国都有不同的规定,因此这方面的法律冲突也就在所难免。

(1) 破产债权的范围

破产债权的范围,是指破产债权人对破产债务人所享有的哪些债权可以纳入破产债权范畴的问题。总体上说,破产债权的范围一般包括以下事项:破产宣告前成立的无财产担保的债权、放弃优先受偿权的有财产担保的债权、担保的财产不足以清偿的债权部分、附有期限但破产宣告时尚未到期的破产债权、多数债务人中一人破产时的破产债权、保证人被宣告破产时的破产债权、因被保证人破产而使保证人所享有的破产债权、破产管理人决定解除合同或收回投资而给有关当事人造成的损失、在破产宣告前成立的以债务人的作为或不作为为内容的义务、因债务人为履行该义务而发生的损害请求权,以及因票据、资金关系而产生的债权等。但是,各国破产立法中对破产债权范围的具体规定却是不一致的。例如,在破产程序开始后,对于破产债权是否包括债权人债务人参加破产程序的费用、债权利息、因破产宣告后合同不能履行发生的违约金、对破产人的罚金和罚款等等,各国有不同的规定。

(2) 保障破产的清偿顺序

为了充分保护特定债权人的利益和社会公共利益,保障破产程序的顺利进行,根据破产债权的性质和地位,各国破产法对破产债权都规定了法定的清偿顺序,也称为破产债权顺位。按照破产债权清偿顺序,在前一顺位的债权额未全部受偿之前,后一顺位的债权不能获得任何清偿;在同一清偿顺位中,原则上按同一比例受偿。破产债权按顺序排列可分为:优先受偿的债权和普通受偿的债权。在优先债权的范围上,大多数国家都将税收、雇员工资和破产程序的费用等列入优先债权。但是,对于优先债权的范围以及这些优先债权的顺序,各国的规定又有所不同。

不论破产债权的范围还是清偿顺序,各国因规定的不同必然产生法律冲突。就涉外破产债权的法律适用而言,实践中通常有两种观点:一是主张适用破产宣告地法,即法院地法。二是主张适用破产宣告时的财产所在地法,其理由是破产

---

① 参见王欣新:《破产法专题研究》,法律出版社 2002 年版,第 165 页。

问题涉及破产宣告时财产所在地的经济利益,甚至公共政策。

由于破产债权必须通过破产程序来行使,涉及债权的申报、调查和确认以及分配等程序性事项,也只能通过破产宣告地法院来行使。此时适用法院地法,相对合同准据法和破产财产所在地法来说不仅简便易行,而且对债权人平等目标的实现也提供了更大的可能性。

4. 破产管理

破产程序贯穿于整个破产程序。总的来说,破产管理包括管理人的认命或指定;债权的申报;债权人会议的成立、召开及其权力;对破产财产的占有、清理、登记、估价、变卖、处理和分配;参与有关破产财产的诉讼、和解或仲裁;办理破产企业的注销登记等方面。

对于破产管理问题,国际私法的一般原则是适用破产管理地法,即破产宣告地法或法院地法。破产管理的程序适用破产管理地法几乎没有争议,但对于破产管理中的实体问题,则应当区分不同情况,适用破产管理地法或适用原法律关系自身的准据法,涉及不动产的实体权利问题还应适用财产所在地法。

二、涉外破产宣告的域外效力

一国法院作出的破产宣告是否具有域外效力,涉及两个方面:受理案件法院的态度和所涉外国法院的态度。一般说来,对于破产宣告域外效力各个国家态度差异性极大,大致采取三种不同的做法,即破产普及主义、破产属地主义和折中主义。其中,争论最多并且最重要的是破产普及主义和破产属地主义。

(一)破产普及主义

破产普及主义,又称普遍性原则(universalism),与单一破产理论(doctrine of unity)相联系。根据该理论,在涉外破产中只应有一个破产宣告,在破产者的住所地或其所属国进行的破产宣告,应当包括债务人所有的财产,无论它们位于何处,其他国家均应帮助破产管理人收集位于当地的破产财产,制止个别债权人的自行扣押。由此可见,破产普及主义是指一国的破产宣告具有域外效力,即内国法院所为的破产宣告的效力不仅及于破产人在内国的全部财产,而且及于破产人在外国的财产,同时与破产有关的一切利害关系人,无论是内国人还是外国人都受到内国破产宣告的约束。[①] 纯粹的破产普及主义意味着一国的破产宣告具有完全的国际效力,债务人在一国宣告破产后就不需要在另一国宣告破产,因此又称为“单一破产制”。

破产普及主义来源于“破产之上无破产(faillite sur faillite ne vaut)”或“一人一破产”的法律格言,其理论基础有两个:一是债权人受偿的平等性,即在公平

① 参见黄进主编:《国际私法》,法律出版社1999年版,第375页。

的基础上实现债权人的债权；二是债务人财产的完整性，即将债务人的总财产看成是完整和统一的，认为破产法的总体目标就是将债务人的总财产分配给总债权人，那么债务人的财产就应该作为一个整体看待，平等地分配给债权人。

（二）破产属地主义

破产属地主义，又称为地域性原则（territoriality），与复合破产理论（doctrine of pluralism）相联系。该理论认为一国法院所作的破产宣告，效力仅限于破产人在该国领域内的财产，位于其他国家的财产不应受到影响，它们仍应保留在破产人手中，除非它们被财产所在国的债权人扣押或财产所在国开始另一破产程序。① 因此，从理论上说，破产属地主义意味着债务人在多少个国家有财产就可以在多少个国家开始破产程序。

这种主张首先源于破产程序的对物性质，即破产程序的进行表现为对物行使管辖权。英美法中对物行使管辖权的前提条件是物应当在其管辖范围内，而对物的管辖的结果是法院裁判的效力不能扩及位于裁判国之外其他主权国家内的财产，在破产案件中表现为破产宣告的效力不及于债务人的境外财产。另外，由于破产程序本质上是一种强制执行程序，执行的效力是否能及于另一国领土之内关乎另一国的主权。根据国际公法的一般理论，作为一种公法上的行为，破产程序执行的效力只能及于本国领土之内。除此之外，各国基于公共利益的考虑，认为破产宣告对一国公共秩序特别是社会和经济秩序有较大影响，所以破产宣告的效力仅及于各主权国家管辖范围内的财产。

（三）折中主义

破产普及主义和破产属地主义各有利弊，各国的立场大多是希望能扬长避短，在两种原则之间寻找一条中间道路。正如一些学者所述，破产普及主义是一种理想模式，在实践中很少有国家绝对无条件地接受外国法院的破产宣告，也很少有国家绝对地坚持属地主义。目前比较切实可行的做法是采取相对的破产普及主义，即原则上承认破产具有域外效力，但以互惠或对等为条件或是附加一些其他条件。② 有学者也称之为“新实用主义（new pragmatism）”，它考虑到破产普及主义和属地主义在实践中的障碍和困难，同时为了更大程度上实现涉外破产法公平对待债权人的目的，并且对债务人财产进行最经济和有效的管理。它具体表现为以下几种形式：

第一，只承认本国破产宣告的域外效力，而不承认外国破产宣告在本国的效力，认为外国破产宣告的效力仅仅对内国来说具有域内效力。这种做法完全是从本国利益的角度出发，不具有国际合作精神，是国际经济贸易和投资发展的障

① 参见赵相林主编：《国际私法》，中国政法大学出版社 2000 年版，第 327 页。
② 参见黄进主编：《国际私法》，法律出版社 1999 年版，第 376 页。

碍。虽然各国在涉外破产实践中基本出发点都是保护本国债权人的利益，一方面努力将本国破产的效力扩大到国外，另一方面严格审查外国破产宣告的效力，但是绝对拒绝承认外国破产效力的做法已经逐渐被摒弃。

第二，只承认一国关于动产的破产宣告具有普遍的效力，而关于不动产的破产宣告仅具有域内效力。也就是说，依破产财产的性质区别对待，一国破产程序的效力可及于位于国外的动产，但一般不能及于位于国外的不动产。其原因在于，对位于国外的不动产进行执行可能会对一国的主权、安全和公共利益造成威胁，对动产进行执行则一般不会带来这些后果。在涉外破产案件中采用这种做法会损害债权人的利益。

第三，在立法中采用破产属地主义的同时在实践中又作灵活处理，在个案中考虑外国破产宣告在本国的效力。

总之，这种实用主义的折中做法反映了世界各国对涉外破产问题的态度，即希望在保护本国利益和加强国际合作之间找到一种平衡。

（四）我国关于涉外破产域外效力的规定

2002 年 9 月 1 日起施行的《最高人民法院〈关于审理企业破产案件若干问题的规定〉》第 73 条规定："破产企业在境外的财产，由清算组予以收回。"这条规定应该看做是我国关于本国破产程序域外效力的态度，即我国法院的判决具有域外效力。2006 年 8 月 27 日颁布的《企业破产法》第 5 条第 1 款也作了类似的规定，即"依照本法开始的破产程序，对债务人在中华人民共和国域外的财产发生效力"。

《企业破产法》第 5 条第 2 款规定："对外国法院作出的发生法律效力的破产案件的判决、裁定，涉及债务人在中华人民共和国领域内的财产，申请或者请求人民法院承认和执行的，人民法院依照中华人民共和国缔结或者参加的国际条约，或者按照互惠原则进行审查，认为不违反中华人民共和国法律的基本原则，不损害国家主权、安全和社会公共利益，不损害中华人民共和国领域内债权人的合法权益的，裁定承认和执行。"本部分的规定可以分解成两个方面的内容进行理解：一是我国承认外国法院破产程序的域外效力。二是我国承认外国法院破产程序域外效力，执行外国法院作出的破产裁判是有条件的。我国法院承认和执行外国法院判决和裁定的条件有两个，即外国法院判决或裁定要符合我国的社会公共利益，并且不能损害我国领域内的债权人的利益。

综合上述规定，我国关于涉外破产域外效力采取有限制的普遍主义原则，即新普遍性原则，比较符合国际上的趋势，也和我国近年来的司法实践相一致。但是我国法律规定也有明显的不足，如规定过于原则抽象，并且缺乏具体制度的支持；对于外国破产宣告在我国境内的效力是否及于债务人在我国境内的不动产，法律没有明确，而根据国际上通行的做法是不动产适用不动产所在地法。

三、我国关于涉外破产法律适用的规定

就涉外破产的法律适用而言,我国现行《民事诉讼法》及《最高人民法院关于适用〈中华人民共和国民事诉讼法〉若干问题的意见》,2002 年公布的《最高人民法院关于审理企业破产案件若干问题的规定》均没有作出具体规定。因此,本节主要结合我国 2006 年 8 月颁布的《企业破产法》来阐述我国对该问题的态度。当然,《企业破产法》主要对一般破产的实体问题进行规定,很少涉及法律适用问题。

1. 破产财产。《企业破产法》第 30 条规定,破产申请受理时属于债务人的全部财产,以及破产申请受理后至破产程序终结前债务人取得的财产,为债务人财产。也就是说,我国立法采用破产财产膨胀主义。这主要基于以下认识,即破产企业终止前其法人人格尚未消灭,其所取得的财产当然归其所有,如果将该部分财产排除在破产财产之外,对债权人的保护及对破产企业的拯救均不利。

2. 别除权。《企业破产法》第 109 条规定,对破产人的特定财产享有担保权的权利人,对该特定财产享有优先受偿的权利。该法第 31 条和第 32 条对撤销权进行了具体规定,第 31 条规定:"人民法院受理破产申请前一年内,涉及债务人财产的下列行为,管理人有权请求人民法院予以撤销:(一) 无偿转让财产的;(二) 以明显不合理的价格进行交易的;(三) 对没有财产担保的债务提供财产担保的;(四) 对未到期的债务提前清偿的;(五) 放弃债权的。"第 32 条规定:"人民法院受理破产申请前六个月内,债务人有本法第二条第一款规定的情形,仍对个别债权人进行清偿的,管理人有权请求人民法院予以撤销。但是,个别清偿使债务人财产受益的除外。"

3. 抵消权。《企业破产法》第 40 条规定:"债权人在破产申请受理前对债务人负有债务的,可以向管理人主张抵消。但是,有下列情形之一的,不得抵消:(一) 债务人的债务人在破产申请受理后取得他人对债务人的债权的;(二) 债权人已知债务人有不能清偿到期债务或者破产申请的事实,对债务人负担债务的;但是,债权人因为法律规定或者有破产申请一年前所发生的原因而负担债务的除外;(三) 债务人的债务人已知债务人有不能清偿到期债务或者破产申请的事实,对债务人取得债权的;但是,债务人的债务人因为法律规定或者有破产申请一年前所发生的原因而取得债权的除外。"可以看出,我国法律允许破产当事人相互抵消债权,但明确了不得抵消的情形。

4. 破产债权。《企业破产法》第 110 条和第 113 条规定:"享有本法第一百零九条规定权利的债权人行使优先受偿权利未能完全受偿的,其未受偿的债权作为普通债权;放弃优先受偿权利的,其债权作为普通债权。""破产财产在优先清偿破产费用和共益债务后,依照下列顺序清偿:(一) 破产人所欠职工的工资

和医疗、伤残补助、抚恤费用，所欠的应当划入职工个人账户的基本养老保险、基本医疗保险费用，以及法律、行政法规规定应当支付给职工的补偿金；(二) 破产人欠缴的除前项规定以外的社会保险费用和破产人所欠税款；(三) 普通破产债权。破产财产不足以清偿同一顺序的清偿要求的，按照比例分配。”这两条是对破产债权的具体规定，其内容和国际上通行的做法一致。

5. 关于破产管理人，主要体现在2007年6月1日起施行的《最高人民法院关于审理企业破产案件指定管理人的规定》中。《企业破产法》施行时尚未审结的案件的法律适用问题，参照适用《最高人民法院关于〈中华人民共和国企业破产法〉施行时尚未审结的企业破产案件适用法律若干问题的规定》。

第五节 涉外票据的法律适用

案 例

2009年8月9日，被告因买卖合同需要支付货款而在香港向原告签发了金额为200万港币的支票，付款银行为上海汇丰银行，支票上并未记载因此发生争议而应适用的法律。同月10日，原告将支票存入银行，银行以账户无足额存款为由将该支票退票。原告遂与被告就退票事宜进行接洽，协商无果后，原告将被告诉至法院。

法院审理此案时应适用何地法律进行裁判，是出票地法律，还是付款地法律？

一、涉外票据的法律适用

(一) 涉外票据行为方式的法律适用

票据行为包括出票、背书、承兑、付款及保证等。由于出票行为能够创设票据，因而被称为基本票据行为，背书、承兑等其他行为则被称为附属票据行为。附属票据行为是否有效是建立在基本票据行为的有效成立及存在的基础之上的。然而，各种票据行为有效成立本身都应具备法定形式，不论是基本票据还是附属票据行为。对于其他附属票据行为，在基本票据行为因缺少法定形式要件而无效时虽具备法定形式亦属无效。

对于票据行为方式的法律适用，各国立法和司法实践主要根据“场所支配行为原则”，适用行为地法；选择适用法律行为本身的准据法或行为地法；依尽量使之有效的原则，选择适用多种规范。

1. 行为地法

票据的出票、背书、承兑、付款和保证等行为通常依据行为地法来判断其有效性，但关于什么是票据行为地的定性，各国有不同认识。大陆法系国家认为票据行为地是票据的签名地，如《日本汇票本票法》第 89 条规定："汇票及本票的行为方式，以签名地所属国的法律定之。"而英美法系国家则将票据的交付地作为票据行为地，同时包括票据出票地，如 1882 年《英国汇票和本票法》规定："汇票有效性的形式要件由出票地法决定，而随之产生的契约如承兑、背书、参加承兑有效性的形式要件则由这些契约的缔结地法决定。"

2. 以本国法为补充

为了克服适用行为地法的弊端，提高法律选择方法的灵活性并适应现代票据交易活动的发展趋势，有的国家在适用行为地法的同时以本国法作为补充，即本国人在国外的票据行为方式如果符合本国法律的有关规定，则该票据行为应认定为有效，如 1962 年《韩国国际私法》第 36 条第 3 款规定："韩国人在国外进行关于汇票、本票或支票行为时，该行为如果只符合韩国法，则无论如何对另一韩国人有效。"1930 年《日内瓦解决汇票及本票若干法律冲突公约》和 1931 年《日内瓦解决支票若干法律冲突公约》也有相同或者类似的规定。

（二）涉外票据行为能力的法律适用

一个票据行为是否有效的前提是票据行为人是否具有完全民事行为能力。两大法系对票据行为能力有着不同看法，大陆法系主张应由行为人的本国法判定，而英美法系主张依住所地法判定。1848 年《德国票据法》规定："外国人的票据能力依其所属国法；但如依其所属国法为没有能力而依德国法为有能力时，就其在德国所作的票据而言，仍认为其有能力。"此外，法国法也有类似规定：关于法国人的票据行为能力，不论票据的成立地及付款地在何处，一概依法国法。

（三）涉外票据债务的法律适用

票据债务包括出票人、承兑人或背书人对持票人所负的债务。票据债务可以分为主债务和从债务两种。主债务是汇票承兑人或者本票出票人根据票据上的记载向持票人所负的债务。从债务是汇票出票人、背书人、承兑人，本票背书人，以及支票出票人、背书人等对持票人所负的债务。

1. 票据主债务的法律适用

（1）票据订立地法原则。该原则认为根据缔约地国法律成立的合约应当由该国法律来支配当事人的权利义务，他国应视为当事人已经取得权利而予以承认。此外，当事人在某地的出票行为被视为接受该地法律管辖，能够便于债务的履行。这种原则主要为英美法系国家采纳。如 1882 年《英国汇票和本票法》第 72 条规定："汇票签发、背书、承兑的解释，依照该契约的缔结地法。"

（2）付款地法原则。该原则主张票据债务以付款地法律为准据法。与票据订立地法原则相比,以付款地法解决票据主债务的法律冲突更加合适,因为付款地法对票据的流转性来说能够起到一定的抑制作用。此外,当票据付款地规定不明确时,某些国家以单边冲突规范规定适用付款地法律。在立法与司法实践中,付款地法原则已被广泛接受,如日本、美国和德国等国就采纳了该原则。《日本汇票本票法》第 90 条规定:“汇票承兑人及本票出票人所负债务之效力,由该票据付款地所属国法律决定之。”《日内瓦解决汇票及本票若干法律冲突公约》第 4 条第 1 款也规定:“汇票承兑人或本票出票人所负债务的效力应依付款地法律。”

2. 票据从债务的法律适用

关于票据从债务的法律适用,在许多方面都与主债务的法律适用类似。各国立法与司法实践中主要存在下列做法:

表 10-7

适用理论	采纳缘由
签字地国法	从债务依附票据行为,行为人在票据上签名为票据行为的要件,对票据上记载的文义负责,因此在票据上签名的从债务人有接受签字地国管辖的义务
交付地国法	主张票据从债务适用票据交付地国法,是基于票据交付是构成票据行为成立的最后步骤
付款地国法	此说认为对主债务和从债务应当适用同一法律,以保证法律适用的协调一致

(四) 涉外票据追索权行使期限的法律适用

票据追索权,又被称为偿还请求权,是指持票人在提示承兑或提示付款而未获承兑或未获付款时,依法向其前手请求偿还票据金额及其他金额的权利。追索权的行使受法定期间的限制,超过期间就丧失追索权。世界各国立法和国际条约对追索权行使期限的法律适用规定并不一致。大致可以划分为两种:大陆法系国家普遍将追索权行使期间识别为实体法问题,适用出票地法律,如《日内瓦解决汇票及本票若干法律冲突公约》第 5 条规定:“各签名人行使追索权的期限依票据成立地法。”德国和日本票据法也有相同或者类似的规定。而英美法系国家把追索权的行使期限识别为程序法问题,适用法院地法。

(五) 涉外票据权利保全与行使的法律适用

各国对于票据权利在保全与行使方面规定各不相同,如提示的时间与方式、付款日期等方面。但是,对于因票据遗失或者被盗等丧失而进行保全时的法律适用并无较大分歧。日内瓦两个关于解决票据法律冲突的公约,以及许多国家的票据法都对因票据遗失或被盗进行保全时规定适用付款地法,而其他方面有国家主张采取行为地法。

二、我国关于涉外票据法律适用的规定

2004 年《票据法》对我国涉外票据关系的法律适用问题作了专门规定。

1. 票据债务人民事行为能力的法律适用

我国《票据法》借鉴各国的立法,对于票据债务人民事行为能力的法律适用采取了折中主义的原则。该法第 96 条规定:“票据债务人的民事行为能力,适用其本国法律。票据债务人的民事行为能力,依照其本国法律为无民事行为能力或者为限制民事行为能力而依照行为地法律为完全民事行为能力的,适用行为地法律。”这条表明我国采取以当事人本国法为主,以行为地法为补充的原则。

2. 票据出票时记载事项的法律适用

《票据法》第 97 条规定:“汇票、本票出票时的记载事项,适用出票地法律。支票出票时的记载事项,适用出票地法律,经当事人协议,也可以适用付款地法律。”这表明我国《票据法》中将汇票、本票与支票出票时记载事项的法律适用区别开来,对汇票和本票出票时的记载事项适用出票地法律,不允许当事人协议选择适用的法律,而对支票出票时记载事项的法律适用,则采用有条件的选择性冲突规范,若当事人未协议选择则适用付款地法律,经当事人协商同意也可适用付款地的法律。

3. 票据的背书、承兑、付款和保证行为的法律适用

我国《票据法》在背书、承兑、付款和保证行为的法律适用上没有对票据行为的形式有效性与实质效力作出明确区分,而是将两者进行统一规定。《票据法》第 98 条规定:“票据的背书、承兑、付款和保证行为,适用行为地法律。”从该规定不难看出,我国《票据法》在票据行为方式法律适用问题上采纳了国际上通行的法律适用规则,即由行为地法决定票据行为方式的有效性。但需要指出的是,我国《票据法》关于这部分的规定与《日内瓦统一汇票本票法公约》存在不同,即对于票据行为中先行行为的形式有效性与后行行为的形式有效性间的关系,我国票据法没有作出规定。

4. 票据追索权行使期限的法律适用

我国《票据法》采用了国际上的通行做法,第 99 条规定:“票据追索权的行使期限,适用出票地法律。”

5. 失票人请求保全票据权利程序的法律适用

我国《票据法》第 101 条规定:“票据丧失时,失票人请求保全票据权利的程序,适用付款地法律。”我国《票据法》的这一规定与国际习惯做法相一致,有利于更好地保护失票人利益。

6. 票据的提示、付款、拒绝证书的做成及拒绝通知等

付款是票据关系的重心，而且付款地单一、容易确定、适用法律简便，因此各国均适用付款地法。我国《票据法》第 100 条规定：“票据的提示期限、有关拒绝证明的方式、出具拒绝证明的期限，适用付款地法律。”

我国《票据法》对涉外票据关系的法律适用除作了上述规定外，还强调国际条约和国际惯例的适用。该法第 95 条规定：“中华人民共和国缔结或者参加的国际条约同本法有不同规定的，适用国际条约的规定。但是，中华人民共和国声明保留的条款除外。本法和中华人民共和国缔结或者参加的国际条约没有规定的，可以适用国际惯例。”

思考题

1. 在涉外物权法律关系中，为什么要区分动产和不动产分别适用的法律？

2. 物之所在地法原则的适用解决有关物权的哪些法律冲突？该原则在哪些例外情况下不适用？

3. 知识产权为何会发生法律冲突？各国解决法律冲突一般采取什么准据法原则？

4. 简述涉外知识产权法律适用的特点。

5. 分别简述涉外专利、涉外商标、涉外著作权的法律适用规则。

6. 试评析《涉外民事关系法律适用法》中关于涉外知识产权法律适用的规定。

拓展视野

1. 关于物权法律适用的讨论，可参阅李浩培：《物权的准据法》，载《李浩培文选》，法律出版社 2000 年版，第 178—193 页；〔英〕莫里斯：《不动产与动产的区别、不动产、有形动产的转让》，载〔英〕莫里斯：《法律冲突法》，李东来等译，中国对外翻译出版公司 1990 年版，第 332—358 页；吕岩峰、边爱军：《物权法律适用的历史演进》，载《中国国际私法与比较法年刊》，法律出版社 2003 年版，第 113—131 页；

2. 有关跨国破产中的法律适用、跨国破产法律与实践统一化的问题的探讨，可参阅石静遐：《跨国破产的法律问题研究》，武汉大学出版社 1999 年版，第 90—93、355—356、374—376 页。

3. 英美法系和大陆法系对动产物权客体种类和范围的规定存在较大差异，但是也出现日趋融合的趋势。有关两大法系对于“物”、“财产”、“动产”的区别和联系以及两大法系国际私法中的动产物权的客体范围的论述，可参阅佘延宏：《论国际私法中动产物权的客体范围问题》，载《武汉大学学报（哲学社会科学版）》2004 年第 1 期。

第十一章　涉外债权争议

知识介绍

实践中，涉外合同争议与涉外侵权争议大量发生，有关涉外合同争议与涉外侵权争议管辖与法律适用的知识需要重点掌握。当事人意思自治原则与最密切联系原则是涉外合同争议法律适用的主要原则。在涉外侵权争议中出于对受害人的特别保护，立法规定了多种法律适用的可能性，由法院灵活选择。

第一节　涉外债权争议的管辖

涉外债权争议的管辖权因债权性质不同而分别适用不同的管辖标准。

一、涉外合同争议的管辖权

我国关于涉外民事案件诉讼管辖权的规定，一方面体现在国内立法和司法实践的规定中，另一方面体现在我国缔结或参加的有关国际条约中。国内立法上，我国关于涉外民事案件管辖权的规定主要体现在《民事诉讼法》和《海事诉讼特别程序法》中。此外，还有《最高人民法院关于适用〈中华人民共和国民事诉讼法〉若干问题的意见》和《最高人民法院关于涉外民商事案件诉讼管辖若干问题的规定》。虽然《民事诉讼法》第二十五章只就部分民事案件的管辖权作了规定，但依据《民事诉讼法》第235条规定，“在中华人民共和国领域内进行涉外民事诉讼，适用本编规定。本编没有规定的，适用本法其他有关规定”。

对于涉外合同争议的管辖权，国际上的通行做法是允许当事人协议选择法院。这也是国际经济贸易中普遍适用的一种管辖确定原则，它是尊重当事人意思自治原则在司法管辖权方面的体现。

从立法和司法实践看，我国关于涉外合同争议的管辖应遵循以下原则：

1. 地域管辖原则。《民事诉讼法》第241条规定：因合同纠纷或者其他财产权益纠纷，对在中华人民共和国领域内没有住所的被告提起的诉讼，如果合同在中华人民共和国领域内签订或者履行，或者诉讼标的物在中华人民共和国领域内，或者被告在中华人民共和国领域内有可供扣押的财产，或者被告在中华人民共和国领域内设有代表机构，可以由合同签订地、合同履行地、诉讼标的物所在地、可供扣押财产所在地、侵权行为地或者代表机构住所地人民法院管辖。

2. 专属管辖原则。《民事诉讼法》第244条就专属管辖作了规定：因在中华人民共和国履行中外合资经营企业合同、中外合作经营企业合同、中外合作勘探开发自然资源合同发生纠纷提起的诉讼，由中华人民共和国法院管辖。

3. 协议管辖原则。《民事诉讼法》第242条确定了协议管辖的原则。该条规定："涉外合同或者涉外财产权益纠纷的当事人，可以用书面协议选择与争议有实际联系的地点的法院管辖。选择中华人民共和国人民法院管辖的，不得违反本法关于级别管辖和专属管辖的规定。"

4. 推定管辖原则。《民事诉讼法》第243条规定："涉外民事诉讼的被告对人民法院管辖不提出异议，并应诉答辩的，视为承认该人民法院为有管辖权的法院。"

二、涉外侵权争议的管辖

一般说来，对于一般侵权行为的诉讼由侵权行为地国家的法院管辖，对于特殊的侵权行为根据不同的情况由不同法院管辖。

以我国为例，对涉外侵权行为管辖的一般原则是由侵权行为地法院或者被告住所地法院管辖。《民事诉讼法》第29条规定："因侵权行为提起的诉讼，由侵权行为地或者被告住所地人民法院管辖。"而针对其他一些特殊侵权行为法院管辖的连结点各不相同：对于铁路、公路、水上和航空事故等特殊侵权行为的管辖，多由侵权行为发生地、车辆和船舶最先到达地、航空器最先降落地或被告住所地人民法院管辖；对于船舶碰撞事故和其他海事损害事故请求损害赔偿提起的诉讼，由碰撞发生地、碰撞船舶最先到达地、加害船舶被扣留地或者被告住所地人民法院管辖；对于发生海难救助费用的争议，一般由海难救助地或者被救助船舶最先到达地的法院进行管辖；对于因共同海损提起的诉讼，由船舶最先到达地、共同海损理算地或者航程终止地的人民法院管辖。

三、涉外无因管理与不当得利争议的管辖权

我国法律对涉外无因管理与不当得利的管辖并没有作出单独规定，由此引发的争议适用管辖的一般规定。

第二节　涉外合同争议的法律适用

案　例

上海新星外贸公司是一家中国公司，在日本设有办事处，该办事处急需一批电脑。上海新星外贸公司在美国参加展览会时，与德国海德堡电子公司就购买电脑事宜签订了合同。双方约定由海德堡电子公司在韩国的分公司将电脑运至上海新星外贸公司在日本的办事处。上海新星外贸公司在日本的办事处收到电脑后发现，电脑的型号与合同约定的不一致，上海新星外贸公司遂与海德堡电子公司就相关赔偿事宜进行交涉，双方协商未果。于是，上海新星外贸公司向法院提起诉讼。假定中国法院具有管辖权，且已经受理了本案，应当适用哪国法律来裁判本案？

一、涉外合同争议法律适用的基本理论

涉外合同争议的法律适用是解决如何确定涉外合同的准据法问题。由于涉外合同固有的特殊性，在确定涉外合同准据法的发展过程中，各国立法、司法实践以及学术理论均存在较大差异。首先，对于涉外合同准据法适用范围的确定，有的国家主张将合同视为一个整体，准据法应适用于合同的所有领域，这种方法被称为“整体论”；有的国家主张将合同法律关系的不同争议区别开来，分别适用不同的合同准据法，这种方法被称为“分割论”。其次，对于如何确定合同准据法，是依据当事人主观选择的法律适用，还是根据客观的连结点来确定合同准据法，各国学者通常有两种主张，即“主观论”和“客观论”。

（一）分割论和整体论

1．分割论

分割论是将合同法律关系的不同方面分别适用不同合同准据法的理论。在萨维尼提出法律关系本座说以后，对法律关系分割的方法得以强化，萨维尼认为应当对合同的不同方面适用不同的法律，对于合同当事人的缔约能力应当适用当事人的属人法；对于合同的形式以及当事人的预期效力，应当适用缔约地法；对于合同当事人的非预期效力，如违约行为，则应当适用履行地法。他的这一观点被以后的许多学者接受，同时也被多国法律和一些国际公约所采纳，如《联邦德国国际私法》第27、28、32条分别规定，契约依当事人选择的法律，当事人未作选择时，可以适用其他法律；合同准据法的适用范围分为合同有效条款、合同解

释、合同转让、合同义务完全或部分不能履行、合同解除及合同无效的后果等。1980 年《欧共体关于合同债务的法律适用公约》第 3 条第 1 项规定："合同依当事人选择的法律。法律选择必须通过合同条款或具体情况相当明确地加以表示或表明。双方当事人可以自行选择适用于合同全部或部分的法律。"第 4 条第 1 项规定："凡未依第 3 条选择适用法律的合同，依与之有最密切联系的国家的法律。但若合同可分割的部分与另一国有较紧密的关系，则该部分应作为例外，依该其他国家的法律规定。"

分割论遭到了近现代一些理论与实践的反对。瑞士法院认为，把合同的形式和合同的效力区分开来，以分别适用不同的法律，常常是十分困难的。在涉外合同的法律适用上，分割论是主流的选择，常为实践所承认，分割方法仍有其生命力，允许分割是符合当事人意思自治原则的要求。

2. 整体论

英国著名的国际私法学家戴赛、莫里斯对于涉外合同的法律适用均主张整体论。他们认为一个合同应当被视为一个整体，为保证合同的整体协调性，同一个合同应当受同一法律的规制，而且从合同当事人的角度出发，当事人也不希望将一个合同分割成几部分从而分别适用不同的法律，如 1966 年《波兰国际私法》第 12 条规定："应将合同订立的方式与合同的实质性效力问题统一起来，规定二者受同一准据法的支配。"

整体论力图使合同处于一种稳定统一的法律状态，它符合现代国际经济生活所要求的快速和简洁。但是，整体论忽略了合同关系的复杂性和合同当事人权益的有效维护。

（二）客观论和主观论

涉外合同争议法律适用的客观论，是指以某种固定的场所因素作为连结点来确定合同准据法的主张。合同的成立及其效力是与一定的客观标志相联系的，因此不应当由当事人自己选择应当适用何种法律，而是应当依据合同与哪一国或是哪几种因素有最密切联系的客观标志来确定合同的准据法。

主观论则认为，既然合同是按照当事人自己的意志创设的，那么合同当事人当然有权就合同应当适用的法律作出选择。一般认为，这一主张是由 16 世纪的法国学者杜摩林正式提出来的。后来，德国学者萨维尼、意大利学者孟西尼、英国学者戴赛和美国学者斯托里都接受了这一主张，并从各自的立场上进行了阐发。可以说，自 19 世纪中叶以后，在涉外合同法律适用领域，主观论逐渐取得了主导地位。1865 年，英国法院通过 P. &O. Steam Navigation Co. v. Shand 案和 Lloyd v. Guibert 案，最终放弃了缔约地法而确立了当事人意思自治原则。同样是在 1865 年，《意大利民法典》最早以立法的形式明确接受了当事人意思自治并把它作为合同法律适用的首要原则。此后，这一原则几乎被所有国家的立法或判例所接受,1971 年第二次《美国冲突法重述》也予以接受,而且有关合同法律适用的国际公约也普遍采纳了该主张。

随着时代的发展,客观论和主观论被认为都过于片面,目前国际上通行的做法是在主观论的基础上,吸收客观论的合理部分,将两者合理地结合起来,进而确定合同的准据法。

二、涉外合同争议法律适用的基本原则

(一) 意思自治原则

意思自治原则(theory of autonomy of will)主张涉外合同争议应当受合同当事人通过协商一致选择的法律支配。自意大利学者孟西尼明确提出意思自治原则后,意思自治原则已经被国际社会普遍接受,欧洲大陆国家、美国、日本等国立法与司法实践都采纳了该原则。除此之外,一些国际公约也接受了这一原则,如1965 年《关于解决国家与他国国民之间的投资争端的公约》第 42 条第 1 项规定:"法庭应依照双方可能同意的法律规则判定一项争端。"1980 年《关于合同义务法律适用的公约》以及 1985 年《国际货物买卖合同法律适用公约》也采用了该原则。意思自治原则适用的范围主要包括以下几方面:

1. 支配合同当事人选择法律效力的法律

当事人自主选择法律是意思自治原则的核心内容,对于当事人作出的法律选择是否有效,应由何种法律支配这一问题则是首当其冲需要解决的。虽然国内外学者对这一问题亦有不同主张:有的主张适用当事人选择的法律;有的主张适用法院地法;有的则主张由法院进行自由裁量等,但在司法实践中,通常由法院根据其本国法对合同当事人的法律选择的有效性进行判断。

2. 合同当事人选择法律的方式

合同当事人选择法律的方式通常有两种,即明示的法律选择和默示的法律选择。前者是指合同当事人以书面形式或口头形式明确约定了合同应当适用的法律;后者则是指合同当事人并未就合同应当适用的法律作出明确的约定,但法院可依据合同条款以及其他有关事实推定当事人已经默示同意合同受某一法律支配的意愿。有的国家规定合同当事人选择法律应当是明示的,认为默示的法律选择源自受案法官的法律推断,在对法律适用进行推断时就不可避免地会带有法官的主观臆断,这就会造成合同适用法律的不确定性。土耳其、尼日利亚、秘鲁以及中国等只承认明示选择。1985 年《国际货物买卖合同法律适用公约》规定,当事人选择法律的协议必须是明示的,或从整体看,合同规定或当事人行为清楚地表示了这种选择。但多数国家的立法及国际条约肯定了默示的法律选择,如法国、英国、德国、奥地利、瑞士。

3. 合同当事人选择法律的时间

通常而言，合同当事人在订立合同时就会对合同应当适用的法律进行选择。但是，实践中也会出现当事人因种种原因未在订立合同时进行法律选择，在此种情况下，国际社会惯常的做法是允许当事人事后选择法律，但此时当事人选择的法律不得使主合同归于无效，且该法律选择不得损害第三人的合法利益，否则，该事后的法律选择应当归于无效。

4. 合同当事人选择法律的范围

首先，合同当事人自主选择的法律必须是实体法，而不应当包括冲突规范，这是因为当事人自行选择某一国法律，就是为了使当事人能够预见到合同的法律适用，如果将冲突规则包含在内，则可能导致不确定性。其次，合同当事人选择的法律通常包括国内法、国际惯例以及国际条约。国际惯例，是指在国际贸易的长期实践中逐渐形成的通例和习惯做法。若合同当事人没有明确约定该合同应当适用某一国际惯例，该国际惯例一般不能自动适用。国际条约通常只约束其缔约方，非缔约方的合同当事人通常可以通过约定使得某条约成为合同的准据法，如 1980 年《联合国国际货物销售合同公约》第 1 条规定："本公约适用于营业地在不同国家的当事人之间所订立的货物销售合同：(A) 如果这些国家是缔约国；或(B) 如果国际私法规则导致适用某一缔约国的法律。"最后，对于合同当事人选择的法律是否必须与该合同具有联系，国际上存在不同做法：有的国家在立法中明确规定当事人选择的法律必须与合同或交易存在特定的联系，否则该选择归于无效；有的国家则不要求当事人选择的法律与合同之间存在联系，当事人的法律选择是绝对的、无限制的，当事人可以选择一个与合同毫不相干的法律，如英国、日本、泰国、奥地利、丹麦、比利时、德国、瑞士等国的立法以及 1978 年《代理法律适用公约》都不要求所选法律所属国与合同之间要存在客观联系。

5. 合同当事人选择法律必须是合法、善意的

首先，当事人应当通过友好协商一致的方式选择法律，任何通过胁迫、欺诈等方式选择的法律都是无效的；其次，当事人选择适用的法律不应当是为了规避某些强制性规则，该强制性规则是指当事人必须遵循的规则，不依当事人的选择而改变；最后，当事人选择适用的法律不得违反社会公共秩序。

（二）最密切联系原则

最密切联系原则是国际私法上的一项非常重要的原则，被各国立法和司法实践普遍接受。在涉外合同争议的法律适用方面，最密切联系原则指涉外合同适用的准据法，应当是合同在经济意义上以及其他社会意义上集中指向某一国家的法律。根据这一原则，法官应当对一系列的客观因素进行考量，其中包括合

同本身的条款、合同使用的文字、合同缔结地、合同履行地、当事人国籍、当事人住所地及营业地、船舶的国籍等，最终确定一个与该合同有最密切联系的且最适合该合同的法律作为该合同的准据法。

最密切联系原则克服了传统冲突规范呆板机械的缺点，在处理某一涉外合同案件时，并非按简单、单一、机械的因素决定应适用的法律，而是对相关的各种事实和因素进行综合考察和分析，从中找出最本质的联系，避免了传统冲突规范先入为主的主观臆断，增强了法律选择适用的客观、公平和公正性。

虽然最密切联系原则被国际社会上大多数国家采纳，但是由于以最密切联系原则作为连结点比较抽象，缺乏确定性、可预见性和一致性，是司法实践中最大的问题，也是一些学者批评这一学说最主要的原因。

（三）特征性履行说

瑞士学者施尼策尔提出的用以确定最密切联系地的"特征性履行说"（the doctrine of characteristic performance），自20世纪60年代后，已被越来越多的国家采纳。所谓"特征性履行说"，指当事人未选择适用合同的法律时，应当依照各类合同的性质，以最能体现合同特征的履行行为来确定该合同的准据法。双务合同中能够代表合同本质特征的当事人履行合同的行为，即特征性履行，如雇佣合同中受雇人提供劳务的行为，买卖合同中卖方交付物品的行为。该学说的目的是与最密切联系原则相结合，克服最密切联系原则在实践操作中的盲目性，使合同的准据法存在确定性和可预见性。

特征性履行说存在以下几方面的优势：(1) 它作为贯彻最密切联系原则的手段，可以保证法律适用结果的确定性、一致性和可预见性，从而克服和完善了最密切联系原则的主观性、不稳定性的缺点。(2) 防止法官在判案时自主权过大，避免了司法权力的滥用。(3) 避免分割合同，使所适用的法律是支配合同所有主要问题的单一法律。(4) 克服传统冲突规则事先确定连结因素可能产生的偶然性，同时又避免以一个总的系属公式适用所有合同所产生的不确定性和不可预见性，因此它被认为是各种不同类型的合同建立冲突规范的基础。

但特征性履行说并未从根本上解决涉外合同法律适用的问题。各国规定的连结因素不完全相同，同样依特征性履行说作为判断最密切联系的方法，在不同国家的不同法院有不同的标准，很可能产生不一致的结果。此外，特征性履行说是以对合同的分类为前提进行的，法律对合同分类不可能包罗万象，一些合同又是复杂且不规则的，因而无法做到将其恰当地归类，从而使特征性履行难以具体运用。

特征性履行说是一种极富有创造性的理论，它对于最密切联系原则的适用提供了具体的方法，尤其对于大陆法系国家，有助于传承其在立法上严谨、稳定的风格,在选择涉外合同的法律适用方面贡献不小。

（四）合同自体法

合同自体法(the proper law of a contract)是由英国学者首先提出的,但就何谓合同自体法,各学者看法不一。《戴赛和莫里斯论冲突法》一书指出:合同自体法,是指当事人意欲适用于合同的法律,或者在当事人的意思没有表示,也不能根据情况作出推断时,指与交易有最密切和最真实联系的法律;韦斯特莱克则认为,合同自体法是支配合同内在有效性和效力的法律,是与合同有真实联系的法律。目前学者们的通说认为,合同自体法首先应当是当事人明示选择的法律;在当事人未明示选择时,是依合同的具体情况进行推断当事人选择的法律;在推断不能的情况下,则是与合同有最密切和最真实联系的法律。

合同自体法既承认了当事人意思自治原则,又将最密切联系原则吸收进来,在顺应了各国经济社会发展需要的同时,又平息了涉外合同争议法律适用理论中主观论和客观论的纷争。因此,合同自体法已被不少国家立法所采纳,如1971年第二次《美国冲突法重述》、1951年《比荷卢国际私法条约》、1980年《欧共体关于合同债务的法律适用公约》等。

三、我国关于涉外合同争议法律适用的规定

案　例

2008年9月4日,原告济南恒通纺织品有限公司与韩国郑林株式会社在济南签订国际货物买卖合同。合同约定原告出卖一批服装给被告,被告在原告将服装交与被告指定的承运人后即刻付款。双方同时约定,因履行合同产生的任何争议应适用韩国法律解决。同年11月8日,被告在原告将涉案货物交与指定的承运人后拒绝付款。原告在多次催讨款项无果后,遂向济南市中级人民法院提起诉讼。

济南市中级人民法院对该案件是否有管辖权?原、被告双方约定适用韩国法律是否有效?如果当事人没有约定合同所适用的法律,法院应当适用何地法律进行裁判,是法院地法,还是合同缔结地法,或是合同履行地法?

我国在涉外合同争议法律适用方面的规定主要涉及的法律有《涉外民事关系法律适用法》、《民法通则》、《海商法》、《民用航空法》、《合同法》等。我国在涉外合同的法律适用方面的规定基本遵循了国际上的通行做法,但其中又不乏中国特色。

(一) 意思自治原则

意思自治原则是我国涉外合同争议法律适用中的首要原则。《涉外民事关系法律适用法》第41条规定:“当事人可以协议选择合同适用的法律。”《民法通则》第145条规定:“涉外合同的当事人可以选择处理合同争议所适用的法律”。《合同法》第126条亦作出了同样的规定。《海商法》第269条、《民用航空法》第188条也规定,“合同当事人可以选择合同适用的法律”。最高人民法院的司法解释对于上述《民法通则》规定的“合同争议”作出了广义解释,凡是双方当事人对合同是否成立、合同成立的时间、合同内容的解释、合同的履行、违约责任,以及合同的变更、终止、转让、解除、终止等发生的争议均应包括在内,“处理合同争议所适用的法律”即“合同适用的法律”。

1. 当事人选择法律的时间

对于当事人选择法律的时间,《最高人民法院关于审理涉外民事或商事合同纠纷案件法律适用若干问题的规定》第4条规定:“当事人在一审法庭辩论终结前通过协商一致,选择或者变更选择合同争议应适用的法律的,人民法院应予准许。”

2. 当事人选择法律的方式

《涉外民事关系法律适用法》第3条规定:“当事人依照法律规定可以明示选择涉外民事关系适用的法律。”在我国司法实践中,合同当事人选择的法律,必须是经双方协商一致和明示的,这就明确排除了当事人默示选择合同准据法的方式。

3. 当事人选择法律的范围

《涉外民事关系法律适用法》第9条规定:“涉外民事关系适用的外国法律,不包括该国的法律适用法。”我国当事人选择的法律可以是我国法,也可以是外国法,但是这些法律应该是现行的实体法,不包括冲突规范和程序法,这与国际上大多数国家的做法一致。

4. 强制性规则

《涉外民事关系法律适用法》第4条规定:“中华人民共和国法律对涉外民事关系有强制性规定的,直接适用该强制性规定。”此外,我国《民法通则》、《合同法》、《海商法》、《民用航空法》在规定当事人可以自主选择合同适用的法律规定之后,都有“法律另有规定的除外”这一限制,这就表明并非所有的涉外合同当事人均有权自主选择适用的法律。例如,《中外合资经营企业法实施条例》第12条规定:“合营企业合同的订立、效力、解释、执行及其争议的解决,均应当适用中国的法律。”《合同法》第126条规定:“在中华人民共和国境内履行的中外合资经营企业合同、中外合作经营企业合同、中外合作勘探开发自然资源合同,适用中华人民共和国法律。”

（二）最密切联系原则

我国排除了当事人默示选择适用法律的方式，因此在当事人没有明确约定涉外合同争议法律适用的情况下，法律明确规定采用最密切联系原则来确定合同的准据法，将最密切联系原则作为意思自治原则的补充原则。《涉外民事关系法律适用法》第41条规定：“当事人可以协议选择合同适用的法律。当事人没有选择的，适用履行义务最能体现该合同特征的一方当事人经常居所地法律或者其他与该合同有最密切联系的法律。”《最高人民法院关于审理涉外民事或商事合同纠纷案件法律适用若干问题的规定》第5条规定：“当事人未选择合同争议应适用的法律的，适用与合同有最密切联系的国家或者地区的法律。人民法院根据最密切联系原则确定合同争议应适用的法律时，应根据合同的特殊性质，以及某一方当事人履行的义务最能体现合同的本质特性等因素，确定与合同有最密切联系的国家或者地区的法律作为合同的准据法。”

（1）国际货物买卖合同，适用合同订立时卖方营业所所在地的法律。如果合同是在买方营业所所在地谈判并订立的，或者合同主要是依买方确定的条件并应买方发出招标订立的，或者合同明确规定卖方须在买方营业所所在地履行交货义务的，则应适用合同订立时买方营业所所在地的法律；

（2）银行贷款或者担保合同，适用贷款银行或者担保银行所在地的法律；

（3）保险合同，适用保险人营业所所在地的法律；

（4）加工承揽合同，适用于加工承揽人营业所所在地的法律；

（5）技术转让合同，适用受让人营业所所在地的法律；

（6）工程承包合同，适用工程所在地的法律；

（7）技术咨询或者设计合同，适用委托人营业所所在地的法律；

（8）劳务合同，适用劳务实施地的法律；

（9）成套设备供应合同，适用设备安装运转地法律；

（10）代理合同，适用代理人营业所所在地的法律；

（11）关于不动产租赁、买卖或者抵押的合同，适用不动产所在地的法律；

（12）动产租赁合同，适用出租人营业所所在地的法律；

（13）仓储保管合同，适用仓储保管人营业所所在地的法律。

在对上述13种合同的法律适用进行原则性规定的同时，也不排斥在个案中适用特征性履行原则进行确定合同的法律适用。该司法解释第5条规定：“合同明显与另一国家或者地区有更密切联系的，适用该另一国家或者地区的法律。”

第三节　涉外侵权争议的法律适用

案　例

中国木桥安装工程有限公司在巴西承包了一个居民社区的建设工程，王清是该公司的工作人员，被公司派遣至巴西参加该社区的建设工作。王清在工作时，被一名美国驾驶员杰森驾车撞致重伤。在这种情况下，如果中国工人王清就人身伤害对杰森提起诉讼，可以向哪个法院提起？哪些法院拥有管辖权？如果在中国起诉，受理法院应当适用哪国法律进行裁判？

一、一般涉外侵权争议的法律适用

涉外侵权争议的法律适用问题实质上是侵权损害赔偿请求的法律适用问题，而非对侵权行为合法与非法的判定问题。是否构成侵权只是前提，有时会成为先决问题。

根据各国的立法及司法实践，关于一般涉外侵权争议的法律适用主要有以下几种原则：

（一）侵权行为地法原则

侵权行为地法原则，主张涉外侵权行为争议应当适用侵权行为地的法律。该原则自13世纪提出以来，被世界各国普遍接受，成为国际上用以解决一般涉外侵权行为法律适用的主要方法，如《捷克斯洛伐克国际私法及国际民事诉讼法》第15条规定："损害赔偿请求权，除因违反契约及其他法律行为而规定的义务外，依损害发生地或赔偿请求原因事实发生地法。"《奥地利联邦国际私法法规》第48条规定："非契约损害求偿权，依造成此种损害的行为发生地国家的法律。"

虽然侵权行为地法已被世界各国普遍接受，但在实践操作中仍存在不少问题，尤其在一个侵权行为同时涉及多个不同国家时，应当如何确定侵权行为地，各国做法不一，主要有以下几种：

1. 以加害行为实施地为侵权行为地。法国、德国、日本、奥地利、秘鲁、希腊、泰国等国立法采用了这一标准。

2. 以损害结果发生地为侵权行为地。1982年《土耳其国际私法和国际诉讼程序法》第25条规定："非合同性的侵权行为之债，适用侵权行为实施地法律。当侵权行为实施地与损害结果发生地位于不同国家时，适用损害结果发生地法律。”此外,美国、加蓬也采纳该标准。

3. 将与侵权行为相关的任一地点均视为侵权行为地,包括加害行为实施地、损害结果发生地。1982 年《南斯拉夫法律冲突法》第 28 条规定:“对非合同的损害责任,如果对某些情况没有其他规定,则依行为施行地法律或后果发生地法律,选择该两个法律中对受害人最为有利者适用。”

（二）法院地法原则

该原则主张涉外侵权行为争议应当适用法院地法主要是基于以下的考虑:侵权行为虽然与刑法不同,属于私法的范畴,但侵权行为的规定是建立在一国公共道德或公共利益的基础之上,与国家的政治、经济和文化密切相关,既然对罪犯判处刑罚必须依照法院地法,那么与犯罪相类似的侵权行为也应当适用法院地法。

然而,法院地的不确定性,使得当事人对于自己行为合法性的判断不确定,对涉外侵权行为争议适用法院地法的做法,很可能会促使原告选择对自己有利的法院,以此规避对自己不利的法律,这样会造成当事人权利义务的失衡,显然是有失公允的。因此,目前没有一个国家对于涉外侵权争议规定单独适用法院地法,较多的做法是重叠适用侵权行为地法与法院地法。

（三）共同属人法原则

如果国籍相同或惯常住所地相同的当事人,仅因为偶然的原因在外国发生了侵权行为,只是一味强调侵权行为地法而忽略当事人的共同属人法就可能会造成不合理的结果。因此,有国家在其立法中就明确规定了共同属人法的原则。1979 年《匈牙利国际私法》第 32 条规定:“侵权行为适用侵权行为地法,如果侵权行为人与受害人的住所位于同一国家,适用该共同住所地法。”1988 年《瑞士联邦国际私法》第 133 条规定:“加害人和受害人在同一国家有惯常居所时,基于侵权行为而提出的请求适用该国的法律。”

（四）重叠适用侵权行为地法和法院地法原则

重叠适用侵权行为地法和法院地法,是指某一行为只有在既符合了侵权行为地法规定的侵权行为要件,又同时符合法院地法规定的侵权行为要件,才被视为侵权行为,该原则又称为双重可诉原则(rule of double actionability),如 1939 年《泰国国际私法》第 15 条规定:“因不法行为产生之债,依物和不法事实发生地法。但泰国法律不承认在外国发生的事实为侵权行为时,则不适用本条规定。”

虽然重叠适用侵权行为地法和法院地法被不少国家采纳,但在实践操作中仍各有不同,有的国家主张以侵权行为地法为主,法院地法为辅;有的国家则主张以法院地法为主,侵权行为地法为辅,目前大多国家采取后一种做法。

（五）最密切联系原则

自20世纪50年代以来，美国司法实践中逐渐将涉外侵权行为争议适用侵权行为地法原则转为适用最密切联系原则。该原则在侵权行为领域中的适用主要是在巴布科克诉杰克逊案之后所确立的。[①]

美国冲突法革命后，对涉外侵权法律适用不再强调形式上的公平，不再以行为地法律来衡量一切人。因为这对个案中的受害人是不公平的，在巴布科克诉杰克逊案中表现很明显，如果适用行为地法即加拿大法律，巴布科克小姐就不能获得赔偿。美国在侵权领域适用最密切联系原则的目的是追求个案实体正义的平等，而不是法律适用形式的公平，这样更有利于保护受害人，使其能够得到充分的赔偿。

1971年第二次《美国冲突法重述》第145条规定："当事人在侵权行为某个问题上的权利义务，按照第6条规定的原则，依与该事件及当事人有重要联系的州的本地法。在采用第6条的原则决定适用于某个问题的法律时，应当加以考虑的联系包括：(1) 损害发生地；(2) 加害行为发生地；(3) 当事人的住所、居所、国籍、公司成立地和营业地；(4) 当事人之间有联系时其最集中的地方。"

（六）适用有利于受害人获得赔偿的法律原则

对于涉外侵权行为处理的最终结果就是确定加害人的责任从而保护受害人的利益，因此有的国家主张在侵权行为争议中适用有利于受害人获得赔偿的法律。但该原则并非适用于一切侵权案件，而只是在特殊侵权案件中适用，如侮辱、诽谤、产品质量等侵权案件中。有些国家立法规定给出多个法律适用可能性，由法官根据具体案情采纳适用，如1988年《瑞士联邦国际私法》第139条规定，"基于传播媒介，特别是报纸、无线电、电视或其他大众传播媒介对个人人格的损害而提出的诉讼请求，经受害人选择，由下列法律支配：(1) 受害人习惯居所地国家的法律，如果侵权行为人应当估计到侵权行为会发生在那里；(2) 加害人的营业地或习惯居所地国家的法律；(3) 损害结果发生地国家的法律，如果加害人应当估计到结果会在该国发生"。从该立法规定看，法官会从几个国家中选择有利于受害人获得赔偿的法律，但这种立法模式本身并未直接强调要依法律适用的结果来决定法律选择，因此这并非结果定向的方法，而只是将这种结果

① 1960年9月16日，住在美国纽约州罗切斯特镇的杰克逊夫妇，邀请邻居巴布科克小姐乘坐杰克逊先生驾驶的汽车，一起去加拿大度周末。杰克逊先生驾驶汽车行驶至加拿大安大略省境内时，不慎撞在高速公路边的一堵墙上，致使巴布科克小姐身受重伤，杰克逊先生也因此交通事故在不久后死亡。回到美国纽约后，巴布科克小姐以杰克逊夫人为被告，向纽约州法院提起诉讼，指控杰克逊先生驾车时有疏忽行为，致发生车祸使其身受重伤，请求予以赔偿。杰克逊夫人在答辩中承认车祸事实，但对巴布科克小姐提出的赔偿请求，主张根据美国传统的冲突法规则，即侵权行为依侵权行为地法的规则，适用侵权行为地加拿大安大略省的法律。因为，加拿大安大略省法律规定，除非为了营利的商业性运载乘客，非营业性汽车的所有者或者驾驶者对同乘者由于身体所受到的损害以至于死亡，不负赔偿责任。

定向因素隐含在其中。

二、特殊涉外侵权争议的法律适用

在实践中，随着侵权行为种类的日趋复杂，某些涉外侵权行为因其具有的特殊性使得在处理此类争议时不能简单地套用上述一般涉外侵权争议的法律适用理论。自 1988 年《瑞士联邦国际私法》首次将侵权行为区分为一般侵权行为和特殊侵权行为，并在法律适用上加以区分后，该做法被世界各国普遍采纳。目前，国际社会已基本确立了一系列关于特殊涉外侵权争议的法律适用理论。

（一）涉外海上侵权的法律适用

涉外海上侵权通常包括发生在一国领海内的侵权和发生在公海上的侵权，侵权行为主要有船舶内部的侵权行为、船舶相互碰撞的行为或其他损失等。

1. 领海内的侵权行为

发生在一国领海内的涉外侵权行为，若仅发生在船舶内，没有影响船舶以外的人或事，也未影响到东道国领海的安全和利益，国际上通用的做法是该侵权行为适用船旗国法律，但也有少数国家规定适用领海国法律。

若该侵权行为影响到了船舶以外的人或事，或是损害了东道国领海的安全和利益，那么该侵权行为则被视同发生在东道国境内的一般侵权行为，按照一般侵权行为的法律适用原则处理，如 1977 年的《统一船舶碰撞中有关民事管辖权、法律选择、判决的承认和执行方面若干规则的公约》规定："除当事人另有协议外，碰撞在一国内水或领海内发生时，适用该国法律。"

2. 公海上的侵权行为

发生在公海上的涉外侵权行为，若仅限于船舶内部，未涉及船舶以外的人或事，一般适用船旗国法律；若是船舶之间相互碰撞的侵权争议，则通常适用被撞一方的船旗国法律；若碰撞船舶双方均有过错的，通常适用法院地法，但若碰撞船舶双方属同一国籍时，则适用该船旗国的法律，如 1977 年的《统一船舶碰撞中的有关民事管辖权、法律选择、判决的承认和执行方面若干规则的公约》规定："如果碰撞发生在领海以外的水域，则适用受理案件法院的法律，但如果有关的船舶都在同一国登记或由它出具证件，或即使没有登记或由它出具证件，但都同属一个国家所有，则不管碰撞在何处发生，都适用该国法律"；若是属于船舶在公海上损害了公海中的设施等，则通常适用法院地法。

（二）涉外公路交通侵权的法律适用

涉外公路交通侵权，一般适用事故发生地法律，如 1979 年《匈牙利国际私法》第 33 条第 1 款规定："违反交通或其他安全规章的侵权行为以侵权行为地法作为准据法。"

除了一些国家立法规定了公路交通侵权的法律适用外，一些国际公约也相应作出了规定,其中影响力最大的是1975年生效的《关于交通事故法律适用的公约》,其成员国主要是欧洲国家。该公约首先规定,公路交通事故原则上适用的法律是事故发生国的国内法,然后在此基础上规定了一些适用例外情形:(1)如果只有一辆车涉及事故,且该车是在非事故发生地国登记注册的,则应当适用登记国的国内法;(2)如果有两辆或更多辆车涉及事故,只有在所有车辆均在同一国家登记时,才适用该登记国的国内法;如果所涉车辆没有登记或是登记在不同的国家,那么适用这些车辆经常停放国家的国内法;(3)如果在事故发生地,车外的一人或数人涉及事故并负有责任,只有在所有涉及的人员在车辆登记国均有惯常居所时,才适用车辆登记国的法律。此外,不管最后该侵权行为适用何种法律,在确定事故责任时,均应当考虑事故发生时当地有效的交通规则和安全规则。

(三)涉外产品责任侵权的法律适用

涉外产品责任,是指一国的产品生产者、销售者,对因产品瑕疵而导致他国消费者的人身或财产遭受损害所应承担的民事赔偿责任。随着世界经济的快速发展、产品的广泛流通,涉外产品责任侵权问题越来越突出。近年来,对于涉外产品责任侵权法律适用的主要趋势表现为:(1)对于涉外产品责任侵权的法律适用逐渐不拘泥于一般侵权争议的法律适用理论;(2)适用有利于保护消费者利益的法律;(3)适用最密切联系的法律。

1977年生效的《产品责任法律适用公约》是为了减少其成员国因有关涉外产品责任的法律冲突的公约,其主要成员国是欧洲国家。该公约规定:(1)如果该国是直接受害人的惯常居所地,或是被指控负有责任者的主要营业地,或是直接受害人取得产品的地方,产品责任争议应当适用损害发生地国的法律;(2)如果产品的直接受害人的惯常居所地同时又是被指控负有责任者的主要营业地,或是直接受害人取得产品的地方,产品责任争议应适用该直接受害人的惯常居所地的法律;(3)如果上述两点均不适用,产品责任争议应适用被指控负有责任者的主要营业所所在国的法律,除非权利请求人是以损害发生地国的法律为依据提出请求的;(4)如果被指控负有责任者能够证明其不能合理地预见产品会通过商业渠道在某国适用,则上述的损害发生地国和直接受害人的惯常居所地国的法律就不应当被适用。

三、我国关于涉外侵权争议法律适用的规定

案 例

2000年8月6日,原告美国人杰克与被告成都某饭店签订协议,约定

被告成都某饭店可以使用原告肖像印在其宣传册上，被告支付一定报酬给原告，肖像使用期限为5年。2008年7月，原告再次来成都旅游时发现被告仍在饭店宣传册上使用其肖像。同年8月，原告以被告侵犯其肖像权为由向成都法院提起诉讼。

法院审理此案应当适用何地法律，是侵权行为地法，还是当事人属人法，或是法院地法？

（一）一般涉外侵权争议的法律适用规定

我国《民法通则》第146条规定："侵权行为的损害赔偿，适用侵权行为地法律。当事人双方国籍相同或者在同一国家有住所的，也可以适用当事人本国法律或住所地法律。中华人民共和国法律不认为在中华人民共和国领域外发生的行为是侵权行为的，不作为侵权行为处理。"《最高人民法院关于贯彻执行〈中华人民共和国民法通则〉若干问题的意见（试行）》第187条规定："侵权行为地的法律包括侵权行为实施地法律和侵权结果发生地法律。如果两者不一致时，人民法院可以选择适用。"这进一步明确了何谓侵权行为地法律。《涉外民事关系法律适用法》第44条规定："侵权责任，适用侵权行为地法律，但当事人有共同经常居所地的，适用共同经常居所地法律。侵权行为发生后，当事人协议选择适用法律的，按照其协议。"

由此可见，我国将一般涉外侵权争议适用侵权地法作为涉外侵权法律适用的首要原则，这与国际上通行的做法一致。在明确了侵权行为地法这一基本原则的前提下，我国还补充适用当事人共同属人法和双重可诉原则，进一步完善我国涉外侵权法律适用。在《涉外民事关系法律适用法》中，我国还将当事人意思自治原则引进侵权法律适用领域。

（二）特殊涉外侵权争议的法律适用规定

对于特殊涉外侵权争议的法律适用，我国法律没有作出单独规定，同样适用《民法通则》第146条和《涉外民事关系法律适用法》第44条的规定。

1. 涉外海上侵权的法律规定

《海商法》第273条规定："船舶碰撞的损害赔偿，适用侵权行为地法律。船舶在公海上发生碰撞的损害赔偿，适用受理案件的法院所在地法律。同一国籍的船舶，不论碰撞发生于何地，碰撞船舶之间的损害赔偿适用船旗国法律"；第275条规定："海事赔偿责任限制，适用受理案件的法院所在地法律"。上述规定维持了适用侵权行为地的一般性原则，前提条件是侵权行为地在一国范围内；如果发生在公海，因为公海不属于任何国家，无法可依，规定适用法院地法是国际社会的通行做法。

2. 涉外空中侵权的法律规定

《民用航空法》第 189 条规定:“民用航空器对地面第三人的损害赔偿,适用侵权行为地法律。民用航空器在公海上空对水面第三人的损害赔偿,适用受理案件的法院所在地法律。”该法对于空中侵权只涉及两种情况,而且只规定了损害赔偿的法律适用问题,对于空中侵权的其他方面的法律适用原则并没有作出规定。

3. 网上侵权的法律规定

我国《最高人民法院关于审理涉及计算机网络著作权纠纷案件适用法律若干问题的解释》第 1 条规定:“网络著作权侵权纠纷案件由侵权行为地或者被告住所地人民法院管辖。侵权行为地包括实施被诉侵权行为的网络服务器、计算机终端等设备所在地。对难以确定侵权行为地和被告住所地的,原告发现侵权内容的计算机终端等设备所在地可以视为侵权行为地。”《涉外民事关系法律适用法》第 46 条规定:“通过网络或者采用其他方式侵害姓名权、肖像权、名誉权、隐私权等人格权的,适用被侵权人经常居所地法律。”之所以这样立法,是由于网络具有虚拟性、全球性和复杂性,网络侵权的行为地难以判定,规定适用行为地法毫无意义。

4. 产品质量侵权的法律规定

《涉外民事关系法律适用法》第 45 条规定:“产品责任,适用被侵权人经常居所地法律;被侵权人选择适用侵权人主营业地法律、损害发生地法律的,或者侵权人在被侵权人经常居所地没有从事相关经营活动的,适用侵权人主营业地法律或者损害发生地法律。”适用被侵权人所在地法律主要是重视对人的保护。

第四节 涉外不当得利与无因管理争议的法律适用

案 例

上海申达股份有限公司(以下简称“申达公司”)作为卖方与作为买方的美国万隆公司(以下简称“万隆公司”)签订了国际货物买卖合同,双方约定的付款方式为付款交单的方式。申达公司根据合同约定的时间委托上海新海捷船务有限公司将货物装船运至目的地,其后申达公司将开局的汇票、提单、发票等单据交给香港汇丰银行股份有限公司上海分行(以下简称“汇丰上海分行”),并在汇丰上海分行办理了托收委托手续。汇丰上海分行同日制作了汇票提示清单,载明托收方式为付款交单,收件人为美国加利福尼亚州联合国民银行(以下简称“加州银行”),但是地址却误写成美国佛罗里达州梅隆联合国民银行(以下简称"佛州银行")的地址。故上述汇票提示清单、汇票、提单、发票等单据均被佛州银行收到,佛州银行收到上述单据后径直将该单据寄给了万隆公司。万隆公司在未支付任何款项的情况下,凭提单提走了全部货物。在申达公司向万隆公司追索货款遭到拒绝后,申达公司通过诉讼的途径获得了汇丰上海分行的赔偿。其后汇丰上海分行以不当无因管理为由,将佛州银行列为被告诉至中国法院,要求佛州银行赔偿其相应损失。

原告汇丰上海分行系属于中国法人,故中国法院具有管辖权,但中国法院在受理了本案后应当适用何种法律,是适用原告或被告属人国的法律,还是适用本案中无因管理事实发生地国的法律,抑或是直接适用法院地国的法律?

不当得利和无因管理属于非合意之债。不当得利是指无法律上的根据或合同上的约定,使他人财产受到损失而自己获得利益,这种得到的利益就是不当得利。无因管理是指无法律上的根据或合同约定的义务而主动为他人管理某项事务的行为,也叫"无委托的事务管理"。债权人称为"管理人",债务人称为"本人"。涉外不当得利之债是含有涉外因素的不当得利的债权债务关系。涉外无因管理之债是含有涉外因素的无因管理的债权债务关系。

一、涉外不当得利争议的法律适用

(一) 涉外不当得利争议的法律冲突

涉外不当得利争议的法律冲突主要表现在:各国对不当得利构成的原因规定不同,德国、日本等国侧重无法律上的原因而取得财产或劳务利益,而法国注重因误解或故意受领不当之物。此外,在对他方是否必须因此种得利而受损害,损害与得利之间是否必须存在因果关系,违反公共秩序的合同而履行的给付,是否可以该合同不具效力为理由要求对方作为不当得利而返还等方面存在差异。

(二) 涉外不当得利争议的法律适用

各国对于涉外不当得利争议的法律适用规定主要有以下几种:

1. 适用不当得利事实发生地法,即不当得利的争议适用事实发生地国法律。目前大多数国家采取该规定,主要是考虑到不当得利涉及不当得利事实发生地国的公共秩序、社会风尚等因素,如1898年《日本法例》第11条规定:"因……不当得利或不法行为而产生的债权的成立及效力,依其原因事实发生地法。"1939年《泰国国际私法》规定:"因无因管理或不当得利而产生之债,依其原因事实发生地法。"1995年《意大利国际私法制度改革法》第61条规定:"……不当得利,未到期利益的支付以及其他任何法定之债由导致这种债产生的事实发生地法支配。"但是对于事实发生地的认定，各国规定存在差异，主要有利益发生地、行为完成地、原因事实发生地、损害发生地、返还财产或给付地。

2. 适用当事人共同属人法。1979年《奥地利联邦国际私法法规》规定："不当得利应依各当事人的共同属人法。"1966年《波兰国际私法》第31条规定："当事人有统一国籍，又在同一国内有住所时，依当事人本国法。"1928年《布斯坦曼特法典》第221条规定："不当得利应依各当事人的共同属人法，如无共同属人法，则依给付地的法律。"

3. 适用支配产生不当得利法律关系的法律。1988年《瑞士联邦国际私法》第128条规定："因不当得利而提起的求偿诉讼，如果不当得利起因于某一法律关系时，适用调整这种关系的法律"；1979年《奥地利联邦国际私法法规》第46条规定："在履行法律义务或关系的过程中发生的不当得利，依支配该法律义务或关系的国家的实体法规则"；1982年南斯拉夫《法律冲突法》第27条规定："对不当得利，依该项得利由之产生、可能产生或以之为前提的、由之造成的那种法律关系所应适用的法律"。

4. 适用最密切联系的法律。首先将最密切联系原则引进不当得利争议的法律适用是美国，1971年第二次《美国冲突法重述》第221条规定："决定不当得利所应适用的法律时，应考虑下列联系：(1) 当事人之间联系集中的地方，但不当得利须主要与该联系有关；(2) 取得利益或不当得利的地方；(3) 给予利益或不当得利行为的完成地；(4) 当事人的住所、居所、国籍、公司成立地及其营业地；(5) 与不当得利有重要联系的物，如土地或动产在不当得利时的所在地。"

5. 适用法院地法。该理论主张不当得利有关公共秩序原则，应排除其他一切国家法律的适用，以法院本身所理解的正义理念作为判断的标准。

二、涉外无因管理争议的法律适用

(一) 涉外无因管理争议的法律冲突

涉外无因管理争议的法律冲突主要表现在下列几个方面：对无因管理的成立和效力，是否必须无法律或合同上的原因；是否必须有为他人谋利益的意思；管理人是否应将管理行为通知本人；本人是否应负责偿还管理人支出的费用以及在什么范围内偿还。

(二) 涉外无因管理争议的法律适用

各国对于涉外无因管理争议的法律适用规定主要有：

1. 适用无因管理事实发生地法。1898年《日本法例》第11条第1款规定："因无因管理而产生的债权成立及效力，依其原因事实发生地法"；1982年《南斯拉夫法律冲突法》规定："对无因管理，依管理人的行为实施地法律"，这是目前世界大多数国家处理涉外无因管理争议法律适用的做法。

2. 适用最密切联系的法律。1979年《奥地利联邦国际私法法规》规定："无因管理依此种管理行为完成地的法律；但是，如与另一法律义务或关系有密切联系，则应适用支配该法律关系的法律。"

三、我国关于涉外不当得利与无因管理争议的法律适用

在《涉外民事关系法律适用法》颁布之前，对于涉外不当得利与无因管理争议的法律适用，我国并没有在法律中作出单独规定，仅在《民法通则》中规定了不当得利和无因管理的概念，该法第92条规定："没有合法根据，取得不当利益，造成他人损失的，应当将取得的不当利益返还受损失的人。"第93条规定："没有法定的或者约定的义务，为避免他人利益受损失进行管理或者服务的，有权要求受益人偿付由此而支付的必要费用。"①

《涉外民事关系法律适用法》第47条规定："不当得利、无因管理，适用当事人协议选择适用的法律。当事人没有选择的，适用当事人共同经常居所地法律；没有共同经常居所地的，适用不当得利、无因管理发生地法律。"从该条规定可以看出，对于涉外不当得利与无因管理的法律适用首先是当事人意思自治选择，在没有选择的情况下，适用共同经常居所地法律，最后再适用不当得利、无因管理发生地法律，该适用规则存在先后顺序。

由于不当得利和无因管理并非合同之债，当事人之间协议选择法律适用的可能性较小，但事后当事人也可能对法律适用达成一致意见，对此我们应当尊重，至于实践中是否一定能够发生尚不确定。

案　例

1. 中国联运贸易有限公司（以下简称"中国联运"）与日本铁艺公司（以下简称"日本铁艺"）签订了一份租船合同，约定由中国联运派船至日本将日本铁艺的一批钢材运至中国，装货港为日本大阪港，卸货港为中国天津新港。其后，中国联运派船舶自厦门港出发驶往日本大阪港，但船舶抵达日本大阪港后，日本铁艺以船舶不适航为由拒绝装货，双方发生争议。其后双方协商，中国联运与日本铁艺共同委托第三方对船舶进行检验，检验结果认为船舶适航，但日本铁艺仍拒绝装货，后中国联运只得令该船舶空船驶回中国厦门港。其后，中国联运认为船舶自厦门港驶出前往日本大阪港受载，厦门至大阪是中国联运与日本铁艺之间租船合同的预备航次，船舶自厦门出

① 我国《民法通则》并未使用"无因管理"这一法律术语。

发即开始履行合同,故厦门是合同履行地。中国联运遂向厦门海事法院起诉,要求日本铁艺赔偿其损失。

问:本案中哪些法院对本争议具有管辖权?

2. 美国商人查理自苏州友联酒店打车至火车站,到达火车站后查理匆匆下车,不慎将一皮包遗留在出租车上。出租车司机李德发现后回火车站寻找查理,但未果。查理发现自己的包遗失后,在《姑苏晚报》上刊登了寻物启事,并承诺支付5000元的酬金给还包人。李德看到该条寻物启事后,按报上所留的联系方式找到查理,将包还给查理,查理也依承诺支付给李德5000元的酬金。查理支付了酬金拿到丢失的皮包后心有不甘,遂委托其在中国的朋友向苏州市出租车管理部门投诉,要求李德退还5000元的酬金。该管理部门遂找到李德了解情况,明确了李德确实接受了5000元酬金的事实后,暂扣了李德的上岗证,并给予了相应处分。其后,李德将5000元的酬金上交至相关管理部门,由该部门将酬金退还给查理。经过该一系列事情,李德心中愤懑不已,认为5000元的酬金是查理在《姑苏晚报》上明确承诺的,自己收取这5000元的酬金并无不当之处,遂向苏州市中级人民法院提起诉讼,要求查理给付5000元的酬金。

苏州市中级人民法院对于本案有无管辖权?在法院受理了本案后,应当适用美国法律还是中国法律?

思考题

1. 试分析整体论与分割论的优缺点,我国法律倾向于整体论还是分割论?

2. 简述涉外合同争议法律适用中的"最密切联系原则"与"特征性履行说"的关系。

3. 在涉外合同争议的法律适用中,当事人的意思自治原则是绝对的,还是应当有所限制?

4. 在涉外侵权争议的法律适用中,我国法律将当事人意思自治原则引入其中,你认为该做法是否合理?

5. 试述涉外侵权争议法律适用中的双重可诉原则。

6. 在涉外合同与侵权责任竞合的争议中,管辖权应当如何确定?

拓展视野

1. 对合同准据法的论述,可参阅李浩培:《合同准据法的历史发展》、《契约实质成立要件及其效力之准据法》,载《李浩培文选》,法律出版社 2000 年版,第 194—264 页;〔德〕马丁·沃尔夫:《国际私法》,李浩培等译,法律出版社 1988 年版,第 593—655 页。

2. "直接适用的法"是指无须援引发源地冲突规则,必须直接适用某种涉外民商事关系的强制性法律规范。然而,在涉外合同争议法律适用领域,不同学者对此问题看法不一,有关直接适用的法在涉外合同争议法律适用中的地位、适用范围、适用的例外等问题的探讨,可参阅田晓云:《"直接适用的法"与合同准据法的确定》,载《甘肃政法学院学报》2004 年第 2 期。

3. 涉外商事合同争议的法律适用可根据合同的属性分割为公法性涉外商事合同与私法性涉外商事合同。有关此种分类理论的依据、作用,可参阅丁伟、朱淑娣:《涉外商事合同属性及其法律的分割适用——以合同及其要素的公法性和私法性区分为基准》,载《政治与法律》2005 年第 3 期。

4. 涉外侵权争议法律适用法除追随实体法价值外,还应遵循冲突法争议与实体正义的平衡、法律选择灵活性与公正性兼备等固有价值目标。对此,我国涉外侵权争议法律适用应作出一系列调整,以保证固有价值、目标的实现。有关内容可参阅杜新丽、王克玉:《论涉外侵权法律适用法的价值目标及实现路径》,载《法学杂志》2010 年第 2 期。

5. 不当得利属于法定之债,各国普遍规定了不当得利的法律制度,但受道德观念差异的影响及因两大法系历史传统的差异,各国关于不当得利的规定差别很大。因此,冲突规范在解决不当得利纠纷中凸显其重要性。有关大陆法系国家不当得利的冲突规则的分析,可参阅金彭年、张明珠:《国际私法上的不当得利冲突规则研究》,载《法学家》2005 年第 2 期。

第十二章　涉外婚姻家庭关系

知识介绍

涉外婚姻家庭关系主要包括结婚、离婚、夫妻关系、父母子女关系以及跨国收养、扶养和监护等方面的问题。随着各国人员交往的日益频繁，这些问题的法律冲突愈发激烈。为了减少法律冲突，各国婚姻家庭立法都规定了相应的法律适用规则，主要包括法院地法、当事人属人法和行为地法等。

第一节　涉外婚姻家庭关系的管辖

各国法律通常都以当事人的国籍、住所作为行使管辖权的依据。大陆法系国家通常以当事人国籍为标准，而英美法系国家主要以当事人的住所、居所等为标准。

一、涉外离婚案件的管辖

（一）涉外离婚案件的管辖

涉外离婚案件的管辖权是法院审理案件的前提条件，许多国家规定离婚适用法院地法，此外它还是外国法院承认与执行离婚判决的条件之一。从维护本国利益的立场出发，各国均极力扩大本国法院审理涉外离婚案件的权限范围，由此导致在此领域激烈的冲突与斗争。有的国家立法规定对住所设在内国的当事人的离婚行使管辖权，还有国家规定对凡具有内国国籍当事人的离婚行使管辖权。国际社会为此进行了多方的努力，如 1902 年在海牙订立的《离婚及分居的法律冲突与管辖权冲突公约》。①

对离婚案件行使管辖权的原则主要有：②

---

① 《离婚及分居的法律冲突与管辖权冲突公约》第 5 条规定，离婚之诉可向依夫妻的本国法有管辖权的法院或夫妻住所地的管辖法院提起。"如依夫妻本国法，夫妻无同一住所时，则以被告的住所地法院为管辖法院；如于离婚或分居的原因发生后而放弃或变更住所时，得向最后共同住所所在地管辖法院提起。但本国法院就离婚或分居的请求具有专属管辖权时，须保留此管辖权。"

② 另外，还有为数不多的国家将涉外离婚案件列入本国专属管辖之列，由本国法院实行排他管辖。

表　12-1

原则	理由	代表国家
以当事人的住所、居所为依据	当事人的住所或居所是夫妻生活的中心，与当事人及其婚姻关系具有密切联系	英国、美国及一些拉美国家
以当事人的国籍为依据	离婚涉及当事人的身份问题，会改变当事人之间的人身关系，并且对本国当事人的利益产生直接影响	欧洲大陆法系国家
兼采住所标准和国籍标准	避免用单一标准确定管辖权这一传统方法的弊端，并逐渐成为这一领域立法的新趋势	瑞士

(二) 我国法律规定

我国关于涉外离婚案件管辖权主要规定在《民事诉讼法》中，法院在受理涉外离婚案件时有两种原则：一是采取原告就被告的原则。《民事诉讼法》第22条第1款规定："对公民提起的民事诉讼，由被告住所地人民法院管辖；被告住所地与经常居住地不一致的，由经常居住地人民法院管辖。"只要被告在我国有住所或经常居住地，我国法院就有管辖权。二是采取被告就原告的原则。《民事诉讼法》第23条规定："下列民事诉讼，由原告住所地人民法院管辖；原告住所地与经常居住地不一致的，由原告经常居住地人民法院管辖：(一) 对不在中华人民共和国领域内居住的人提起的有关身份关系的诉讼；(二) 对下落不明或者宣告失踪的人提起的有关身份关系的诉讼；(三) 对被劳动教养的人提起的诉讼；(四) 对被监禁的人提起的诉讼。"对于被告不在我国境内居住的离婚案件，如果原告在我国境内有住所或经常居住地，则原告住所地或经常居住地法院也有管辖权。采取被告就原告的原则主要是基于要求原告到被告住所地离婚本身就是增加原告负担。

根据《最高人民法院关于适用〈中华人民共和国民事诉讼法〉若干问题的意见》的规定，我国法院在以下几种情况也具有管辖权：(1) 在国内结婚并定居国外的华侨，如定居国法院以离婚诉讼须由婚姻缔结地法院管辖为由不予受理，当事人向人民法院提出离婚诉讼的，由婚姻缔结地或一方在国内的最后住所地人民法院管辖。(2) 在国外结婚并定居国外的华侨，如定居国法院以离婚诉讼须由国籍所属国法院管辖为由不予受理，当事人向人民法院提出诉讼的，由一方原住所地或在国内的最后住所地人民法院管辖。(3) 中国公民一方居住在国外，一方居住在国内，不论哪一方向人民法院提起离婚诉讼，国内一方住所地人民法院都有管辖权。如国外一方在居住国法院起诉；国内一方向人民法院起诉的，受诉人民法院有管辖权。(4) 中国公民双方在国外但未定居，一方向人民法院起诉离婚的，应由原告或被告原住所地人民法院管辖。

案 例

中国公民王某和付某于1987年在北京结婚，二人于1989年生有一子。1990年王某前往美国留学于1996年取得博士学位后，在加拿大安大略省的一家公司工作。1997年，王某以夫妻长期分居为由向安大略省多伦多法院提出了离婚诉讼，但在离婚请求书中隐瞒了他与付某生有一子的事实。

付某也于1997年10月向北京市某区人民法院提出了离婚诉讼。北京市某区人民法院受理该案之后，进行了公开审理。鉴于被告王某未能到庭参加诉讼，法院对该案作出了缺席判决，判决原告付某与被告王某离婚，并且由被告王某承担其儿子的抚养费用。

同时，加拿大安大略省多伦多法院也审理了王某所提出的离婚诉讼，由于付某未能到庭应诉，多伦多法院也作出了缺席判决，判决王某与付某离婚。

二、涉外监护和扶养案件的管辖权

（一）涉外监护和扶养案件的管辖权

对于监护案件，各国一般采取以被监护人、被扶养人住所、居所或国籍为确定管辖权的依据。1961年海牙《关于未成年人保护的管辖权和法律适用的公约》第1条规定："未成年人的惯常居所地国的司法机关和行政机关和未成年人本国的主管机关，有权采取措施，以保护未成年人的利益。"1988年《瑞士联邦国际私法》第85条规定："在保护未成年人方面，有关法院的管辖权、法律适用以及承认外国法院判决等问题，适用《关于未成年人保护的管辖权和法律适用的公约》。"我国并未加入该公约。

对于扶养案件，英美法系国家一般以被扶养人住所为行使管辖权的依据，如1971年第二次《美国冲突法重述》第77条规定："如果一州对配偶另一方有管辖权，该州即有权行使司法管辖权，规定配偶一方由另一方扶养，或者如果该州对配偶另一方的财产有管辖权，则它在该财产数额内也可以行使这种管辖权。在对配偶另一方不享有管辖权时，一州不能行使司法管辖权以免除配偶一方对该另一方可能负有的扶养义务。"根据该法第27、70、71条的规定，配偶双方或一方住所或居所所在地州的法院对配偶有管辖权。大陆法系国家通常以国籍或住所为行使管辖权的依据，如1964年《捷克斯洛伐克国际私法及国际民事诉讼法》第39条规定："对于未成年人的抚养、教育及其他有关事项，只要未成年人是捷克公民，即使生活在外国，也由捷克法院行使审判权。"

（二）我国法律规定

对于涉外监护和扶养案件的管辖权，我国法律并未作出单独规定。依据《民事诉讼法》第22条的规定，实行原告就被告的原则，由被告住所地人民法院管辖，被告住所地与经常居住地不一致的，由经常居住地人民法院管辖。如果在监护人、扶养人之间发生争议，那么只要被告在我国，我国法院对该案件就具有管辖权。同时，《民事诉讼法》第23条规定，对不在中华人民共和国领域内居住的人提起的有关身份关系的诉讼，由原告住所地人民法院管辖；原告住所地与经常居住地不一致的，由原告经常居住地人民法院管辖。监护与扶养都是涉及身份关系的诉讼，如果被告不在我国，那么原告也可以基于这一条在我国向法院提起诉讼。

三、涉外收养案件的管辖权

（一）涉外收养案件的管辖权

在如何确定涉外收养案件的管辖权问题上，各国主要是以收养人或被收养人的国籍、住所或惯常居所为管辖依据。在这个问题上，两大法系存在较大差异，英美法系国家一般以住所为管辖依据，如1976年《英国收养法》第14、15、62条规定，如果至少申请人之一的住所在联合王国的一个组成部分，并且儿童于申请提出时在英格兰，则英格兰法院有作出收养令的管辖权。1971年第二次《美国冲突法重述》第78条规定："凡收养人或被收养人的住所在该州，以及收养人和被收养人或对被收养儿童有合法保护权的人愿意服从该州的对人管辖，该州便可行使此种管辖权。"而大陆法系国家则多以国籍或住所为管辖依据，如1988年《瑞士联邦国际私法》第75条规定："如果收养人或收养人夫妻双方在瑞士设有住所，瑞士法院对宣告收养有管辖权。"随着惯常居所受到越来越多的重视，也有一些国家以惯常居所作为管辖依据。

鉴于各国做法差异较大，海牙国际私法会议试图寻求各国国际合作，以协调和缓和各国法律规定的冲突和矛盾。为此，它制定和通过了两个相关的国际公约，即1965年《收养管辖权、法律适用和判决承认公约》以及1993年海牙《跨国收养方面保护儿童及合作公约》。前者对跨国收养的管辖权问题作了详细规定，而后者采取了完全不同的做法，它没有明确规定应该由哪一国对跨国收养问题行使管辖权，而只是从普遍意义上承认被收养人利益是决定国际收养管辖权的一个重要因素，尽可能地将被收养人原住国与收养国在管辖权方面统一起来。

（二）我国法律规定

从现行立法看，收养案件的管辖权主要是基于《民事诉讼法》第22条和23条的规定，首先根据管辖的一般原则，即原告就被告，被告住所地法院有管辖权。

其次，对于被告不在中国境内的人提起收养这类有关身份的诉讼时，原告所在地法院也具有管辖权，即中国法院有管辖权。

第二节　涉外结婚的法律适用

结婚是男女双方按照法定的条件和程序结成夫妻的法律行为。结婚的有效性取决于婚姻关系是否符合法律规定的实质要件与形式要件。

结婚的实质要件，指结婚双方当事人必须具备的条件和必须排除的条件。前者也被称为结婚的必备条件或积极条件，包括当事人的结婚能力、意思表示、法定代理人对未成年人结婚的同意等等；后者被称为结婚的禁止条件或消极条件，包括禁止结婚的血亲关系、禁止结婚的疾病或生理缺陷、禁止重婚等。结婚的形式要件，指成立合法婚姻的方式，即婚姻合法成立必须履行的法定手续，如登记方式、宗教仪式等。

一、涉外结婚实质要件的法律适用

案　例

中国 18 岁公民王某（女）与日本 23 岁公民佐藤在日本名古屋婚姻登记机关登记结婚。登记员对是否能给这两人办理结婚登记不确定，因为中国与日本的法律对结婚年龄的规定不同，中国法律规定最低结婚年龄男 22 周岁，女 20 周岁；而日本法律规定最低结婚年龄男 18 周岁，女 16 周岁。结婚的实质要件，应适用婚姻缔结地法，还是双方当事人共同的属人法，或双方当事人各自的属人法，抑或是混合适用婚姻缔结地法和当事人属人法？

（一）结婚的实质要件

1. 法定婚龄。法定婚龄是指法律规定的最低结婚年龄。它由人的生理、心理和精神上的成熟以及经济、政策等条件决定。因各国的社会经济状况、宗教信仰、人口政策以及道德观念等方面的不同，各国对于法定婚龄的规定相差悬殊，如英国、智利规定男女均为 18 周岁；瑞士、越南规定男为 20 周岁，女为 18 周岁；日本规定男为 18 周岁，女为 16 周岁；丹麦、芬兰、瑞典、波兰规定男为 21 周岁，女为 18 周岁。我国是各国现行立法中法定婚龄最高的国家，根据我国《婚姻法》的规定，男不得早于 22 周岁，女不得早于 20 周岁。

2. 当事人的合意。结婚必须出于当事人双方的自愿，各国的立法一般都将双方自愿作为法定的必备条件,但对自愿程度规定却存在差异。有些国家规定法定婚龄低于成年年龄,因而在这些国家,法律要求未成年人结婚除双方自愿外,还应征得父母或监护人的同意,如法国、日本等国。少数实行封建婚姻制度的地区仍然存在包办婚姻的情形,一些信奉天主教的国家甚至规定只有获得教皇的许可方能结婚。我国《婚姻法》坚持婚姻自由原则,认为结婚必须男女双方完全自愿,不许任何一方对他方加以强迫或任何第三方进行干涉。

3. 禁止近亲结婚。为了提高人口素质,确保民族身心健康,维护社会伦理道德,各国立法均严格禁止直系血亲之间结婚,但对旁系血亲间通婚的禁止,各国的规定则有较大差异。如法国禁止直系血亲之间、直系姻亲间的旁系兄弟姐妹间、旁系姻亲间通婚;英国不禁止堂兄妹之间结婚;德国甚至允许伯叔与侄女通婚。我国《婚姻法》规定,直系血亲之间以及三代以内的旁系血亲之间禁止结婚。

4. 禁止重婚。大部分国家的婚姻立法都采取一夫一妻制,要求婚姻当事人在婚姻关系存续期间只能有一个配偶,但一些信奉伊斯兰教和正统印度教的国家和地区却有“一夫多妻制”的规定。

5. 禁止结婚的疾病。为了维持正常的婚姻生活以及保护配偶和其他家庭成员的健康,各国都规定生理缺陷者、精神病患者以及其他有关疾病患者禁止结婚。有关禁止结婚的疾病大都为传染病,如瑞典禁止癫痫病患者结婚,美国有29个州要求对梅毒进行检查。我国法律规定,麻风病或性病未治愈者禁止结婚。

6. 其他有关禁止性规定。除上述五项规定外,有些国家还存在禁止异教徒之间,不同种族、不同民族之间,以及通奸者之间通婚的规定,并对离婚者的再婚加以限制的规定等;日本法律规定,女子在解除前婚之日起6个月内禁止结婚。

(二) 涉外结婚实质要件的法律适用

婚姻的实质要件通常直接关系到婚姻的效力,因此,为解决因对结婚实质要件的规定不同而产生的法律冲突,各国通常采取的法律适用规则有三种:婚姻缔结地法、当事人的属人法以及混合适用婚姻缔结地法和当事人的属人法。

1. 婚姻缔结地法。如果结婚符合婚姻缔结地法有关结婚实质要件的规定,该婚姻在任何地方都是有效成立的,反之就是无效的婚姻。之所以采用婚姻缔结地法作为结婚实质要件的准据法是基于“场所支配行为”原则,应当以行为地法即婚姻举行地法作为准据法;还有理由认为根据“既得权保护说”应将当事人依照婚姻缔结地法成立的婚姻视为一种既得权利,其他国家也应当承认和保护其效力;此外,还有学者主张这是基于一国的公序良俗,应当适用婚姻缔结地法。其实,最重要的原因是适用婚姻缔结地法简便易行,同时婚姻缔结地只有一个,且不可改变。美国的许多州和大多数拉丁美洲国家采用该原则。

2. 当事人属人法。持该原则的国家认为结婚与当事人的身份地位、风俗习惯、宗教信仰等问题有密切的关系,因此主张结婚的实质要件适用当事人的属人法。在采用当事人属人法的国家中,又分为本国法和住所地法两种。奥地利、比利时、法国、德国、希腊、意大利、卢森堡、荷兰、葡萄牙等国主张适用当事人本国法;英国、加拿大、澳大利亚、新西兰主张适用当事人住所地法。

3. 混合适用婚姻缔结地法和当事人属人法。婚姻成立的实质要件,有的国家以婚姻缔结地法为主,但在一定条件下适用当事人的属人法,如1988年《瑞士联邦国际私法》第44条规定:"在瑞士举行的婚姻的实质要件适用瑞士法律。外国人之间的婚姻,虽不具备瑞士法律规定的条件,但只要有其中一方当事人的住所地国家的法律或本国法律认为有效的,瑞士承认其效力。"有的国家以当事人属人法为主,但在一定条件下适用婚姻缔结地法,如1979年《匈牙利国际私法》第37条第1款规定:"婚姻有效的实质要件,依双方当事人缔结婚姻时的共同属人法。如果双方当事人的属人法在缔结婚姻时不同,则婚姻只有在满足双方当事人的属人法所要求的实质要件时,才认为有效。"其第38条规定:"如果外国人意欲在匈牙利结婚,他必须证明其属人法对其缔结婚姻没有障碍;如果依匈牙利法缔结婚姻有不可逾越的障碍,则不能在匈牙利结婚;匈牙利公民在国外结婚,也必须依匈牙利法不存在婚姻障碍。"

二、涉外结婚形式要件的法律适用

案　例

梅开尔先生及其妻子均为波兰籍人,并在波兰驻德国的军队里工作。1946年二人在德国一所教堂里由一位波兰牧师主持,并且按照正规的罗马天主教仪式举行婚礼。1947年梅开尔先生向德国法院起诉要求宣布其与梅开尔太太的婚姻无效,诉由是两人的婚姻缺乏有效结婚仪式。后来,梅开尔太太来到英国,将英国作为其住所地。梅开尔太太向英国高等法院提起了诉讼,请求高等法院根据英国法律宣布其与梅开尔先生的婚姻有效,并请求宣布德国法院作出的关于婚姻无效的判决无效。

英国高等法院在受理案件后,经审查认为:梅开尔先生与梅开尔太太双方都是以军人的身份在外国结婚。依照英国习惯法的规定,该婚姻应该适用审判地法律,即德国法律。习惯法同样也规定在一些特殊情况下,如果该婚姻男女双方当事人自愿结婚,那么该婚姻应当有效。

所以，如果根据上述关于习惯法规定的第二点分析，梅开尔先生与梅开尔太太的婚姻有效，应宣布德国作出的婚姻无效判决不具有效力。但是，如果根据上述第一点分析，德国法院作为审判地法院，拥有合格司法管辖权，其作出的判决不仅有效，而且该判决也是最终判决。最终，英国高等法院作出判决，认定德国法院所作出的关于宣布梅开尔先生和梅开尔太太的婚姻无效的判决是有效的。

（一）结婚形式要件

1. 民事登记方式

民事登记，是指婚姻的成立须经当事人到指定的婚姻登记机关履行结婚登记手续，该婚姻方为有效，我国、日本、法国、保加利亚等国都采用这一方式。但采用这一方式的国家有关民事登记的具体程序则不尽相同，其中有些国家还允许采用民事登记以外的其他方式。

2. 宗教婚姻方式

宗教婚姻，是指信奉宗教的当事人必须按其信仰的宗教教规所要求的仪式举行婚礼，该婚姻方为有效。西班牙、葡萄牙等国要求天主教徒必须按天主教规举行宗教仪式；伊斯兰教国家规定穆斯林必须在法老面前举行婚礼；犹太教徒则必须到犹太教堂举行婚礼。也有一些国家允许当事人在宗教婚姻方式和民事登记方式中任选一种，无论以哪一种方式结婚都被视为有效，如英国、巴西、挪威等国家。

3. 普通法婚姻方式

普通法婚姻方式，亦称事实婚姻方式，只要双方当事人同意结婚，并且已经同居，就构成了事实上的婚姻，成为法律上有效的婚姻，冰岛、苏格兰、瑞士等国都承认这种结婚方式有效。

4. 领事婚姻方式

领事婚姻方式，是指在驻在国允许或互惠的前提下，派遣国授权其驻外领事或外交代表依派遣国法律为其本国侨民办理结婚手续。这种婚姻方式是国内民事登记方式在国外的延伸。领事婚姻方式被不少国家的国内立法所采纳，如1966年《葡萄牙民法典》第51条的例外条款、1995年《俄罗斯联邦家庭法典》第157条、1992年《罗马尼亚国际私法》第19条的规定。领事婚姻方式还体现在有关国际条约和国家之间订立的双边领事条约之中。1961年《维也纳外交关系公约》和1963年《维也纳领事关系公约》都肯定了领事婚姻制度。

我国国内立法采用了民事登记方式，在我国与有关国家订立的领事条约中也肯定了领事婚姻方式。但是，在国内立法中我国对事实婚姻持谨慎的态度。

在司法实践中,对符合结婚条件的事实婚姻,通常也承认其效力。[1]

（二）涉外结婚形式要件的法律适用

婚姻方式的合法性同样影响着婚姻的有效性。若在涉及两个国家法律的涉外婚姻关系中,婚姻方式只符合其中一国法律的规定,就会出现同一个婚姻在一国合法有效而在另一国不被承认的“跛脚婚姻”的现象。从各国国内立法及有关国际公约看,对结婚形式要件法律适用的规定与对结婚实质要件法律适用的规定差别不大,有些国家甚至统一用同一条冲突规范来解决。具体来讲,世界各国解决结婚形式要件法律冲突的原则主要有以下几种:

表 12-2

<table>
<tr><th colspan="2">做法</th><th>理由</th><th>代表国家</th></tr>
<tr><td colspan="2">婚姻缔结地法[2]</td><td>依据传统的“场所支配行为”原则</td><td>中国、日本、英国</td></tr>
<tr><td colspan="2">当事人的属人法[3]</td><td>婚姻当事人的所属国与婚姻关系更为密切;确保本国的公序良俗不受侵犯</td><td>西班牙、希腊、塞浦路斯</td></tr>
<tr><td rowspan="2">混合制</td><td>以婚姻缔结地法为主,兼采当事人属人法</td><td rowspan="2">单纯适用一国的法律容易产生“跛脚婚姻”的现象;保证在一国依法缔结的婚姻在形式上能为其他国家所承认</td><td>瑞士</td></tr>
<tr><td>以当事人属人法为主,兼采婚姻缔结地法</td><td>奥地利</td></tr>
</table>

三、我国有关涉外结婚的规定

在《涉外民事关系法律适用法》颁布以前,我国对于涉外结婚法律适用的规定并不区分实质要件与形式要件,而一概适用婚姻缔结地法。《涉外民事关系法律适用法》对于涉外结婚要件的规定并未采用实质要件和形式要件的划分方法,而是划分为结婚条件与结婚手续加以规定,从法理学角度看,结婚条件应是实质要件,而结婚手续指的是形式要件。

（一）关于结婚条件

《涉外民事关系法律适用法》第 21 条规定:“结婚条件,适用当事人共同经常居所地法律;没有共同经常居所地的,适用共同国籍国法律;没有共同国籍,在

① 2001 年 4 月 28 日第九届全国人大第二十一次会议审议并通过了关于修订《婚姻法》的决定,新的《婚姻法》第 12 条增设了无效和可撤销婚姻制度规定:“无效或被撤销的婚姻,自始无效。当事人不具有夫妻的权利和义务……”据全国人大法工委主任胡康生介绍,在修订《婚姻法》时有人提出将“事实婚”作为无效婚姻或可撤销婚姻,但考虑到这种情形主要发生在农村,涉及人数较多,形成原因复杂,应当根据实际情况分别处理:对不符合结婚实质要件的,应属于无效;对符合结婚实质要件的,新《婚姻法》增加规定:“未办理结婚登记的,应当补办登记。”参见丁伟主编:《国际私法学》,上海人民出版社 2004 年版,第 413 页。

② 依照这一原则,按照婚姻缔结地法规定的方式成立的婚姻,在其他国家也应获得承认。

③ 一些以宗教仪式为唯一结婚方式的国家,只承认本国人或依据本国法规定的宗教方式所缔结的婚姻有效,并以本国法作为支配婚姻形式要件的准据法。

一方当事人经常居所地或者国籍国缔结婚姻的，适用婚姻缔结地法律。”

结婚条件应理解为结婚双方当事人必须具备的条件和必须排除的条件，即结婚实质要件。对于结婚的实质要件，国际社会普遍以“婚姻缔结地法”作为准据法，这在国内立法和国际公约中都有体现。我国之前对于涉外结婚也都适用该原则。但是，新的立法改变了以往以单一双边冲突规范为选择性冲突规范的做法，有条件地选择适用当事人共同经常居所地法、共同国籍国法和婚姻缔结地法，以适应跨国人员流动频繁的形势，最大限度地尊重当事人意愿和承认跨国婚姻的合法有效性。

（二）关于结婚手续

《涉外民事关系法律适用法》第 22 条规定：“结婚手续，符合婚姻缔结地法律、一方当事人经常居所地法律或者国籍国法律的，均为有效。”

结婚手续是指婚姻合法成立必须履行的法定手续，是婚姻合法成立的方式，即结婚形式要件。为了避免“跛脚婚姻”，《涉外民事关系法律适用法》对涉外结婚形式要件的法律适用采取宽松态度，以无条件选择性冲突规范加以规定。只要婚姻形式符合婚姻缔结地法、一方当事人的国籍国法或经常居所地法中任何一个国家的法律，该婚姻形式要件即为有效。

第三节　涉外离婚的法律适用

案　例

2005 年，原告中国公民陈春结识了来中国旅行的被告英国公民查理。因情投意合，双方很快确立了恋爱关系。2006 年 8 月，双方在上海登记结婚。2007 年 2 月，原告移居到英国。2008 年 3 月，双方因感情破裂，原告返回中国居住。2009 年 4 月，原告向法院提起诉讼，请求判决其与被告离婚。

对于该离婚案件我国法院是否有管辖权？该婚姻是否合法有效？判断婚姻效力应适用何地法律，是婚姻缔结地法，还是法院地法，或是当事人属人法？离婚应适用何地法律，是法院地法，还是当事人属人法，或是有利于实现离婚的法律？

离婚是婚姻制度的重要组成部分，涉及亲属关系的变化、对子女的抚养、共同财产的分割等问题，所以各国对于离婚制度都十分重视且有较为具体的规定。同时，由于政治、经济等各种因素的影响，各国对于离婚制度的规定存在较大差异，这必然会对各国相关的社会利益以及当事人的权益产生重大影响。

一、涉外离婚的法律冲突

（一）涉外离婚实质要件的法律冲突

离婚的实质要件，是指法律规定当事人一方或双方应当具备申请离婚或批准离婚的条件，即离婚的理由。总的来说，随着时代的发展以及妇女社会经济地位的提高，各国婚姻法对于离婚的限制逐渐放松，传统的"过错离婚"原则已转变为"无过错离婚"原则，感情破裂也已成为准予离婚的主要理由。各国对于离婚的实质要件的规定主要有两种做法：一是对离婚理由仅作原则性规定，仅规定准予离婚的一般原则，至于能否判决离婚，则由受诉法院决定，如德国；二是对离婚理由作具体列举，在相关法律中详尽列举准予离婚的理由，如日本。

（二）涉外离婚形式要件的法律冲突

离婚的形式要件，是指婚姻关系依法解除的程序或方式。各国关于离婚形式要件的规定主要有以下两种做法：一是仅允许经过判决离婚，即由夫妻双方或一方向法院提出离婚诉讼，法院依法作出判决，如德国；二是判决离婚或协议离婚均可，即允许夫妻双方在合意离婚的情况下，向有关行政部门申请离婚，如中国。

二、涉外离婚的法律适用

各国关于确定离婚适用的法律主要有以下几种原则：

1．法院地法。离婚案件，适用受理离婚案件地的法院所在国家的法律，主要为挪威、丹麦、美国以及英国等国所采用。之所以适用法院地法主要是因为：第一，有关离婚的法律属于"强制的、严格制定的法律范畴"；第二，离婚涉及法院地国的基本道德、宗教观念、公共政策和善良风俗。我国也采用此原则，《民法通则》第 147 条规定："中华人民共和国公民和外国人结婚适用婚姻缔结地法律，离婚适用受理案件的法院所在地法律。"英国、美国虽然采用该原则，但并非直接规定适用法院地法，而是以住所地法或惯常居所地法出现的，如 1973 年《英国住所与婚姻诉讼法》规定，对夫妻任何一方起诉时，在英国有住所或有惯常居所一年以上的，英国法院对该离婚案件有权受理并适用英国法，即法院地法；如果惯常居所在英国而住所在外国的配偶一方，根据其住所地法也为英国承认的理由提起的离婚之诉，英国法院亦有权判决。1971 年第二次《美国冲突法重述》第 258 条规定："受理诉讼的当事人住所地州得适用本地法确定离婚权。"

2．当事人共同属人法。该原则认为，离婚即消灭婚姻的主要方式，其准据法不能与结婚的准据法有所不同。现代各国对于结婚的准据法主要是属人法。此外，因为离婚涉及夫妻身份的改变，理应受到属人法的支配。绝大多数欧洲国家都以当事人本国法作为离婚的准据法，如 1988 年《瑞士联邦国际私法》第 60、

61 条分别规定：瑞士法院有管辖权的涉外离婚案件，适用瑞士法；夫妻双方有共同外国国籍，而只有一方在瑞士有住所，适用他们的共同本国法；当共同外国法不准离婚时，如果夫妻一方为瑞士人或者在瑞士居住两年的（外国人），适用瑞士法。

3. 当事人属人法与法院地法相结合。主要为日本、匈牙利等国所采用。为了兼顾当事人本国和法院地国的公共秩序，避免因采用单一的准据法而可能出现的"跛脚婚姻"现象，有些国家对离婚采取选择适用当事人属人法与法院地法，有些国家则采取重叠适用当事人属人法与法院地法。1979 年《匈牙利国际私法》第 40 条规定："离婚的要件依起诉时夫妻共同的属人法；如果起诉时夫妻的属人法不同，依最后共同属人法。在无最后共同属人法的情况下，如一方为匈牙利公民，则依匈牙利法，否则依夫妻最后共同住所地法；如果夫妻从未有过共同住所，则适用法院地法或其他机构地法。"1898 年《日本法例》第 16 条规定："离婚依其原因事实发生时丈夫本国法，但其原因事实除非依日本法例也认为是离婚原因的，法院不得为离婚宣告。"

4. 有利于实现离婚的法律。随着社会的发展，各国对离婚的限制不断放松，当事人选择法律的自由被扩大，一些国家在新颁布的法例中允许当事人选择有利于实现离婚的法律作为准据法。

对于离婚形式要件的法律适用问题，因离婚的形式要件属于程序性问题，而根据国际通行的做法，程序问题大多适用法院地法，所以离婚的形式要件一般适用法院地法。但在实践中，也有一些国家对离婚形式要件和实质要件的准据法不作区分，而一概适用同一的准据法来处理。

三、我国关于涉外离婚的规定

（一）涉外离婚要件

1. 离婚的实质要件：我国采取原则性规定与具体列举法定离婚原因相结合的方式。一方面，根据我国《婚姻法》的规定，以"自愿"和"感情确已破裂"作为原则性的衡量标准；另一方面，《最高人民法院关于人民法院审理离婚案件如何认定夫妻感情确已破裂的若干具体意见》和《婚姻法》中也列举了应准予离婚的具体原因。

2. 离婚的形式要件：我国采取协议离婚和判决离婚相结合的方式，并在《涉外民事关系法律适用法》中分别规定了应适用的准据法。考虑到涉外婚姻的特殊情况，民政部在《中国公民同外国人办理婚姻登记的几项规定》中规定，我国公民和外国人要求在华离婚的，不论双方自愿或一方要求离婚的，都由我国人民法院处理。

（二）涉外离婚案件的法律适用

1986年《民法通则》第147条规定："中华人民共和国公民和外国人结婚适用婚姻缔结地法律，离婚适用受理案件的法院所在地法律。"根据这一条的规定，如果我国法院为受理案件的法院，那么离婚就应当适用我国法律。《最高人民法院关于贯彻执行〈中华人民共和国民法通则〉若干问题的意见（试行）》第188条规定："我国法院受理的涉外离婚案件，离婚以及因离婚而引起的财产分割，适用我国法律。认定其婚姻是否有效，适用婚姻缔结地法律。"

《涉外民事关系法律适用法》根据离婚的不同方式分别规定了相应的准据法：

1. 协议离婚

《涉外民事关系法律适用法》第26条规定："协议离婚，当事人可以协议选择适用一方当事人经常居所地法律或者国籍国法律。当事人没有选择的，适用共同经常居所地法律；没有共同经常居所地的，适用共同国籍国法律；没有共同国籍的，适用办理离婚手续机构所在地法律。"

长期以来，在我国国内的离婚实践中，允许双方当事人协议离婚，在处理涉外离婚案件时，也允许双方当事人协议离婚，并可以协商选择所要适用的法律，这无疑有着非常重要的现实意义，反映了国际私法发展的最新方向。

2. 判决离婚

《涉外民事关系法律适用法》第27条规定："诉讼离婚，适用法院地法律。"对于诉讼离婚，我国的立法没有区分离婚实质要件与形式要件，这主要是考虑到是否准许离婚对法院地公共秩序的重要关系以及司法任务简单化的价值追求。

第四节 涉外夫妻关系的法律适用

夫妻关系，是指夫妻之间依照法律规定相互享有权利和承担义务的关系，它包括夫妻人身关系和夫妻财产关系。国际私法所调整的夫妻关系是不同国籍当事人缔结的婚姻或同一国籍当事人在国外缔结的婚姻所产生的夫妻间的人身关系与财产关系。由于这种夫妻关系涉及不同国家的法律，而各国在此方面的立法规定不尽相同，因而会产生法律冲突。

一、涉外夫妻人身关系的法律适用

夫妻人身关系，是指具有合法婚姻关系的男女双方在社会上和家庭中的身份、地位等方面的权利义务关系，包括夫妻双方在使用姓氏、选择职业和住所、参加社会活动、进行诉讼以及在同居、贞操、相互扶助、教育子女等方面的权利义务关系。由于各国的政治经济制度、社会风俗、宗教信仰以及历史文化传统各不相同,关于夫妻人身关系的规定也有差异。现代意义上,单纯规定夫妻人身关系的法律适用在实践中已无多大意义,只有少数规定禁止离婚,采取别居和分居制度的国家,人身关系才面临类似问题。有关夫妻人身关系的准据法主要有以下几种:

表　12-3

做法	理由	代表国家或地区
当事人本国法	夫妻人身关系具有典型身份能力的性质	欧洲大陆的大多数国家以及亚洲的日本、泰国等国家
当事人住所地法	住所地作为夫妻生活的中心,与夫妻人身关系的联系较为密切;影响夫妻住所地的公共秩序,同时又涉及住所地的经济负担	英国、美国以及一部分南美洲国家
法院地法	人身关系与法院地国的社会道德、善良风俗密切相关,调整这种法律关系的规范应带有一定的强制性	美国的一些州
当事人属人法为主,兼采其他法律①	传统的属人法原则过于单一	奥地利、瑞士

二、涉外夫妻财产关系的法律适用

夫妻财产关系,亦称夫妻财产制,是指具有合法婚姻关系的男女双方对于家庭财产的权利义务关系。由于这一财产关系直接关系到夫妻双方切身经济利益,而且深受各国政治经济制度、伦理道德以及历史文化传统的影响,与其相关的法律制度远比夫妻人身关系复杂。从各国立法规定看,根据不同标准,关于夫妻财产制有不同的分类:

1. 依夫妻双方能否约定成立财产契约,可将夫妻财产制分为约定财产制和法定财产制。约定财产制是指夫妻双方以契约的形式选定财产制;法定财产制是指法律对夫妻财产关系所作的标准化的规定。

2. 依夫妻财产制的内容,可将夫妻财产制分为分别财产制和共同财产制。共同财产制是指将双方财产的全部或一部合并为共同财产,归夫妻共同所有,婚姻终止时再行分割;分别财产制是指夫妻的婚前财产和婚后财产归各自所有。共同财产制又表现为三种形式:完全共同财产制、获得财产共有制和迟延的共同财产制。

各国对于夫妻财产关系的规定有很大差异,有些国家还把夫妻财产中的动产与不动产分割开来分别确定各自的准据法。归纳起来,有关夫妻财产关系的法律适用主要有以下几种:

① 依照顺序在多种有关的准据法中进行选择适用,通常的顺序是双方共同属人法、双方惯常居所地法、法院地法以及与当事人有最密切联系的法律。

表 12-4

做法	理由	代表国家
意思自治原则	财产关系属于契约关系，应当适用夫妻双方协商选定的法律。双方当事人没有选择的，则由法院根据实际情况推定所应适用的准据法	英国、美国、法国
当事人本国法	夫妻关系与夫妻本国的联系最为密切	意大利、波兰、日本
当事人住所地法	住所地既是夫妻生活的中心，又是夫妻财产的集中处	阿根廷、秘鲁、乌拉圭

三、我国关于涉外夫妻关系的法律规定

在夫妻财产关系方面，我国兼采约定财产制和法定财产制，又兼采共同财产制和分别财产制，将夫妻财产分为婚前财产与婚姻关系存续期间所得的财产两部分。对这两部分财产，夫妻双方可以约定其归属和支配权，在无约定或约定不明确的情况下，适用法定财产制。有关内容具体规定在《婚姻法》第 17、18、19 条。[①] 另外，实践中关于夫妻关系存续期间财产的属性问题，也产生了一些新的发展与变化。《最高人民法院关于适用〈中华人民共和国婚姻法〉若干问题的解释(三)》就对夫妻财产尤其是房产的归属、离婚时的财产分割问题作出了具体规定。

《涉外民事关系法律适用法》对于涉外夫妻关系的法律适用问题作出了具体的规定：

1. 夫妻人身关系

《涉外民事关系法律适用法》第 23 条规定："夫妻人身关系，适用共同经常居所地法律；没有共同经常居所地的，适用共同国籍国法律。"该条采用有条件选择性冲突规范，以夫妻共同属人法(包括共同经常居所地法和共同国籍国法)作为支配夫妻人身关系的准据法。但该规定还存在缺陷，即对于夫妻无共同国籍和共同经常居所地时的人身关系没有规定。

2. 夫妻财产关系

《涉外民事关系法律适用法》第 24 条规定："夫妻财产关系，当事人可以协议选择适用一方当事人经常居所地法律、国籍国法律或者主要财产所在地法律。

---

① 《婚姻法》第 17 条规定："夫妻在婚姻关系存续期间所得的下列财产，归夫妻共同所有：(一) 工资、奖金；(二) 生产、经营的收益；(三) 知识产权的收益；(四) 继承或赠与所得的财产，但本法第十八条第三项规定的除外；(五) 其他应当归共同所有的财产。夫妻对共同所有的财产，有平等的处理权。"第 18 条规定："有下列情形之一的，为夫妻一方的财产：(一) 一方的婚前财产；(二) 一方因身体受到伤害获得的医疗费、残疾人生活补助费等费用；(三) 遗嘱或赠与合同中确定只归夫或妻一方的财产；(四) 一方专用的生活用品；(五) 其他应当归一方的财产。"第 19 条规定："夫妻可以约定婚姻关系存续期间所得的财产以及婚前财产归各自所有、共同所有或部分各自所有、部分共同所有。约定应当采用书面形式。没有约定或约定不明确的，适用本法第十七条、第十八条的规定。夫妻对婚姻关系存续期间所得的财产以及婚前财产的约定，对双方具有约束力。夫妻对婚姻关系存续期间所得的财产约定归各自所有的，夫或妻一方对外所负的债务，第三人知道该约定的，以夫或妻一方所有的财产清偿。"

当事人没有选择的，适用共同经常居所地法律；没有共同经常居所地的，适用共同国籍国法律。”此条规定存在选项不全的缺陷，对于夫妻没有共同经常居所地和共同国籍时财产关系如何确定没有规定法律适用。

第五节　涉外扶养、监护的法律适用

一、涉外扶养的法律适用

与国内法上的“扶养”含义不同，涉外扶养的法律适用涵盖了赡养、抚养与扶养三种情形，具有广义性。

（一）涉外扶养的法律冲突

扶养是指根据身份关系，在一定的亲属之间，有经济能力的人对无力生活的人应给予扶助以维持其生活的一种法律制度。广义上的扶养，既包括夫妻之间在物质和生活上的相互帮助，也包括父母对子女的抚育教养以及子女对父母的赡养和扶助，还包括旁系血亲间以及姻亲间相互承担的生活供养义务。

由于各国社会制度、伦理观念和法律传统不同，关于扶养范围的规定差别很大。如英、美等国规定扶养义务仅限于夫妻、父母子女关系，而不适用于其他亲属特别是姻亲关系。我国《婚姻法》则规定，除夫妻、父母子女外，有负担能力的祖父母、外祖父母和孙子女、外孙子女相互间也分别负有扶养的义务，有负担能力的兄、姐对未成年的弟、妹也分别负有扶养和赡养的义务。1973 年订于海牙的《扶养义务法律适用公约》对扶养范围的规定也很宽泛。

各国除了对扶养范围的限定不一外，还在扶养费数额的多少、支付办法的繁简、免除扶养的条件等事项上作出了不同的规定，因而准据法的选择将直接影响到扶养权利人或扶养义务人的切身利益。

（二）涉外扶养的法律适用

各国有关扶养关系的准据法主要有以下几种确定方法：

表　12-5

做法	理由	代表国家
扶养义务人属人法	扶养义务是扶养制度的基础和本体	日本、埃及、英国
扶养权利人属人法	扶养制度是为扶养权利人的利益而设置的	波兰、匈牙利
重叠适用扶养权利人本国法和法院地法	兼顾扶养权利人的利益与法院地国的公序良俗	泰国
适用《扶养义务法律适用公约》中规定的准据法	更好地解决判决的承认问题	瑞士、德国

二、涉外监护的法律适用

（一）涉外监护的法律冲突

监护是对未成年人、无行为能力人以及限制行为能力人的人身、财产及其合法权益实行监督和保护的法律措施。监护制度实际上是亲权的一种补充和延长。各国国内立法有关监护的规定存在很大差异，涉外监护关系经常在以下几方面发生法律冲突：

1. 被监护人的范围。各国通常都将无行为能力人和限制行为能力人作为被监护人的范围，但具体规定存在差异。

2. 监护人的范围。根据大多数国家的法律规定，监护人主要有三种：(1) 指定监护人，由父母在遗嘱中指定；(2) 法定监护人，由法律规定的一定范围的亲属依法定顺序充任；(3) 选定监护人，由监护机关或法院选定。然而，对于哪类人能作为监护人，各国规定也有很大差别。

3. 监护人的职责。监护作为亲权的补充和延长，主要有人身、财产两方面的监护。监护人对未成年人的人身监护以教养、保护、促使其恢复健康为目的。对被监护人财产上的监护主要指监护人依法管理被监护人的财产。对于财产监护的实施，不少国家的立法有严格的限制，为了保证监护人依法履行职责，一些国家还设立了监护法院等专门机构，以维护被监护人的人身与财产权益。

（二）涉外监护的法律适用

各国处理涉外监护关系法律冲突的准据法主要有以下几种：

1. 被监护人属人法

该做法主要是因为监护制度是为保护被监护人的利益而设置的，因此应当适用被监护人属人法，如 1898 年《日本法例》第 24 条第 1 项规定：“监护依被监护人本国法。”1966 年《波兰国际私法》也有类似规定，此外还有法国、德国、意大利、希腊等国采用了这种做法。

2. 监护人属人法

该做法是基于监护人的监护义务，应适用监护人属人法，如 1964 年《捷克斯洛伐克国际私法及国际民事诉讼法》第 29 条规定：“对未成年人监护的接受及实行监护之义务，依监护人本国法。”1979 年《匈牙利国际私法》也有类似规定。

3. 法院地法

监护适用法院地法是因为首先必须考虑子女的利益，解决了管辖权问题，法律适用问题也就随之解决了，如 1995 年《意大利国际私法制度改革法》规定，为了临时和在紧急情况下保护无行为能力人的人身和财产，意大利的法官可以适用意大利法律。

三、我国关于涉外扶养和监护法律适用的规定

(一) 关于涉外扶养法律适用的规定

我国《民法通则》第148条规定:“扶养适用与被扶养人有最密切联系的国家的法律。”

《涉外民事关系法律适用法》在涉外扶养的法律适用上较以往规定有所变化,第29条规定:“扶养,适用一方当事人经常居所地法律、国籍国法律或者主要财产所在地法律中有利于保护被扶养人权益的法律。”该规定沿用了现行立法方式,没有区分不同类型的家庭扶养义务,统一适用同一冲突规范指引准据法。同时,该规定又突破现行立法,明确由法官根据被扶养人的最大利益来选择适用法律,相较之前笼统地规定“适用与被扶养人有最密切联系的国家的法律”来说,具有明确的选法导向性,体现了保护被扶养人利益的价值导向。

(二) 关于涉外监护法律适用的规定

《最高人民法院关于贯彻执行〈中华人民共和国民法通则〉若干问题的意见(试行)》第190条规定:“监护的设立、变更和终止,适用被监护人的本国法律。但是,被监护人在我国境内有住所的,适用我国的法律。”从该条可以看出,我国在司法实践中,适用被监护人本国法是作为处理涉外监护问题的一般原则,只有在特殊情况下才适用被监护人住所地法律。

《涉外民事关系法律适用法》第30条规定:“监护,适用一方当事人经常居所地法律或者国籍国法律中有利于保护被监护人权益的法律。”从国际社会立法看,监护制度的主要目的是保护被监护人利益,因而监护的设立、变更及终止的法律适用应体现对被监护人的特殊保护,即应适用对被监护人最有利的法律。《涉外民事关系法律适用法》明确规定适用有利于保护被监护人权益的法律,这一立法精神显然是值得肯定的。

第六节 涉外父母子女关系的法律适用

父母子女关系,是指受到法律确认和保护的父母与子女之间基于血缘关系或收养的法律事实而产生的权利、义务关系,主要包括父母子女间的人身关系和财产关系。这种法律关系在不少国家的法律中表现为父母基于其身份在人身和财产方面对子女行使的人身亲权和财产亲权。

一、涉外父母子女关系的法律适用

(一) 涉外婚生子女确认的法律适用

各国立法通常都承认合法婚姻关系存续过程中怀孕所生的子女为婚生子

女，但如何推定婚生，各国的规定则不完全相同。在有些国家，婚生子女和非婚生子女的权利，特别是在受抚养权和继承权问题上的规定差别很大。子女是否取得婚生资格直接决定了其能否取得有利的法律地位，因此依据哪个国家的法律来确定子女的婚生地位就显得尤为重要。各国处理有关父母与婚生子女的准据法主要有以下几种：

1. 父母属人法

采用此原则的国家认为，父母与子女的关系既涉及人的身份，又与父母对子女的抚养责任有关，因此婚生子女应适用父母共同属人法，如 1979 年《奥地利联邦国际私法法规》第 21 条规定："子女婚生的要件及因此而发生的争议，依该子女出生时配偶双方的共同属人法……"

2. 子女属人法

采用此原则的国家认为，婚生子女的推定主要与子女的身份有关，适用子女属人法有利于保护子女的利益，如 1995 年《意大利国际私法制度改革法》第 33 条第 1 款规定："子女的身份应由子女出生时的本国法决定。"

3. 支配婚姻效力的法律

采用此原则的国家认为，如果根据支配婚姻效力的法律，父母的婚姻为无效婚姻，那么这种婚姻中出生的子女为非婚生子女，如 1982 年《土耳其国际私法和国际诉讼程序法》第 15 条规定："子女婚生，适用子女出生时调整其父母婚姻效力的法律。"阿根廷、英国等国法律也这样规定。

4. 对子女婚生更有利的法律

采用此原则的国家认为，有些国家关于婚生子女和非婚生子女的权利的规定差别很大，子女是否取得婚生资格直接决定了其能否取得有利的法律地位，为保护子女利益，应选择适用对子女有利的法律，如 1979 年《奥地利联邦国际私法法规》第 21 条规定："……如子女出生前婚姻已解除，依解除时配偶双方的共同属人法，配偶双方的属人法不同时，依其中更有利于子女为婚生的一方的法律。"此外，秘鲁、列支敦士登等国也采纳此原则。

（二）涉外非婚生子女准正的法律适用

非婚生子女是指非婚姻关系怀孕所生育的子女。目前，世界上除少数国家（如中国、新西兰以及东欧各国等）对非婚生子女无须办理准正手续外，大多数国家对于非婚生子女取得婚生子女的地位，均要求经过准正。准正是使非婚生子女取得婚生子女地位的法律行为。在存在歧视非婚生子女情形的国家，它对于保护非婚生子女的权益有一定积极意义。

准正的方式一般有三种：一是后继结婚，即非婚生子女因双亲事后结婚的事实而准正；二是认领，即由非婚生子女的生父或生母认领非婚生子女而使非婚生子女准正；三是国家行为，即法院或其他由国家指定的机关代表国家宣布非婚生子女准正。[1]

二、涉外收养的法律适用

收养,是指通过法律程序领养他人子女的制度。收养成立后,收养人与被收养人之间便形成了一种拟制的血亲关系,即无血缘联系的父母子女关系。关于收养的法律适用,有的国家只笼统地规定收养应适用的法律,如瑞士、波兰等;有的则区分收养成立、收养效力和收养解除或终止等几个方面,分别规定每一个方面应适用的法律,如日本、奥地利、意大利等。

(一) 涉外收养成立的法律适用

收养成立的法律适用包括收养形式要件的法律适用和实质要件的法律适用。对收养成立的形式要件,如是否须经当事人申请、是否须经公证或登记,多数国家主张适用收养成立地法。关于收养的实质要件的准据法有以下几种:

表　12-6

做法	理由	代表国家
法院地法	收养是法院根据当事人的申请发布收养命令完成的	英国、美国
收养人属人法	收养的成立对收养人的权利义务影响较大;双方生活中心一般是养父母的本国	日本
分别或重叠适用收养人和被收养人的属人法	收养不仅影响收养人的权利与义务,而且也影响被收养人的权利与义务;还要考虑收养在国外的承认问题	希腊、秘鲁、土耳其
被收养人属人法	可以更好地保护被收养人的权益	法国、比利时[2]

(二) 涉外收养效力的法律适用

收养的效力涉及收养对养子女与养父母的法律效力、收养对子女与生父母的法律效力。关于收养效力的法律适用主要有以下几种:第一,适用收养人的属人法,如 1996 年《列支敦士登国际私法》第 27 条第 2 款规定:"收养子女的效力适用收养人惯常居所地国法律;夫妻双方收养子女适用支配婚姻法律效力的法律,如果夫妻一方死亡则适用另一方惯常居所地国法律";第二,分别适用收养人和被收养人的属人法,如 1928 年《布斯塔曼特法典》第 74 条规定:"收养的效力,就收养人的遗产而言,由收养人的属人法调整,但关于姓氏及被收养人对其原来家庭所保留的权利义务,以及收养人对其遗产的关系,依被收养人的属人法调整";第三,收养人和被收养人共同属人法,如 1982 年《南斯拉夫法律冲突法》

---

① 参见张潇剑:《国际私法论》,北京大学出版社 2008 年版,第 390 页。

② 完全以被收养人属人法为准据法的国家并不多见,表中所列国家也只是在某些要件上适用被收养人的属人法。

第45条第1、2、3款规定:“对收养的效力,依收养人和被收养人在实行收养时的本国法。如果收养人和被收养人国籍不同,应依他们共同住所所在国法律。收养人和被收养人国籍不同,而住所也不在同一国家,如果他们中一人为南斯拉夫社会主义联邦共和国的公民,则依南斯拉夫社会主义联邦共和国法律”;第四,被收养人的本国法,如1982年《南斯拉夫法律冲突法》第45条第4款规定:“如果收养人和被收养人国籍不同,而住所也不在同一国家且都不是南斯拉夫社会主义联邦共和国公民,则依被收养人之本国法律。”

(三)涉外收养终止的法律适用

关于收养终止的法律适用主要有两种做法:一是采用与收养成立相同的准据法,如奥地利、南斯拉夫和意大利等国;二是采用与收养效力相同的准据法,如匈牙利、罗马尼亚等国。

三、我国关于涉外父母子女关系的规定

(一)涉外父母子女关系

《涉外民事关系法律适用法》填补了我国对于涉外父母子女关系法律适用的立法空白状况,该法第25条规定:“父母子女人身、财产关系,适用共同经常居所地法律;没有共同经常居所地的,适用一方当事人经常居所地法律或者国籍国法律中有利于保护弱者权益的法律。”

(二)涉外收养关系

我国关于涉外收养的法律适用主要规定在1991年颁布的《收养法》及《涉外民事关系法律适用法》中。《涉外民事关系法律适用法》对于收养的要件、收养的效力和收养的解除应适用的准据法分别作了规定,该法第28条规定:“收养的条件和手续,适用收养人和被收养人经常居所地法律。收养的效力,适用收养时收养人经常居所地法律。收养关系的解除,适用收养时被收养人经常居所地法律或者法院地法律。”

跨国收养儿童以有利于被收养儿童的成长为目标、以儿童最大利益为原则。因此,我国涉外收养的立法应充分考虑对被收养儿童利益的保护。在这一点上,1993年海牙《跨国收养方面保护儿童及合作公约》中的相关内容值得借鉴。

思考题

1. 为何各国关于涉外结婚和离婚的法律适用规则规定不同?

2. 我国《涉外民事关系法律适用法》第29条规定扶养应适用一方当事人经常居所地法律、国籍国法律或者主要财产所在地法律中有利于保护被扶养人权益的法律,这建立在被扶养人是所谓的弱者的前提上,试分析这种假设是否

合理。

3. 我国是否应该在法律中规定领事婚姻制度？如果可以，应当注意什么？

4. 在涉外扶养和监护案件中，怎样认识保护弱者这一法律原则？

拓展视野

1. 第二次世界大战后，人权保护思潮对冲突法实践产生了深远影响，私法领域也不例外。以跨国夫妻人身关系为例，夫妻人身关系权利义务准据法的连结点不再局限于传统上丈夫的住所地或国籍国，而是扩张到夫妻各自的住所地或国籍国，以及夫妻共同住所地或共同所属国。有关人权保护对家庭关系产生的影响的探讨，可参阅袁发强：《人权保护与现代家庭关系中的国际私法》，北京大学出版社2010年版。

2. 有关家庭法中的婚姻、婚姻诉讼案件、监护和照管、婚生地位、准正和收养以及婚姻对财产的效力部分的内容，可参阅〔英〕莫里斯：《法律冲突法》，李东来等译，中国对外翻译出版公司1990年版。

第十三章　涉外继承争议

知识介绍

涉外继承包括涉外遗嘱继承和涉外法定继承两类。涉外继承案件的管辖多以被继承人的国籍、住所、居所、遗产所在地等作为连结点确定。涉外法定继承纠纷多发生在继承人的范围、顺序、动产与不动产继承的区别等方面，存在统一制和分割制两种不同法律适用原则。在涉外遗嘱继承中，核心的问题是涉外遗嘱的效力依据何地法律进行确定。另外，对于无人继承的财产各国法律之间也存在冲突。

第一节　涉外继承的管辖

一、涉外继承管辖权的一般规定

继承本身兼具身份关系和财产关系，与一国的政治、经济、文化、历史密切相关。很多国家从保护本国当事人或者位于本国境内的财产利益出发，对某些涉外继承案件都规定了专属管辖。根据国际上的普遍做法，对于涉外继承的管辖权多以被继承人的国籍、住所地或者遗产所在地作为连结点。

大陆法系国家多采用单一连结点的方式确定管辖，如德国、日本和法国。这三个国家在赋予被继承人死亡时住所地法院管辖权的同时，还细化了继承诉讼的种类。德国规定的继承诉讼包括以确认继承权、继承人对遗产占有人的请求、基于遗赠或其他死因处分行为而提出的请求、关于应继份的请求或分割遗产的请求为诉讼标的的诉讼。《日本民事诉讼法》第 5 条第 14、15 款则细化为关于继承权或遗留份额的诉讼或者关于遗赠或因死亡而应生效的行为的诉讼、关于继承债权或继承财产的负担的诉讼。《法国新民事诉讼法典》规定，涉及继承法律关系的诉讼包括：(1) 继承人之间因继承遗产而发生的诉讼；(2) 被继承人之债权人提出的实现其债权的诉讼请求；(3) 因死亡而产生之执行支配财产的诉讼请求，这些案件均由继承开始地法院，即被继承人死亡时住所地法院行使管辖权。法国将其归入地域管辖的第一类例外，这类例外又称为“特定法院的指定”,包括不动产无权诉讼、保险实务诉讼、继承诉讼等。这些规定具有强制性以及公共秩序性质,必须得到遵守。法国将不动产物权诉讼与继承诉讼并列规定为专属管辖。

英美法系国家则多采用灵活的选择性连结点的立法方式。英国法规定:外国法院有权决定死亡时住所在该国的遗嘱人或无遗嘱人不论位于何处的所有动产的继承问题;外国法院有权决定所有财产位于法院地国的继承问题,这种权力不受死者住所的影响。死者住所或者经常居所在英国或者遗产所在地为英国时,英国法院均享有管辖权。《加拿大魁北克民法典》的规定与之相似:“对于遗产继承,如果继承在魁北克开始,或者被告或者被告之一在魁北克有住所,或者死者已选择魁北克法为继承的准据法,则魁北克当局有管辖权。如果死者的财产位于魁北克,并且案件关系到对该财产的归属或转移作出裁决,则魁北克当局对此亦有管辖权。”意大利对本国管辖权的确定则更为宽泛,在满足下列条件中任一点时,意大利法院都对争议的继承案件有管辖权:(1) 死者死亡时系意大利公民;(2) 继承开始于意大利;(3) 具有较大价值的遗产位于意大利;(4) 被告在意大利有住所或者居住在意大利或者被告接受意大利法院管辖,除非继承申请涉及位于国外的不动产;(5) 继承请求涉及位于意大利的财产。英美法系国家的这种选择方法更具有灵活性,也更有利于保障当事人的权利。

二、涉外继承管辖的国际合作

管辖权是一国主权利益的体现,要求各国在管辖权问题上达成妥协、制定统一的国际条约十分困难。对于涉外继承的管辖权问题,国际公约一般都不涉及。海牙《管辖权公约》明确规定公约不适用于婚姻与继承,1968 年布鲁塞尔《关于民商事案件管辖权及判决执行的公约》、1988 年《卢加诺公约》、2001 年《布鲁塞尔规则》和 2005 年海牙《法院选择协议公约》也明确继承不在公约适用范围之内。这表明继承属于各国国内事项,国际社会不愿意把触角伸到属于国内法保留的领域。

随着国际民商事法律关系的发展,跨国婚姻和跨国财产不断出现,跨国继承也随之增多。为了减少继承管辖权领域的冲突,各国开始持一种开放的态度,采取相同或相似的规定,专属管辖不再那么强硬,允许采取协议管辖。

与此同时,为了妥善处理各国之间的继承问题,国际社会正努力制定国际条约和区际协定,以减少管辖冲突。2005 年欧洲议会提倡的在继承和遗嘱方面达成包括管辖、法律选择、法律适用、判决的承认与执行方面的绿皮书,获得欧洲国家的普遍认可和欢迎。这是国际社会在继承领域的巨大进步,表明继承领域管辖权的对立正在逐渐缓和,国际合作和协调的步伐正在加快。

三、我国关于涉外继承管辖权的规定

我国对涉外继承案件的管辖并没有作出单独规定，而2007年修订的《民事诉讼法》第34条规定：“下列案件，由本条规定的人民法院专属管辖：（一）因不动产纠纷提起的诉讼，由不动产所在地人民法院管辖；（二）因港口作业中发生纠纷提起的诉讼，由港口所在地人民法院管辖；（三）因继承遗产纠纷提起的诉讼，由被继承人死亡时住所地或者主要遗产所在地人民法院管辖。”即涉外继承遗产的诉讼，应由被继承人生前户籍所在地或主要遗产所在地人民法院管辖，主要遗产为不动产的，由不动产所在地人民法院管辖。需要注意的是，该条所指的“专属管辖”并非意味着这些案件属于一个国家的专属管辖，而是指在我国国内不同法院之间管辖权的划分。

第二节　涉外法定继承的法律适用

案　例

王某系具有美国国籍在纽约有住所的华人，1996年2月回中国探亲期间病故于上海，未留遗嘱。王某在上海遗有一栋别墅和200万元人民币的存款，在美国纽约遗有一套公寓房、两家商店、三辆汽车、若干存款。王某在纽约没有亲属，其在上海的亲属因继承王某遗产发生争议，诉至上海某人民法院。

根据国际私法规则，如果上海某人民法院受理了该案件，在裁决案件时，应适用哪国法律进行裁判？是否应当区分动产和不动产分别适用法律？

一、涉外法定继承的法律冲突

法定继承又称为无遗嘱继承，是指在被继承人没有订立遗嘱或虽订有遗嘱但该遗嘱无效的情况下，直接依照法律规定的条件和程序，将被继承人的遗产分配给继承人所有的一种继承方式。法定继承以一定的人身关系为前提，这种人身关系包括继承人和被继承人之间的婚姻、血缘关系。法定继承中如果包含有涉外因素，如被继承人或继承人是外国人，或者主要遗产位于国外，或者引起继承发生的被继承人死亡这一法律事实发生在国外，该法定继承便会因为涉及不同国家法律的适用而发生法律冲突。

涉外法定继承的法律冲突主要表现在以下几个方面：

（一）继承开始时间

继承从被继承人死亡时开始，自然人死亡分为两种情形：自然死亡和宣告死亡。各国判断自然死亡的标准不同，有些国家采取心脏停止跳动标准，而有的国家则采取脑死亡标准，这易引发法律冲突。在宣告死亡时，常因各国推定死亡时间的确认标准不同而产生法律冲突，如根据《苏俄民法典》，在宣告死亡时，一般以该宣告死亡判决生效之日作为被宣告人的死亡时间，继承从此时开始；只有出于有死亡威胁或者根据断定他死于某种不幸事故的情况下宣告失踪公民死亡时，才以法院在判决中确定他可能死亡的日期为死亡时间，继承从此时开始。我国《民法通则》规定，被宣告死亡的人以法院判决宣告之日为死亡日期，继承自自然人宣告死亡之日开始。这与《苏俄民法典》中“判决生效之日”的规定不同。因此，继承开始的时间会发生法律冲突。

（二）法定继承人的范围

由于各国历史传统和社会习惯不同，法定继承人范围也不相同。各国立法对于法定继承人范围的规定主要有以下几种情形：

1. 较为宽泛的规定。部分国家为了使被继承人的财产不致因其死亡而外流、分散，保持财产和资本的集中，把继承人的范围规定得较为广泛。《德国民法典》第 1924—1929 条规定了五个等级的继承人：直系血亲卑亲属、父母及其直系血亲卑亲属、祖父母（外祖父母）及其直系血亲卑亲属、曾祖父母及其直系血亲卑亲属、高祖父母及其直系血亲卑亲属。这一规定几乎把与死者有血亲关系的所有生存的人都纳入了法定继承人的范围。《法国民法典》规定的继承人范围除包括直系卑亲属和直系尊亲属外，还包括十二亲等以内的旁系血亲。

2. 较为严格的规定。我国、俄罗斯和东欧各国，通常把继承人范围规定得比较狭窄，《捷克民法典》规定的继承人范围包括配偶、子女、父母、兄弟姐妹以及与被继承人共同生活一年以上，与他一起经营共同家产并因此而关心共同家产或者受被继承人扶养的人。《俄罗斯联邦民法典》以死者为基准在三等血亲之内确定继承人。

3. 拟制血亲及兄弟姐妹继承权的不同规定。拟制血亲指被继承人的配偶、养子女、非婚生子女等。虽然各国都将男女平等、配偶互相继承、养子女与婚生子女待遇平等作为继承的基本原则，但一些国家在继承权的具体问题上有不同规定，如法国对配偶的继承权进行了限制。《法国民法典》规定，对于养子女的继承权，法国只承认养子女对其养亲的遗产有继承权，而对其他亲属的遗产没有继承权。瑞士、德国、西班牙等国则直接规定养子女不可以作为继承人。

（三）法定继承人的顺序

根据继承人与被继承人血缘关系的远近及经济上互相依赖的程度，法律会设定继承人在继承遗产时的先后次序，如《法国民法典》第 731 条规定了四个继承顺序,即死者的子女及其直系卑血亲、直系尊血亲、其他旁系血亲、尚生存的配偶。《日本民法典》规定了四个继承顺序,即直系卑亲属、直系尊亲属、兄弟姐妹、兄弟姐妹的直系卑亲属,配偶则可以与任何一个顺序的继承人共同继承。《德国民法典》规定了五个顺序,即死者的后裔、死者的父母及其后裔、死者的祖父母和外祖父母及其后裔、死者的曾祖父母及其后裔、死者较远的后裔及其后裔。

(四) 法定继承人的份额

同一顺序继承人各自应当继承的份额,在各国继承法中都有明确规定,但差异较大。主要有两种做法:一是考虑亲等疏密,按照比例分配遗产,如《日本民法典》按遗产的固定比例,对继承人应继承份额作了甚为详细的规定:(1) 直系卑亲属及配偶是继承人时,直系卑亲属应继承遗产的2/3,配偶可继承遗产的1/3;(2) 直系尊亲属及配偶是继承人时,配偶与直系尊亲属应各继承遗产的1/2;(3) 配偶及兄弟姐妹是继承人时,配偶的份额为遗产的2/3,兄弟姐妹为1/3;(4) 直系卑血亲、直系尊血亲或兄弟姐妹有数人时,各自继承的份额应相等。另一做法是采取平等分配原则,如《法国民法典》规定对不同顺序继承人取得的遗产份额不同,但对同一顺序继承人则采取平均分配的原则。

(五) 遗产的管理

在大陆法系国家,一般情况下除非被继承人在遗嘱中指定遗嘱执行人,否则直接由继承人取得遗产。普通法系国家却采取间接继承制度,即继承开始后,继承人不能直接取得遗产,如果死者没有遗嘱,或者在遗嘱中未指定执行人,由法院任命遗产管理人进行遗产分配。

(六) 法定继承接受和放弃的程序

有些国家法律规定,继承人在继承开始后遗产分配前未表示接受或放弃继承的,推定继承人放弃继承。有些国家法律却规定继承人在继承开始后规定的时间内,未作出接受或放弃继承表示的,视为继承人已经接受继承,如《德国民法典》1943条规定:“未在规定期间表示放弃者,视为已经接受继承。”

(七) 代位继承

代位继承指被继承人的子女先于被继承人死亡时,由被继承人子女的晚辈直系血亲代替先死亡的长辈直系血亲继承被继承人遗产的一项法定继承制度,又称间接继承。绝大多数国家立法中都规定了代位继承制度,但各国具体规定不尽相同,如《法国民法典》规定直系卑血亲都可以代位继承,并且没有代数限制。日本规定代位继承人除被继承人的直系卑血亲外,兄弟姐妹的子女及其直系卑血亲也可以代位继承。

此外,各国法律对于丧失继承权的条件、无人继承财产等许多问题的规定也不同。

二、涉外法定继承的法律适用

对涉外法定继承如何适用法律，各国具体规定不同，大体上可归为下列两种制度：

（一）区别制（scission system）

区别制，又称分割制，是指在涉外继承中，按照遗产的性质将其区分为动产和不动产，分别适用不同的准据法，动产适用被继承人的属人法，不动产适用遗产所在地法。

区别制的起源可以追溯到14世纪意大利法则区别说，主张把动产继承归入“人法”范畴，适用死者的属人法，而把不动产继承列入“物法”范畴，适用物之所在地法。目前，区别制为英美法系国家和若干大陆法系国家所采用，包括美国、英国、法国、卢森堡、泰国、智利、保加利亚等国，我国也采用区别制。如1939年《泰国国际私法》第37条规定：“不动产继承，依财产所在地法”；第38条规定：“动产继承，不论法定继承或遗嘱继承，都依被继承人死亡时之住所地法。”关于被继承人的属人法，绝大多数国家是指被继承人的住所地法，如法国、泰国及普通法系国家；也有国家指继承人的本国法，如土耳其。

采用区别制主要是基于不动产价值较大，与所在国关系密切，适用物之所在地法可以保证有关判决能得到外国的承认和执行。但是，区别制在一个继承关系中引入了几个不同国家的法律，将涉外继承变得更加复杂，很容易在案件审理过程中出现法律适用方面的不便和困难。此外，适用区别制还存在先决问题，即要对遗产的性质进行识别，而各国关于动产和不动产的规定又存在差异。因此，区别制会产生诸多弊端。

（二）同一制（unitary system）

同一制，又称单一制，是指在涉外继承中，把被继承人的遗产视为一个整体，既不区分动产与不动产，也不论遗产是否处于不同国家，继承关系统一依据同一法律适用原则确定准据法，即适用被继承人的属人法（本国法或者住所地法）。

同一制是以古代罗马法的“总括继承（universal succession）”为理论基础逐步发展起来的。19世纪中叶后，该制度被许多国家立法和实践所采用，并得到一些国际公约的肯定，如1928年《布斯塔曼特法典》第7条规定，“继承依被继承人的属人法”，只是没有指明是住所地法还是本国法，而听任有关国家自行决定。在采用同一制的国家中，有些国家规定被继承人的属人法作为涉外继承关系的准据法，这是因为按照古代罗马法的观点，继承就是继承人在法律上取得被继承人的地位，是死者人格的延伸。此外，就各国继承制度而言，继承人的范围、顺序等问题都是依死者的亲属关系确定，亲属法上的变化，必然直接影响到继承关系,故继承应该统一适用死者属人法。例如,1898 年《日本法例》第 26 条规定:“继承,依被继承人的本国法。”还有少数国家适用遗产所在地法,如乌拉圭。采用这一规则的国家认为,在涉及继承的法律冲突时,应该根据物权法律适用原则,即“物权依物之所在地法”适用遗产所在地法。但是,由于现在被继承遗产的分布更为分散,往往处于不同国家,遗产中动产的比例也越来越高,遗产继承的处理受到各国不同法律的支配,这种做法已经越来越不利于解决涉外继承关系的法律适用。

采用同一制最大的优势在于简单方便,无论遗产分布在几个国家,都可以按照同一个法律规定进行处理。但同一制也有其缺陷,即如果遗产中的不动产位于死者国籍国或者住所地国外的其他国家,而且被继承者国籍国或者住所地国同不动产所在地国关于不动产继承的实体法规定差异很大,那么根据死者属人法作出的判决,往往不能在不动产所在地国得到承认和执行。

鉴于区别制和同一制都有其固有的缺陷,还有些国家采用了折中的做法,即以属人法为主,兼采财产所在地法,如苏联等。这些国家原则上规定涉外继承适用死者的属人法,但又强调不动产法定继承必须受不动产所在地法支配。而更多的国家为了寻求区别制和同一制的协调,在继承制度中接受反致和转致,如日本是典型的以被继承人本国法为唯一依据的同一制国家,但是如果一个采取区别制国家的公民死后在日本遗留有不动产,对于该不动产的继承,日本法院会根据该外国死者本国的有关不动产继承依物之所在地法的冲突规范而最终适用日本法。

三、我国关于涉外继承的规定

我国《涉外民事关系法律适用法》对于涉外继承方面采用区别制,该法第 31 条规定:“法定继承,适用被继承人死亡时经常居所地法律,但不动产法定继承,适用不动产所在地法律。”

《继承法》第 36 条规定:“中国公民继承在中华人民共和国境外的遗产或者继承在中华人民共和国境内的外国人的遗产,动产适用被继承人住所地法律,不动产适用不动产所在地法律。外国人继承在中华人民共和国境内的遗产或者继承在中华人民共和国境外的中国公民的遗产,动产适用被继承人住所地法律,不动产适用不动产所在地法律。”

《民法通则》第 149 条规定:“遗产的法定继承,动产适用被继承人死亡时住所地法律,不动产适用不动产所在地法律。”该规定在确定动产的准据法时,选用的是“被继承人死亡时的住所地法”,而《涉外民事关系法律适用法》采用的是“被继承人死亡时的经常居所地法”。“住所地”的构成要有主客观两方面的因素:一是在一定的地方有居住的事实,二是在一定的地方有设立“家”的主观意愿。“经常居所地”则简单得多,只需客观上满足除住所以外,连续居住一年以上即可。后者在实践中更容易操作,而且自第二次世界大战后国际私法出现了以经常居所为连结点的趋向。海牙国际私法会议自 1956 年以来便舍弃了早期的海牙公约所采取的国籍国法主义,转而采用经常居所这一连结点。《涉外民事关系法律适用法》首次以经常居所为主要连结点,符合经济全球化背景下国内外自然人、法人民事往来日益频繁的新形势和新情况。此外,该法第 34 条增加了《民法通则》中并未涉及的遗产管理等事项:“遗产管理等事项,适用遗产所在地法律。”这弥补了此前的法律空白。

第三节　涉外遗嘱继承的法律适用

遗嘱是被继承人生前依法对其财产进行预先处分,并于死后发生法律效力的单方法律行为。根据“当事人意思自治”的理念,遗嘱继承优先于法定继承。各国均允许被继承人在不违反强制性法律规定的前提下,按照自己的意思处理其遗产。遗嘱继承主要涉及遗嘱人的能力、遗嘱方式、遗嘱内容和遗嘱撤销等问题。

案　例

莱瓦尔德授产案

一 20 岁英国女子与一法国男子结婚后,移居到法国。她 20 岁时立下遗嘱,指明其丈夫为唯一继承人。10 年后她在法国去世。依照当时英国的法律,具有立遗嘱行为能力的法定年龄为 21 岁。而法国法规定,不足 21 岁但满 16 岁的人,可以立遗嘱处置其足龄时有权处置财产的一半。如果适用英国法律,那么该女子立遗嘱时是不具备法律规定的立遗嘱的行为能力,遗嘱自然无效,应该按照法定继承的程序分配遗产。但如果适用法国法律,那么该女子所立遗嘱虽不是全部有效,但其 1/2 的遗产应该按照遗嘱进行分配,剩余的 1/2 遗产再按照法定继承的程序分配。

本案的法律冲突属于遗嘱继承冲突的哪种类型?应当适用哪国法律作为准据法?该女子的遗嘱是否有效?

一、涉外遗嘱继承的法律冲突

涉外遗嘱继承的法律冲突主要表现在以下几个方面:

（一）遗嘱的能力

遗嘱能力指自然人能够订立有效遗嘱的法律资格。遗嘱人具有遗嘱能力是各国承认遗嘱有效的必备条件之一，但各国确定遗嘱能力的标准却各有不同。

多数国家对于遗嘱能力的认定标准与行为能力的认定标准基本相同，如美国、加拿大、英国、保加利亚等国的规定。也有部分国家采用立遗嘱的能力与行为能力不一致的做法。一些国家和地区认为遗嘱行为是单方法律行为，与相对性的契约行为不同，即使不具有完全行为能力的未成年人在一定条件下也具有遗嘱能力。例如，我国台湾地区规定，满 20 岁为完全行为能力人，但是满 16 岁的人，虽然是限制行为能力人，仍可订立遗嘱。日本规定满 20 岁为成年，但已满 15 岁的人就可以订立遗嘱。西班牙规定满 25 岁的人才具有完全行为能力，但已满 14 岁的人便可以订立遗嘱。

（二）遗嘱的内容

遗嘱的内容是遗嘱人对其财产进行处分的意思表示。遗嘱人虽然享受意思自治的自由，但各国法律出于公序良俗的考虑，都会对其权利进行一定的限制，防止遗嘱权利人滥用其权利，以实现法律的公平与正义。尤其是在各国都开始注重人权保护之后，“特留份”制度开始兴起。遗嘱人在设立遗嘱时，如果没有给特留份权利人保留法定的份额，则其相应部分的处分无效。

遗嘱人在处分其财产上所享有的自由度，各国具体规定并不相同，如《法国民法典》第 913 条至第 916 条规定，在有直系尊血亲或直系卑血亲时，遗嘱人只能处分其部分财产。如遗嘱人死亡时遗有一个子女，遗嘱人处分其财产不得超过其所有财产的半数；遗有两个子女时，遗嘱人处分其财产不得超过 1/3；遗有子女三人以上时，遗嘱人处分其财产的比例不得超过 1/4；父系和母系各有尊亲属一人或数人时，遗嘱人处分其财产不得超过半数；只有一系遗有尊亲属时，处分财产不得超过 3/4。只有在无直系尊血亲和卑血亲时，处分人得以生前赠与或遗嘱处分其全部财产。简而言之，被继承人所需扶养或抚养的继承人越多，遗嘱人可自由处分的遗产越少。同样，按照英国现行法律的规定，被继承人的未亡配偶、未成年或无劳动能力的儿子以及未成年或未出嫁的女儿，都有权取得一定数额的遗产。各国在特留份制度的具体规定上的不同，使得跨国继承不可避免地会出现法律冲突。

（三）遗嘱的方式

案　例

普利斯特案

一位英格兰籍人士，住所在英格兰，在苏格兰订立了一份遗嘱，将其遗产遗赠给一位妇女，遗嘱由两位证人予以证明，其中一位证人是受遗赠妇女的丈夫。根据英格兰法律，遗嘱不能由受遗赠人的丈夫或妻子证明，因此该遗赠无效。而按照遗嘱做成地苏格兰法律的规定，该遗赠可以作为无人证明的亲笔遗嘱而发生效力。

遗嘱是一种要式法律行为，立遗嘱必须具备一定的法定形式和程序。基本上各国法律都明文规定了本国所认可的设立遗嘱的方式，但相互之间却存在着较大差异。首先，各国的分类方式存在差异，如英美法系国家采用无公证遗嘱形式，法国、日本、瑞士等国采用无代书遗嘱的规定。其次，即使采用相同名称的遗嘱方式，其内容也不完全相同，如在瑞士的法律中普通遗嘱指自书遗嘱和公证遗嘱，而《日本民法典》第 967—984 条将立遗嘱的方式分为普通方式和特别方式两类，普通方式的遗嘱有自书遗嘱、公证遗嘱和密封证书遗嘱三种。再次，对于各种遗嘱方式的适用条件和有效成立的规定也有不同，如日本和我国都允许遗嘱人在危急情况下订立口头遗嘱，但两国对口头遗嘱的具体要求并不一样。日本法律规定面临死亡危机的人订立口头遗嘱时应有三个以上的人在场，其中一人按遗嘱人口授笔录，到场的人签名盖章，并在 20 天内由家庭裁判所确认。而我国《继承法》规定危急情况下的人订立口头遗嘱时应有两个以上见证人在场见证，而没有规定口头遗嘱必须要有书面记录，也没有规定口头遗嘱必须送交有关机构确认。各国对见证人、代书人的资格也有不同的要求。另外，即使相同的遗嘱方式，适用的对象也可能不相同。

（四）遗嘱的变更和撤销

遗嘱是遗嘱人死亡时才发生法律效力的行为。在遗嘱生效前，遗嘱人可以自由地变更或撤销自己所立的遗嘱，这也是遗嘱人充分享受意思自治的一种体现。

在变更和撤销遗嘱的程序和方式上，各国立法存在较大差异，如《法国民法典》第 1005 条规定："遗嘱，仅得以日后重订的遗嘱或在公证人面前作成证书以声明改变意志而全部或部分取消。"第 1003 条规定："日后重订的遗嘱未明白取消以前的遗嘱时，以前的遗嘱中与新订的遗嘱相抵触或相反的条款无效。"《日本民法典》第 1024 条规定："遗嘱人故意毁弃遗嘱时，毁弃部分视为撤销。遗嘱人故意毁弃遗赠标的物时，亦同。"《美国统一继承法典》规定的撤销和变更遗嘱的方式主要有两种：一是重新制作明确撤销前一遗嘱的全部或其中一部分的遗嘱，或者制作与前一遗嘱相矛盾的遗嘱；二是遗嘱人基于撤销遗嘱的目的，烧毁、撕毁、盖销、涂抹或消除遗嘱。

二、涉外遗嘱继承的法律适用

上述的各种法律冲突，各自具有不同的性质。因此，对于遗嘱的法律适用问题上，各国立法以及相关的国际条约通常都选择针对不同的冲突规定不同的法律适用规则。

（一）涉外遗嘱能力的法律适用

关于遗嘱能力的法律适用，各国实践中所采取的原则不同，概括起来主要有以下两种：

1. 适用遗嘱人的属人法

遗嘱人是否具有遗嘱能力以遗嘱人立遗嘱时或者死亡时是否具有行为能力为前提。所以，绝大多数国家主张应当由立遗嘱人立遗嘱时或死亡时的属人法决定。但是，即使是遗嘱人的属人法也有不同：一部分国家认为立遗嘱能力与遗嘱人的国籍国有本质联系，且国籍相对比较稳定，更容易加以确定，有利于冲突的及时解决，因此采用被继承人的本国法，如日本、奥地利、韩国、捷克、埃及等；另外一部分国家考虑在多数情况下，惯常居所地或住所地与自然人的联系更为紧密，通常是遗嘱人的利益集中地，而适用被继承人的住所地法，如苏联、阿根廷等国均采用此主张。1974 年的《阿根廷国际私法草案》第 31 条规定："成立、变更或撤销遗嘱的能力……依遗嘱人立遗嘱时的住所地法。新住所的取得，不得剥夺遗嘱人在原住所已取得的撤销遗嘱的能力。"此外，还有一类特殊的采用多种选择型连结点来确定准据法的方法，如 1988 年《瑞士联邦国际私法》第 97 条规定："根据遗嘱人的住所地法律或习惯居所地法律，或其本国法律的规定，遗嘱人有立遗嘱能力的，即具有成立遗嘱的能力。"采用这一法律适用原则的还有《布斯塔曼特法典》等。采用宽松灵活的做法，对遗嘱能力适用多种连结点指引准据法，目的是促使遗嘱有效，有利于保障涉外民事法律关系的稳定性，实现当事人的意思自治。

适用遗嘱人的属人法时，如果遗嘱人在订立遗嘱后遗嘱生效前，更换住所或者国籍，应当以何时的属人法为准？根据法律上的一个基本理念，一个法律行为有效与否，不应因以后属人法的改变而改变，同样，立遗嘱的能力也不因为事后属人法的改变而丧失。因此，在各国的立法和司法实践中，多规定适用被继承人立遗嘱时的属人法，如日本、泰国、波兰和土耳其等国。在美国，一些州对遗嘱人处理动产的能力采用遗嘱人死亡时的住所地法。其主要理由是遗嘱是遗嘱人死后发生效力的，遗嘱人在死前还不能创设一个权利，所以应该适用法律行为生效时的法律。另外，1979 年《奥地利联邦国际私法法规》采用了结果选择的方法，原则上适用立遗嘱时被继承人的属人法，但如果依该法遗嘱人无立遗嘱能力而依被继承人死亡时的属人法有立遗嘱能力时，则适用被继承人死亡时的属人法。

2. 适用遗产所在地法

只有南美极少数国家采用此原则。

3. 遗嘱能力法律适用的区别制方法

与法定继承中的区别制类似，此方法也是按照遗嘱处分财产的性质，将遗产区分为动产和不动产，处分动产的遗嘱能力适用遗嘱人的住所地法，处分不动产的遗嘱能力适用不动产所在地法，如英国、爱尔兰、法国和美国的一些州就采用此种方法。在英国，动产遗嘱的能力由被继承人的住所地法决定。英国学者戚希尔和诺思认为，对不动产遗嘱的能力应由不动产所在地法决定，至少当不动产位于英国时。这样立法主要是防止单纯依属人法来确定遗嘱能力可能有违不动产所在国家的强制性规定，而使得继承不能进行。

（二）涉外遗嘱内容和效力的法律适用

遗嘱的内容是处分遗产的依据，对于遗嘱内容违反国家法律要求的，往往认定遗嘱无效。关于遗嘱内容和效力的实体规定不同所引起的法律冲突，各国采取的法律适用原则与确定遗嘱人能力的法律适用原则相似，主要存在两种模式：

1. 适用遗嘱人的属人法（住所地法或者本国法）。采用这一原则的国家有日本、韩国、波兰、泰国、秘鲁、阿根廷等。在立法上还有立遗嘱时的属人法和死亡时的属人法的差别，如日本主张遗嘱的成立及效力依其立遗嘱时的本国法，南斯拉夫则要求对继承依被继承人死亡时的本国法。

2. 采用区别制确定遗嘱内容和效力的准据法。对动产遗嘱的内容与效力适用遗嘱人的属人法，对不动产遗嘱的内容与效力适用不动产所在地法，英国、美国、法国、瑞士等国家采用此做法。

此外，为了能更好地实现当事人意思自治的理念，保证遗嘱的有效性，现代还出现了允许遗嘱人主动选择适用法律的做法，如1995年《意大利国际私法制度改革法》第46条第2款规定："被继承人可以通过其遗嘱中的明示条款选择其惯常居所地法律适用于其所有财产的继承。"

在莱瓦尔德授产案中，英国法院在确定被继承人莱瓦尔德的立遗嘱能力时，适用的属人法是"当事人住所地法"，即法国法。根据法国法的规定，莱瓦尔德已经年满16岁，因此其遗产的1/2应该按照遗嘱处分，由其丈夫所有，而另一半遗产是莱瓦尔德无权处分的财产，作为未指定继承人的情况处理。

（三）涉外遗嘱方式的法律适用

立遗嘱作为一个法律行为，应当受国际私法中"场所支配行为"原则的支配，因此其方式应该符合立遗嘱行为地法的规定。同时，遗嘱必然会涉及遗嘱人和继承人之间的身份关系，所以也可以适用遗嘱人的属人法。各国在具体规定上述连结点时，又可以区分为同一制和区别制两种制度。

实行同一制的国家不区分动产和不动产，统一规定适用的法律，即立遗嘱人的属人法或者立遗嘱时行为地法。具体的立法方式又分为两种:一是采用有条件的选择性冲突规范。优先适用遗嘱人的属人法,在属人法认为遗嘱方式无效,但立遗嘱时的行为地法认为遗嘱有效时,采用行为地法的规定。二是采用无条件的选择性冲突规范。选择适用遗嘱人的属人法或者立遗嘱时的行为地法,二者之间并没有主次之分,法院可以任选其中一个法律适用,即二者之中只要有一个国家的法律认为遗嘱方式有效,即承认其有效,如 1939 年《泰国国际私法》第 40 条规定:“遗嘱的方式,依遗嘱人本国法,或依遗嘱地法。”

区别制则将遗产区分为动产和不动产,分别确定准据法,不动产遗嘱方式适用不动产所在地法,动产遗嘱方式则比较灵活,可以在遗嘱人属人法和立遗嘱地法之间选择适用。区别制的立法代表是 1961 年海牙国际私法会议制定的《遗嘱处分方式法律适用公约》。该公约对遗嘱方式的准据法采取了宽松灵活的态度,其规定:凡遗嘱处分在方式上符合下列各法律的即为有效:(1) 遗嘱人立遗嘱时所在地法;(2) 遗嘱人立遗嘱时或死亡时的国籍国法;(3) 遗嘱人立遗嘱时或死亡时的住所地法;(4) 遗嘱人立遗嘱时或死亡时的惯常居所地法;(5) 在涉及不动产时财产所在地法。同时,公约还补充规定,它不妨碍缔约国现有的或将来指定的法律规定上述规则所指定的法律以外的法律所确定的遗嘱方式之有效性。一些国家受到该公约的影响,在本国立法中采用区别制体现了这种精神,如英国、瑞士、比利时、德国等。

在普利斯特案中,根据英格兰的冲突规范,符合遗嘱人住所地法或者遗嘱做成地法要求的遗嘱形式都是有效的。但是,英格兰法院在审理时认为,遗嘱人既然按照英格兰法律请了两位证人证明其所立的遗嘱,说明其意图是为了符合英格兰法律的规定,而不是做成苏格兰法律规定的无人证明的亲笔遗嘱。由于证明方式不符合英格兰的法律,因此法院判定此遗赠无效。

(四) 涉外遗嘱变更和撤销的法律适用

遗嘱的变更和撤销涉及两个问题:一是变更和撤销的能力;二是变更和撤销的形式。许多国家,如捷克、奥地利等通常对遗嘱的变更和撤销并不另行规定准据法,而分别适用确定遗嘱能力的准据法和遗嘱方式的准据法。不过,1928 年的《布斯塔曼特法典》对此问题进行了单独规定,其第 151 条规定:“关于撤销遗嘱的程序、条件和效力,依遗嘱人的属人法,但撤销的推定决定于当地法。”此外,还有一些国家也采用了这一做法,如 1986 年修订的《德国国际私法法规》第 26 条第 5 款规定:“遗嘱撤销依支配继承关系的法律,该法通常情况下为死者死亡时的本国法。”

英美法系国家的立法比较特殊,一般是区分动产和不动产以及不同类型的遗嘱撤销方式,分别适用不同的法律。如美国在判断动产遗嘱撤销的效力时,法院会适用决定动产遗嘱其他问题的住所地法。在遗嘱人以正式文件撤销遗嘱时，通常采用支持遗嘱人所要进行的处分的法律。如果因为离婚而发生撤销遗嘱的问题，则适用离婚时的住所地法。如果因为结婚或者子女出生而发生撤销遗嘱的问题，一般适用遗嘱人死亡时的住所地法。对于不动产遗嘱撤销的效力，通常适用不动产所在地法。

（五）涉外遗嘱解释的法律适用

一般认为遗嘱的解释应该受到遗嘱实质要件准据法的支配，即遗嘱的成立和生效适用的法律。但是有一些国家对遗嘱解释的准据法作了专门的规定，如1939年《泰国国际私法》第41条规定："遗嘱的效力与解释以及遗嘱全部或部分无效，依遗嘱人死亡时住所地法。"

三、我国关于涉外遗嘱继承的规定

传统的冲突规范所采用的法律选择方法有许多不足之处，目前国际上对冲突规范进行软化处理的主要手段之一就是用灵活、开放的连结因素代替以前刚性、固定的连结点。1961年的《遗嘱处分方式法律适用公约》在遗嘱效力的确认上采用了此类立法方式后，已经被多国立法所吸收，我国在新的适用法中，也使用这种立法体例，无疑是迎合了国际私法的发展趋势。

我国《涉外民事关系法律适用法》对于遗嘱继承作出了具体规定，涉及遗嘱的方式和效力两个方面内容。该法第32条规定："遗嘱方式，符合遗嘱人立遗嘱时或者死亡时经常居所地法律、国籍国法律或者遗嘱行为地法律的，遗嘱均为成立。"第33条规定："遗嘱效力，适用遗嘱人立遗嘱时或者死亡时经常居所地法律或者国籍国法律。"这两条都采用了符合当前国际立法趋势的选择性冲突规范，只要遗嘱的方式或效力符合法条规定的任一法律，均为有效的遗嘱方式。

虽然在案件涉及立遗嘱能力和遗嘱内容等问题时，我们可以将其视为遗嘱的效力问题，根据《涉外民事关系法律适用法》第33条判断法律依据，但是该法仍然没有涵盖涉外遗嘱继承中可能会出现的法律冲突，如遗嘱的解释、遗嘱的撤销和变更等问题。

第四节　涉外无人继承财产的法律适用

无人继承的财产，是指继承已经开始，但是在法定期限内，无人接受继承或者受领遗赠的遗产。例如，被继承人死亡后，没有法定继承人，也没有立下遗嘱指定继承人，或者所有的继承人都放弃或都被剥夺继承权等。在有无继承人情况不明时，各国通常会由有权机关发布公告，在公告期满后仍无人受领的遗产，也会被视为是无人继承的财产。

一、涉外无人继承财产的法律冲突

（一）涉外认定无人继承财产的法律冲突

案 例

福尔果案

福尔果是非婚生子，取得巴伐利亚籍，但自5岁随其母亲去法国后一直在法国生活，在法国有事实上的住所。按照当时法国法，外国人在法国取得住所必须办理法律手续，获得所谓"住所准许"。福尔果从未取得这种"住所准许"。1869年，福尔果在法国未立遗嘱而去世，留下动产在法国。福尔果的母亲、妻子都已死亡，又没有子女，他母亲的旁系亲属要求继承遗产，于是在法国法院提起诉讼。

依据当时的法国法，非婚生子的旁系亲属没有继承权，因此该动产为无人继承财产。但是，如果依据福尔果的原始住所巴伐利亚的继承法，他的旁系亲属是有继承权的。因此，在该案中，无人继承财产适用不同的法律，得出的结论也会截然不同。

由于各国立法关于继承人的范围、应继份额、特留份、可继承财产的范围等方面的规定都存在着很大的差异，因此，在判定死者的遗产是否为无人继承财产时，依据不同国家的法律，很有可能得出不同的结论。此外，各国在有无继承人情况不明时进行公告时间的长短也不同，如1907年《瑞士民法典》第555条规定："主管官厅以适当方式公告后一年内无人申请继承，且继承人仍不详时，遗产归属于有继承资格的国家机关。"

（二）涉外无人继承财产归属的法律冲突

对于无人继承的财产，各国一般规定收归国库或者其他公共团体，但是国家或公共团体取得财产的两种立法理念却相互不同，这也是产生法律冲突的根本原因。

案 例

马尔多纳多继承案

伊露萨·亨纳得斯·马尔多纳多是西班牙人，于1924年10月11日死于西班牙的住所中。死者没有任何享有继承权的亲属,也没有留下遗嘱指定继承人。死者在英国留下一笔遗产,该遗产是由英国伦敦汉堡罗斯银行股份有限公司保管的价值2.6万英镑的股票。西班牙政府在英国有关法院提起诉讼,要求由西班牙政府指定的代理人受领其遗产,但是英国财政部法务官则主张该遗产应该归英国政府所有。

1. 法定继承人说

该说由德国法学家萨维尼首创。其主张无论财产位于何处,被继承人的国籍国都可基于其与被继承人之间的特殊人格关系而以特殊继承人的资格取得无人继承的财产。因此,无人继承的财产应该由被继承人的国籍国所有。德国、意大利、西班牙、瑞典和瑞士等国都采取这一做法,如《西班牙民法典》第956条规定,当一个死者没有留下遗嘱,而本身又无子女、父母、祖父母、配偶以及其他在第六亲等内的旁系血亲,则国家将会以最后继承人的身份取得死者的遗产,然后送到慈善机构。实际上,根据法定继承人说,死者的遗产并不是无人继承的财产,只不过国籍国作为法定继承人,在继承顺序上排在最后而已。

2. 无主物先占说

该学说由法国学者魏斯首创。其主张无人继承的财产为无主物,根据国家领土主权,国家将通过先占权取得其领土内的无人继承财产的所有权。因此,无人继承的财产应该由遗产所在地国家所有。持这一主张的国家包括英国、美国大部分州、法国、多数拉丁美洲国家和日本等,如英国1925年《遗产管理法》和1952年《未立遗嘱人遗产法》都规定,无人继承财产归国家所有,国家以先占权取得这一财产。

二、涉外无人继承财产的法律适用

(一)涉外无人继承财产认定的法律适用

在判断遗产是不是无人继承的财产时,各国一般主张依继承本身的准据法来确定,如1984年的《秘鲁民法典》第2100条规定:"继承,无论遗产在何国,只适用死者最后住所地法",即继承,包括无人继承财产,统一适用死者的住所地法,认定无人继承财产也适用同样的法律。1988年的海牙国际私法会议《死者遗产继承法律适用公约》第16条也作了类似规定。这样规定实际上是将无人继承财产的性质认定为继承性质,在继承法的统一精神指导下,适用同样的法律认定财产有无继承人。

此外,一些国家持无主物先占的观点,认为无人继承财产的认定应该依遗产所在地法。这样的立法方式,不仅忽略了被继承人生前订立的遗嘱,而且也没有考虑继承的准据法,因此,依继承准据法有人继承或者依遗嘱有人受遗赠的财产也可能被认定为无人继承的财产。

(二) 无人继承财产归属的法律适用

对于无人继承财产的归属问题的法律适用,主要有同一制和分割制。

1. 同一制

此处的同一制与法定继承中的同一制含义相似,都是将无人继承财产作为一个统一的整体,不区分动产和不动产,采用同一个准据法解决无人继承财产的归属问题。各国的立法和司法实践主要采取以下两种做法:

(1) 适用被继承人的本国法。主张法定继承人主义的国家多采用这种做法。德国在无人继承财产的问题上采用与继承同样的准据法,即采用被继承人的本国法。如果被继承人本国法把国家对无人继承财产的权利视为继承权,德国就把该项财产交给被继承人国籍所属国;如果被继承人本国法把国家对无人继承财产的权利视为对无主物的先占权,则德国就以先占权名义把该项财产收归为德国国库所有。1928 年的《布斯塔曼特法典》第 157 条也规定:"在没有其他继承人时,如法律指定国家为继承人,则应适用权利所产生的人的属人法。"

在马尔多纳多继承案中,西班牙政府主张以被继承人本国法作为该案马尔多纳多无人继承遗产的准据法,即应该由西班牙作为法定继承人继承马尔多纳多的遗产。

(2) 适用财产所在地法。主张无主物先占主义的国家多以支配物权关系的物之所在地法解决无人继承财产的归属问题。1979 年《奥地利联邦国际私法法规》规定,如依死者死亡时的属人法遗产无人继承,或遗产应归于作为法定继承人的领土当局,应适用"死者财产在其死亡时之所在地国家的法律来取代该法律"。法国在审判实践中,对外国人在法国死后留在法国境内的无人继承财产统一适用财产所在地法。

2. 分割制

采用分割制的国家将无人继承财产区分为动产与不动产,动产的处理依被继承人死亡时国籍国法,而不动产的处理依不动产所在地法。1955 年保加利亚和匈牙利之间订立的司法协助条约就有类似规定,该司法协助第 35 条规定:"缔约一方的公民死亡后遗留在缔约对方领土上的无人继承财产,动产归死者国籍所属国的缔约一方所有,不动产归不动产所在地的缔约一方所有。"

三、我国的相关规定

我国《继承法》第 32 条规定:"无人继承又无人受遗赠的遗产,归国家所有;死者生前是集体所有制组织成员的,归所在集体所有制组织所有。"

《涉外民事关系法律适用法》并没有明确规定无人继承财产认定的法律适用。在实践中,多数学者认为仍应该适用《民法通则》第 149 条的规定,采用分割制,即在认定无人继承财产时,动产适用被继承人死亡时住所地法律,不动产适用不动产所在地法律。1954 年我国《外交部、最高人民法院颁布“外国人在华遗产继承问题的处理原则”的指示》第 6 条规定:“如所有合法继承人及受赠人均拒绝受领,或继承人之有无不明,而在公告继承期间(公告期限六个月)无人申请继承者,应收归公有。”可以认为,该规定在一定程度上代表了我国认定无人继承财产的态度和标准。

关于无人继承财产归属的法律适用,我国采用了同一制。《涉外民事关系法律适用法》第 35 条规定:“无人继承遗产的归属,适用被继承人死亡时遗产所在地法律。”这样立法,主要是因为无人继承财产的处理会涉及遗产所在地的利益、判决的承认与执行等问题,适用遗产所在地法更为现实,也是目前大多数国家的普遍做法,因为各国总是希望自己的法律严格控制位于本国境内的物。《继承法》第 36 条第 3 款规定:“中华人民共和国与外国订有条约、协定的,按照条约、协定办理。”也就是说,我国与他国订立的条约、协定应该优先适用,如 1987 年生效的《中蒙领事条约》第 29 条第 4 款规定:“派遣国公民死亡后在接受国境内遗留下的遗产中的动产,应将其移交给派遣国领事官员。”由此可见,我国在订立的个别国际条约中,采用的是区别制,无人继承财产中的动产,由死者所属国所有。

思考题

1. 涉外继承中的遗嘱继承和法定继承的法律适用规则有何异同?

2. 何谓涉外法定继承的“同一制”和“区别制”? 两者的优劣是什么?

3. 对涉外无人继承财产国家应以何种身份来取得这一问题,国际上有哪些主张?

4. 在解决涉外继承的法律冲突方面,海牙国际私法会议取得了显著成绩,主要表现在与继承有关的三个海牙公约,即《死者遗产国际管理公约》、《死者遗产继承法律适用公约》和《遗嘱处分方式法律适用公约》。阅读这三个条约,考虑其分别适用的立法原则是什么? 各自的内容有什么特点?

拓展视野

1. 大陆法系国家对涉外继承关系主要采用以客观连结点为主的间接调整方法,在实践中,各国立法以及相关国际公约主要采用住所、惯常居所、国籍和财产所在地等客观因素作为其冲突规范的连结点。在晚近国际国内立法方面,出现了在继承法律适用中引入有限制的意思自治的趋势。就继承中的意思自治的发展的讨论,可参阅向在胜:《大陆法系国家涉外继承法律适用法比较研究》,载《武汉大学学报(哲学社会科学版)》2007年第6期。

2. 涉外继承案件是否属于专属管辖范围,从我国《民事诉讼法》的规定看,答案似乎是肯定的,但理论上存有相当大的争议,且在实践中这样的理解也难以变成实际操作。就国内层面而言,专属管辖可以从法院职能角度和案件特殊性角度进行广义理解,但在国际层面,尤其涉及司法裁决域外承认与执行问题的时候,专属管辖范围的限制就尤为重要。因此,有关不动产物权、法人清算或破产、知识产权诉讼等专属某国法院管辖的观点和做法,日益成为各国普遍认可的事实。从这个角度看,我们更应审视我国现有规定,从而为涉外继承寻找出合理的法律地位。关于涉外继承案件管辖权的讨论,可参阅刘力:《涉外继承案件专属管辖考》,载《现代法学》2009年第2期。

第四编

尾　论

专题一　法律冲突专论

一、是否存在公法冲突

不同国家之间的公法是否存在冲突？传统观点认为是否定的，因为法律冲突仅存在于私法之间。由于各国原则上都不承认外国公法的效力，因此公法冲突产生的可能性较小。然而在某些特殊情况下，公法冲突是存在的。随着现代社会发展导致在个别问题上也会出现一国承认外国公法的可能，因而也会发生公法冲突。因此，准确地说，与私法冲突不同的是，私法原则上会有冲突，而公法原则上不会产生法律冲突，但会在个别领域出现零星的冲突。

（一）重叠征税引起的公法冲突

法律冲突是法律适用上的冲突，仅仅立法不同不会产生法律冲突。因此，只有在一国司法机关可能承认外国法律的效力，并可能适用的前提下才会产生到底适用哪国法律的矛盾或“抵触”现象，从而产生法律冲突。此外，法律冲突发生在法律适用阶段，因而守法层面也不会产生法律冲突。守法者可能在主观上面临到底遵守哪国法的困境，但这只是一种虚假的困境，而不是真正意义上的法律冲突。

一国公法一般通过地域效力原则对在其领域内从事的活动发生效力，公法通常不具有域外效力。绝大多数情况下，一国不承认外国公法在本国的域外效力。但不能排除在某些领域，有他国公法在本国发生效力导致产生国与国间适用公法冲突的可能。以税法为例，由于各国对境内外征税对象普遍行使税收管辖权，导致跨国经济活动中纳税对象面临被多次征税、重复征税问题，这就是国际双重征税的问题。例如，实行居民税收管辖权的国家要对本国居民纳税人来自于境外的全部所得征税，而居民纳税人在境外的所得也要在来源地国按照来源地税法缴纳税款。为了消除或减轻双重征税的弊端，许多国家签订了避免双重征税的协定。一般而言，根据协定若纳税主体在收入来源地已就其所得纳税，那么其本国在对同一所得进行征税时会采取免征或抵扣部分应纳税额的方式避免重复征税。这相当于承认了外国税法对本国税法及税收制度的影响。公法冲突的产生必然是建立在外国公法对本国产生影响或一定效力的前提下的，在税收领域确实存在外国税法对本国税法产生影响的情况，那么在具体实践中，产生不同国家适用税法的冲突也就不足为奇了。

（二）复合法域下的国内公法冲突

与国际社会不同，在一国范围内的不同法域，更有可能产生公法冲突。在香港和澳门回归后，我国出现了"一国两制、三法系、四法域"的多法域局面。"两制"指不同地区可以实行不同的社会制度，其中当然包括法律制度。而要保持港、澳、台地区原有的法律制度，就需要赋予这些地区制定和保持在本地区内适用的法律的权力。

我国香港和澳门地区制定的法律只需要符合宪法和宪法性法律以及基本法特别载明需要在港、澳地区实行的全国性法律。内地各省、直辖市和民族自治区等地方立法机构制定的法律不仅要符合宪法和宪法性法律，而且要符合所有全国性的法律和行政法规。此外，港、澳地区拥有独立的司法权和终审权。制度设计上的种种差异难免会造成区际法律冲突，其中当然也包括一部分区际公法的冲突。如前文提到的税法冲突在我国不同法域间同样存在。同国与国公法冲突建立在国际条约或双边协定基础上不同的是，区际公法冲突的产生来源于宪法允许不同法律制度并存的明确规定。

以内地公民取得香港永久居留权为例，香港出入境管理处现行要求的条件为：我国内地人士进入香港特别行政区须办理批准手续。内地居民欲赴港定居，须向其内地户口所在地的公安机关出入境管理部门申领《前往港澳通行证》（俗称"单程证"）。有关受理、审批及签发单程证的事宜，均由内地公安机关按照内地法律、政策及行政法规办理。根据该规定，内地公民赴港定居的人数、条件和申请程序都是依照内地法律和行政规章办理的，而香港出入境管理当局认可内地公安管理机关签发的单程证。这说明内地的行政管理行为和行政管理法规在香港法域具有域外效力，也说明香港有关取得在港长期居留权的条件为内地法域认同，也产生了域外效力。某一法域的法律在他法域具有域外效力是产生法律冲突的前提。香港与内地互相认可关于内地公民在港长期居留的有关行政管理法规，而行政管理法规属于公法范畴，因此一国不同法域间产生公法冲突成为可能。

二、宪法对冲突法的影响

作为"高级法"或"根本法"的宪法与其他法律部门之间的联系看起来并不紧密，特别是与国际法的联系有时让人感觉相距遥远。这或许正是其高级法的地位所造成的错觉。不过，公、私法律划分或国际法与国内法的划分并没有使二者截然脱离。宪法的"高级"或"根本"地位就像太阳的引力一样，紧紧地吸引着各部门法。冲突法就是这样一颗被宪法的引力吸引，而在遥远的轨道上围绕宪法旋转的"行星"。

宪法的基本内容分为两个方面：一是国家与地方权力分配，以及立法、行政和司法三权在中央政府机关之间的分配；二是对人民基本权利的保护。这两个方面都与冲突法有关。国家权力分配和政权结构形式直接关系到国内法律冲突的产生，以及立法权和司法权的具体表现，从而对一国国内法律冲突的解决方式产生直接影响。法律冲突在冲突法中主要表现为民商事方面的法律冲突，而民商事法律冲突实质上涉及不同法域人民的基本权利冲突，现代宪法的另一主要功能就是以根本法的形式保障人民基本权利。宪法的根本法地位是通过宪法审查制度来保障的，它架起了宪法对冲突法施加直接影响和限制的桥梁。

冲突法虽然从法律渊源的角度看，具有国内法与国际法的双重性，并且因其调整国际民商事关系而被视为广义国际法的范畴，但又不可避免地受到宪法的影响和制约。冲突法虽然具有私法特性，但也含有公法的内容，如管辖权、法律选择适用和司法协助中都涉及不同国家或地区立法权和司法权的分配，而这正是宪法需要调整的问题。

（一）不同时期宪政思想对冲突法基本理论的影响

宪法作为一个法律部门虽然是近代资产阶级革命的产物，但宪法思想由来已久，伴随着法理学思想在古代就已萌芽。古代的宪法思想主要是关于国家起源和形式、权力来源和行使等方面，比较零散，往往带有很浓厚的自然法色彩。有关人权保护的宪法思想虽然产生于资产阶级革命以后，但仍然避免不了受自然法的影响。正因为如此，这些关于理想状态的法律思想或应然法思想对其他法律部门的形成和发展起到了指导作用。

在中世纪，虽然还没有现代意义上的宪法，但涉及国体和政体的宪政思想已经出现。法则区别说的创始人巴托鲁斯结合当时意大利城邦林立的状况，通过《论城市政府》一书对国家结构和权力行使提出了自己的看法，而后在此基础上对不同城邦法则的适用提出了著名的法则区别说。随着国家主权思想的萌芽，本地法说成为另一法律适用理论。虽然国家主权思想导致绝对本地法理论难以适应不同国家间交往的需要，但也由此引出了国际礼让说对外国法适用的解释。随着宪法对人权问题开始关注，戴赛将保护既得权思想从美国宪法理论引入冲突法，取代了国际礼让说在法律适用理论中的统治地位。而宪法有关自由和权利的思想使得当事人意思自治原则在冲突法中的适用领域和范围不断扩大。这些都说明冲突法理论与同时期宪政思想的吻合。

（二）现代宪法理论对现代法律适用理论和方法的影响和限制

自美国冲突法革命开始，受绝对主权思想影响的本地法说对法律选择规则的盲目性进行了批判，而后各种法律选择方法开始在美国盛行。在规则与结果正义的矛盾天平上，这些方法无不向有利于人权保护的结果倾斜，体现了美国现代人权保护思想对冲突法理论和方法的影响。在权力制衡理论的限制下，违宪审查制度为宪法干预冲突法提供了直接途径。在美国，一些宪法条款开始成为确定法律选择规则或方法是否违宪的冲突法原则。在欧洲一些国家，如德国和意大利，违宪审查制度的确立，促使其冲突法规则作出修改。

所谓冲突法革命，其实主要是就侵权法律关系之中的法律选择方法而言的。在美国联邦最高法院的司法判例中，联邦宪法中的“充分诚信”条款并不要求受理案件的法院盲目采用外州或外国的法律规则而忽视本州法律所体现的目的和利益，这使得法院在处理案件时能够对不同法律制度中的具体规则进行比较和选择，以达到公正处理案件的目的。可以说，美国现代冲突法学说的革命受到了司法实践中“保护受害人”理念的制约。之所以说是制约，而不是影响，就在于学者提出各种理论学说时没有意识到司法判例背后所隐含的人权保护价值观，而被法官在判决中所引用的各种理由所迷惑，是被动地跟进司法实践，而不是对实践真正具有指导作用。

美国联邦宪法中的正当程序条款的内容看起来与冲突法没有什么联系。从文字表面上看，它涉及的是程序问题，而不是实体问题；同时，法律选择本身并不可能导致人的自由或财产受到侵犯，但法律选择的后果却可能导致本来具有的权利不被承认，因而在结果上侵犯自由和财产权。除正当程序原则外，美国宪法中被认为可以影响冲突法的条款还包括充分诚信条款（full faith and credit）、特权与豁免条款（privileges and immunities）、商业条款（commercial clause）以及平等保护条款（equal protection）等，这些条款不仅影响法律选择问题，而且对法院管辖权和州际判决的承认与执行等方面都有着直接的影响。

如果没有权力制衡，宪法对冲突法的影响将永远停留在思想理论上，无法在立法和司法层面实现宪法对冲突法的实际影响。司法审查对冲突法领域干预的实质是纠正私法立法和司法中不符合宪法的内容和实践。从司法角度看，宪法的制约在于达到权力制衡的目的，限制私法方面违反宪法的立法和司法行为。而宪法中涉及私法问题的主要是人的基本权利。以人的主体范围为例，过去宪法中的人人平等在私法中并没有得到彻底反映。如果男女地位不平等，则会出现如德国 1986 年以前国际私法中的情况，在属人连结点上只规定丈夫一方为连结因素。在保护外国人方面，如果法院地过分适用本地法，自然会对当事人一方构成实质上的歧视。德国作为大陆法系国家，建立了独立的宪法法院，但过去宪法法院很少介入对冲突规则的审查。因为德国司法界和学术界曾长期认为冲突规则不是实体性的，不会影响当事人的实际权利平等。但在人权平等保护理念被纳入宪法之后，这种观念开始改变，德国宪法法院也开始介入对冲突法规则的宪法审查。

（三）宪法与区际法律冲突的产生与协调

冲突法意义上的国内法律冲突，虽然只是民商事法律冲突，但与其他国内法律冲突一样，是基于宪法及宪法性法律中规定了多个立法主体和（或）多个司法主体的原因而产生的。因为存在不同的立法主体，可能出现不同法律调整同一社会关系的适用上的冲突；因为存在不同的司法主体，可能出现管辖权之间的冲突。法律冲突的产生源于宪法,其解决办法自然也离不开宪法。

当今世界,国家林立,国家形式繁多。既有传统的君主制国家,又有现代民主制国家;有单一制国家,也有联邦制国家。受国家形成的历史原因影响,有的国家法制高度统一,一种法律制度施行于全国;有的国家却存在不同的法律制度,分别适用于不同地区或人。国际私法上将存在两种以上法律制度的国家称为"复合法域"的国家。复合法域不仅存在于联邦制国家中,单一制国家也可能出现多法域的问题,关键在于中央集权程度或者说中央与地方分权程度。复合法域的存在是一国内部法律冲突产生的主要原因,而不是根本原因。

我国著名学者黄进教授在其《区际冲突法》一书中对复合法域产生的历史原因进行了全面分析,认为有10种历史原因可以导致复合法域的产生:(1) 国家的联合(指政合国,而不包括君合国);(2) 国家的合并;(3) 国家的复活;(4) 国家的兼并;(5) 国家领土的割让;(6) 国家领土的租借、永久占用、占住和治理;(7) 国家领土的回归;(8) 分裂国家的统一;(9) 委任统治和托管制度;(10) 国家的殖民。①

对于上述原因导致复合法域产生的情形,按照领土组合后政体形式不同可以分为三类:(1) 被纳入领土不具有任何独立性,仅仅保留被纳入前私法的有效性;(2) 被纳入领土构成国家一个相对独立的政治单位,不仅被纳入前的私法继续有效,而且被纳入后设立的地方政治权力机构继续拥有一定的私法立法权;(3) 被纳入领土构成国家一个独立的政治单位,除原私法继续有效外,地方政治单位拥有完全的私法立法权。

地方立法权在不同国家的表现不一样,主要分为三种情况:

1. 立法权主要在中央立法机关,地方只能根据本地区的具体情况制定补充性立法。一旦地方性法规与中央立法相抵触,则地方立法失效。在这种立法体制下,国内法律冲突的情况比较少,但不能说没有。从我国宪法关于内地省份的立法体制看,地方立法主要是补充性的。这主要体现在:一是少数民族聚居地区的自治性地方立法;二是各级地方人民代表大会进行的地方立法。特别行政区立法与内地省份立法不同,它主要不是补充性的,而是分权性的。

2. 立法权主要在地方立法机关,但中央议会在特殊情况下也可以制定统一性法律。在这种宪政体制国家里,相比较于前一种情况国家,法律冲突现象发生的可能性更大。1848年,瑞士制定宪法,建立了联邦制国家。按照瑞士宪法的规定,主权属于各州,除非宪法明文规定,立法权属于各州。因此,要制定全国性的私法法律,往往涉及宪法修改问题。1874年,瑞士修改宪法,规定联邦可以制定整个联邦范围内统一的债法,所以瑞士于1881年制定了全联邦《债务法典》。

① 参见黄进:《区际冲突法》,台湾永然文化出版股份有限公司1996年版,第36—48页。

1898年,瑞士再一次修改联邦宪法,授权联邦制定全联邦统一的民法典,并在民法典中规定了很多商法内容。另外,瑞士国际私法还对国际法律冲突和国内法律冲突采取了不同立法规定。

3. 立法权主要在地方,中央只在个别商事领域行使立法权。以美国为例,美国宪法也规定各州享有主权,除州际贸易与海事海商事务外,各州享有完整的私法立法权。与瑞士不同的是,美国没有发生为了制定全国统一私法而修改宪法的情况,因此,各州法律冲突频繁,法律冲突的范围也较为广泛。在没有统一立法这种调节手段的情况下,司法协调必然是脆弱的。与大陆法系国家相反,在美国,解决法律冲突的理论学说对司法实践的影响超过了对立法的影响。从这个角度看,现代冲突法革命发生在美国,而不是其他国家也就不难理解了。

在解决法律冲突的问题上,与复合法域的形成不同,不是国家形成的历史,而是宪政分权机制决定了冲突法的发展道路。

从冲突法的角度看,我国民商事法律冲突不仅可以分为国内法律冲突和国际法律冲突,在国内还存在不同法域之间的法律冲突和同一法域的不同地方立法之间的法律冲突,具有复杂多样的特点,这是由我国宪政体制所决定的。应该看到的是,虽然我国宪法规定是导致各种法律冲突产生的直接原因,但宪法本身却并没有提供任何协调解决的办法。由于民商事法律冲突的种类不同,解决冲突的方法也不能完全一致,因此,单一的冲突法规则或方法并不能解决所有的法律冲突问题。

对于国内法律冲突问题(包括不同法域之间的法律冲突和内地不同地方之间的法律冲突),制定国内法律冲突法可能并不是最好的选择。在协调法律冲突的方法中,法律冲突法不是唯一的。宪法不仅对国内法律冲突本身起着决定性作用,而且对于解决法律冲突(包括国际法律冲突)的冲突法规则和方法会产生直接的影响和制约。我们应当充分发挥宪法的最高权威和影响力,美国和其他国家宪法中协调国内法律冲突的条款和机制为我们解决我国国内法律冲突提供了可借鉴的经验。虽然美国、加拿大、澳大利亚和德国等国是联邦制国家,与我国宪政体制不同,但宪法中协调国内法律冲突的条款却并非是联邦制专有的产物。事实上,因为中央和地方立法和司法权限分配的不同,这些国家的联邦制也不一样,协调地方立法冲突的宪法条款也不完全相同。考虑到我国国内法律冲突的多样性,可根据法律冲突的不同性质分别借鉴这些协调国内法律冲突的条款。在区际法律冲突的协调方面可主要参考正当程序条款和充分诚信条款,而内地不同地方立法冲突可主要按照地域效力原则和充分诚信条款进行处理。平等保护条款则是区际法律冲突和内地不同地方法律冲突解决中都需要借鉴的。

拓展视野

同国与国的公法冲突相比，一国内部不同法域间公法冲突产生的可能性更大。有关我国区际行政法冲突、经济法冲突等法律问题的探讨，可参阅袁发强：《宪法与我国区际法律冲突的协调》，法律出版社 2009 年版。

专题二　国际民事诉讼

一、确立涉外民商事案件管辖权的考量因素

（一）确立涉外民商事案件管辖权依据的价值追求

1. 涉外民商事案件管辖权与国内民商事案件管辖权的确立依据不同

涉外民商事案件管辖权与国内民商事案件管辖权的确立依据体现着不同的价值追求。就国内案件而言，管辖权问题只是在国内不同地域、不同级别的法院之间进行分配，其所体现的价值目标是方便当事人诉讼、避免对一方当事人形成诉累及对司法资源进行合理配置等。其中，避免给被告造成不必要的诉累是主要考量因素。而涉外案件管辖权则是充分实现国家司法主权的重要途径，其目的是维护国际社会中的国家司法主权和便利当事人诉讼。可见，涉外案件管辖权和国内案件管辖权的依据有着不完全相同的价值追求。

2. 涉外案件管辖权权限划分考虑因素

（1）综合考量因素

涉外案件管辖权权限划分要考虑以下两方面的因素：第一，内国司法机关与外国司法机关之间的权限划分；第二，方便当事人获得司法救济。前者因涉及国家主权问题，各国在制定民事诉讼法时往往会适当扩张本国的管辖权，以保护本国的国家利益，因此在规定本国对涉外民商事案件的管辖依据时是积极的。但各国在积极主张本国司法管辖权之后，可能会引发管辖权的冲突。这种冲突激烈到一定程度会成为顺利解决国际民商事争议的阻碍，妨碍国际民商事交往的正常进行，同时也给无限扩张司法管辖权的法院地国带来沉重的司法负担。因此，现代各国在扩张本国司法管辖权的同时，开始注意管辖权的适当自我限制。这主要表现为不方便法院规则和协调平行诉讼等问题开始进入司法实践领域。由此看来，便利当事人诉讼是涉外案件管辖权确立依据中的原始因素，本国司法主权的实现是确立涉外案件管辖权的积极因素。二者结合起来成为确立涉外案件管辖权的综合考量因素。

国家主权的行使和便利当事人诉讼在实践中的表现有时互相矛盾，有时相互一致。例如，当各国都严格限制本国涉外案件管辖权时，就可能出现国际民商事管辖权的消极冲突，出现案件管辖的落空，这样也是与方便当事人诉讼的原则相违背的。如果不能全面理解这两个价值追求的相互关系，就难以解释目前各国尚未就司法管辖权达成协调意见的缘由。国内立法在规定涉外案件管辖权时

首先考虑的不是国际社会对管辖权的协调,而是本国司法主权的实现,这是毫无疑问的。

对本国司法管辖权任意扩大或无限扩大虽然是造成管辖权冲突的重要原因,有时会被称为“司法沙文主义”,但只要一国注重维护本国对涉外民商事案件的司法管辖权,就不可避免地会产生管辖权冲突。这是国际民商事法律冲突的正常现象,大可不必因为存在管辖权冲突而非难各国司法主权的充分行使。

一国司法管辖权的实现大体上可以通过两种途径:一是规定本国司法机关处理涉外案件的管辖范围。这通常是在当事人没有协议选择的情况下确定的管辖依据。这种管辖依据表现为涉外民商事案件中的当事人、争议的法律关系、争议的财产或争议本身同本国存在一定的联系或利益关系。二是允许当事人以协议方式获得本国司法管辖权。

(2) 案件或当事人与本国的联系

就案件当事人、争议的法律关系、标的财产或者争议本身而言,其与一国的联系一般是以地域联系标准为管辖依据的,即当案件当事人一方或双方与受理案件的法院所属国存在一定的联系时,该国立法规定本国法院有管辖权。这种管辖权不是排他的、独占的,可能与另一国司法管辖权发生冲突。之所以称这种管辖权之间的冲突为正常现象,是因为国际民商事案件往往并不仅仅与一个国家存在地域联系,还可能与另一国或数国存在地域联系。最密切联系原则从来就不是确立涉外案件管辖权的依据,而仅仅是法律选择的方法之一。各国在确立本国涉外案件管辖权时,往往要求案件与本国存在“适当”的联系。最低联系原则仅存在于美国一些州的法院司法实践中,以“长臂管辖权”为代表的最低联系原则虽早已受到各国批评,但近年来似乎在跨国网络案件中获得了新生。

(3) 不方便法院规则

从理论上讲,涉外民商事案件与国内民商事案件一样,都是民商事活动的参与人在行使私权的过程中发生的争议或纠纷。当事人寻求国家司法公权力的救济,是通过合法手段解决私权争议的最后途径,而不是首要途径。现代各国立法一般都允许当事人协议选择争议解决方式,如仲裁或替代性争议解决机制等,这表明国家对私权争议的解决不是主动干预,而是被动介入。因此,不方便法院规则的目的在于公平对待案件当事人各方,便利于案件的顺利解决,防止一方当事人利用或滥用国家司法管辖权获得有利于自己一方的案件处理结果。正因为如此,不方便法院规则是在内国法院根据本国立法享有管辖权基础之上的自我约束,而不是各国立法对本国管辖权的自我限制,是为司法实践中拒绝管辖某一具体涉外案件留出的最后渠道。这是根据不方便法院规则排除本国法院管辖的前提。如果说在立法层面需要考虑不方便法院规则的话,也应该是作原则性的规定,而不是否定法院对某类涉外案件的管辖权。

由于现代社会国际交往的复杂性,一个国际民商事法律关系或争议常常与多个国家存在一定的联系。过于强调案件与某一国之间地域联系的紧密程度会存在两个方面的问题:一是很难确定案件与某一国之间存在最紧密的联系,就好像难以找到唯一的"本座"一样。本座理论好像很完美,但缺乏实践操作性。二是会违背便利当事人诉讼原则。从某种意义上说,对于国际民商事案件,便利当事人诉讼的要求比国内案件还重要。诉讼的困难会阻碍正常的国际民商事行为。在现实中,按照原告就被告的住所或国籍等因素而到被告国家起诉的案件虽然是一般情形,但绝不是主要情形。在现代跨国民商事案件中,原告就被告不是国家行使涉外案件管辖权的主要依据。当事人意思自治或案件与本国的联系都是行使涉外管辖权的依据。即使是在原告就被告原则下,更多的也是适用原告就被告原则的变形形式,扩大被告的地域因素,如居所、惯常居所、营业所、代表机构或分支机构所在地等。

如果案件争议本身同法院地国存在一定的利益联系,或政策导向因素,法院地国也可能行使司法管辖权,如儿童抚养案件、消费者权益保护案件、劳动争议案件、产品质量纠纷案件、海事海商案件、网络争议案件等等。在对这些案件的管辖问题上,有些虽然仍采用传统的地域联系标准,但改变了地域联系的主体,如根据原告所在地确定管辖权(如儿童抚养案件和消费者权益保护案件等);有些是拟制地域管辖,如网络争议案件;有些是强调本国利益,如东道国对于在本国投资的案件规定专属管辖权;有些仅仅是采用以方便当事人诉讼为目的的管辖标准,如海事海商案件、劳动争议案件等。这些案件虽然以方便当事人诉讼为表面目的,实际上却与国家司法主权的扩张一致。导致管辖权冲突的案件也往往与方便当事人诉讼的借口有关。这正是目前国际社会难以从各国立法层面化解管辖权冲突的原因,因此只能通过司法层面由各国以不方便法院的方法进行自我约束和克制。

(4) 便利当事人诉讼

便利当事人诉讼是涉外民商事案件与国内民商事案件管辖依据的共同因素,而有效配置司法资源,避免对一方当事人形成诉累是确立国内司法管辖权依据时考虑的主要因素,而不是确立涉外民商事案件管辖依据时所要考虑的主要因素。维护国家司法主权是确立涉外民商事案件管辖权依据时需要特别考虑的。一国对涉外民商事案件管辖权的适当扩张是正常的,产生冲突也是难免的,因为这一考量因素与便利当事人诉讼的目标在理论上是一致的。司法实践中的管辖权冲突只能通过不方便法院规则在实践中进行自我克制,而不是立法上的管辖权排除。

（二）涉外管辖权与国家法律、政策的体现

1. 涉外管辖权的行使是扩张国家主权、更多参与国际事务的体现

涉外案件管辖权是一国审理具有涉外因素案件的权限。从国际层面看，它是不同国家法院对于具有国际因素案件的管辖权的分配。正是由于这种分配关系，才引起了各国对于涉外民商事案件管辖的竞争。这种竞争是国家主权实现的竞争，是国家对于国际民商事交往影响力的竞争。因此，一国在确定本国涉外民商事管辖权时会考虑到本国参与国际民商事交往的密切程度、经济发展水平、本国在国际社会的实际影响力等因素。

从历史角度看，美国在建国初期一段时期内，并没有像今天这样扩大自己的管辖权，即使是在跨州案件的管辖上，也没有以最低联系作为衡量标准。所谓肯塔基长臂管辖权方法是在 20 世纪 50 年代以后才通过司法实践发展出来的。英国则相反，早期英国法院的管辖权是很大的，在英国，"英格兰法院受理案件的权利，最初取决于被告能在英格兰被送达国王的传票"①。因此，"一个从巴黎飞往伦敦并打算当天返回的法国人，能被送达一个由该法国人引起的要求偿还债务给原告并在巴黎偿付的诉讼的传票"②。这种任意扩大的管辖权直到 20 世纪 60 年代以后才有所改变。从这些例证可以看出，一国对于涉外民商事案件管辖权的扩张是与该国在国际社会中的影响力分不开的。

2. 涉外管辖权与国家对外经济交往增强、国家法律和对外政策实现之间的关系

随着我国经济发展，我国参与国际经济合作的事务越来越多，人们对外交往也越来越频繁。目前，我国留学外国或在外国长期居住生活的人不下数百万。我国企业开始收购外国企业，进入外国市场。与此同时，外国来华学习、经商而长期居住在我国的人也很多。在此情况下，我国有必要适当扩张本国涉外民商事案件的管辖权，以维护本国人在外国的合法利益，同时及时处理外国在华人员的民商事争议和纠纷。

从最高人民法院统计数据看，近年来我国法院每年处理的涉外案件中，海事海商案件和投资案件占重要比例。这说明我国法院处理的其他涉外案件还很少。这与我国目前对外开放的深度和广度并不适应。除海事海商案件，协议选择我国法院管辖，或者在没有协议选择的情况下，按照我国诉讼法规定应该由我国法院管辖的案件寥寥无几，以至于我们很难找到有关法律适用和法律选择方法的国际私法案例。国家政策和利益的体现不是简单的经济利益问题，还包括

① 〔英〕J. H. C. 莫里斯主编：《戴赛和莫里斯论冲突法（上）》，李双元等译，中国大百科全书出版社 1998 年版，第 268 页。

② 同上。

一国的法律和体现在法律内容中的国家政策取向。就管辖权与国际私法的关系而言,管辖权是法律选择适用的前提。世界各国法院在程序法问题上是原则适用法院地国的程序法,同时按照法院地国的冲突规范进行法律选择(在当事人没有协议选择准据法时)。因此,我国法院对于涉外案件的管辖权决定了我国程序法、冲突法和实体法在涉外民商事关系中的适用。

3. 涉外管辖权与我国司法资源的合理使用问题

不方便法院规则适用的理由之一,是对与法院地国没有适当联系的案件进行管辖,不仅可能对当事人一方参与公平、合理的诉讼不方便,同时也是对本国司法资源的不合理使用。但这个问题从我国现实看并不明显。一是我国法院现在实际审理的涉外案件并不多;二是从我国现行立法和司法解释看,我国并没有过度管辖涉外案件。

司法资源是否合理使用,对外而言,取决于涉外案件与法院地国是否具有适当联系或合理联系;对内而言,是国内不同法院之间的分工问题。适当联系并不要求涉外案件争议一定要发生在法院地国,或引发争议的主要事实发生在法院地国。这是最密切联系的要求,而不是适当联系的要求。总体说来,涉外管辖权扩张的动因在于国家利益、政策的驱动,在于国家欲通过对涉外案件的管辖实现国家参与管理国际民商事活动的目的。管辖权是否过度以是否便利当事人诉讼,是否有利于涉外民商事争议的解决为衡量标准,而不是以是否会引起管辖权冲突为标准。

(三) 需要适当扩张的管辖权标准

在确立涉外案件与我国的地域联系时应以适当联系为原则,通过修改民事诉讼法,对现有的管辖权依据进行细化处理,明确不同管辖依据的适用条件,并对各管辖权依据项下的地域连结点作扩大化解释。通过这种方法,一方面提高我国立法水平,增强实践中的可操作性,避免过度管辖的嫌疑;另一方面,也有利于实际扩张涉外案件的管辖权,方便当事人解决民商事争议。

例如,在以原告住所或居所与我国的地域联系标准中,详细列明身份关系争议的范围,以及适用此管辖依据的条件。从立法上看,这似乎是在限制原告住所标准的适用范围,但从我国司法实践角度看,则可能会实际增加我国法院受理此类涉外案件的可能性。对于合同签订地标准,应该规定适用范围为与合同的订立或解释有关的争议。对于侵权行为地标准应作扩大化解释,针对网络侵权、媒体侵权的特点,将侵权结果发生地也考虑在内,同时对侵权行为地作扩大化解释。就财产所在地管辖权依据而言,不能限制在争议财产的范围内,而应当规定与争议有关的财产所在地,这样便利于实践中根据实际情况灵活掌握。同时,取消单独以可供扣押财产所在地为连结点的管辖标准。对于在我国设立了业务代表机构的外国法人,就其业务活动产生的争议或纠纷,只要该争议与外国法人在我国的业务活动有关，即使该争议并非由该代表机构本身直接引起，我国法院也应享有管辖权。例如，外国公司直接向我国销售产品，但通过代表机构进行联络或服务活动，针对销往我国的产品，如果原告在我国法院起诉，那么我国法院就有管辖权。

二、管辖权冲突与挑选法院

从世界范围看，管辖权冲突所引起的挑选法院现象始终存在，由此引发了理论界对挑选法院现象的广泛议论：赞成挑选法院的学者认为，这是符合人的自然理性的，是当事人的一种权利，是不可避免的，同时挑选法院实现了效率原则；而反对挑选法院的学者则认为，挑选法院对被告不公正，造成司法资源的浪费，违背了国际私法的终极目标——判决的一致性。

在涉外诉讼领域，一国对于管辖权的规定往往是出于行使国家司法主权和便利当事人的目的而制定的。随着国际民商事交往的日益深入，各国对涉外民商事纠纷的管辖范围愈来愈宽。以国际货物买卖合同为例，假使买方位于中国，卖方位于美国，买方对于卖方交付的货物质量有异议需要诉诸法律，此时买方就有多个选择，他既可以向卖方位于中国的分支机构所在地的法院起诉，也可以向位于美国的卖方所在地的法院起诉。至于最后向哪个法院起诉，完全由买方自行决定。买方会基于对胜诉率、承认与执行的可能性、便利诉讼等因素的考虑，最后决定向哪个法院起诉。这便是所谓的“挑选法院”的由来。

被诉法院对于民商事纠纷拥有管辖权是民事主体进行国际诉讼的条件，而各国对于管辖权的规定不一致或者存在重合是挑选法院现象产生的直接原因。就各国国内立法而言，以下因素使得挑选法院现象不可避免：

第一，各国的管辖权依据不同。管辖权依据可分为属人管辖、属地管辖、专属管辖、协议管辖。就属人管辖而言，各国几乎都在法律上规定国籍是确定管辖权的依据。实践中部分国家承认其国民可以拥有双国籍，因此可能产生两个国家都对民商事纠纷有管辖权的情况。就世界范围看，双重国籍现象并不普遍。管辖权冲突的常见形式是属人管辖和属地管辖发生冲突，即可能存在对于同一涉外民商事纠纷，部分国家采用属人管辖权作为依据，而部分国家采用属地管辖权作为依据的情况。就协议管辖而言，虽然当事人在协议中明确选择争议事项由哪国法院管辖，但是各国大多在选择时间、选择方式、选择事项等问题上对协议管辖设置限制条件。理论上，协议管辖能够帮助国际民商事主体确立受诉法院，但各国限制条件设置的不同使得协议管辖的目的很可能落空，管辖权冲突还是有可能存在。例如，我国民诉法规定协议管辖必须要有书面形式且必须选择与争议有实际联系的法院，而比利时法律则认为，协议只要是合同即可，并不要求书面形式。就专属管辖而言，事实上，专属管辖作为国家保护本国利益的一种手段，是基于本国国情考虑的，各国对于受专属管辖的事项规定并不一致。这也给当事人挑选法院带来了一定的空间。

英美法系国家因为法官自由裁量权较大，对于个别案件内国法院能否管辖很大程度上由法官决定。审判活动不仅是一国司法主权的体现，在某种程度上也能给本国带来经济效益（越来越多的当事人选择去美国诉讼繁荣了美国法律服务市场），法官一般不愿意放弃管辖权，因此具体案件中法官往往会竭尽所能地创造理论使得本国获得管辖权。例如，基于最低限度联系而产生的“长臂管辖权”以及基于“有效控制”理论产生的传票送达管辖权。此外，部分国家认为若合同适用本国法，则本国法院就拥有管辖权。

因此，即使是同一涉外民商事关系，因各国规定的管辖权依据不同，产生管辖权冲突是不可避免的，这也是当事人能够挑选法院的客观前提。

第二，即使采用同样的管辖权依据，也会因各国对同一涉外民商事关系设置不同的连结点，导致管辖权冲突的产生。各国对某一涉外民商事关系行使管辖权一方面是出于行使司法主权的需要，另一方面是出于便利当事人诉讼的需要，以保护国家和本国国民的利益，其直接后果就是扩大管辖权。扩大管辖权的途径之一就是对同一涉外民商事关系规定不同的连结点从而增加本国受理案件的可能性。例如，我国《民事诉讼法》第241条规定，因合同纠纷或者其他财产权益纠纷，对在中华人民共和国领域内没有住所的被告提起的诉讼，如果合同在中华人民共和国领域内签订或者履行，或者诉讼标的物在中华人民共和国领域内，或者被告在中华人民共和国领域内有可供扣押的财产，或者被告在中华人民共和国领域内设有代表机构，可以由合同签订地、合同履行地、诉讼标的物所在地、可供扣押财产所在地、侵权行为地或者代表机构住所地人民法院管辖。若某一民商事关系的合同签订地在我国，合同履行地在他国，合同履行地法院通常能够获得合同的管辖权，管辖权冲突由此产生，挑选法院也因此具备了合法的根据。

第三，对连结点的理解不同。即使各国或地区对于同一民商事关系设置了相同的管辖权依据，但是对于同一连结点的理解不同，也可能导致管辖权冲突的产生。例如，住所是管辖权规范中广泛采用的连结点，但是各国对于住所的理解是不同的。英格兰法律要考虑住所的性质和环境，以证明该自然人与英格兰有实质的联系，并且一般要求居住三个月以上。而苏格兰则指向惯常居所地，要求自然人在苏格兰居住三年以上。

管辖权冲突导致了挑选法院现象的产生，国际社会意识到这一情势，致力于制定统一的管辖权公约。而由于管辖权问题的复杂性，迄今为止，统一各国管辖权的公约无论是从参加国的数量还是涉及范围都远远未达到能够消除管辖权冲突的程度。[①] 可以预见的是,在很长的一段时间内,管辖权冲突仍然不可避免,当事人挑选法院的土壤将继续存在。

挑选法院现象的普遍存在是以合法的管辖权存在为前提的,既然管辖权合法存在,当事人依据一国法律所作的选择即是合法的。挑选法院与规避法律的性质不同,挑选法院是当事人综合考量诉讼中的各种因素后所作出的符合一个理性人的选择,是一种"趋利避害"的选择,是积极维护自身合法权益的结果。除非当事人通过故意制造连结点的方式使得其能够趋向对其有利的法院诉讼,否则法院就应该对挑选法院的行为予以承认。

从当事人的角度看,以下因素促成了挑选法院现象的产生:

第一,各国的实体法规定不同。各国的实体法规定不同使得同一纠纷在不同的法院进行审判,会产生不同的结果。而民商事主体(原告)将案件诉诸法律,就是为了获得对自己有利的判决。因此,原告往往会出于胜诉率、获赔率、责任的承担比例等因素的考虑选择对其有利的法院进行诉讼。以美国为例,在侵权案件责任方面美国法律规定了惩罚性赔偿,一旦法官认定惩罚性赔偿成立,原告可以获得几万甚至几百万的赔偿金。因此,选择到美国打人身损害赔偿官司的人就很多。

第二,各国冲突规范不同。即使冲突规范表面一致,也并不意味各国对其理解相同。冲突规范的目的是指引准据法,若冲突规范不同,则准据法也很有可能不相同,由此导致对同一事实不同法律作出不同评价的可能性存在。例如,识别、反致、查明、公共秩序等制度各国均有所差异。以公共秩序为例,若适用依冲突规范指引的准据法的结果违背法院地法的公共秩序,法院将会适用法院地法。在具体案件中,原告将因为法院地法对其有利而进行挑选法院的行为。

第三,各国的程序法规定不同。对法院地的实体法和冲突规则的认同并不是导致挑选法院现象愈演愈烈的唯一原因,对法院地程序法的认同也会促使原告挑选法院。诉讼程序适用法院地法是各国普遍承认的,而各国程序法不尽相同也是客观存在的。在具体案件中,某一个程序性问题有可能成为"压死骆驼的最后一根稻草"。例如,举证责任制度就直接关系到当事人的胜诉与否。对原告有利的程序因素无疑会吸引原告去"有利的法院"起诉。这种程序因素包括证据收集和开示制度、胜诉酬金制度、判决的承认与执行制度等。[②]

综上所述,管辖权冲突的客观存在是国际民商事主体能够挑选法院的前提,而各国实体法、冲突法、程序法规定的不同直接导致民商事主体挑选法院。挑选

---

① 1968 年欧洲《关于民商事裁判管辖权及裁判执行的公约》(即《布鲁塞尔公约》)和 1971 年《民商事外国判决的承认与执行公约附加议定书》虽然已经生效,但成员国有限,1992 年开始讨论的海牙《国际民商事管辖权和判决承认与执行公约(草案)》则未获通过。

② 参见李晶:《国际民事诉讼中的挑选法院》,北京大学出版社 2008 年版,第 124 页。

法院现象是以上众多因素所导致的不可避免的结果。诚然,挑选法院现象在某种程度上引发了一些问题,这些问题需要国际社会在管辖权方面开展更深入的合作,一国单靠放弃管辖权来实现避免管辖权冲突的做法不可取,这一方面不利于国家行使司法主权,另一方面也未实现保护本国国民利益和便利当事人诉讼的目标。

三、不方便法院的理想与现实

不方便法院是普通法中受案法院在存在一个实质上更加方便和合适的替代法院时拒绝行使司法管辖权的一种管辖规则。不方便法院规则与英美法系的自然法院理论联系密切。传统上,英美法系要求一国法院是明确的最合适的法院时才能行使管辖权,否则法院将以本法院是不方便法院为由拒绝管辖。然而,所谓的自然法院其本身的定义就不清晰。在不同的历史时期,自然法院有着不同的定义。在今天,所谓的自然法院要受到以下因素的考量:公正性的考量、方便性的考量、礼让考量、专属管辖的考量以及复杂诉讼的考量。① 自然法院理论本身的模糊不定,使得所谓的不方便法院也具有很大的不确定性。随着各国管辖权的冲突越来越频繁,不方便法院规则作为一种关乎法院如何处理管辖权冲突的方法,因其具有一定的灵活性,保证案件审判具有公正性和效率性,近年来已走出英美法系,渗入到大陆法系中。鉴于此,部分学者认为我国也应该引入不方便法院规则,以避免管辖权冲突。然而,不方便法院规则在减少管辖权冲突方面的作用是很小的。这是因为:

第一,不方便法院规则是在法院有管辖权的情况下,基于其他原因而作出的自我放弃,是在个案中发生的,本身没有排除法院的管辖权。不方便法院规则使用的前提是两个国家的法院都拥有管辖权,若本法院审理此案则存在着一定的困难,包括送达、调查取证、承认与执行等方面。而管辖权冲突存在的原因是各国对于管辖权规定的不一致或者存在重叠管辖,因此法院在个案中放弃管辖权的行为并不能够从根本上改变管辖权冲突的客观事实。

第二,一国法院不可以频繁使用不方便法院规则拒绝行使管辖权,否则就会丧失司法主权。涉外案件管辖权是基于以下两个因素确立的:实现国家司法主权和便利当事人诉讼。法院不积极行使管辖权事实上就是放弃司法主权,长此以往,会严重损害司法权威。实际上,法院在具体案件中行使管辖权的目的是保护本国国民利益、维护国家利益和社会秩序。因此,法院不行使管辖权很有可能损害本国国民利益、国家利益和社会秩序。

第三,行使不方便法院规则有严格的限制条件。即使是在英美法系国家,不

---

① 参见李晶:《国际民事诉讼中的挑选法院》,北京大学出版社 2008 年版,第 19—24 页。

方便法院规则的行使也必须严格符合条件。以美国为例,美国最高法院在 Gulf Oil Corp. v. Gilbert 案中依据不方便法院规则需要考虑的私人因素和公共因素驳回诉讼。其中私人因素包括:取得证据的便利性;非自愿出庭的证人实行强制出庭的可能性;愿意出庭的证人的费用;法官和陪审团能对诉讼条件查验的可能性;判决的海外可执行性;所有其他能促使诉讼更容易、更迅速、更经济的实际因素。公共因素包括:法院案件积压造成的管理困难;争议在本地解决的利益;避免在适用冲突法或外国法时产生不必要的问题;加重不相关法院市民的陪审和税收负担所带来的不公正。[①] 此后,该案所确立的原则成为以不方便法院为由拒绝行使管辖权的衡量依据,在实践中被法院广为采用。美国法院在博帕尔毒气泄露案中就以侵权行为地不在美国国内因此存在收集证据、当事人出庭的困难等诉讼不便利条件为由拒绝行使管辖权。

第四,随意使用不方便法院规则会损害原告的利益。在国际民事诉讼中,原告向某一特定的法院起诉,是对某一法域法律制度的信任。但在不方便法院规则的影响下,即使原告向被告住所地法院起诉,也会因为多种因素的阻碍使得诉讼目的无法实现,这些因素包括国家利益、社会秩序、承认与执行的难度等等。法院拒绝行使管辖权的前提是案件应由一个更加方便的法院管辖,但实际情况是,各国的司法环境并不相同,法院很难保证本院将管辖权让与所谓的"更方便的法院"后当事人能够获得公正的审判,并且这种审判是符合效率目的的,同时还能得到良好的承认与执行。因此,法院随意放弃管辖权是会损害原告利益的。

不方便法院规则广泛使用的原因之一是有效分配诉讼资源,这是建立在法院所受理的国际私法案件过多,已经严重影响审判活动的前提下的。我国民事诉讼法对于涉外民商事案件的管辖权范围规定较窄,审判实践中对于涉外民商事案件的受理呈现十分谨慎的态度,因此我国的国际私法案件较少,并不存在所谓"过多"的情况。而综合考虑我国的实际情况,我国不应该在立法中规定不方便法院规则。

四、公共秩序保留在司法协助中的积极作用

司法协助对于国际民商事诉讼有重要意义:第一,司法协助保证了涉外诉讼程序的正常进行。由于涉外民商事案件具有涉外因素,诉讼程序中可能存在送达、调查取证、查明外国法等困难,若以上环节无法正常进行,诉讼程序本身将难以为继,当事人的实体权利也将无法实现。因此,一国法院要想在域外进行送达、调查取证并查明外国法等,必须借助于外国的协助。第二,司法协助有利于跨国民商事判决的承认与执行。一国法院作出判决后,当事人获得胜诉并不代

---

① See 330 U.S. 501.

表案件的结束,实体权利的实现必须要依赖判决的承认与执行。在国际民商事诉讼程序中,判决可能需要到国外去承认与执行,或者国外法院所作的判决要得到内国的承认与执行。由于法院判决通常都只在内国发生法律效力,外国法院判决的承认与执行必须依靠司法协助。鉴于司法协助的重要性,各国应以积极态度向别国提供司法协助。

虽然各国都意识到司法协助的重要性,但在具体案件中,当请求国请求被请求国提供司法协助时,被请求国并不会当然同意提供协助。被请求国拒绝提供司法协助是由多种原因造成的:

第一,不存在条约关系或者是互惠关系。各国法律大多规定司法协助的前提是请求国与被请求国之间存在条约关系或者是互惠关系。当两个国家之间既无条约也无互惠关系时,一国基于事实上的互惠关系、外交上的考虑和案件涉及本国利益等也可能会提供司法协助。理论上,不存在条约关系或者是互惠关系能够构成一国不予提供司法协助的理由。然而在具体的司法协助事务中,由于各类司法协助公约、双边协议的存在,很少有国家以不存在条约关系或者互惠关系为由拒绝提供司法协助。

第二,被请求协助的内容与本国不同,存在执行方面的困难。这主要是指对于个别民事诉讼程序,国与国之间的规定不相同。例如,美国允许当事人或诉讼代理人取证,但其他国家则较少采用此种方式取证。在实践中,若美国请求我国提供司法协助,允许当事人或诉讼代理人来我国境内调查取证,必然会遭到我国主管机关的拒绝。

第三,协助内容、方式与本国法律的基本内容、本国安全有严重冲突。这主要是指协助内容、方法与国家安全、国家利益、司法主权、国家法律秩序有严重冲突。例如,若承认与执行外国法院判决的结果将严重损害我国国家利益时,将会被我国法院以公共秩序保留为由拒绝承认与执行。

值得注意的是,司法协助中的公共秩序与法律适用中的公共秩序内涵不同。我国《涉外民事关系法律适用法》第 5 条规定:“外国法律的适用将损害中华人民共和国社会公共利益的,适用中华人民共和国法律。”而我国与其他国家签订的司法协助协议中却规定:如果被请求方认为执行司法协助请求可能损害其主权、安全、公共秩序、基本利益或法律的基本原则,可以拒绝提供此项协助,并应将拒绝的理由通知请求方。由此可见,司法协助中的公共秩序的范围比法律适用中的公共秩序的范围广。究其原因,主要是因为在法律适用中,法院可以采用一系列的方法排除适用有损于本国安全、司法主权、国家利益、法律秩序的法律,公共秩序保留是维护国家利益的最后一个手段,因此在实际中很少采用。而在司法协助方面,原则上只要符合被请求国的法律,除非有损于公共秩序,否则被请求国应该予以协助。公共秩序保留因此成了被请求国拒绝提供司法协助的保障。公共秩序保留的存在增加了各国间进行司法协助的意愿,各国因此签订了一系列司法协助公约、协议,最终有利于国际民商事诉讼的顺利进行。各国在司法协助方面展开合作,不仅有利于不同国家的法律协调、趋同化,也有利于维护各国主权,保证司法权威。

五、外国判决承认与执行的成果与展望

(一)欧盟关于民商事诉讼程序以及判决承认和执行方面的立法

1.《布鲁塞尔公约》

《布鲁塞尔公约》是欧共体成员国共同制定的,该公约第三章第26条到51条涉及了欧共体成员国对其他成员国的判决的承认与执行的问题。这些条文主要涉及承认成员国判决的条件、执行成员国判决的条件、承认与执行的程序问题。公约规定了承认成员国判决的义务,严格限制不予承认的情况,以不对判决进行实质性审查、管辖权审查为原则,只在少数情况下予以例外。[①] 在判决的执行方面,公约规定了不予执行的理由:违反公共政策、被告权利未受到保护、与被请求国判决存在矛盾、与被请求国规则不一致、判决不具有可执行性。公约第46条到51条规定了承认与执行的程序,主要涉及申请承认与执行的程序。

从实施效果看,《布鲁塞尔公约》标志着欧共体国家在对成员国间法院判决的承认和执行方面,就制定统一的、非歧视的规则取得了实质性的进展。通过这一多边条约,确保各成员国受到统一的共同规则约束,从而消除了过去双边条约所带来的差别和冲突。欧洲法院通过解释并严格适用《布鲁塞尔公约》,使公约成为真正的欧洲程序法。可以说,《布鲁塞尔公约》的通过和实施促进了欧洲司法的统一化,也加深了欧洲的一体化程度。

2.《卢加诺公约》

欧共体和欧洲自由贸易联盟是两个既完全独立又相互联系的区域组织,欧洲自由贸易联盟成员国50%的贸易是与欧共体进行的。自20世纪70年代开始,为了促进贸易的自由流通,瑞士建议将《布鲁塞尔公约》扩大适用于欧洲自由贸易联盟国家,但是,一些欧洲自由贸易联盟国家难以接受有关欧洲法院享有公约解释权的规定,因此不同意瑞士的建议,主张另行制定一个公约,避免欧洲法院对公约进行解释,《卢加诺公约》因此诞生。《卢加诺公约》的内容与《布鲁塞尔公约》基本一致,但两者的关系是独立的,《卢加诺公约》并不影响欧共体成员国适用《布鲁塞尔公约》。

---

① 法院可以实质性审查涉及人身的案件,其适用的国际私法规则与被请求国的有关规则是否一致。法院可以在符合包括保险、消费者合同、专属管辖范围的案件在内的三种情况下对判决进行管辖权审查。

3.《关于民商事案件管辖权及判决承认与执行的规则》

欧盟理事会制定的《关于民商事案件管辖权及判决承认与执行的规则》,又称第44号法规,总体上继承了《布鲁塞尔公约》,只是对承认与执行程序作了一些改动,通过简化执行程序和实行统一证书制度[①]简化和改善了承认与执行程序。

《布鲁塞尔公约》、《卢加诺公约》、《关于民商事案件管辖权及判决承认与执行的规则》是欧洲国家对于外国判决承认与执行方面的有益探索,随着判决依上述公约和规则越来越多地被承认和执行,欧洲愈发成为一个统一的法律实体。上述公约和规则的意义已超越欧洲,对相关领域的国际立法和其他国家的国内立法也产生了十分重要的影响。然而,它们毕竟只是区域性的,无论是制度设计还是具体条款的陈述,更多地考虑到的是缔约国的利益,非缔约国所作出的判决并不能够依据其得到承认与执行。就世界范围看,上述公约和规则并不能实现外国判决在其他国家得到有效承认与执行的目标。

(二)国际私法会议关于外国判决承认与执行方面的立法

1.《民商事案件外国判决的承认和执行公约》

1971年,海牙国际私法会议签订了《民商事案件外国判决的承认和执行公约》及其《附加议定书》,该公约主要是对缔约国认可的间接管辖权作了一些列举(理论界称之为"白色清单"),同时对缔约国不认可的间接管辖权作了一些列举(理论界称之为"黑色清单")。迄今为止,公约的缔约国只有荷兰、葡萄牙、塞浦路斯,因此该公约影响范围极小,几乎可以忽略不计。

2.《民商事管辖权及外国判决公约》(草案)

1992年,参加海牙国际私法会议的美国代表团提议,就民商事管辖权和相互承认与执行判决问题制定一个全球性公约。1993年5月,海牙国际私法会议第17次大会决定将这一问题列入工作议程,并设立了特别委员会负责研究起草一项有关民商事判决承认与执行的国际公约需解决的主要问题的议案,旨在取代该组织不成功的1971年公约。1999年10月30日专门委员会通过了《民商事管辖权及外国判决公约》(草案),供海牙国际私法会议第19次大会讨论。此后,各国对公约的绝大多数内容分歧严重。因此,上述草案至今未获通过。

3.《选择法院协议公约》

海牙国际私法会议意识到1999年《民商事管辖权及外国判决公约》(草案)无法在外国判决的承认与执行方面发挥作用,遂以该草案的某些条款为核心,立足商业环境下的法院选择协议,重新起草公约。2005年,海牙国际私法会议第20次外交大会通过了《选择法院协议公约》。公约通过对承认和执行判决的条

---

① 参见《关于民商事案件管辖权及判决承认与执行的规则》第三章第三节"共同条款"部分。

件、不得承认和执行判决的条件、拒绝承认与执行的依据等方面，对依选择法院协议而产生的判决的承认与执行问题作了一系列的规定。公约希望从不予承认与执行的理由的一般规定①、原审国对案件的拒绝移交的理由②、与先决问题有关的拒绝理由③、涉及赔偿金问题的拒绝理由④四个方面，对拒绝承认与执行外国判决作限制性规定，希图推动判决在外国的承认与执行。值得注意的是，在国际商事争议解决方面，国际商事仲裁因其独有的承认与执行的优势一直是国际民商事争议主体争议解决的重要途径之一。就公约的立法目的看，显然，公约希望形成与1958年《纽约公约》并行的体制，增加诉讼优势，鼓励国际民商事主体选择诉讼而不是仲裁。

虽然海牙国际私法会议在国际民商事判决的承认与执行方面作出了不懈的努力，也制定了几个国际公约，但不可否认的是，国际民商事判决在外国的承认与执行仍然有很长的路要走，这不仅仅涉及一国的司法环境，更重要的是，国际民商事判决的承认与执行往往与一国的社会秩序、国家利益紧密相连，这也是《民商事案件外国判决的承认和执行公约》缔约国少和《民商事管辖权及外国判决公约》(草案)最终难产的原因。确如很多学者所说，《选择法院协议公约》具有很大的优越性，但是公约迄今为止仍未生效，中国是否加入公约的前景也还不明朗。

(三) 展望

虽然《布鲁塞尔公约》、《卢加诺公约》、《关于民商事案件管辖权及判决承认与执行的规则》取得了一定的效果，但它们的影响力有限，只约束欧洲国家，区域性明显；而《选择法院协议公约》的调整范围不适用所有类型的判决，只限于当事人协议选择法院管辖的判决。因此，从现有的规范外国判决承认与执行方面的公约看，尚不存在规范外国判决的承认与执行的统一立法，外国判决的承认与执行还是取决于双边条约、互惠待遇。也正是因为如此，外国判决的承认与执行的效果远远逊色于外国仲裁裁决的承认与执行。

截至目前，我国已与23个国家在外国民商事判决的承认与执行方面签订了双边条约，而这些国家多集中在欧洲和亚洲，这显然与我国的现实需要不符。以非洲为例，我国与非洲存在着广泛的经贸往来，然而我国尚未在外国判决的承认与执行方面与任何非洲国家签订双边条约，这无疑是令人遗憾的。随着我国经济发展，我国参与国际经济合作的事务越来越多，人们对外交往也越来越频繁。鉴于此，我国应该在外国判决的承认与执行方面，积极地与世界各国开展合作。

① 参见《选择法院协议公约》第8条第1款、第3款，第9条。
② 参见《选择法院协议公约》第5条第3款。
③ 参见《选择法院协议公约》第10条。
④ 参见《选择法院协议公约》第11条。

值得注意的是,(2001)鄂民四初字第 1 号判决成为首个在美国得到承认与执行的中国判决。[①] 从某种意义上说,这也鼓励了我国政府、司法机关、当事人在外国判决的承认与执行方面做出更多的努力。

拓展视野

1. 管辖权的适当扩张与过度管辖权是不同的,国际民事诉讼中过度管辖权的存在对国际经贸关系的协调发展及建立和谐统一的国际民事诉讼秩序无疑是有害的。有关过度管辖权可参阅王薇:《国际民事诉讼中的“过度管辖权”问题》,载《法学评论》2002 年第 4 期。

2. 有关我国涉外民事法律适用中的法院地法倾向的讨论,可参阅何其生、许威:《浅析我国涉外民事法律适用中“回家去的趋势”》,载《武汉大学学报》(哲学社会科学版)2011 年第 2 期。

3. 不方便法院规则是英美法系国家管辖权制度中拒绝管辖权的一项重要规则,从不方便法院规则的运作环境与功能看,我国现阶段不宜采用不方便法院规则。具体内容可参阅徐伟功:《我国不宜采用不方便法院原则——以不方便法院原则的运作与功能为视角》,载《法学评论》2006 年第 1 期。

4. 在外国判决的承认与执行方面,公共秩序保留原则应当如何适用的问题可参阅马永梅:《外国法院判决承认与执行中的公共秩序》,载《政法论坛》2010 年第 5 期。

5.《选择法院协议公约》是国际社会在法院管辖权以及外国判决的承认与执行方面最新的立法成果,有关公约规定的管辖权、承认与执行外国判决的一般义务、承认与执行外国判决的例外规定等,可参阅徐国建:《建立国际统一的管辖权和判决的承认与执行制度——海牙〈选择法院协议公约〉述评》,载《时代法学》2005 年第 5 期。

---

① 参见《中国判决　首次被美国执行》,http://nf.nfdaily.cn/nfzm/content/2011-09/30/content_30732936.htm,2011 年 11 月 5 日访问。

专题三　我国国家豁免的理论与实践

国家豁免是国家主权平等的延伸，同时又是国家属地管辖权的例外。出于平等主体之间无管辖权的原理，在主权国家之间，一国不得对他国的主权行为或其财产行使司法管辖权。与此相对的，一国享有国家豁免的同时，也有着对其他主权国家的行为及财产给予豁免的义务。

一、绝对豁免与相对豁免理论之争

国家豁免是国际法上确立较早的一项原则，但是至今，其适用范围仍然存在着较大争议。绝对豁免理论和相对豁免理论的对立成为国家豁免原则在新时期的新议题，何者将成为各国普遍采纳的立场也成为对该原则进行探讨的焦点之一。

根据绝对豁免理论，不论行为性质如何，只要是国家行为即可在他国豁免，除非该国放弃豁免权。其中，享受国家豁免的主体包括了国家元首、政府首脑、国家本身、中央政府及各部门、其他国家机构、国有公司或者企业等。一国除了在直接受诉时可以享受豁免外，在间接受诉时豁免同样适用。绝对豁免主义，是一种在近代国际法国家豁免问题上占主导地位的理论和实践。绝对豁免主义贯彻严格的国家主权平等原则，主张国家的一切行为和财产不论性质如何均应享有豁免。这一立场早在19世纪初期就已被美英等国的司法判例所确认，到19世纪末叶以前一直得到当时几乎所有西方国家的司法实践及学者的普遍支持，第一次世界大战之后相继得到了苏联、捷克斯洛伐克、德意志民主共和国和匈牙利、波兰等东欧国家，以及包括中国在内的大多数发展中国家的实践和理论的肯定。在适用绝对豁免而出现涉及国家的民事争议时，只能通过外交途径解决。然而，由于财产问题所具有的复杂性，有时会出现国家财产与企业财产混合起来的情况，此时若再适用绝对豁免理论，对国家和企业的财产给予豁免就显得不合时宜了。此外，从适用豁免而导致将争议通过外交途径解决看，毕竟外交途径更多偏向于政治，而非完全意义上的法律，而政治的价值取向在于利益平衡而非法律中实体或程序上的公平、正义。通过政治途径解决争议往往不能反映公平、正义的需求，有时还会受到政治力量的影响。

绝对豁免因为其不合理性渐渐落后于时代，相对豁免理论正是在发现绝对豁免在实践中存在的种种问题的情况下出现的。相对豁免又被称为限制豁免，产生于19世纪末，理论依据主要是国家双重行为论，即主张把国家的行为分为主权行为和非主权行为、统治权行为和事务权行为、公法行为和私法行为。按照这种理论,在国际交往中,一个国家的主权行为在他国享有豁免,而其非主权行为在他国则不享有豁免。相对豁免的产生有着复杂的内因与外因,20世纪,特别是第二次世界大战结束以来,世界经济得到了较长时期的和平发展,随着经济全球化以及国际经济分工趋势的加强,更多的国家自觉或不自觉地参与到了国际经济活动中。国家更加清楚地认识到在法律地位平等的基础上进行国际经济合作才更符合国家的根本利益。所以,限制豁免主义逐渐得到大多数国家的普遍认同,实践中也有越来越多的国家开始采纳这一做法。不过,虽然相对豁免理论有着诸多优势,但同时也存在着很多理论问题,如国家行为与非国家行为的认定问题等。国家的活动错综复杂,要判断何者为主权行为,何者为非主权行为有着很大的难度。

2004年12月联合国大会通过了《联合国国家及其财产管辖豁免公约》,对国家及其财产管辖豁免问题进行了最全面、最系统的规定,对解决国家及其财产豁免问题有着重要的意义。值得一提的是,该公约正是采取了相对豁免立场。我国于2005年9月在联合国纽约总部签署了该公约,但该公约至今尚未在我国经过批准程序生效。

二、我国在国家豁免问题上的立场

(一)我国坚持绝对豁免的原因

我国一贯坚持绝对豁免与我国的历史、经济、政治等多方面都有着重要的联系。20世纪50至60年代,我国在科技、经济、政治等多方面向苏联学习,其中也包括一些法律制度。由于当时苏联在国家豁免问题上采取的是绝对豁免的立场,因而我国也采取了该立场,在实践中既不作为法院地对他国提起诉讼又不对他国针对我国的诉讼进行回应。

新中国成立前,我国人民深受外国殖民者和帝国主义的欺压,签订了各种各样的不平等条约,司法主权也一度被他国掌握。因此,在新中国成立后,立法者极力排斥外国将其国内管辖权延伸到我国,认为接受别国国内法院的管辖,意味着丧失了与别国地位的平等与尊严,在那样的情况下,坚持绝对豁免是完全可以理解的。

在经济交往方面,我国致力于建立社会主义市场经济体制,但从计划经济到市场经济是一个缓慢的过程,直到20世纪末市场化程度仍不高,国家的干预对经济活动的影响仍然较大,直至今日,仍有许多国家不承认我国的市场经济地位。由于市场经济不充分,国家统一管理生产和分配,国家的许多经贸活动有很大一部分由国家部委直接进行。如此,在发生争议时,显然采取绝对豁免理论更有利于保护我国的国家利益和财产。

（二）我国绝对豁免立场向相对豁免转化的可能

在当前市场经济条件下，我国政府并不再像过去那样直接参与跨国商业活动，国有公司已逐步被公司化法人所取代。在这种情况下，国家作为被告被他国法院管辖的可能性变小了。

国家豁免是建立在“平等主体间无管辖权”理论基础上的，该理论的目的在于维护国家的主权和尊严，但却从一定程度上忽略了对交易的相对方和私人利益的维护。因此在实践中经常有国家利用主权豁免侵犯私人权利的现象，在此基础上对国家行为进行一定限制实属必要。也正是因为如此，《联合国国家及其财产管辖豁免公约》对国家行为作了界定，将国家行为划分为管理行为和商业行为。

虽然我国目前仍坚持绝对豁免的立场，但在相对豁免逐渐成为主流趋势的情况下，我国一贯坚持的立场似乎也应发生变化，这体现在我国签署《联合国国家及其财产管辖豁免公约》这一事情上。在相对豁免理论慢慢成为国际社会主流观点的背景下，我国立场的转变是符合国际潮流和时代背景的。

三、从香港中铁公司案看我国国家豁免理论的适用范围

（一）中铁公司案背景

2003 年 4 月，国际商会仲裁院（ICC）作出裁决，裁定刚果（金）在与一家名为 Energoinvest 的南斯拉夫公司的争议中违约，须支付包括利息在内的总计一亿多美元的费用。FG 是一家在美国注册的公司，主要从事追索债务的业务。2004 年 11 月，FG 公司从 Energoinvest 处购买了 ICC 裁决项下的债权。2008 年 5 月，FG 公司得知我国中铁股份有限公司（以下称“中铁公司”）将在刚果（金）进行基础设施投资并相应取得在刚果（金）的采矿权。为此，中铁公司将通过香港向刚果（金）支付巨额使用费。

（二）中铁案在香港特区法院的诉讼过程

FG 公司在香港特区法院启动法律程序，并获得一项单方命令，使得上述 ICC 裁决在香港特区可以如同香港特区法院作出的判决一样执行刚果（金）在香港特区的财产。该命令还涉及禁止中铁公司及其旗下的另外三家子公司依《合资协议》和《合作协议》向刚果（金）支付使用费。

刚果（金）政府主张其作为主权国家享有管辖权豁免，对香港特区法院的管辖权提出异议。香港律政司司长以案外“介入者”身份加入该诉讼程序。我国外交部驻香港特派员公署向法院出具了说明中央人民政府立场的声明函，并明确指出中国政府一贯坚持的“绝对豁免原则”。2008 年 12 月 12 日，香港高等法院作出初审判决，判定法院裁断的刚果（金）政府的行为不属于《香港基本法》第 13 条、第 19 条规定的“外交等国家行为”。依据《合作协议》与《合资协议》要支

付给刚果(金)政府的费用,不具有商业性质;香港特区法院对 FG 公司诉刚果(金)的请求没有管辖权;刚果(金)同意采用 ICC 的仲裁规则并不等于放弃了其财产的执行豁免;刚果(金)针对 ICC 裁决的执行享有豁免;刚果(金)没有放弃执行豁免。判决撤销了对中铁公司及其子公司的禁令。此外,本案法官表示,虽然他对主权豁免问题不发表正式的意见,但其倾向认为香港现行的普通法将"有限豁免"原则作为国际习惯法予以吸收并在香港特区加以适用。

FG 公司不服判决,提起上诉。2010 年 2 月 10 日,香港高等法院上诉庭作出判决,撤销初审庭法官作出的驳回原告起诉的决定,维持对被告的禁令,并将案件发回初审庭,令其查明中铁公司及其子公司向刚果(金)支付的费用中有多少将支付给 Gecamines(刚果(金)的一家国有采矿公司),且这些费用是否可以被强制执行。后该案被上诉到香港终审法院。2011 年 6 月 8 日,香港终审法院对该案作出了初步判决,其中就该案所涉及的《香港基本法》第 13 条、第 19 条等有关款项向全国人大常委会提出了解释请求。①

《香港基本法》第 158 条第 3 款规定:"香港特别行政区法院在审理案件时对本法的其他条款也可解释。但如香港特别行政区法院在审理案件时需要对本法关于中央人民政府管理的事务或中央和香港特别行政区关系的条款进行解释,而该条款的解释又影响到案件的判决,在对该案件作出不可上诉的终局判决前,应由香港特别行政区终审法院请全国人民代表大会常务委员会对有关条款作出解释。如全国人民代表大会常务委员会作出解释,香港特别行政区法院在引用该条款时,应以全国人民代表大会常务委员会的解释为准。但在此以前作出的判决不受影响。"根据该款的规定,香港终审法院提请全国人大常委会对有关问题进行解释的做法符合法律规定。

(三) 香港终审法院提交全国人大常委会解释的问题

香港终审法院提请全国人大常委会解释的问题包括:(1) 根据《香港基本法》第 13 条第 1 款,中央人民政府是否有权力决定中华人民共和国的国家豁免规则或政策。(2) 如有此权力的话,根据《香港基本法》第 13 条第 1 款和第 19 条,香港特区(包括香港特区的法院)是否:① 有责任援用或实施中央人民政府根据《香港基本法》第 13 条第 1 款所决定的国家豁免规则或政策;或② 反之,可随意偏离中央人民政府根据《香港基本法》第 13 条第 1 款所决定的国家豁免规则或政策,并采取一项不同的规则。(3) 中央人民政府决定国家豁免规则或政策是否属于《香港基本法》第 19 条第 3 款第一句中所说的"国防、外交等国家行为"。(4) 香港特区成立后,《香港基本法》第 13 条第 1 款、第 19 条和香港作为中华人民共和国的特别行政区的地位,对香港原有(即 1997 年 7 月 1 日之前)的

① 参见孙煜华:《如何在基本法框架下化解央港管辖权之争》,载《政治与法律》2001 年第 6 期。

有关国家豁免的普通法(如果这些法律与中央人民政府根据《香港基本法》第13条第1款所决定的国家豁免规则或政策有抵触)所带来的影响,是否令到这些普通法须按照《香港基本法》第8条和第160条及于1997年2月23日根据第160条作出的《全国人民代表大会常务委员会的决定》的规定,在适用时作出必要的变更、适应、限制或例外,以确保关于这方面的普通法符合中央人民政府所决定的国家豁免规则或政策。

(四)不同法域间国家豁免问题不同主张的冲突

香港中铁案的出现引发了我国学者对我国不同法域间国家豁免问题不同主张如何协调的争论。如何对香港终审法院提出的解释请求进行答复,也成了立法者亟须解决的问题。2011年8月26日第十一届全国人民代表大会常务委员会第二十二次会议通过了《关于〈中华人民共和国香港特别行政区基本法〉第十三条第一款和第十九条的解释》。

1. 豁免立场冲突的产生原因

香港特区法院所坚持的相对豁免立场与我国坚持的绝对豁免立场的冲突来源于中英两国对该问题的不同主张。《香港基本法》第8条规定:"香港原有法律,即普通法、衡平法、条例、附属立法和习惯法,除同本法相抵触或经香港特别行政区的立法机关作出修改者外,予以保留。"该法第160条又规定:"香港特别行政区成立时,香港原有法律除由全国人民代表大会常务委员会宣布为同本法抵触者外,采用为香港特别行政区法律,如以后发现有的法律与本法抵触,可依照本法规定的程序修改或停止生效。"正是这种不明确废止即予以保留的做法使香港在回归以后仍然沿用大量的英国法律。然而,英国法又以判例法为主,制定法的比例很小,而全国人大常委会对于香港回归前法律的废止又集中在制定法部分。在这样的情况下,香港特区与中央人民政府对于国家豁免的不同立场被保留到了现在。由于缺乏及时立法,香港特区法院便承担起了在不同立场间进行选择的任务。

香港和澳门的回归不仅使我国出现了一个国家两种制度,更是出现了社会主义法系、英美法系和大陆法系等多个法域。因为香港特区法官长期受到英美法的影响,他们的法律思维显然与大陆的立法者、学者有着较大差异。立法主导与法官造法的思维模式的差别在本案中集中表现了出来。在立法主导型的法域,法律是由立法机关根据特定程序所制定的;而英美法系法域中,除小部分制定法外,其法律大都来源于各级法院的判例,法院法官在判例的制定过程中起到了决定性作用,因而被称为法官造法。本案中,香港特区初审法院法官曾强调应发挥法官的能动性,意图在立法会和全国人大没有出台有关国家豁免的法律之前,依据国际习惯法发展的趋势,通过判例的方式将香港特区相对豁免的主张保留下来。这种法官造法的思维模式与外交部特派员公署声明中的思维形成了鲜明对比。外交部特派员公署声明中的观点是我国虽已加入《联合国国家及其财产管辖豁免公约》,但是公约尚未获得立法机关的批准,因此尚不能在国内发生效力。

2. 有权决定国家豁免立场的主体

"一国两制"的构想是我国的一大创举,但在解决了许多政治问题的同时也带来了不少法律难题。根据我国《宪法》和《香港基本法》,香港特区法院享有终审权。一个国家两种制度和谐并存的愿望是好的,但是两种不同制度的冲突却无法完全调和。中铁案背后体现的正是香港特区法院的管辖权与中央人民政府认定权的博弈。

根据《香港基本法》的有关规定,对于外交等国家行为,只有中央人民政府才有认定权。对于中央人民政府是否有权力决定我国的国家豁免规则或政策的问题,根据我国《宪法》第 89 条第 9 项的规定,国务院即中央人民政府行使管理国家对外事务的职权,而国家豁免规则或政策属于国家对外事务中的外交事务范畴,因此,中央人民政府有权决定我国的国家豁免规则或政策,并且有权决定该规则或政策在全国范围内统一实施。根据《香港基本法》第 13 条第 1 款关于"中央人民政府负责管理与香港特别行政区有关的外交事务"的规定,管理与香港特区有关的外交事务应属于中央人民政府的权力,所以中央人民政府有权决定在香港特区适用国家豁免规则或政策。

3. 一国对待豁免的立场与态度属于外交事务

国家豁免涉及一国法院对外国国家及其财产是否拥有管辖权,外国国家及其财产在一国法院是否享有豁免,直接关系到该国的对外关系、国际权利与义务。因此,决定国家豁免规则或政策是一种涉及外交的国家行为。也就是说,中央人民政府决定国家豁免规则或政策的行为属于《香港基本法》第 19 条第 3 款所说的国际外交等国家行为。这回答了香港终审法院提请全国人大常委会解释的第三个问题。

那么,香港特区法院是否有责任援用或可偏离中央人民政府根据《香港基本法》第 13 条第 1 款所决定的国家豁免规则或政策呢?由于中央人民政府有权决定在香港特区适用的国家豁免规则或政策,且香港特区法院对中央人民政府决定国家豁免规则或政策的行为无管辖权,香港特区法院在审理案件时遇有外国国家及其财产管辖豁免和执行豁免问题,须适用和实施中央人民政府决定适用于香港特区的国家豁免规则或政策。所以,香港特区法院有责任适用或实施中央人民政府决定采取的国家豁免规则或政策,不得偏离上述规则或政策,也不得采取与上述规则或政策不同的规则。

香港终审法院在面对中铁案时提请全国人大常委会释法的行为体现了香港终审法院在此问题上的正确态度。全国人大常委会《关于〈中华人民共和国香港特别行政区基本法〉第十三条第一款和第十九条的解释》解决了两地豁免立场不同产生的冲突,最终结束了这一纷争。

虽然我国未来有改变态度转而采用相对豁免理论的迹象,但仅就目前有关立法和司法实践看,我国坚持的仍是绝对豁免的立场,并不能从在《联合国国家及其财产管辖权豁免公约》上签字就得出我国立场已经转变的结论。如果我国将来采用相对豁免理论,应当尽快批准该公约在我国的适用,同时制定有关国家及财产豁免的国内立法以明确相对豁免理论在我国的具体适用问题。这样做不仅有利于我国国家豁免理论与世界潮流接轨,同时对我国海外投资利益的维护也有着积极的意义。

拓展视野

1. 由绝对豁免主义到相对豁免主义的演变构成了国家豁免理论发展的趋势,对于国家豁免历史演变的了解有助于掌握该理论的核心。有关 19 世纪初到 20 世纪 90 年代国家豁免的各国实践的比较研究,可参阅龚刃韧:《国家豁免问题的比较研究:当代国际公法、国际私法和国际经济法的一个共同课题》,北京大学出版社 2005 年版。

2. 有关本专题提到的香港中铁案的具体情况及人大释法的相关问题,可参阅秦前红、黄明涛:《对香港终审法院就“刚果金案”提请人大释法的看法》,载《法学》2011 年第 8 期。

专题四 结果正义的法律选择导向

一、结果正义法律选择导向的产生背景

被喻为“近代国际私法之父”的德国法学家萨维尼杰出的理论贡献之一是提出了法律关系本座说。法律关系本座说是指每一法律关系都有一个确定的“本座”，即一个法律关系在性质上必须归属的法域。法院进行法律选择时，应根据法律性质确定法律关系的本座所在地，而该本座所在地的法律就是该法律关系适用的法律。法律关系本座说统一了英美法系和大陆法系法院法律选择的方法，即以寻找连结点为基础而不论依该连结点适用法律作出的判决结果是否公正。该学说的目的是协调国际法律冲突，追求适用法律和判决结果的一致性，反映的是形式正义的价值取向。

由于各国法律差异很大，若僵硬地通过连结点来寻找法律会导致判决结果不公。例如，若婚姻缔结一律指向当事人属人法，而根据过去有些国家的法律“黑人不得与白人结婚”，将会导致婚姻关系无效。这种僵硬的法律选择方法不利于法律关系的稳定，存在一定缺陷。此外，出于政治、经济等原因，同一行为一国法院认定其合法，他国法院认定违法，或对于某侵权行为一国法律判决要赔，另一国法院判决不赔，都可能是导致判决结果实质不公的原因。

20 世纪初，随着实用主义思潮和以罗斯科·庞德为代表的社会法学派的兴起，法律的价值取向开始转向实质正义。法官在对案件作出判决时开始注重个案公正而非程序公正。美国法学家库克受实用主义哲学的影响，主张从法院以往判例实践中寻找法律适用的方法。这种法律选择的方法虽然并不完美，仍有许多问题无法解决，但在库克的研究方法的启发下，美国发生了冲突法革命，不少学者从实证方法出发，试图从法院的判例中获得灵感，从而引发了法律选择方法论上的革命。

在这次冲突法革命中，美国国际私法学者们对传统国际私法理论、方法等进行了重大的变革，出现了空前繁荣的局面，涌现出了众多学说，虽然看似最密切联系原则对后世影响最大，但这一切都是建立在以结果为导向的价值取向基础之上的。

二、优先选择原则与冲突法革命的开端

所谓冲突法革命，其实主要是就侵权法律关系之中的法律选择方法而言的。

在合同法律关系方面，由于当事人意思自治原则没有遇到挑战，一般来说争论较少。如果当事人没有在合同中进行法律选择，法院需要按照有关合同与不同国家或州之间法律的联系来推论当事人的默示选择。在传统冲突法理论中，有关侵权争议的法律选择规则基本上是按照萨维尼的法律关系本座说建立的。第一次《美国冲突法重述》在法律适用的理论依据方面继承了戴赛的既得权说，而在法律选择方法方面则是按照萨维尼的本座理论制定各种规则的，即从法律关系的本座入手，如侵权行为适用行为地法等。这种按照规则选择适用法律的方法成为后来美国冲突法学者的批判对象。当代美国冲突法学发展变化的主要特点就是从"以规则为中心"向"以方法为中心"的转变。在库克之后，真正从司法实践入手，强调以案件处理结果公正为中心考察法律选择方法的是卡弗斯。

1933 年，时为杜克大学法学院教授的卡弗斯在《哈佛法学评论》上发表了题为《法律选择问题批判》一文，对传统的法律选择方法进行了批判。他在文章中指出，传统的法律选择方法是建立在立法管辖权的基础之上的，这种盲目的法律选择方法不利于个案正义的实现，使得判决结果往往有悖正义。卡弗斯认为，法律选择应当满足对当事人公正和符合一定社会目的的标准，主张将管辖权选择的方法转向结果选择。这种以结果为导向的法律选择方法是为了实现一定的实体结果而建立的。采取以结果为导向的法律选择方法要考虑的因素有：尽可能使法律行为有效；尽可能使某些身份地位关系有效；尽可能保护侵权受害人、抚养权利人、消费者、雇员等法律上认定为弱者的利益。

（一）卡弗斯结果导向的主张

卡弗斯提出，在法律选择过程中存在一个基本概念问题：在处理一个涉及外国法（或外州法）也可适用于该案的争议时，法院是在不同法律制度之间进行选择还是在不同的具体法律规则之间进行选择？如果是在前者之间进行选择的话，那么直到法律制度被选择以后，法院还不知道具体规则的内容。第一次《美国冲突法重述》采用的就是这种模式。这种模式的缺点是盲目性，法官不能实现案件处理公正的结果。这种模式虽然可以采取某些措施防止一些极端不合理结果的发生，如运用公共政策制度等，但卡弗斯显然不满意这种被动的状况。他认为这样不利于案件的公正处理，只有抛弃"法域选择"方法，改以"结果选择"方法，才能克服冲突规则带来的弊端。

卡弗斯认为，在进行法律选择时，应考虑三个方面的问题：一是对案件的当事人是否公正；二是国际或州际法律制度的协调；三是在法域之间选择还是在具体法律规则之间选择。美国《宪法》中的"正当程序"条款已不再局限于对政府行为的限制，而成为影响法院管辖权的有力武器。该条款的意义不仅体现在程序性问题上，而且还影响到法院对本州实体法的适用方面。在联邦最高法院的司法判例中，《宪法》中的"充分诚信"条款并不要求受理案件的法院盲目采用外州或外国的法律规则而忽视本州法律所体现的目的和利益，这使得法院在处理案件时能够对不同法律制度中的具体规则进行比较和选择，以达到公正处理案件的目的。为此，他提出了解决法律冲突的“优先选择原则”，并在后来的《法律选择程序》一书中提出了7项具体原则。这7项原则中的5项集中于侵权领域。

（二）结果选择导向在美国的实践

卡弗斯的“公正说”建立在对侵权案件中不同州法的取舍上。为了达到让受害人得到赔偿的目的，法院会在侵权行为地和法院地的法律之间进行选择，如果侵权行为地法不能给予受害人赔偿，而法院地法可以，那么受理案件的法院可以选择适用本州的法律（如果作为受害人的原告与法院地州之间存在其他密切联系的话）；如果法院地法有给予侵权人免责的规定，而侵权行为地法中没有，则会适用侵权行为地法。这是卡弗斯学说的实质。他的优先选择原则虽然因缺乏实际可行的操作标准而没有被后来的学者所继承，也没有被美国法院所采纳，但他强调法律适用结果公正的观点却对美国冲突法从形式公正到实质公正的转变起到了推动作用。这种公正的核心就是在侵权案件中体现人权保护的精神，虽然他本人没有意识到，有关的司法判例中法官也没有直接提及人权保护的问题，但美国几乎所有冲突法革命的学说无不以侵权判例展开分析，并且都倾向受害人获得赔偿的判决；而在所有这些判例中，法院都因本地法更能保护受害人而适用了本地法。可见，美国法院在进行法律选择时，不再拘泥于一家学说或法律选择规则，而是以法律选择方法代替具体选择规则。

（三）欧洲结果导向的成功实践

卡弗斯的结果选择导向理念对两大法系都有影响，且在欧洲的实践中真正解决了结果导向的应用问题。欧洲国际私法的发展将弱者权益保护原则主要应用在消费关系、产品质量侵权和劳动关系方面，而没有规定在父母子女关系方面（罗马规则和海牙有关公约赋予消费者、被雇佣者、产品质量侵权的受害人可以单方面选择法律适用）。这是因为在消费关系、产品质量侵权和劳动关系方面，产品制造商、经销商和雇主常常利用自己的实际强势地位，通过当事人意思自治作为掩护，从而以合同中的法律选择条款引导对自己有利的实体法。

三、我国《涉外民事关系法律适用法》中的结果选择导向

（一）结果选择导向的积极因素

我国《涉外民事关系法律适用法》（以下简称“《适用法》”）于2010年10月由全国人大常委会通过，并从2011年4月1日起施行。初看《适用法》，我们会发现，其特色之一在于多处强调了对弱者权益的保护，从消费合同、产品责任、扶养关系和监护中都能看到《适用法》在弱者权益保障上的侧重。例如，《适用法》第42条规定消费者合同适用消费者经常居所地法律，它考虑到消费者在生产和

销售环节属于弱势群体，其在人力、财力以及物力上均弱于生产者和销售者，为了使消费者在案件的审理过程中减少额外的开支，便作出了此规定。这种选择有利于消费者积极维权。《适用法》第 45 条关于产品责任部分作出了类似规定。这两个条款同时给予被侵权人或消费者选择的权利，弱势一方得以选择对己有利的法律以保护自己的权益。在《适用法》第 27 条诉讼离婚、第 28 条收养的条件和手续中亦明确了在法律规定的几个连结点中选择适用于弱势一方即被抚养人和被监护人有利的法律的规定，以给予其特殊的保护及权益的维护。国家的改革开放深度及对外发展广度都决定着涉外法律的发达程度，我国《适用法》的颁布即表明了我国在国际私法领域有了一个质的飞跃。在《适用法》中我们不仅保留了国际上认可的相关原则，同时也作了一定的创新和改变。《适用法》对民事关系法律作出了比较详尽的规定，并与我国其他相关法律法规互相配合协调，整合成为一套较为完整的民事法律体系，涉外案件在选择法律的过程中对于利益的斟酌与权衡得以有法可依。

（二）结果导向与弱者权益保护

虽然弱者权益保护原则在《适用法》中的体现有一定的积极因素，但细细品味不难发现《适用法》中存在着对该原则的误用。事实上，《适用法》第 25、29 和 30 条的规定正是结果导向法律选择方法的体现，即强调要选择对某一方当事人有利的选法结果。国内学术界有人将此称为保护弱者权益在国际私法中的体现。然而，这是对保护弱者权益的误解和在涉外法律适用中的误用。结果导向的选法规则不等于弱者权益保护原则，也不是弱者权益保护原则的体现。在合同、侵权等领域，国外早已有过立法先例。国内学者常常将二者混同，这是对国外立法和学术动态的混淆认识。结果导向的选法方法曾经被许多国际私法学者评价为在实践中不具有可操作性。保护弱者权益则是 20 世纪 70 年代欧洲国际私法立法的产物。

以父母、子女关系为例，不论是在父母与子女之间的人身关系，还是财产关系中，都很难说父母一方或者子女一方是“弱者”。父母与子女的人身关系争议主要表现为父母子女关系的确定、父母子女之间的权利和义务、父母与子女关系的解除等方面。当今世界文明的发展表现为父母子女关系不因夫妻之间婚姻的解除而解除，私生子女与婚生子女享有平等的法律地位，男性子女与女性子女法律地位平等，父母子女关系不因单方或双方的声明而解除等。这些都不仅反映在绝大多数国家的婚姻家庭法律中，更反映在联合国若干国际公约和各国宪法中。不论是在各国立法还是司法实践中，我们都很难看到子女法律地位弱于父母的现象。因此，这里所讨论的父母子女关系问题不是抚养与扶养关系问题，也不是继承问题。有关抚养、扶养和继承关系在法律适用法中都有专门规定。即使有个别国家存在男性子女地位优于女性子女的实际情况，这也不属于父母与子女关系问题,而是男性子女与女性子女之间的关系问题。这种关系问题的差异并不体现在父母子女的人身关系方面,当然也没有体现在父母子女关系的财产关系方面。即使存在男女不平等现象的某些国家,其子女之间的不平等也表现在子女结婚或出嫁时父母所给予的财产数额不平等,或者继承时男女继承人是否享有继承权、继承顺序和份额的不平等,而几乎不可能表现在父母与子女之间的财产划分上。关于父母与子女的关系问题,在绝大多数国家都是法定的,不允许、实践中也不太可能由父母或子女通过合同方式规避。因此,所谓的"弱者"很可能只是立法者的假想而已。

(三) 过分追求结果导向可能造成的司法困难

对于特殊法律关系法律冲突时的选择,应当在追求实质正义与简化司法内容、降低司法成本间寻找一个平衡点。盲目追求判决结果公正而大量浪费司法资源、过度增加司法成本的做法显然是不可取的。

《适用法》在涉外扶养和监护关系的法律适用方面规定了多个连结点,让法院在多个国家的实体法适用结果中进行比较,看适用哪国实体法的后果最有利于被扶养人、被监护人、被收养人等,就适用哪国法律。这种立法动机或许是好的,但却为司法实践部门带来了法律适用的困难。以涉外扶养为例,《适用法》第 29 条规定:"扶养,适用一方当事人经常居所地法律、国籍国法律或者主要财产所在地法律中有利于保护被扶养人权益的法律。"按照该条规定,在任何一个涉外扶养案件中,至少有五个国家或法域的法律需要查明:扶养人的经常居所地法、被扶养人的经常居所地法、扶养人的国籍国法、被扶养人的国籍国法、扶养人的主要财产所在地法等。其中,因查清扶养人的主要财产在哪里不具有可操作性,主要财产所在地法将尤其难以查明。这就为法院审理案件、查明外国法带来了巨大困难。另外,法院在查明这五个国家或法域的法律后,还要进行实体结果的比较,看适用哪个国家的实体法对被扶养人最为有利。法院要对每一个国家实体法适用的后果进行裁决前的比较。对该条规定适用上的困难,有学者想当然以为,通过在最高人民法院或者有关高等院校建立一个各国立法数据库就可以解决。殊不知,查明外国法条文的内容和依照外国实体法进行裁判是两码事。事实上,即使在网络信息非常发达的今天,建立起万国法律数据库仍只是一个幻想。在以判例法为主要渊源的国家,该国婚姻家庭领域的判例也只是法律本身,而不包括法律适用的后果,如数额、方式等。现实的做法应当是明确"有利"的标准。例如,以是否有利于被扶养人获得抚养费为标准;在规定多个连结点时,不应当规定选择的顺序和条件。这样,既有利于法院在审判实践中选择法律的灵活性,同时不增加法院选择法律的负担。

拓展视野

1. 国际私法中法律选择方法的发展经历了一个复杂的过程。有关国际私法发展的历史回顾、对传统法律选择方法及目的论法律选择方法的论述，可参阅〔美〕弗里德里希·K. 荣格：《法律选择与涉外司法》，霍政欣、徐妮娜译，北京大学出版社 2007 年版。

2. 在日益全球化、信息化、市场化和工业化的今天，侵权行为法的重要性正在不断提升，侵权冲突法的研究也随之成为国际私法研究的重要课题。对于侵权法律选择理论在新时期的新变化、新议题的探讨，可参阅曾二秀：《侵权法律选择的理论方法与规则：欧美侵权冲突法比较研究》，法律出版社 2004 年版。

专题五　人权保护对于涉外婚姻家庭继承关系法律适用的影响

一、人权保护向涉外婚姻家庭继承关系的扩展

人权观念萌芽于古希腊。17世纪资产阶级革命时期,人权保护被用做资产阶级对抗封建统治的利器,其核心是生命、自由、平等、财产权等与生俱来的权利,不得转让和剥夺。资产阶级革命胜利后,虽然人权保护以宪法肯定人权的形式得到了长足的发展,但实际保护主要以限制政府权力和保护个人的财产权为主。第二次世界大战以后,人权保护进入到国际条约和各国宪法层面并引发法律制度的深刻变革,人权因此冲破限制政府权力和保护个人财产的藩篱,涌向法律制度的各个角落。随着《世界人权宣言》、《欧洲人权公约》(以下简称"公约")等国际人权公约的制定,越来越多的国家意识到了人权保护的重要性。人权保护作为一种指导思想,对各国的法律发展产生了实质影响。

受人权保护观念影响最甚的私法领域是婚姻家庭领域。意思自由和男女平等原则得到尊重和发展,婚姻自由、男女平等、保护妇女儿童合法权益成为各国婚姻家庭领域立法的关注重点。考虑到儿童是家庭关系中的相对弱势群体,各国在立法上普遍加大了儿童合法权益的保护力度。另外,受意思自由原则的影响,社会日益尊重个人生活方式的选择自由,非婚同居及同性婚姻得到了少数国家法律的承认,由此也引发了一系列国际私法问题。

自卡弗斯提出结果选择说后,冲突法不再满足于管辖权或法域的平均分配,而回归到作为法对公正的追求。此种公正诉求的核心是人权保护和人文关怀。在人权保护和人文关怀理念的影响下,冲突法的内容也在发生变化。个人权利的扩展、人权理论的深入,使得个人自由得到充分发挥。在自由、平等、保护弱者等人权思想的指导下,法院在适用冲突规则时有条件地减少了对婚姻家庭继承事务的干涉。当基本人权受到侵犯时,法院不再满足于被动地适用冲突规则,而是通过对判决结果实质正义的关注,促进人权保护的实现。

二、跨国婚姻中的人权

(一)婚姻的缔结

传统婚姻法着眼于婚姻关系的稳定和社会秩序的巩固,对婚姻的成立及婚姻的解除进行严格限制,严格约束婚姻关系双方当事人的权利义务,与人权保护

浪潮中的强调当事人意思自治原则不相符。当今社会,婚姻家庭生活的本质是夫妻通过双方互爱、互重、互助形成一种社会关系,对这种社会关系的过分干预必然导致人与人之间权利的不平等。随着人权保护的发展,平等权、自由权的观念渗入婚姻家庭领域,婚姻自由观念、男女平等观念成为各国婚姻法变革的核心。二战后,各国纷纷在立法层面减少对涉外婚姻缔结条件上的限制,婚姻自由终于从理论走向了现实。对于结婚问题,各国除了在本国国内法上放宽了必备要件上的限制外,还开始考虑跨国婚姻的效力问题。

因各国涉外法律的规定不同,跨国婚姻往往会产生同一婚姻法律关系在不同国家有着不同法律效力的情况。一方面,这不利于婚姻状况的稳定,不利于当事人权利的保护;另一方面,这种客观情势的存在催生了法律规避行为,使得婚姻问题变得更加复杂。国际社会意识到了此种情势,通过共同的努力制定了《婚姻法律冲突公约》。该公约第 1 条规定:结婚依当事人各自本国法。第 2 条和第 3 条又规定:若当事人之间存在禁止血亲、通奸者结婚及其他禁令之情节,可以不适用当事人本国法,仍适用婚姻举行地法。显然,该公约允许当事人通过对婚姻缔结地的选择来排除禁止性条件的适用,从而使跨国婚姻取得了合法地位。该公约允许当事人通过选择婚姻缔结地来决定是否确定婚姻关系,充分体现了婚姻缔结自由的思想。

在婚姻形式要件的法律适用方面,无论是各国国内立法还是国际公约,都以尽量使婚姻形式有效为指导思想,采用多种连结点的方式,不再局限于婚姻缔结地的法律。例如,1987 年《瑞士国际私法》规定:在瑞士缔结的婚姻,其方式适用瑞士法律。在国外缔结的婚姻,如果婚姻缔结地国认为有效的,或者当事人其中一方的住所地国家、习惯居所地国家或国际所属国认为有效的,瑞士也承认有效。

由于各国法律规定不尽相同,法院在承认涉外婚姻的同时,必将遇到一些已被他国法律、文化承认却被本国法律、社会观念所反对的婚姻。若当事人存在规避法律的情况,法院将毫不犹豫地运用公共秩序保留对此种行为作消极评价。若当事人不存在规避本国法律的情况,则要综合考虑案件对于本国社会秩序的损害程度。例如,婚姻缔结自由的理念使得公共秩序保留制度在婚姻领域受到严格限制。原则上,公共秩序保留制度是维护一夫一妻婚姻制度的。但这并不是绝对的,实践中存在女性自愿放弃一夫一妻婚姻制度的保护与来自承认一夫多妻婚姻制度国家的男性缔结婚姻的情况。当事人(女性)自愿放弃单一配偶权,则法律将默许此种弃权行为。若司法实践中涉及此问题,法院将不得援引公共秩序保留原则以推翻当事人的弃权行为。

(二) 离婚

受人权理念的指引,各国在不同程度上承认了协议离婚制度,但该制度实行的宽严程度却是不相同的。考虑到婚姻解除后所产生的影响,各国普遍在承认协议离婚的同时对其进行一定的限制。由于部分国家立法上存在歧视女性的现象,实践中法院为维护男女平等,往往以公共秩序保留为由排除适用歧视国的法律而适用法院地法。同时,各国开始意识到子女问题与单纯的解除婚姻关系问题的区别,规定子女抚养监护案件的管辖权与离婚诉讼的管辖权相独立,由专门的法院管辖。

国际公约方面,晚近的国际立法开始注重离婚案件管辖权的确立问题,以避免由于管辖权冲突而导致争议无法解决的情况出现。例如,1998 年欧盟《关于家事案件管辖权及判决承认与执行的公约》将习惯居所作为统一管辖权的标志,从而确立了婚姻诉讼直接管辖的原则。由于迁徙的频繁,住所地标准已不能适用于现实,习惯居所作为一个相对稳定的连结点,能够顺利确定离婚案件的管辖权。

（三）同性婚姻

近年来,同性恋人数的不断上升使得同性恋问题不再是一个可以忽略的问题,少数国家肯定同性婚姻使得冲突法对同性婚姻予以规范成为必要。此外,同性恋者依据人权保护中的平等权和自由权,呼唤法律对公民进行平等保护,允许同性者自由缔结婚姻,并且要求法院承认这种婚姻。在这样的前提下,人权保护对调整同性婚姻的冲突规范产生了影响。以美国为例,佛蒙特州以采用“民事结合”(Civil Union)的概念承认同性婚姻,随之引发了一系列冲突法问题:越来越多的同性伴侣去佛蒙特州缔结婚姻,当他们迁移到不承认或没有“民事结合”制度的州,并发生要求解除这种关系的诉讼时,法院就面临识别和先决问题等冲突法难题。

三、涉外家庭关系中的人权

家庭关系是一张经纬网,纬线是男女通过婚姻结成的横向夫妻关系,经线是线性传递的纵向父母子女关系。[①] 因此,家庭关系包括夫妻关系和父母子女关系。

（一）夫妻关系

夫妻关系分为人身关系和财产关系。在跨国夫妻人身关系上,夫妻人身关系权利义务准据法的连结点不再局限于传统上丈夫的住所地或国籍国,而是扩张到夫妻各自的住所地或国籍国,以及夫妻共同住所地或共同所属国。为避免通过属人法指引而适用实体法中歧视妇女的规定,部分国家的法律中增加了法院地法的适用,以确保法院在具体案件的审理中有机会适用法院地法,实现法院

① 参见袁发强:《人权保护与现代家庭关系中的国际私法》,北京大学出版社 2010 年版,第 111 页。

地国保护男女平等的实体目的。例如,在著名的“西班牙人案”[①]发生以后,德国宪法法院以违反宪法为由,废除了众多婚姻家庭方面的冲突规范,这些冲突规范大多以丈夫一方的国籍国为连结点来指引法律适用。[②] 随着人权保护的深入发展,在夫妻财产关系的法律适用方面,当事人意思自治受到各国立法和司法实践的肯定;若当事人没有选择财产关系的法律适用,各国立法往往会对当事人的属人法或住所地法予以关注。

(二)父母子女关系

随着冲突法的关注焦点由形式正义向实质正义转变,法院在审理案件时更关注实质正义的实现,儿童抚养监护案件也不例外。传统上,国际私法认为适用与儿童有最密切联系国家的法律有利于保护儿童,因此儿童属人法得到了各国立法的肯定。但各国经济发展水平不平衡,导致其保护水平也不均衡,适用冲突规范所指引的实体法很可能并不利于保护儿童,于是各国开始在立法中以增加连结点的方式注重结果的选择,由法院在司法实践中决定适用最有利于儿童保护的法律。如《美洲国家间抚养义务公约》第6条规定:抚养义务适用管辖机构确认的对被抚养人最有利的法律。在跨国抚养判决的承认与执行方面,由于儿童问题的特殊性,迅速执行有利于儿童抚养义务承担的判决对儿童的个人成长发展有重要作用,因此很多国家都对跨国儿童抚养义务判决的承认与执行进行专门规定。为了有利于儿童抚养义务承担的判决能够顺利得到承认与执行,1973年海牙《抚养义务判决的承认与执行公约》通过规定多样化的管辖权依据的方式,促使其成员国作出的判决能够迅速地在另一成员国得到承认与执行。

夫妻人身关系解除后,父母中的一方通常不与子女居住在一起,尤其是在跨国离婚案件中,极易出现离婚后未获得监护权的一方家长通过非常手段将儿童脱离享有监护权的另一方家长,滞留在其惯常居所以外的国家的情况。为促进儿童身心健康发展,海牙国际私法会议先后组织和起草了包括《儿童扶养法律适用公约》、《儿童抚养判决执行公约》、《未成年人保护公约》和《国际性诱拐儿童民事方面的公约》在内的一系列国际公约,充分体现了对人权的重视与保护。以《国际性诱拐儿童民事方面的公约》为例,该公约以“惯常居住地”作为确立合法监护权的连结点,体现了既得权保护思想,也是人文关怀理念在家庭事务方面的表现。

---

① See B Ver G 31, 58. 一位西班牙人准备娶一位德国妇女为妻,该妇女已与本国前夫有效离婚。根据当时的《德国民法施行法》第13条,男女结婚能力适用各自本国法。而根据当时的西班牙法律,西班牙人不能与离婚的人结婚。德国法院最初以此为由驳回他们的结婚请求。后来他们在德国宪法法院提起宪法诉讼。宪法法院认为,根据1986年《联邦德国国际私法》第6条,如果适用某一外国法律将导致违背德国法律的基本原则,尤其是与基本法发生冲突时,则不适用该外国的法律而适用德国的法律,同时作为对有关公约义务的履行,该德国妇女能够与西班牙人结婚。

② 参见袁发强:《宪法对冲突法的影响》,法律出版社2007年版,第142页。

早期儿童收养作为传递家业的一个渠道，很少考虑被收养儿童的利益。随着社会的发展，传统的收养功能正在弱化，被收养儿童的利益保护问题开始受到关注。在跨国收养中，出现了很多儿童由相对贫穷的国家被收养到相对富裕的国家的情况，在对这些儿童的利益保护上，其属人法并不一定比收养人属人法具有优势。部分国家的立法因此允许法院在审判案件中在收养人属人法、被收养人属人法、法院地法中选择适用保护水平较高的法律。例如，《关于收养的管辖权、法律适用和承认的海牙公约》规定，收养条件适用法院地法，收养的同意和协调适用儿童本国法。

（三）非婚同居

进入20世纪后，婚姻不再是维系男女关系的唯一方式，越来越多的伴侣以非婚同居这一形式共同生活。传统上，各国都反对非婚同居，个别国家甚至明文规定对非婚同居者不予保护。[①] 然而，非婚同居现象的客观存在使得法院在审判案件时不得不面对这个问题，而各国关于非婚同居的法律差异使得跨国非婚同居关系案件越加复杂。跨国非婚同居关系案件涉及的国际私法问题主要有管辖权问题、法律适用问题、外国法院非婚同居判决的承认问题。

四、涉外继承关系中的人权

随着市民社会的发展，当事人意思自治原则在私法领域得到肯定，在继承方面，遗嘱自由作为私法自治的体现，为当事人意思自治打开了一扇窗。尊重当事人遗嘱自由是人权保护在继承方面的体现，是对当事人自由处分财产的肯定。随着人权的深入发展，人权保护中的保护妇女儿童利益原则渗透到法定继承领域，着眼于保护继承关系中的相对弱者。涉外继承超出一国的范围，受到不同法律秩序和道德理念的调整，其所涉及的国际私法问题更加复杂。

（一）涉外继承的管辖

历史上，继承法是建立在血统基础上的，目的在于维护家族财产的统一，防范家族财产的外流，从而保护本国的婚姻家庭传统。因此，各国在继承方面往往强调对本国继承人利益的保护。在一定程度上可以说，继承法是典型的地域法，在某些国家，继承法甚至附属于宗教法。[②] 为保护本国人的利益，各国对继承案件实行专属管辖。但随着国家交往的日益频繁，专属管辖的缺陷日渐显现，专属管辖的直接后果是他国作出的判决无法在专管管辖国得到承认与执行，当事人的利益因此无法得到有效保护。为了保护当事人的利益，也为了维护本国的司法形象，在继承领域各国已逐渐放弃专属管辖权，有条件地允许协议管辖，这是

---

① 法国在1804年制定《法国民法典》时就表示，同居者无视法律，法律也无须关注他们。

② 参见袁发强：《人权保护与现代家庭关系中的国际私法》，北京大学出版社2010年版，第152页。

法律肯定当事人意思自治的另一种表现形式。

（二）遗嘱继承

受当事人意思自治原则的影响，遗嘱继承得到了各国法律的承认。在遗嘱的形式要件方面，各国法律规定的不尽相同使得部分遗嘱因不具备一国的法定形式而无效，导致立遗嘱人的意思自治无法实现，这样的结果无疑是令人遗憾的。为促进当事人自由意思的实现，为使遗嘱形式上符合被承认与执行地国的法律，国际公约为此作出了不懈努力。1961 年的《遗嘱处分方式准据法公约》通过采用包括遗嘱人立遗嘱地法、遗嘱人立遗嘱时或死亡时的国籍国法、遗嘱人立遗嘱时或死亡时的住所地法、遗嘱人立遗嘱时或死亡时的惯常居所地法在内的多个连结点的形式，尽最大可能使遗嘱形式有效。公约一改以往遗嘱形式适用法院地法的做法，是涉外遗嘱继承方面法律适用的重大突破，深刻影响了各国冲突法的立法。

当然，意思自治并不是绝对的，当意思自治侵害到弱势群体的利益时，法律必将阻止意思自治的实现，这也是人权保护在继承领域的体现。特留份制度即是在平衡个人自由和社会公共利益冲突的前提下产生的。

目前各国已普遍承认了遗嘱继承的形式效力，尽量使遗嘱生效成为各国立法的实质，对遗嘱内容的实质审查成为防止遗嘱损害本国人利益的一种途径，而这种审查是以公共秩序保留为依据的。为保护弱势群体的利益，法院需要衡量不同利益主体之间的利益，促进不同主体权利的实现。因此，法院在特殊情况下会以违反法院地法或者公共秩序保留为依据阻碍遗嘱继承的进行。当遗嘱自由涉及违宪问题，违背基本的人权观念和平等原则时，法院在司法过程中将毫不犹豫地运用公共秩序保留手段排除遗嘱的适用。①

（三）公共秩序保留

继承不仅维系着当事人的基本财产权，还维系着财产地的风土民情、宗教信仰、家庭观念、社会秩序等，因此各国常常在承认与执行有关的判决时设置限制条件，这种限制条件往往以公共秩序为切入点。例如，根据《德国民事诉讼法》，若外国法院判决的结果与人权不相容，德国法院可以以违反其公共政策为由不予承认。当然，这种限制条件并不是绝对的。随着全球一体化进程的加深，国际民商事交往日益繁荣，任何国家都不可能脱离别国而存在，在对待外国的态度上更加兼容并包，继承领域也不例外。值得注意的是，最大限度给予外国判决承认与执行已成为一种国际趋势。不远的将来，在尊重和保护人权的前提下，有关继承的判决也将逐渐挣脱公共秩序的束缚，得到广泛的承认与执行。

---

① 参见袁发强：《人权保护与现代家庭关系中的国际私法》，北京大学出版社 2010 年版，第 166 页。

拓展视野

人权保护是现代冲突法的发展力量，通过宪法审查机制，将人权保护精神体现到冲突法的各个环节，对美国、欧洲的冲突法发展产生了深远的影响。有关宪法审查机制对人权保护的影响的论述，可参阅袁发强：《人权保护对冲突法发展的影响》，载《法学》2004 年第 6 期。

专题六　我国区际法律冲突的协调与展望

一、概述

（一）我国区际法律冲突产生的原因

1997年和1999年香港和澳门相继回归祖国以来，我国出现了“一国两制三法系四法域”的局面，内地和香港、澳门三法域特殊的法律制度与港、澳的高度自治，是我国区际法律冲突产生的重要原因。

在“一国两制”下，各特别行政区原有的法律制度被保留并延续下来，本地区法律的制定和适用的权力仍然掌握在各特别行政区手中。《香港特别行政区基本法》和《澳门特别行政区基本法》以宪法性文件的方式确认了香港和澳门的行政管理权、立法权、独立的司法权和终审权。此外，从宪政分权机制的层面看，我们不难发现香港和澳门地区所拥有的立法权要大于内地其他地区。香港和澳门地区所拥有的独立司法权和终审权同样也是内地其他地区所不具有的。由于我国不同法域在处理涉及外法域民商事关系时既缺乏立法上的分工、协调，在行使涉外案件管辖权发生冲突时，也没有一个最高法院予以协调，因此，我国区际法律冲突不仅表现为立法层面的冲突，还包括司法管辖权方面的冲突。除此之外，因各法域法律制度的差异，国际条约在各法域适用中也会产生冲突。

（二）我国区际法律冲突的现状与特点

我国区际法律冲突主要包括立法上的冲突、司法管辖的冲突和国际条约适用上的冲突。

1. 立法上的冲突是我国不同法域之间产生法律冲突的主要原因。这首先表现为各法域已有的法律制度不同，其次才是不同法域的立法机关都有立法管辖权。对于各法域已有法律的效力的尊重使得各法域施行的法律内容存在不一致，同时因都具有属人和属地效力而可能在适用上发生重叠。事实上，除了外交与国防事务外，各特别行政区享有广泛的立法权。由此可见，在私法领域发生法律选择冲突的范围是十分广泛的。另外，各自不同的冲突法在港、澳地区回归祖国以后被保留了下来，香港和澳门地区的基本法等宪法性法律在规定特别行政区的立法权时，也没有要求与内地的冲突法保持一致，同时也没有规定立法冲突的协调问题。

2. 在司法管辖方面，香港地区和内地司法机关行使司法管辖权的依据不尽相同。香港地区保持了原英国普通法的传统，其行使管辖权的依据并不要求被告在香港地区有住所或争议发生在香港,而是能否向被告有效送达诉讼文书。可见,香港地区对于涉外管辖权的行使范围是相当广泛的。例如,香港地区继承了英国对物诉讼的法律制度,这是澳门地区和内地所没有的。澳门地区则按照大陆法系国家民事诉讼立法体例在管辖权方面分为四个方面:级别管辖、地域管辖、特殊地域管辖和专属管辖。澳门地区管辖权的立法体例与内地相似,但内容也并不完全相同。因此,因三地各自拥有独立的司法权和终审权,在涉及三地间的民商事争议中会发生管辖权冲突。根据目前的法律和有关安排,在发生这种司法管辖权冲突时,将无法进行统一和协调。

3. 国际条约适用上的冲突。我国宪法中没有关于国际条约在国内适用效力方面的规定,香港和澳门地区的基本法也没有直接涉及。因此,对于我国参加的适用于特别行政区的国际条约在该法域内的适用效力问题,原则上取决于该具体法域原有法律制度的传统。例如,国际条约在澳门地区的法律地位类似葡萄牙:低于宪法而高于一般法律。在实践中,澳门回归以后继续保持了这种制度。在我国内地,虽然宪法未就国际条约在内地的适用问题作出明文规定,但就国际私法而言,从有关《民法通则》和其他单行法看,是采取了直接适用的方式,而且效力高于国内立法。

纵观我国区际法律冲突的现状,可以归纳出我国区际法律冲突具有如下特点:

首先,我国的区际法律冲突是一种特殊的单一制国家内的区际法律冲突。从我国政府与英国、葡萄牙关于香港、澳门地区的两个联合声明以及香港、澳门地区的基本法看,特别行政区拥有高度的自治权,这种权力相比较联邦制国家内的成员国或各州的权力更大。这是我国根据特定的历史和现实创造出的一个特殊的解决问题、化解矛盾的方法。不可否认,即使特区享有高度的自治权,特区与中央人民政府仍是地方与中央的关系,这并没有超出我国单一制国家的范畴。通过这种特殊的方式,有效实现了香港和澳门地区的回归,成功将国际法律冲突变为区际法律冲突。

其次,我国的区际法律冲突是具有不同法系特征的法域间的冲突。从世界范围看,区际法律冲突在绝大多数情况下表现为同一社会制度、同一法系、不同法域间的法律冲突。同一社会制度、不同法系的区际法律冲突也在某些地区出现,如美国的路易斯安那州、加拿大的魁北克、英国的苏格兰等。而我国"一国两制三法系四法域"的局面则相当罕见。我国内地属社会主义法系,香港地区因其在过去较长时间内处于英国管辖而属于英美法系,澳门地区的法律受葡萄牙影响很大,因此其法律体系属大陆法系,加上社会主义与资本主义社会制度的差异,造成了我国区际法律冲突极为复杂和多元。

最后,我国各法域之上没有具有最高权威的司法来协调区际法律冲突。内地、香港和澳门地区各自都有自己的终审法院，在各法域之上没有最高司法机关，因此，在解决区际法律冲突方面，没有最高司法机关加以协调。比较其他多法域国家不难发现，不论政治体制是单一制还是联邦制的国家，都具有共同的母法，联邦制国家的州或者成员国所享有的立法权是不得与中央立法权相抵触的。由此，各不同法域在立法的基本原则上大体是统一的，区际法律冲突只是发生在一些位阶较低的法律之间。相反，虽然特区基本法也以宪法为依据，但宪法中与特别行政区有关的规定非常有限。根据我国宪法的规定，只有在涉及国家主权统一和领土完整等方面的宪法条款才对特别行政区具有约束力。另外，中央的其他立法在涉及国防、外交时适用于特别行政区。而特别行政区在关于调整民事关系、经济关系的法律的制定方面享有完全的自主权。由此，在调整民事、经济关系的法律中所出现的法律冲突也许将不仅仅存在于位阶较低的法律之间。

此外，我国的区际法律冲突还表现为各法域法律和适用的国际条约及国际条约间的冲突。我国的区际法律冲突不仅表现为内地、香港与澳门地区法律间的冲突，有时还表现为各地区的法律和其他地区适用的国际条约以及各地区适用的国际条约间的冲突。目前世界上各多法域国家中央政府缔结、批准和参加的国际条约，通过一定法律程序适用于其全部领土，地方政府无权对外缔约条约。而根据《中英关于香港问题的联合声明》的有关规定，香港特别行政区可以"中国香港"的名义单独地同世界各国、各地区及有关国际组织保持和发展关系，并签订和履行有关协定。《中葡关于澳门问题的联合声明》中也有类似的规定。具体而言，"中国香港"和"中国澳门"可以在经济、贸易、金融、航运、通讯、旅游、文化等领域单独同世界各国、各地区及有关组织保持和发展关系，并自主决定签订和履行有关协定，而中央人民政府缔结的国际条约，只有根据具体情况和香港或澳门地区的实际需要，在征询香港或澳门特别行政区政府的意见后，才能决定是否适用于香港或澳门地区。对于中央人民政府尚未参加而已适用于香港和澳门地区的国际协定，在香港和澳门地区仍可继续适用。因此，若某一涉港澳案件中，涉及某一国际协定，而该协定只有中央人民政府或港澳政府一方参加，那么就将引起关于适用内地法还是香港或澳门地区的法律的冲突。这在其他复合法域国家是极为罕见的。

二、我国区际法律冲突的解决

目前我国区际法律冲突缺乏统一的立法，在实践中，内地法与香港、澳门地区的法律在发生冲突时采取的是类推适用国际私法的方式。香港和澳门地区回归祖国以来，为适应区际民商事交往活动日益密切的需求、加强司法合作，不同法域之间在司法协助方面取得了一些成果，可供区际法律冲突立法时进行参考。

（一）我国区际司法协助的有关安排

在司法文书域外送达与调查取证方面，最高人民法院在1998年12月与香港特别行政区律政署达成了《关于内地与香港特别行政区法院相互委托送达民商事司法文书的安排》。这是港澳回归以后最早签订的区际司法协助协议。根据该送达安排，相互委托的法院分别为内地的各高级人民法院和香港的高等法院，最高人民法院司法文书可以直接委托香港高等法院送达。对于该送达安排在执行过程中遇到的问题或者需要修改的情况，由最高人民法院与香港高等法院协商解决。

内地与澳门特别行政区于2001年8月就民商事案件相互送达司法文书与调查取证达成了《关于内地与澳门特别行政区法院就民商事案件相互委托送达司法文书和调取证据的安排》。该安排实施后效果显著。首先，该安排中的民商事案件是广义的，在内地包括劳动争议案件，在澳门地区包括民事劳工案件。这种分别叙述和承认的方式有效地解决了两法域之间对雇佣关系争议定性的差异。其次，司法文书送达的机关简单明确，即内地的最高人民法院和各高级人民法院与澳门终审法院之间，没有纠缠级别对等的问题。再次，该安排所包含的司法文书是广义意义上的，以列举方式涵盖了内地和澳门特别行政区各自民事诉讼制度中的所有法律文书。对于不予送达的情况，只能是基于公共秩序保留方面的原因或不属于法院职权范围。最后，该安排就调取证据的范围和方式也规定得比较全面。如果需要对该安排进行修改，应当通过最高人民法院与澳门特别行政区代表协商解决。该安排虽不是最早签署的区际司法协助协议，但却是最全面的民事司法协助协议。双方在协商讨论过程中所依据的基本原则是在充分尊重对方法域司法制度的前提下充分、全面地开展司法合作，因而协议的内容有很高的实际操作性。

在域外法院判决和仲裁裁决的承认与执行方面，1999年，最高人民法院与香港特别行政区律政署达成了《关于内地与香港特别行政区相互执行仲裁裁决的安排》。根据该安排，香港特别行政区法院同意执行特定内地仲裁机构依据《仲裁法》所作出的裁决，内地人民法院同意执行在香港特别行政区按香港特别行政区《仲裁条例》所作出的裁决。

2007年，最高人民法院与澳门特别行政区政府也达成了《关于内地与澳门特别行政区相互认可和执行仲裁裁决的安排》。该安排第1条第1款规定："内地人民法院认可和执行澳门特别行政区仲裁机构及仲裁员按照澳门特别行政区仲裁法规在澳门作出的民商事仲裁裁决，澳门特别行政区法院认可和执行内地仲裁机构依据《中华人民共和国仲裁法》在内地作出的民商事仲裁裁决，适用本安排。"文件中没有涉及内地需要提供内地仲裁机构名单的问题。

此外，最高人民法院与澳门特别行政区政府还在2006年达成了《内地与澳门特别行政区关于相互认可和执行民商事判决的安排》。该安排适用于两法域各类民商事判决,以及依照各法域法律制度作出的各种名义的判决。相比较而言,内地与香港特别行政区之间于2006年达成的《关于内地与香港特别行政区法院相互认可和执行当事人协议管辖的民商事案件判决的安排》,在判决的适用范围方面要狭窄得多。

为了提高办理涉外案件的质量,最高人民法院曾在2001年通过了《关于涉外民商事案件诉讼管辖若干问题的规定》,规定对涉外民商事案件实行集中管辖。同时规定,能够从事涉外和涉港澳台民商事案件审理的基层人民法院主要是经济技术开发区法院。这不仅与《民事诉讼法》的规定不符,而且该司法解释的合法性本身亦值得怀疑。2007年全国人大通过了修订后的《民事诉讼法》,维持了原来《民事诉讼法》中有关涉外案件管辖的规定,但最高人民法院并没有主动废止上述规定,司法实践中仍然按照上述规定执行,这就明显地带有司法解释高于现行立法的色彩,其结果不仅不利于增强香港地区对内地法治的信心,而且会对司法合作进程产生不利的影响。

（二）区际司法协助安排的法理缺陷与实践弊端

多年来,我国区际司法合作虽取得了很多成果,但也存在着明显的问题。主要的表现是区际协议缺乏宪法定位,区际合作方法缺乏推动区际合作的上位法律义务,区际合作的原则没有立法基础作为指导等。由此导致最高人民法院作为内地法域司法机关代表签署区际协议,其所签署的区际安排直接以司法解释的形式发布缺乏立法基础,因而造成区际司法协助安排本身存在法理缺陷。对于这些问题的讨论将对今后区际法律冲突的立法以及有关安排的制定提供有益的借鉴。

1. 区际协议缺乏宪法定位。在香港回归之初,“一国两制”的精神从政治意义上阐述得较多,而“一国两制”的法律意义仅仅体现在授予香港特别行政区立法权、行政权和司法终审权。因此,我国《宪法》中只有简单的一条涉及特别行政区问题,即第31条规定:“国家在必要时得设立特别行政区。在特别行政区内实行的制度按照具体情况由全国人民代表大会以法律规定。”除此之外,没有规范特别行政区与我国其他地区之间关系的条文。而港澳回归后的两个特别行政区基本法只是就特别行政区的地位、政权机构和与中央政府的关系问题有定位,对于因此而产生的不同法域之间的横向关系,尤其是法律上的关系没有规定。从立法技术角度看,也不适合在特别行政区基本法中规定二者的关系。因此,“一国两制三法系四法域”更多的是我国国际私法学界从法律冲突与协调角度提出的理论定位,在立法上并无表现。当然,我国国际私法学界在提出该问题之后,也得到了刑法学和其他部门法学的响应。港澳台地区法律学界也都承认我国是特殊单一制的多法域国家,不同法域之间应当开展合作协调区际法律冲突现象。

区际司法合作本身没有全国性统一立法的规范和支撑，直接导致法域之间的合作是被动地因应形势发展需要，在合作模式、方法和途径上都没有宪法依据。实践中取得的成果是摸索取得的，在协议的代表机构、生效形式和法律效力等方面都存在疑问。如前所述，最高人民法院作为内地法域司法审判机关的代表与特别行政区政府之间达成了若干区际司法合作协议。为避免协议定位的国际化，所有协议都冠以"安排"的名称，这无疑是一个灵活务实的创举，但同时也是宪法规范缺位的无奈之举。首先，最高人民法院是不是合格的内地法域代表机关本身存在模糊之处。虽然最高人民法院的审判职能决定了它在内地民商事审判活动中的权威，但其作为内地法域与其他法域协商谈判并签署协议的代表身份却并不能从宪法上得到明显支撑。其次，最高人民法院将签署的有关安排直接通过司法解释的方式颁布实施，也有违其司法解释之权。最高人民法院只能就审判过程中"具体应用法律、法令"的问题进行解释，而不能创设法律。作为内地法域的代表，其签署的协议应该提交立法机关以法律形式通过才能起到特别法的作用，才能理顺有关安排与全国人大立法之间的关系。再次，因应内地作为一个与香港和澳门平行的法域的现实，全国人大及其常委会有为内地法域专门通过有关立法的客观需要。目前我国全国人大及其常委会通过的大部分立法都只在内地产生直接法律效力，只有被列为两个特别行政区基本法附件三的少部分法律才在特别行政区范围内有效。这说明完全可以通过代表机关将签署的有关安排提交全国人大讨论通过来解决现实问题。最后，为遵循立法、行政、司法分工配合的宪法定位，应当由司法行政部门作为代表签署区际协议，然后提交立法机关讨论通过，而不是由审判机关作为代表。这也与港澳地区代表机关身份相一致。目前，既无宪法和全国性立法授权最高人民法院作为内地法域的代表，《立法法》也未规定最高人民法院可以将签署的区际司法协议直接以司法解释形式发布生效。因此，现有区际司法协助安排是存在法理缺陷的。

另外，与香港特别行政区的双边安排在香港地区需要经过香港立法会的批准，最高人民法院在签署有关安排后也只能等待香港立法会批准的结果才能发布司法解释，香港立法会成为实际上决定双边安排能否生效的前置因素，这也使得最高人民法院的权威性受到怀疑，内地法域的平等地位受到干扰。

2. 缺乏推动区际合作的上位法律义务。在港澳回归之初，国家的重心放在平稳过渡方面，更多的是考虑维护特别行政区独立行使权力，增强特别行政区人民对基本社会制度不变的信心，而疏于规范跨法域事务的协调。不仅宪法中没有规范区际合作的基础性条文，有关特别行政区基本法也没有对区际法律协助定位作出明确的规定。《香港特别行政区基本法》规定，香港特别行政区可与全国其他地区的司法机构通过协商依法进行司法方面的联系和相互提供协助。但这只是为特别行政区与内地进行司法协助提供可能性授权，如果特别行政区不愿意积极与内地沟通推动合作，也不会承担什么后果。诚然，国际合作本身需要以自愿为前提，是适应双边交往形势的需要。在一国范围内的区际司法合作却不仅具有这方面的意义，还有体现和维护"一国"的法理要求。"一国"不仅仅在国际交往中体现为中央政府的代表性，还应当体现在促进不同区域的交流与合作方面，这就需要赋予各法域开展区际合作的法律义务。这种义务本身并不会改变特别行政区立法权、行政权和司法权的行使，也不会改变特别行政区的社会制度和法律制度，因而赋予这种义务与"两制"之间并不矛盾，恰恰是"一国"与"两制"的有机结合，是"一国两制"宪政体制的正确体现。

目前，我国宪法对"一国两制"没有明确的诠释，仅仅在两个特别行政区基本法中对中央与特别行政区的对外交往权限进行了界定，对需要在特别行政区内实施的全国性立法进行了明确列举。这显然在法律位阶上存在缺陷。我国宪法应当明确规定，在全国人大通过特别立法设立特别行政区时，应当在维护特别行政区特殊社会制度的同时促进国家内不同区域人民的交往与融合，促进不同区域之间开展合作，使"促进合作"成为不同法域之间的宪法义务。同时，在特别行政区基本法中规定相应条款，为特别行政区与其他法域开展区际司法合作提供基本原则与框架。

3. 区际合作的原则没有立法基础作为指导。尽管《香港特别行政区基本法》第95条为内地、香港跨境司法协助提供了法律上的可能性，但却缺乏基本原则和规范性规定，以至于香港特别行政区的部分法律人士出于对内地法制的不信任而消极地对待区际合作问题。抛开法律差异和技术性的因素，因政治的疑虑，以及对于彼此法律制度缺乏信任，很可能成为拖延两地司法合作的借口。

三、我国区际法律冲突的展望

（一）充分发挥宪法在协调区际法律冲突中的作用

事实上，任何复合法域的国家都不可避免要面对"一国"和"两制"的关系。"一国"要求不同地方尊重其他地方的立法和司法权威，不因其他地方的立法或司法制度与本地区不同而拒绝承认和执行外地区的法律和司法判决；"两制"则体现在不同地区立法和司法机构各自保持独立性，不强求一致。

对于区际法律冲突，有学者主张在国际私法立法之外，制定单独的区际法律适用规则。然而，由于这样的规则仍然是内地法域单边的冲突规则，不可能为其他法域所采纳，所以仍然不能从根本上解决问题。既然这些法律冲突是由于宪法原因而产生的，当然也只有通过修改宪法或制定宪法性法律的方法来协调。虽然宪法的修改或单独为此制定宪法性法律并不容易，但却是行之有效的方法。

从我国宪法和有关香港、澳门两个特别行政区的基本法看，香港和澳门特别行政区的独立立法权和司法终审权是由宪法性法律所赋予的。从立法权看，两个特别行政区在行使立法权时，不得违反宪法和有关基本法的规定。因此，只有在宪法中规定协调不同法域法律冲突的原则，才能起到限制不同法域立法的作用。从司法权看，虽然特别行政区享有终审权，但终审权本身并不妨碍司法合作与协调。法制统一和法律冲突协调是不同的问题：如果我国法制是统一的，也就不需要协调了；反之，协调必定是存在冲突。协调的结果并不必然导致统一，而是把冲突限定在可控制的范围内。由于过去我们总是站在统一法制的角度看法律冲突协调问题，因而容易将二者混为一谈，并受到思想上的束缚。

对于不同法域的立法进行适当的宪法性限制是必要的，也符合实际情况，并且这种限制主要应是原则性的。协调不同法域法律冲突的宪法性原则主要包括：(1) 地域效力原则。香港、澳门地区和统一后的台湾地区的地方立法机关可以根据本地区的实际情况制定不违反宪法和宪法性法律的地方性法律。这是宪法和港澳地区基本法已经明文规定了的，但没有强调地域效力问题。地域效力问题主要与不同法域立法的边际效力有关。原则上，各法域立法机关只能对本地区管辖范围内的事务进行立法。从内地情况看，除了宪法和宪法性法律以外，全国人大及其常委会以及国务院制定的法律和行政法规是针对内地的，而非严格意义上的全国。明确地域效力问题，有助于对不同法域立法进行宪法审查，在宪法层面解决法律适用上的冲突。(2) 符合宪法和基本法原则。这项原则已经体现在宪法和基本法之中了。需要说明的是，目前对这项原则在实际中的理解还存在一些偏差。这表现为还停留在“一国两制”的基本层面，更多地强调了“两制”，过分强调独立的立法权和终审司法权，而忽视了特别行政区立法要符合宪法和基本法规定的方面，忽视了全国人大常委会解释和监督宪法与本原则之间的关系。符合宪法原则还可以表现在程序正义和实质正义方面。我国《宪法》第 13 条第 1、2 款规定：“公民的合法的私有财产不受侵犯。国家依照法律规定保护公民的私有财产权和继承权。”第 33 条规定了基本人权保护和法律面前人人平等原则，并在后续条文中规定了各种自由和权利。这些规定不仅涉及公民的实体权利，还包括程序性权利；所涉及的法律不仅包括实体法律，也包括程序性法律。宪法中的这些规定不仅适用于内地，也应当适用于特别行政区。可以说，正当程序原则已经存在于宪法之中，但未明确化。与内地地方性立法不同，笔者之所以认为有必要在地方性立法问题上单列正当程序原则，主要是从现实地方性立法的实际状况出发，认为需要强调正当程序意识。(3) 充分诚信原则。本原则要求对不同法域的立法和司法行为给予尊重和承认。从立法层面看，要求不同法域的司法机关尊重其他法域的立法效力，不得歧视、曲解或拒绝适用符合宪法的外法域法律；从司法层面看，要求不同法域的司法判决或裁决（包括仲裁裁决），在发生法律效力以后，都应当在外法域得到尊重和承认。

（二）鼓励不同法域开展合作

在解决区际法律冲突问题时，应当鼓励不同法域开展合作，同时立法机关也应对此作出明文规定。在一国的范围内，没有国家主权因素的干扰，不同法域之间进行司法合作的可能性和可操作性都更大。过去，国内学者可能囿于最高人民法院和其他司法机关的“最高”或“中央”机关性质，而对司法合作的模式不敢进行大胆设想。其实，在出现不同法域之后，内地的司法机关与拥有终审权的其他法域司法机关之间并没有高低之分。互相达成一定协议或安排不仅可能，而且不涉及对我国宪政结构的损害。同时，加强司法合作还有利于促进不同法域之间人民的正常交往和融合。目前，香港地区基于和内地交往的需要，较为主动进行司法合作交流，在这一过程中内地司法机关显得很被动。从推动所有法域之间的司法合作角度看，有必要在宪法中明确不同法域之间的司法合作原则，推动不同法域之间司法合作的加强。在宪法中规定司法合作原则有利于推动司法合作的立法协调。如在宪法确定加强司法合作的前提下，明确赋予中央各司法机关代表内地法域司法机关与其他法域签订司法合作协议的权力，还可以推动不同法域立法机关就司法合作的协议分别进行立法等。

在“一国两制”的背景下，我国的区际法律冲突有着诸多不同于其他国家的特征，如何立足于我国国情，总结实践经验，吸收国外先进做法是解决我国目前区际法律冲突中所存在的问题的重要途径。对我国区际法律冲突进行协调不仅尊重了各不同法域的文化传统、法律制度，还真正体现了“一国两制”的特色和优越性。

拓展视野

有关我国区际法律冲突的产生原因、“一国两制”与我国的区际法律冲突、区际法律适用、区际司法救助等问题，黄进教授曾在其著作中进行过详细论述，具体可参阅黄进：《中国的区际法律问题研究》，法律出版社 2001 年版。此外，区际法律冲突的产生一定是基于宪法对不同法域并存的许可，要协调区际法律冲突也必须通过宪法进行，相关论述可参阅袁发强：《宪法与我国区际法律冲突的协调》，法律出版社 2009 年版。

国际私法法规汇编

第一部分　国内冲突法规范

一、《中华人民共和国民法通则》

第六届全国人民代表大会第四次会议于1986年4月12日通过《中华人民共和国民法通则》，自1987年1月1日起施行。

第八章　涉外民事关系的法律适用

第一百四十二条　涉外民事关系的法律适用，依照本章的规定确定。

中华人民共和国缔结或者参加的国际条约同中华人民共和国的民事法律有不同规定的，适用国际条约的规定，但中华人民共和国声明保留的条款除外。

中华人民共和国法律和中华人民共和国缔结或者参加的国际条约没有规定的，可以适用国际惯例。

第一百四十三条　中华人民共和国公民定居国外的，他的民事行为能力可以适用定居国法律。

第一百四十四条　不动产的所有权，适用不动产所在地法律。

第一百四十五条　涉外合同的当事人可以选择处理合同争议所适用的法律，法律另有规定的除外。

涉外合同的当事人没有选择的，适用与合同有最密切联系的国家的法律。

第一百四十六条　侵权行为的损害赔偿，适用侵权行为地法律。当事人双方国籍相同或者在同一国家有住所的，也可以适用当事人本国法律或者住所地法律。

中华人民共和国法律不认为在中华人民共和国领域外发生的行为是侵权行为的，不作为侵权行为处理。

第一百四十七条　中华人民共和国公民和外国人结婚适用婚姻缔结地法律，离婚适用受理案件的法院所在地法律。

第一百四十八条　扶养适用与被扶养人有最密切联系的国家的法律。

第一百四十九条　遗产的法定继承，动产适用被继承人死亡时住所地法律，不动产适用不动产所在地法律。

第一百五十条　依照本章规定适用外国法律或者国际惯例的，不得违背中华人民共和国的社会公共利益。

二、《最高人民法院关于贯彻执行〈中华人民共和国民法通则〉若干问题的意见(试行)》

1988 年 1 月 26 日最高人民法院审判委员会讨论通过,自 1987 年 1 月 1 日起施行。

七、涉外民事关系的法律适用

178. 凡民事关系的一方或者双方当事人是外国人、无国籍人、外国法人的;民事关系的标的物在外国领域内的;产生、变更或者消灭民事权利义务关系的法律事实发生在外国的,均为涉外民事关系。

人民法院在审理涉外民事关系的案件时,应当按照民法通则第八章的规定来确定应适用的实体法。

179. 定居国外的我国公民的民事行为能力,如其行为是在我国境内所为,适用我国法律;在定居国所为,可以适用其定居国法律。

180. 外国人在我国领域内进行民事活动,如依其本国法律为无民事行为能力,而依我国法律为有民事行为能力,应当认定为有民事行为能力。

181. 无国籍人的民事行为能力,一般适用其定居国法律;如未定居的,适用其住所地国法律。

182. 有双重或多重国籍的外国人,以其有住所或者与其有最密切联系的国家的法律为其本国法。

183. 当事人的住所不明或者不能确定的,以其经常居住地为住所。当事人有几个住所的,以与产生纠纷的民事关系有最密切联系的住所为住所。

184. 外国法人以其注册登记地国家的法律为其本国法,法人的民事行为能力依其本国法确定。

外国法人在我国领域内进行的民事活动,必须符合我国的法律规定。

185. 当事人有二个以上营业所的,应以与产生纠纷的民事关系有最密切联系的营业所为准;当事人没有营业所的,以其住所或者经常居住地为准。

186. 土地、附着于土地的建筑物及其他定着物、建筑物的固定附属设备为不动产。不动产的所有权、买卖、租赁、抵押、使用等民事关系,均应适用不动产所在地法律。

187. 侵权行为地的法律包括侵权行为实施地法律和侵权结果发生地法律。如果两者不一致时,人民法院可以选择适用。

188. 我国法院受理的涉外离婚案件,离婚以及因离婚而引起的财产分割,适用我国法律。认定其婚姻是否有效,适用婚姻缔结地法律。

189. 父母子女相互之间的抚养、夫妻相互之间的抚养以及其他有抚养关系的人之间的抚养,应当适用与被抚养人有最密切联系国家的法律。抚养人和被抚养人的国籍、住所以及供养被抚养人的财产所在地,均可视为与被抚养人有最密切的联系。

190. 监护的设立、变更和终止,适用被监护人的本国法律。但是,被监护人在我国境内有住所的,适用我国的法律。

191. 在我国境内死亡的外国人,遗留在我国境内的财产如果无人继承又无人受遗赠的,依照我国法律处理,两国缔结或者参加的国际条约另有规定的除外。

192. 依法应当适用的外国法律,如果该外国不同地区实施不同的法律的,依据该国法律关于调整国内法律冲突的规定,确定应适用的法律。该国法律未作规定的,直接适用与该民事关系有最密切联系的地区的法律。

193. 对于应当适用的外国法律,可通过下列途径查明:① 由当事人提供;② 由与我国订立司法协助协定的缔约对方的中央机关提供;③ 由我国驻该国使领馆提供;④ 由该国驻我国使馆提供;⑤ 由中外法律专家提供。通过以上途径仍不能查明的,适用中华人民共和国法律。

194. 当事人规避我国强制性或者禁止性法律规范的行为,不发生适用外国法律的效力。

195. 涉外民事法律关系的诉讼时效,依冲突规范确定的民事法律关系的准据法确定。

三、《中华人民共和国涉外民事关系法律适用法》

第十一届全国人民代表大会常务委员会第十七次会议于2010年10月28日通过《中华人民共和国涉外民事关系法律适用法》,自2011年4月1日起施行。

第一章 一般规定

第一条 为了明确涉外民事关系的法律适用,合理解决涉外民事争议,维护当事人的合法权益,制定本法。

第二条 涉外民事关系适用的法律,依照本法确定。其他法律对涉外民事关系法律适用另有特别规定的,依照其规定。

本法和其他法律对涉外民事关系法律适用没有规定的,适用与该涉外民事关系有最密切联系的法律。

第三条 当事人依照法律规定可以明示选择涉外民事关系适用的法律。

第四条 中华人民共和国法律对涉外民事关系有强制性规定的,直接适用该强制性规定。

第五条 外国法律的适用将损害中华人民共和国社会公共利益的,适用中华人民共和国法律。

第六条 涉外民事关系适用外国法律，该国不同区域实施不同法律的，适用与该涉外民事关系有最密切联系区域的法律。

第七条 诉讼时效，适用相关涉外民事关系应当适用的法律。

第八条 涉外民事关系的定性，适用法院地法律。

第九条 涉外民事关系适用的外国法律，不包括该国的法律适用法。

第十条 涉外民事关系适用的外国法律，由人民法院、仲裁机构或者行政机关查明。当事人选择适用外国法律的，应当提供该国法律。

不能查明外国法律或者该国法律没有规定的，适用中华人民共和国法律。

第二章 民事主体

第十一条 自然人的民事权利能力，适用经常居所地法律。

第十二条 自然人的民事行为能力，适用经常居所地法律。

自然人从事民事活动，依照经常居所地法律为无民事行为能力，依照行为地法律为有民事行为能力的，适用行为地法律，但涉及婚姻家庭、继承的除外。

第十三条 宣告失踪或者宣告死亡，适用自然人经常居所地法律。

第十四条 法人及其分支机构的民事权利能力、民事行为能力、组织机构、股东权利义务等事项，适用登记地法律。

法人的主营业地与登记地不一致的，可以适用主营业地法律。法人的经常居所地，为其主营业地。

第十五条 人格权的内容，适用权利人经常居所地法律。

第十六条 代理适用代理行为地法律，但被代理人与代理人的民事关系，适用代理关系发生地法律。

当事人可以协议选择委托代理适用的法律。

第十七条 当事人可以协议选择信托适用的法律。当事人没有选择的，适用信托财产所在地法律或者信托关系发生地法律。

第十八条 当事人可以协议选择仲裁协议适用的法律。当事人没有选择的，适用仲裁机构所在地法律或者仲裁地法律。

第十九条 依照本法适用国籍国法律，自然人具有两个以上国籍的，适用有经常居所的国籍国法律；在所有国籍国均无经常居所的，适用与其有最密切联系的国籍国法律。自然人无国籍或者国籍不明的，适用其经常居所地法律。

第二十条 依照本法适用经常居所地法律，自然人经常居所地不明的，适用其现在居所地法律。

第三章 婚姻家庭

第二十一条 结婚条件，适用当事人共同经常居所地法律；没有共同经常居所地的，适用共同国籍国法律；没有共同国籍，在一方当事人经常居所地或者国籍国缔结婚姻的，适用婚姻缔结地法律。

第二十二条 结婚手续，符合婚姻缔结地法律、一方当事人经常居所地法律或者国籍国法律的，均为有效。

第二十三条 夫妻人身关系，适用共同经常居所地法律；没有共同经常居所地的，适用共同国籍国法律。

第二十四条 夫妻财产关系，当事人可以协议选择适用一方当事人经常居所地法律、国籍国法律或者主要财产所在地法律。当事人没有选择的，适用共同经常居所地法律；没有共同经常居所地的，适用共同国籍国法律。

第二十五条 父母子女人身、财产关系，适用共同经常居所地法律；没有共同经常居所地的，适用一方当事人经常居所地法律或者国籍国法律中有利于保护弱者权益的法律。

第二十六条 协议离婚，当事人可以协议选择适用一方当事人经常居所地法律或者国籍国法律。当事人没有选择的，适用共同经常居所地法律；没有共同经常居所地的，适用共同国籍国法律；没有共同国籍的，适用办理离婚手续机构所在地法律。

第二十七条 诉讼离婚，适用法院地法律。

第二十八条 收养的条件和手续，适用收养人和被收养人经常居所地法律。收养的效力，适用收养时收养人经常居所地法律。收养关系的解除，适用收养时被收养人经常居所地法律或者法院地法律。

第二十九条 扶养，适用一方当事人经常居所地法律、国籍国法律或者主要财产所在地法律中有利于保护被扶养人权益的法律。

第三十条 监护，适用一方当事人经常居所地法律或者国籍国法律中有利于保护被监护人权益的法律。

第四章 继 承

第三十一条 法定继承，适用被继承人死亡时经常居所地法律，但不动产法定继承，适用不动产所在地法律。

第三十二条 遗嘱方式，符合遗嘱人立遗嘱时或者死亡时经常居所地法律、国籍国法律或者遗嘱行为地法律的，遗嘱均为成立。

第三十三条 遗嘱效力，适用遗嘱人立遗嘱时或者死亡时经常居所地法律或者国籍国法律。

第三十四条 遗产管理等事项，适用遗产所在地法律。

第三十五条 无人继承遗产的归属，适用被继承人死亡时遗产所在地法律。

第五章 物 权

第三十六条 不动产物权，适用不动产所在地法律。

第三十七条 当事人可以协议选择动产物权适用的法律。当事人没有选择的,适用法律事实发生时动产所在地法律。

第三十八条 当事人可以协议选择运输中动产物权发生变更适用的法律。当事人没有选择的,适用运输目的地法律。

第三十九条 有价证券,适用有价证券权利实现地法律或者其他与该有价证券有最密切联系的法律。

第四十条 权利质权,适用质权设立地法律。

第六章 债　　权

第四十一条 当事人可以协议选择合同适用的法律。当事人没有选择的,适用履行义务最能体现该合同特征的一方当事人经常居所地法律或者其他与该合同有最密切联系的法律。

第四十二条 消费者合同,适用消费者经常居所地法律;消费者选择适用商品、服务提供地法律或者经营者在消费者经常居所地没有从事相关经营活动的,适用商品、服务提供地法律。

第四十三条 劳动合同,适用劳动者工作地法律;难以确定劳动者工作地的,适用用人单位主营业地法律。劳务派遣,可以适用劳务派出地法律。

第四十四条 侵权责任,适用侵权行为地法律,但当事人有共同经常居所地的,适用共同经常居所地法律。侵权行为发生后,当事人协议选择适用法律的,按照其协议。

第四十五条 产品责任,适用被侵权人经常居所地法律;被侵权人选择适用侵权人主营业地法律、损害发生地法律的,或者侵权人在被侵权人经常居所地没有从事相关经营活动的,适用侵权人主营业地法律或者损害发生地法律。

第四十六条 通过网络或者采用其他方式侵害姓名权、肖像权、名誉权、隐私权等人格权的,适用被侵权人经常居所地法律。

第四十七条 不当得利、无因管理,适用当事人协议选择适用的法律。当事人没有选择的,适用当事人共同经常居所地法律;没有共同经常居所地的,适用不当得利、无因管理发生地法律。

第七章 知识产权

第四十八条 知识产权的归属和内容,适用被请求保护地法律。

第四十九条 当事人可以协议选择知识产权转让和许可使用适用的法律。当事人没有选择的,适用本法对合同的有关规定。

第五十条 知识产权的侵权责任,适用被请求保护地法律,当事人也可以在侵权行为发生后协议选择适用法院地法律。

第八章　附　　则

第五十一条　《中华人民共和国民法通则》第一百四十六条、第一百四十七条,《中华人民共和国继承法》第三十六条,与本法的规定不一致的,适用本法。

第五十二条　本法自2011年4月1日起施行。

四、《中华人民共和国海商法》

第七届全国人民代表大会常务委员会第二十八次会议于1992年11月7日通过《中华人民共和国海商法》,自1993年7月1日起施行。

第二百六十八条　中华人民共和国缔结或者参加的国际条约同本法有不同规定的,适用国际条约的规定;但是,中华人民共和国声明保留的条款除外。

中华人民共和国法律和中华人民共和国缔结或者参加的国际条约没有规定的,可以适用国际惯例。

第二百六十九条　合同当事人可以选择合同适用的法律,法律另有规定的除外。合同当事人没有选择的,适用与合同有最密切联系的国家的法律。

第二百七十条　船舶所有权的取得、转让和消灭,适用船旗国法律。

第二百七十一条　船舶抵押权适用船旗国法律。

船舶在光船租赁以前或者光船租赁期间,设立船舶抵押权的,适用原船舶登记国的法律。

第二百七十二条　船舶优先权,适用受理案件的法院所在地法律。

第二百七十三条　船舶碰撞的损害赔偿,适用侵权行为地法律。

船舶在公海上发生碰撞的损害赔偿,适用受理案件的法院所在地法律。

同一国籍的船舶,不论碰撞发生于何地,碰撞船舶之间的损害赔偿适用船旗国法律。

第二百七十四条　共同海损理算,适用理算地法律。

第二百七十五条　海事赔偿责任限制,适用受理案件的法院所在地法律。

第二百七十六条　依照本章规定适用外国法律或者国际惯例,不得违背中华人民共和国的社会公共利益。

五、《中华人民共和国民用航空法》

第八届全国人民代表大会常务委员会第十六次会议于1995年10月30日通过《中华人民共和国民用航空法》,自1996年3月1日起施行。

第一百八十四条　中华人民共和国缔结或者参加的国际条约同本法有不同规定的,适用国际条约的规定;但是,中华人民共和国声明保留的条款除外。

中华人民共和国法律和中华人民共和国缔结或者参加的国际条约没有规定

的，可以适用国际惯例。

第一百八十五条　民用航空器所有权的取得、转让和消灭，适用民用航空器国籍登记国法律。

第一百八十六条　民用航空器抵押权适用民用航空器国籍登记国法律。

第一百八十七条　民用航空器优先权适用受理案件的法院所在地法律。

第一百八十八条　民用航空运输合同当事人可以选择合同适用的法律，但是法律另有规定的除外；合同当事人没有选择的，适用与合同有最密切联系的国家的法律。

第一百八十九条　民用航空器对地面第三人的损害赔偿，适用侵权行为地法律。

民用航空器在公海上空对水面第三人的损害赔偿，适用受理案件的法院所在地法律。

第一百九十条　依照本章规定适用外国法律或者国际惯例，不得违背中华人民共和国的社会公共利益。

六、《中华人民共和国票据法》

第八届全国人民代表大会常务委员会第十三次会议于1995年5月10日通过《中华人民共和国票据法》，自1996年1月1日起施行，于2004年8月28日修订。

第九十四条　涉外票据的法律适用，依照本章的规定确定。

前款所称涉外票据，是指出票、背书、承兑、保证、付款等行为中，既有发生在中华人民共和国境内又有发生在中华人民共和国境外的票据。

第九十五条　中华人民共和国缔结或者参加的国际条约同本法有不同规定的，适用国际条约的规定。但是，中华人民共和国声明保留的条款除外。

本法和中华人民共和国缔结或者参加的国际条约没有规定的，可以适用国际惯例。

第九十六条　票据债务人的民事行为能力，适用其本国法律。

票据债务人的民事行为能力，依照其本国法律为无民事行为能力或者为限制民事行为能力而依照行为地法律为完全民事行为能力的，适用行为地法律。

第九十七条　汇票、本票出票时的记载事项，适用出票地法律。

支票出票时的记载事项，适用出票地法律，经当事人协议，也可以适用付款地法律。

第九十八条　票据的背书、承兑、付款和保证行为，适用行为地法律。

第九十九条　票据追索权的行使期限，适用出票地法律。

第一百条　票据的提示期限、有关拒绝证明的方式、出具拒绝证明的期限，适用付款地法律。

第一百零一条 票据丧失时,失票人请求保全票据权利的程序,适用付款地法律。

七、《中华人民共和国合同法》

第九届全国人民代表大会第二次会议于1999年3月15日通过《中华人民共和国合同法》,自1999年10月1日起施行。

第一百二十六条 涉外合同的当事人可以选择处理合同争议所适用的法律,但法律另有规定的除外。涉外合同的当事人没有选择的,适用与合同有最密切联系的国家的法律。

在中华人民共和国境内履行的中外合资经营企业合同、中外合作经营企业合同、中外合作勘探开发自然资源合同,适用中华人民共和国法律。

第二部分 国内程序法规范

一、《中华人民共和国民事诉讼法》

1991年4月9日第七届全国人民代表大会第四次会议通过。根据2007年10月28日第十届全国人民代表大会常务委员会第三十次会议《关于修改〈中华人民共和国民事诉讼法〉的决定》修正。

第四编 涉外民事诉讼程序的特别规定

第二十三章 一般原则

第二百三十五条 在中华人民共和国领域内进行涉外民事诉讼,适用本编规定。本编没有规定的,适用本法其他有关规定。

第二百三十六条 中华人民共和国缔结或者参加的国际条约同本法有不同规定的,适用该国际条约的规定,但中华人民共和国声明保留的条款除外。

第二百三十七条 对享有外交特权与豁免的外国人、外国组织或者国际组织提起的民事诉讼,应当依照中华人民共和国有关法律和中华人民共和国缔结或者参加的国际条约的规定办理。

第二百三十八条 人民法院审理涉外民事案件,应当使用中华人民共和国通用的语言、文字。当事人要求提供翻译的,可以提供,费用由当事人承担。

第二百三十九条 外国人、无国籍人、外国企业和组织在人民法院起诉、应诉,需要委托律师代理诉讼的,必须委托中华人民共和国的律师。

第二百四十条 在中华人民共和国领域内没有住所的外国人、无国籍人、外国企业和组织委托中华人民共和国律师或者其他人代理诉讼,从中华人民共和国领域外寄交或者托交的授权委托书，应当经所在国公证机关证明，并经中华人民共和国驻该国使领馆认证，或者履行中华人民共和国与该所在国订立的有关条约中规定的证明手续后，才具有效力。

第二十四章　管　　辖

第二百四十一条　因合同纠纷或者其他财产权益纠纷，对在中华人民共和国领域内没有住所的被告提起的诉讼，如果合同在中华人民共和国领域内签订或者履行，或者诉讼标的物在中华人民共和国领域内，或者被告在中华人民共和国领域内有可供扣押的财产，或者被告在中华人民共和国领域内设有代表机构，可以由合同签订地、合同履行地、诉讼标的物所在地、可供扣押财产所在地、侵权行为地或者代表机构住所地人民法院管辖。

第二百四十二条　涉外合同或者涉外财产权益纠纷的当事人，可以用书面协议选择与争议有实际联系的地点的法院管辖。选择中华人民共和国人民法院管辖的，不得违反本法关于级别管辖和专属管辖的规定。

第二百四十三条　涉外民事诉讼的被告对人民法院管辖不提出异议，并应诉答辩的，视为承认该人民法院为有管辖权的法院。

第二百四十四条　因在中华人民共和国履行中外合资经营企业合同、中外合作经营企业合同、中外合作勘探开发自然资源合同发生纠纷提起的诉讼，由中华人民共和国人民法院管辖。

第二十五章　送达、期间

第二百四十五条　人民法院对在中华人民共和国领域内没有住所的当事人送达诉讼文书，可以采用下列方式：

（一）依照受送达人所在国与中华人民共和国缔结或者共同参加的国际条约中规定的方式送达；

（二）通过外交途径送达；

（三）对具有中华人民共和国国籍的受送达人，可以委托中华人民共和国驻受送达人所在国的使领馆代为送达；

（四）向受送达人委托的有权代其接受送达的诉讼代理人送达；

（五）向受送达人在中华人民共和国领域内设立的代表机构或者有权接受送达的分支机构、业务代办人送达；

（六）受送达人所在国的法律允许邮寄送达的，可以邮寄送达，自邮寄之日起满六个月，送达回证没有退回，但根据各种情况足以认定已经送达的，期间届满之日视为送达；

（七）不能用上述方式送达的，公告送达，自公告之日起满六个月，即视为送达。

第二百四十六条 被告在中华人民共和国领域内没有住所的，人民法院应当将起诉状副本送达被告，并通知被告在收到起诉状副本后三十日内提出答辩状。被告申请延期的，是否准许，由人民法院决定。

第二百四十七条 在中华人民共和国领域内没有住所的当事人，不服第一审人民法院判决、裁定的，有权在判决书、裁定书送达之日起三十日内提起上诉。被上诉人在收到上诉状副本后，应当在三十日内提出答辩状。当事人不能在法定期间提起上诉或者提出答辩状，申请延期的，是否准许，由人民法院决定。

第二百四十八条 人民法院审理涉外民事案件的期间，不受本法第一百三十五条、第一百五十九条规定的限制。

第二十六章 财产保全

第二百四十九条 当事人依照本法第九十二条的规定可以向人民法院申请财产保全。

利害关系人依照本法第九十三条的规定可以在起诉前向人民法院申请财产保全。

第二百五十条 人民法院裁定准许诉前财产保全后，申请人应当在三十日内提起诉讼。逾期不起诉的，人民法院应当解除财产保全。

第二百五十一条 人民法院裁定准许财产保全后，被申请人提供担保的，人民法院应当解除财产保全。

第二百五十二条 申请有错误的，申请人应当赔偿被申请人因财产保全所遭受的损失。

第二百五十三条 人民法院决定保全的财产需要监督的，应当通知有关单位负责监督，费用由被申请人承担。

第二百五十四条 人民法院解除保全的命令由执行员执行。

第二十七章 仲裁

第二百五十五条 涉外经济贸易、运输和海事中发生的纠纷，当事人在合同中订有仲裁条款或者事后达成书面仲裁协议，提交中华人民共和国涉外仲裁机构或者其他仲裁机构仲裁的，当事人不得向人民法院起诉。

当事人在合同中没有订有仲裁条款或者事后没有达成书面仲裁协议的，可以向人民法院起诉。

第二百五十六条 当事人申请采取财产保全的，中华人民共和国的涉外仲裁机构应当将当事人的申请，提交被申请人住所地或者财产所在地的中级人民法院裁定。

第二百五十七条 经中华人民共和国涉外仲裁机构裁决的，当事人不得向人民法院起诉。一方当事人不履行仲裁裁决的，对方当事人可以向被申请人住所地或者财产所在地的中级人民法院申请执行。

第二百五十八条 对中华人民共和国涉外仲裁机构作出的裁决,被申请人提出证据证明仲裁裁决有下列情形之一的,经人民法院组成合议庭审查核实,裁定不予执行:

(一)当事人在合同中没有订有仲裁条款或者事后没有达成书面仲裁协议的;

(二)被申请人没有得到指定仲裁员或者进行仲裁程序的通知,或者由于其他不属于被申请人负责的原因未能陈述意见的;

(三)仲裁庭的组成或者仲裁的程序与仲裁规则不符的;

(四)裁决的事项不属于仲裁协议的范围或者仲裁机构无权仲裁的。

人民法院认定执行该裁决违背社会公共利益的,裁定不予执行。

第二百五十九条 仲裁裁决被人民法院裁定不予执行的,当事人可以根据双方达成的书面仲裁协议重新申请仲裁,也可以向人民法院起诉。

第二十八章 司法协助

第二百六十条 根据中华人民共和国缔结或者参加的国际条约,或者按照互惠原则,人民法院和外国法院可以相互请求,代为送达文书、调查取证以及进行其他诉讼行为。

外国法院请求协助的事项有损于中华人民共和国的主权、安全或者社会公共利益的,人民法院不予执行。

第二百六十一条 请求和提供司法协助,应当依照中华人民共和国缔结或者参加的国际条约所规定的途径进行;没有条约关系的,通过外交途径进行。

外国驻中华人民共和国的使领馆可以向该国公民送达文书和调查取证,但不得违反中华人民共和国的法律,并不得采取强制措施。

除前款规定的情况外,未经中华人民共和国主管机关准许,任何外国机关或者个人不得在中华人民共和国领域内送达文书、调查取证。

第二百六十二条 外国法院请求人民法院提供司法协助的请求书及其所附文件,应当附有中文译本或者国际条约规定的其他文字文本。

人民法院请求外国法院提供司法协助的请求书及其所附文件,应当附有该国文字译本或者国际条约规定的其他文字文本。

第二百六十三条 人民法院提供司法协助,依照中华人民共和国法律规定的程序进行。外国法院请求采用特殊方式的,也可以按照其请求的特殊方式进行,但请求采用的特殊方式不得违反中华人民共和国法律。

第二百六十四条 人民法院作出的发生法律效力的判决、裁定,如果被执行人或者其财产不在中华人民共和国领域内,当事人请求执行的,可以由当事人直接向有管辖权的外国法院申请承认和执行,也可以由人民法院依照中华人民共和国缔结或者参加的国际条约的规定，或者按照互惠原则，请求外国法院承认和执行。

中华人民共和国涉外仲裁机构作出的发生法律效力的仲裁裁决，当事人请求执行的，如果被执行人或者其财产不在中华人民共和国领域内，应当由当事人直接向有管辖权的外国法院申请承认和执行。

第二百六十五条 外国法院作出的发生法律效力的判决、裁定，需要中华人民共和国人民法院承认和执行的，可以由当事人直接向中华人民共和国有管辖权的中级人民法院申请承认和执行，也可以由外国法院依照该国与中华人民共和国缔结或者参加的国际条约的规定，或者按照互惠原则，请求人民法院承认和执行。

第二百六十六条 人民法院对申请或者请求承认和执行的外国法院作出的发生法律效力的判决、裁定，依照中华人民共和国缔结或者参加的国际条约，或者按照互惠原则进行审查后，认为不违反中华人民共和国法律的基本原则或者国家主权、安全、社会公共利益的，裁定承认其效力，需要执行的，发出执行令，依照本法的有关规定执行。违反中华人民共和国法律的基本原则或者国家主权、安全、社会公共利益的，不予承认和执行。

第二百六十七条 国外仲裁机构的裁决，需要中华人民共和国人民法院承认和执行的，应当由当事人直接向被执行人住所地或者其财产所在地的中级人民法院申请，人民法院应当依照中华人民共和国缔结或者参加的国际条约，或者按照互惠原则办理。

二、《中华人民共和国仲裁法》

第八届全国人民代表大会常务委员会第九次会议于 1994 年 8 月 31 日通过《中华人民共和国仲裁法》，自 1995 年 9 月 1 日起施行。

第七章 涉外仲裁的特别规定

第六十五条 涉外经济贸易、运输和海事中发生的纠纷的仲裁，适用本章规定。本章没有规定的，适用本法其他有关规定。

第六十六条 涉外仲裁委员会可以由中国国际商会组织设立。

涉外仲裁委员会由主任一人、副主任若干人和委员若干人组成。

涉外仲裁委员会的主任、副主任和委员可以由中国国际商会聘任。

第六十七条 涉外仲裁委员会可以从具有法律、经济贸易、科学技术等专门知识的外籍人士中聘任仲裁员。

第六十八条 涉外仲裁的当事人申请证据保全的，涉外仲裁委员会应当将当事人的申请提交证据所在地的中级人民法院。

第六十九条 涉外仲裁的仲裁庭可以将开庭情况记入笔录，或者作出笔录要点,笔录要点可以由当事人和其他仲裁参与人签字或者盖章。

第七十条 当事人提出证据证明涉外仲裁裁决有民事诉讼法第二百六十条第一款规定的情形之一的,经人民法院组成合议庭审查核实,裁定撤销。

第七十一条 被申请人提出证据证明涉外仲裁裁决有民事诉讼法第二百六十条第一款规定的情形之一的,经人民法院组成合议庭审查核实,裁定不予执行。

第七十二条 涉外仲裁委员会作出的发生法律效力的仲裁裁决,当事人请求执行的,如果被执行人或者其财产不在中华人民共和国领域内,应当由当事人直接向有管辖权的外国法院申请承认和执行。

第七十三条 涉外仲裁规则可以由中国国际商会依照本法和民事诉讼法的有关规定制定。

第三部分 国际公约

一、《关于向国外送达民事或商事司法文书和司法外文书公约》(Convention on the Service Abroad of Judicial and Extrajudicial Documents in Civil or Commercial Matters)

1965年11月15日订于海牙,1970年3月5日起生效,1992年1月1日起起对我国生效。

本公约缔约国,

希望创立适当方法,以确保须予送达到国外的司法文书和司法外文书在足够的时间内为收件人所知悉,

希望通过简化并加快有关程序,改进为此目的而进行相互司法协助的体制,

为此目的,兹决定缔结一项公约,并议定下列各条:

第一条 在所有民事或商事案件中,如有须递送司法文书或司法外文书以便向国外送达的情形,均应适用本公约。

在文书的受送达人地址不明的情况下,本公约不予适用。

第一章 司法文书

第二条 每一缔约国应指定一个中央机关,负责根据第三条至第六条的规定,接收来自其他缔约国的送达请求书,并予以转递。

每一缔约国应依其本国法律组建中央机关。

第三条 依文书发出国法律有权主管的当局或司法助理人员应将符合本公约所附范本的请求书送交文书发往国中央机关,无须认证或其他类似手续。

请求书应附有须予送达的文书或其副本。请求书和文书均须一式两份。

第四条 如中央机关认为该请求书不符合本公约的规定,应及时通知申请者,并说明其对请求书的异议。

第五条 文书发往国中央机关应按照下列方法之一,自行送达该文书,或安排经由一适当机构使之得以送达:

(一) 按照其国内法规定的在国内诉讼中对在其境内的人员送达文书的方法,或

(二) 按照申请者所请求采用的特定方法,除非这一方法与文书发往国法律相抵触。

除本条第一款第(二)项规定外,均可通过将文书交付自愿接受的收件人的方法进行送达。

如依上述第一款送达文书,则中央机关可要求该文书以文书发往国的官方文字或其中之一写成,或译为该种文字。

依本公约所附格式填写的请求书中包括被送达文书概要的部分应连同文书一并送达。

第六条 文书发往国中央机关或该国为此目的可能指定的任何机关应依本公约所附范本格式出具证明书。

证明书应说明文书已经送达,并应包括送达的方法、地点和日期,以及文书被交付人。如文书并未送达,则证明书中应载明妨碍送达的原因。

申请者可要求非中央机关或司法机关出具的证明书由上述一个机关副署。

证明书应直接送交申请者。

第七条 本公约所附范本的标准栏目均应用法文或英文写成,亦可用文书发出国的官方文字或其中之一写成。

相应空格应用文书发往国文字或法文或英文填写。

第八条 每一缔约国均有权直接通过其外交或领事代表机构向身在国外的人完成司法文书的送达,但不得采用任何强制措施。

任何国家均可声明其对在其境内进行此种送达的异议,除非该文书须送达给文书发出国国民。

第九条 此外,每一缔约国有权利用领事途径将文书送交另一缔约国为此目的指定的机关,以便送达。

如有特别情况需要,每一缔约国可为同一目的使用外交途径。

第十条 如送达目的地国不表异议,本公约不妨碍:

(一) 通过邮寄途径直接向身在国外的人送交司法文书的自由;

(二) 文书发出国的司法助理人员、官员或其他主管人员直接通过送达目的地国的司法助理人员、官员或其他主管人员完成司法文书的送达的自由;

(三) 任何在司法程序中有利害关系的人直接通过送达目的地国的司法助

理人员、官员或其他主管人员完成司法文书的送达的自由。

第十一条 本公约不妨碍两个或更多缔约国达成协议,允许采用上述各条所规定的递送途径以外的途径,特别是通过其各自机关直接联系的途径,以便送达司法文书。

第十二条 发自缔约一国的司法文书的送达不应产生因文书发往国提供服务所引起的税款或费用的支付或补偿。

申请者应支付或补偿下列情况产生的费用:

(一) 有司法助理人员或依送达目的地国法律主管人员的参与;

(二) 特定送达方法的使用。

第十三条 如果送达请求书符合本公约的规定,则文书发往国只在其认为执行请求将损害其主权或安全时才可拒绝执行。

一国不得仅根据下列理由拒绝执行,即:依其国内法,该国主张对该项诉讼标的专属管辖权,或其国内法不允许进行该项申请所依据的诉讼。

在拒绝执行的情况下,中央机关应迅速通知申请者,并说明拒绝的理由。

第十四条 在为了送达而递送司法文书的过程中可能产生的困难,应通过外交途径解决。

第十五条 如须根据本公约向国外递送传票或类似文书,以便送达,而被告没有出庭,则在确定以下情况之前,不得作出判决:

(一) 该文书已依文书发往国的国内法所规定的在国内诉讼中对在其境内的人送达文书的方法予以送达;或

(二) 该文书已依本公约规定的其他方法被实际交付被告或其居所。

并且,在上述任何一种情况下,送达或交付均应在能保证被告进行答辩的足够时间内完成。

每一缔约国均可声明,只要满足下述条件,即使未收到送达或交付的证明书,法官仍可不顾本条第一款的规定,作出判决:

(一) 已依本公约所规定的一种方法递送该文书;

(二) 法官根据具体案件认为自递送文书之日起不少于六个月的适当期间已满;

(三) 尽管为获取证明书已通过文书发往国的主管机关尽了一切合理的努力,但仍未收到任何种类的证明书。

虽有上述各款规定,法官仍可在紧急情况下决定采取任何临时性或保护性的措施。

第十六条 如须根据本公约向国外递送传票或类似文书,以便送达,且已对未出庭的被告作出败诉判决,则在满足下述条件的情况下,法官有权使被告免于该判决因上诉期间届满所产生的丧失上诉权的效果:

（一）被告非因自己的过失，未能在足够期间内知悉该文书，以便提出答辩，或未能在足够期间内知悉该判决，以便提起上诉，并

（二）被告对该案的实质问题提出了表面可以成立的答辩理由。

被告只能在其知悉该判决后的合理期间内提出免除丧失上诉权效果的申请。

每一缔约国均可声明对在该声明中所指明的期间届满后提出的申请不予受理，但这一期间在任何情况下均不得少于自判决之日起的一年。

本条不适用于有关人的身份或能力的判决。

第二章 司法外文书

第十七条 缔约一国的机关和司法助理人员发出的司法外文书可依本公约的方法并按照本公约各条规定递送到缔约另一国，以便送达。

第三章 一般条款

第十八条 每一缔约国除指定中央机关外，还可指定其他机关，并应确定这些机关的主管范围。

但在任何情况下，申请者均有权将请求书直接送交中央机关。

联邦制国家有权指定一个以上的中央机关。

第十九条 只要缔约国的国内法允许使用上述各条规定之外的其他方法递送来自国外的文书，以便在其境内送达，本公约不影响此类规定。

第二十条 本公约不妨碍两个或更多的缔约国达成协议，以免除下列规定的适用：

（一）第三条第二款关于须予递送的文书必须一式两份的要求；

（二）第五条第三款和第七条关于文字的要求；

（三）第五条第四款的规定；

（四）第十二条第二款的规定。

第二十一条 每一缔约国均应在其交存批准书或加入书时或在此之后，就下述事项通知荷兰外交部：

（一）根据第二条和第十八条指定的机关；

（二）根据第六条指定的有权出具证明书的机关；

（三）根据第九条指定的有权接收通过领事途径递送的文书的机关。

适当时，每一缔约国还应通知荷兰外交部：

（一）对使用第八条和第十条所规定的递送方法所提出的异议；

（二）根据第十五条第二款和第十六条第三款所作出的声明；

（三）对上述指定、异议和声明的任何修改。

第二十二条 如本公约当事国亦为 1905 年 7 月 17 日和 1954 年 3 月 1 日

订于海牙的两个《民事诉讼程序公约》或其中之一的缔约国，则本公约应在这些国家之间取代上述两公约第一条至第七条的规定。

第二十三条 本公约不应影响1905年7月17日订于海牙的《民事诉讼程序公约》第二十三条和1954年3月1日订于海牙的《民事诉讼程序公约》第二十四条的适用。

但只在使用与上述公约规定一致的联系方法时才应适用这些条款。

第二十四条 1905年和1954年公约当事国之间缔结的补充协定应被认为同样适用于本公约，除非上述当事国另有协议。

第二十五条 在不损害第二十二条和第二十四条规定的情况下，本公约不损及缔约国已经或将要成为当事国并含有本公约所规定事项的条款的其他公约。

第二十六条 本公约应开放供出席海牙国际私法会议第十届会议的国家签署。

本公约须经批准，批准书应交存荷兰外交部。

第二十七条 本公约自第二十六条第二款所指的第三份批准书交存后的第六十天起生效。

对于此后批准本公约的签署国，本公约自其交存批准书后的第六十天起对其生效。

第二十八条 在本公约依第二十七条第一款规定生效后，任何未出席海牙国际私法会议第十届会议的国家均可加入本公约。加入书应交存荷兰外交部。

如该加入书交存前已批准本公约的国家在荷兰外交部将这一加入行为通知该国之日后六个月期间内并未通知荷兰外交部表示异议，则本公约对该加入国生效。

如未提出任何异议，则本公约自前款所指的最后期间届满后下个月的第一天起对该加入国生效。

第二十九条 任何国家均可在签署、批准或加入时声明，本公约应扩展适用于其为之负责国际关系的全部领土，或其中一个或几个部分。这类声明自本公约对有关国家生效之日起发生效力。

在其后任何时候，此类扩展适用事项均应通知荷兰外交部。

本公约自前款所指的通知发出后第六十天起对扩展适用通知中所提及的领土生效。

第三十条 本公约自依第二十七条第一款规定生效之日起五年有效，即使对后来批准或加入本公约的国家亦如此。

如未经通知退出，本公约应每五年自动展期一次。

任何退出通知均须在五年期满的至少六个月前通知荷兰外交部。

这类退出通知可仅限于适用本公约的某些领土。

此项退出通知只对通知退出的国家有效。本公约对其他缔约国应继续有效。

第三十一条 荷兰外交部应将下述事项通知第二十六条所指的国家以及已依第二十八条加入本公约的国家：

（一）第二十六条所指的签署和批准；

（二）本公约依第二十七条第一款生效的日期；

（三）第二十八条所指的加入及其生效日期；

（四）第二十九条所指的扩展适用及其生效日期；

（五）第二十一条所指的指定、异议和声明；

（六）第三十条第三款所指的退出通知。

下列签署人经正式授权，签署本公约，以昭信守。

1965 年 11 月 15 日订于海牙，用英文和法文写成，两种文本同一作准。正本一份，存于荷兰政府档案库。经证明无误的副本应通过外交途径送交出席海牙国际私法会议第十届会议的各国。

二、《关于从国外调取民事或商事证据的公约》(Convention on the Taking of Evidence Abroad in Civil or Commercial Matters)

1970 年 3 月 18 日订于海牙，1972 年 10 月 7 日起生效，1998 年 2 月 6 日起对我国生效。

本公约签字国，

希望便利请求书的转递和执行，并促进他们为此目的而采取的不同方法的协调，

希望增进相互间在民事或商事方面的司法合作，

为此目的，兹决定缔结一项公约，并议定下列各条：

第一章 请 求 书

第一条 在民事或商事案件中，每一缔约国的司法机关可以根据该国的法律规定，通过请求书的方式，请求另一缔约国主管机关调取证据或履行某些其他司法行为。

请求书不得用来调取不打算用于已经开始或即将开始的司法程序的证据。

“其他司法行为”一词不包括司法文书的送达或颁发执行判决或裁定的任何决定，或采取临时措施或保全措施的命令。

第二条 每一缔约国应指定一个中央机关负责接收来自另一缔约国司法机关的请求书，并将其转交给执行请求的主管机关。各缔约国应依其本国法律组建该中央机关。

请求书应直接送交执行国中央机关，无需通过该国任何其他机关转交。

第三条 请求书应载明：

（一）请求执行的机关，以及如果请求机关知道，被请求执行的机关；

（二）诉讼当事人的姓名和地址，以及如有的话，他们的代理人的姓名和地址；

（三）需要证据的诉讼的性质，及有关的一切必要资料；

（四）需要调取的证据或需履行的其他司法行为。

必要时，请求书还应特别载明：

（五）需询问的人的姓名和地址；

（六）需向被询问人提出的问题或对需询问的事项的说明；

（七）需检查的文书或其他财产，包括不动产或动产；

（八）证据需经宣誓或确认的任何要求；以及应使用的任何特殊格式；

（九）依公约第九条需采用的任何特殊方式或程序。

请求书还可以载明为适用第十一条所需的任何资料。

不得要求认证或其他类似手续。

第四条 请求书应以被请求执行机关的文字作成或附该种文字的译文。

但是，除非缔约国已根据第三十三条提出保留，缔约国应该接受以英文或法文作成或附其中任何一种文字译文的请求书。

具有多种官方文字并且因国内法原因不能在其全部领土内接受由其中一种文字作成的请求书的缔约国，应通过声明方式指明请求书在其领土的特定部分内执行时应使用的文字或译文。如无正当理由而未能遵守这一声明，译成所需文字的费用由请求国负担。

每一缔约国可用声明方式指明除上述各款规定的文字以外，送交其中央机关的请求书可以使用的其他文字。

请求书所附的任何译文应经外交官员、领事代表或经宣誓的译员或经两国中的一国授权的任何其他人员证明无误。

第五条 如果中央机关认为请求书不符合本公约的规定，应立即通知向其送交请求书的请求国机关，指明对该请求书的异议。

第六条 如被送交请求书的机关无权执行请求，应将请求书及时转交根据其国内法律规定有权执行的本国其他机关。

第七条 如请求机关提出请求，应将进行司法程序的时间和地点通知该机关，以便有关当事人和他们已有的代理人能够出席。如果请求机关提出请求，上述通知应直接送交当事人或他们的代理人。

第八条 缔约国可以声明，在执行请求时，允许另一缔约国请求机关的司法人员出席。对此，声明国可要求事先取得其指定的主管机关的授权。

第九条 执行请求书的司法机关应适用其本国法规定的方式和程序。

但是,该机关应采纳请求机关提出的采用特殊方式或程序的请求,除非其与执行国国内法相抵触或因其国内惯例和程序或存在实际困难而不可能执行。

请求书应迅速执行。

第十条 在执行请求时,被请求机关应在其国内法为执行本国机关的决定或本国诉讼中当事人的请求而规定的相同的情况和范围内,采取适当的强制措施。

第十一条 在请求书的执行过程中,在下列情况下有拒绝作证的特权或义务的有关人员,可以拒绝提供证据:

(一) 根据执行国法律,或

(二) 根据请求国法律,并且该项特权或义务已在请求书中列明,或应被请求机关的要求,已经请求机关另行确认。

此外,缔约国可以声明在声明指定的范围内,尊重请求国和执行国以外的其他国家法律规定的特权或义务。

第十二条 只有在下列情况下,才能拒绝执行请求书:

(一) 在执行国,该请求书的执行不属于司法机关的职权范围;或

(二) 被请求国认为,请求书的执行将会损害其主权和安全。

执行国不能仅因其国内法已对该项诉讼标的规定专属管辖权或不承认对该事项提起诉讼的权利为理由,拒绝执行请求。

第十三条 证明执行请求书的文书应由被请求机关采用与请求机关所采用的相同途径送交请求机关。

在请求书全部或部分未能执行的情况下,应通过相同途径及时通知请求机关,并说明原因。

第十四条 请求书的执行不产生任何性质的税费补偿。

但是,执行国有权要求请求国偿付支付给鉴定人和译员的费用和因采用请求国根据第九条第二款要求采用的特殊程序而产生的费用。

如果被请求国法律规定当事人有义务收集证据,并且被请求机关不能亲自执行请求书,在征得请求机关的同意后,被请求机关可以指定一位适当的人员执行。在征求此种同意时,被请求机关应说明采用这一程序所产生的大致费用。如果请求机关表示同意,则应偿付由此产生的任何费用;否则请求机关对该费用不承担责任。

第二章　外交官员、领事代表和特派员取证

第十五条 在民事或商事案件中,每一缔约国的外交官员或领事代表在另一缔约国境内其执行职务的区域内,可以向他所代表的国家的国民在不采取强制措施的情况下调取证据,以协助在其代表的国家的法院中进行的诉讼。

缔约国可以声明，外交官员或领事代表只有在自己或其代表向声明国指定的适当机关递交了申请并获得允许后才能调取证据。

第十六条 在符合下列条件的情况下，每一缔约国的外交官员或领事代表在另一缔约国境内其执行职务的区域内，亦可以向他执行职务地所在国或第三国国民在不采取强制措施的情况下调取证据，以协助在其代表的国家的法院中进行的诉讼：

（一）他执行职务地所在国指定的主管机关已给予一般性或对特定案件的许可，并且

（二）他遵守主管机关在许可中设定的条件。

缔约国可以声明，无须取得事先许可即可依本条进行取证。

第十七条 在符合下列条件的情况下，在民事或商事案件中，被正式指派的特派员可以在不采取强制措施的情况下在一缔约国境内调取证据，以协助在另一缔约国法院中正在进行的诉讼：

（一）取证地国指定的主管机关已给予一般性或对特定案件的许可；并且

（二）他遵守主管机关在许可中设定的条件。

缔约国可以声明在无事先许可的情况下依本条进行取证。

第十八条 缔约国可以声明，根据第十五条、第十六条、第十七条被授权调取证据的外交官员、领事代表或特派员可以申请声明国指定的主管机关采取强制措施，对取证予以适当协助。声明中可包含声明国认为合适的条件。

如果主管机关同意该项申请，则应采取其国内法规定的适用于国内诉讼程序的一切合适的强制措施。

第十九条 主管机关在给予第十五条、第十六条或第十七条所指的许可或同意第十八条所指的申请时，可规定其认为合适的条件，特别是调取证据的时间和地点。同时，它可以要求得到有关取证的时间、日期和地点的合理的事先通知。在这种情况下，该机关的代表有权在取证时出席。

第二十条 根据本章各条取证时，有关人员可以得到合法代理。

第二十一条 如果外交官员、领事代表或特派员根据第十五条、第十六条或第十七条有权调取证据：

（一）他可以调取与取证地国法律不相抵触并不违背根据上述各条给予的任何许可的各种证据，并有权在上述限度内主持宣誓或接受确认；

（二）要求某人出庭或提供证据的请求应用取证地国文字作成或附有取证地国文字的译文，除非该人为诉讼进行地国国民；

（三）请求中应通知该人，他可得到合法代理；在未根据第十八条提出声明的国家，还应通知该人他的出庭或提供证据不受强制；

（四）如果取证地国法律未禁止，可以依受理诉讼的法院所适用的法律中规

定的方式调取证据；

（五）被请求提供证据的人员可以引用第十一条规定的特权和义务拒绝提供证据。

第二十二条 因为某人拒绝提供证据而未能依本章规定的程序取证的事实不妨碍随后根据第一章提出取证申请。

第三章 一般条款

第二十三条 缔约国可在签署、批准或加入时声明，不执行普通法国家的旨在进行审判前文件调查的请求书。

第二十四条 缔约国可以指定除中央机关以外的其他机关，并应决定它们的职权范围。但是在任何情况下，都可以向中央机关送交请求书。

联邦国家有权指定一个以上的中央机关。

第二十五条 有多种法律制度的缔约国可以指定其中一种制度内的机关具有执行根据本公约提出的请求书的专属权利。

第二十六条 如果因为宪法的限制，缔约国可以要求请求国偿付与执行请求书有关的送达强制某人出庭提供证据的传票的费用，该人出庭的费用，以及制作询问笔录的费用。

如果一国根据前款提出请求，任何其他缔约国可要求该国偿付同类费用。

第二十七条 本公约的规定不妨碍缔约国：

（一）声明可以通过第二条规定的途径以外的途径将请求书送交其司法机关；

（二）根据其国内法律或惯例，允许在更少限制的情况下实行本公约所规定的行为；

（三）根据其国内法律或惯例，允许以本公约规定以外的方式调取证据。

第二十八条 本公约不妨碍任何两个或两个以上的缔约国缔结协定排除下列条款的适用：

（一）第二条有关送交请求书方式的规定；

（二）第四条有关使用文字的规定；

（三）第八条有关在执行请求书时司法机关人员出席的规定；

（四）第十一条有关证人拒绝作证的特权和义务的规定；

（五）第十三条有关将执行请求书的文书送回请求机关的方式的规定；

（六）第十四条有关费用的规定；

（七）第二章的规定。

第二十九条 在同为1905年7月17日或1954年3月1日在海牙签订的两个《民事诉讼程序公约》或其中之一的当事国的本公约当事国之间，本公约取代上述两公约第八条至第十六条的规定。

第三十条 本公约不影响1905年公约第二十三条或1954年公约第二十四条规定的适用。

第三十一条 1905年和1954年公约当事国之间的补充协定应被认为同样适用于本公约,除非当事国之间另有约定。

第三十二条 在不影响本公约第二十九条和第三十一条规定的前提下,本公约不影响缔约国已经或即将成为当事国的包含本公约事项的其他公约的适用。

第三十三条 一国可在签署、批准或加入公约时,部分或全部排除第四条第二款和第二章的规定的适用。不允许作其他保留。

缔约国可随时撤回其保留;保留自撤回通知后第六十日起失去效力。

如果一国作出保留,受其影响的任何其他国家可以对保留国适用相同的规则。

第三十四条 缔约国可随时撤销或更改其声明。

第三十五条 缔约国应在交存批准书或加入书时或其后,将根据第二条、第八条、第二十四条和第二十五条指定的机关通知荷兰外交部。

缔约国还应在适当时通知荷兰外交部:

(一)根据第十五条、第十六条和第十八条的相关规定外交官员或领事代表调取证据时应向其递交通知、获取许可、请求协助的机关的指定;

(二)根据第十七条特派员取证时应获其许可和根据第十八条提供协助的机关的指定;

(三)根据第四条、第八条、第十一条、第十五条、第十六条、第十七条、第十八条、第二十三条和第二十五条所作的声明;

(四)任何对上述指定或声明的撤销或更改;

(五)保留的撤回。

第三十六条 缔约国之间因实施本公约产生的任何困难应通过外交途径解决。

第三十七条 本公约应对出席海牙国际私法会议第十一届会议的国家开放签署。

本公约需经批准。批准书应交存荷兰外交部。

第三十八条 本公约自第三十七条第二款所指的第三份批准书交存后第60日起生效。

对于此后批准公约的签署国,公约自该国交存批准书后第60日起生效。

第三十九条 任何未出席第十一届海牙国际私法会议的海牙国际私法会议的成员国、联合国或该组织专门机构的成员国、或国际法院规约当事国可在公约根据第三十八条第一款生效后加入本公约。

加入书应交存荷兰外交部。

自交存加入书后第60日起公约对该加入国生效。

加入行为只在加入国和已声明接受该国加入的公约缔约国之间的关系方面发生效力。上述声明应交存荷兰外交部;荷兰外交部应将经证明的副本通过外交途径转送各缔约国。

本公约自加入国和接受该国加入的国家之间自交存接受声明后第60日起生效。

第四十条 任何国家可在签署、批准或加入公约时声明,本公约扩展适用于该国负责其国际关系的全部领域或其中一个或几个部分。此项声明自本公约对有关国家生效之日起生效。

此后任一时间的上述扩展适用均应通知荷兰外交部。

本公约自前款所指的通知后第60日起对声明所提及的领域生效。

第四十一条 本公约自根据公约第三十八条第一款生效后5年内有效,对后来批准或加入本公约的国家同样如此。

如未经退出,本公约每5年自动延续一次。

退出应最迟于5年期满前6个月通知荷兰外交部。

退出可仅限于公约适用的特定区域。

退出仅对通知退出的国家有效。公约对其他缔约国仍然有效。

第四十二条 荷兰外交部应将下列事项通知第三十七条所指的国家和根据第三十九条加入的国家:

(一)第三十七条所指的签署和批准;

(二)公约根据第三十八条第一款生效的日期;

(三)第三十九条所指的加入及其生效日期;

(四)第四十条所指的扩展及其生效日期;

(五)根据第三十三条和第三十五条所作的指定、保留和声明;

(六)第四十一条第三款所指的退出。

下列经正式授权的签署人签署本公约,以昭信守。

1970年3月18日订于海牙,用英文和法文写成,两种文本同等作准。正本一份,存放于荷兰政府档案库,其经证明无误的副本应通过外交途径送交出席海牙国际私法会议第十一届会议的国家。

三、《承认及执行外国仲裁裁决公约》(The New York Convention on the Recognition and Enforcement of Foreign Arbitral Awards)

1958年6月10日订于纽约,1959年6月7日起生效,1987年4月22日起对我国生效。

第一条

一、仲裁裁决,因自然人或法人间之争议而产生且在声请承认及执行地所在国以外之国家领土内作成者,其承认及执行适用本公约。本公约对于仲裁裁决经声请承认及执行地所在国认为非内国裁决者,亦适用之。

二、"仲裁裁决"一词不仅指专案选派之仲裁员所作裁决,亦指当事人提请仲裁之常设仲裁机关所作裁决。

三、任何国家得于签署、批准或加入本公约时,或于本公约第十条通知推广适用时,本交互原则声明该国适用本公约,以承认及执行在另一缔约国领土内作成之裁决为限。任何国家亦得声明,该国唯于争议起于法律关系,不论其为契约性质与否,而依提出声明国家之国内法认为系属商事关系者,始适用本公约。

第二条

一、当事人以书面协定承允彼此间所发生或可能发生之一切或任何争议,如关涉可以仲裁解决事项之确定法律关系,不论为契约性质与否,应提交仲裁时,各缔约国应承认此项协定。

二、称"书面协定"者,谓当事人所签订或在互换函电中所载明之契约仲裁条款或仲裁协定。

三、当事人就诉讼事项订有本条所称之协定者,缔约国法院受理诉讼时应依当事人一造之请求,命当事人提交仲裁,但前述协定经法院认定无效、失效或不能实行者不在此限。

第三条

各缔约国应承认仲裁裁决具有拘束力,并依援引裁决地之程序规则及下列各条所载条件执行之。承认或执行适用本公约之仲裁裁决时,不得较承认或执行内国仲裁裁决附加过苛之条件或征收过多之费用。

第四条

一、声请承认及执行之一造,为取得前条所称之承认及执行,应于声请时提具:

(甲)原裁决之正本或其正式副本,

(乙)第二条所称协定之原本或其正式副本。

二、倘前述裁决或协定所用文字非为援引裁决地所在国之正式文字,声请承认及执行裁决之一造应备具各该文件之此项文字译本。译本应由公设或宣誓之翻译员或外交或领事人员认证之。

第五条

一、裁决唯有于受裁决援用之一造向声请承认及执行地之主管机关提具证据证明有下列情形之一时,始得依该造之请求,拒予承认及执行:

(甲)第二条所称协定之当事人依对其适用之法律有某种无行为能力情形者,或该项协定依当事人作为协定准据之法律系属无效,或未指明以何法律为准时,依裁决地所在国法律系属无效者;

(乙) 受裁决援用之一造未接获关于指派仲裁员或仲裁程序之适当通知,或因他故,致未能申辩者;

(丙) 裁决所处理之争议非为交付仲裁之标的或不在其条款之列,或裁决载有关于交付仲裁范围以外事项之决定者,但交付仲裁事项之决定可与未交付仲裁之事项划分时,裁决中关于交付仲裁事项之决定部分得予承认及执行;

(丁) 仲裁机关之组成或仲裁程序与各造间之协议不符,或无协议而与仲裁地所在国法律不符者;

(戊) 裁决对各造尚无拘束力,或业经裁决地所在国或裁决所依据法律之国家之主管机关撤销或停止执行者。

二、倘声请承认及执行地所在国之主管机关认定有下列情形之一,亦得拒不承认及执行仲裁裁决:

(甲) 依该国法律,争议事项系不能以仲裁解决者;

(乙) 承认或执行裁决有违该国公共政策者。

第六条

倘裁决业经向第五条第一项(戊)款所称之主管机关声请撤销或停止执行,受理援引裁决案件之机关得于其认为适当时延缓关于执行裁决之决定,并得依请求执行一造之声请,命他造提供妥适之担保。

第七条

一、本公约之规定不影响缔约国间所订关于承认及执行仲裁裁决之多边或双边协定之效力,亦不剥夺任何利害关系人可依援引裁决地所在国之法律或条约所认许之方式,在其许可范围内,援用仲裁裁决之任何权利。

二、1923 年日内瓦仲裁条款议定书及 1927 年日内瓦执行外国仲裁裁决公约在缔约国间,于其受本公约拘束后,在其受拘束之范围内不再生效。

第八条

一、本公约在 1958 年 12 月 31 日以前听由任何联合国会员国及现为或嗣后成为任何联合国专门机关会员国或国际法院规约当事国之任何其他国家,或经联合国大会邀请之任何其他国家签署。

二、本公约应予批准。批准文件应送交联合国秘书长存放。

第九条

一、本公约听由第八条所称各国加入。

二、加入应以加入文件送交联合国秘书长存放为之。

第十条

一、任何国家得于签署、批准或加入时声明将本公约推广适用于由其负责国际关系之一切或任何领土。此项声明于本公约对关系国家生效时发生效力。

二、嗣后关于推广适用之声明应向联合秘书长提出通知为之,自联合国秘书长收到此项通知之日后第 90 日起,或自本公约对关系国家生效之日起发生效力,此两日期以较迟者为准。

三、关于在签署、批准或加入时未经将本公约推广适用之领土,各关系国家应考虑可否采取必要步骤将本公约推广适用于此等领土,但因宪政关系确有必要时,自须征得此等领土政府之同意。

第十一条

下列规定对联邦制或非单一制国家适用之:

(甲)关于本公约内属于联邦机关立法权限之条款,联邦政府之义务在此范围内与非联邦制缔约国之义务同;

(乙)关于本公约内属于组成联邦各州或各省立法权限之条款,如各州或各省依联邦宪法制度并无采取立法行动之义务,联邦政府应尽速将此等条款提请各州或各省主管机关注意,并附有利之建议;

(丙)参加本公约之联邦国家遇任何其他缔约国经由联合国秘书长转达请求时,应提供叙述联邦及其组成单位关于本公约特定规定之法律及惯例之情报,说明以立法或其他行动实施此项规定之程度。

第十二条

一、本公约应自第三件批准或加入文件存放之日后第 90 日起发生效力。

二、对于第三件批准或加入文件存放后批准或加入本公约之国家,本公约应自各该国存放批准或加入文件后第 90 日起发生效力。

第十三条

一、任何缔约国得以书面通知联合国秘书长宣告退出本公约。退约应于秘书长收到通知之日 1 年后发生效力。

二、依第十条规定提出声明或通知之国家,嗣后得随时通知联合国秘书长声明本公约自秘书长收到通知之日 1 年后停止适用于关系领土。

三、在退约生效前已进行承认或执行程序之仲裁裁决,应继续适用本公约。

第十四条

缔约国除在本国负有适用本公约义务之范围外,无权对其他缔约国援用本公约。

第十五条

联合国秘书长应将下列事项通知第八条所称各国:

(甲)依第八条所为之签署及批准;

(乙)依第九条所为之加入;

(丙)依第一条、第十条及第十一条所为之声明及通知;

(丁)依第十二条本公约发生效力之日期;

(戊)依第十三条所为之退约及通知。

第十六条

一、本公约应存放联合国档库，其中文、英文、法文、俄文及西班牙文各本同一作准。

二、联合国秘书长应将本公约正式副本分送第八条所称各国。

四、《联合国国家及其财产管辖豁免公约》(United Nations Convention on Jurisdictional Immunities of States and Their Property)

2004年12月2日订于纽约。2005年9月14日，我国政府正式签署了该公约。

本公约缔约国，

考虑到国家及其财产的管辖豁免为一项普遍接受的习惯国际法原则，

铭记《联合国宪章》所体现的国际法原则，

相信一项关于国家及其财产的管辖豁免国际公约将加强法治和法律的确定性，特别是在国家与自然人或法人的交易方面，并将有助于国际法的编纂与发展及此领域实践的协调，

考虑到国家及其财产的管辖豁免方面国家实践的发展，

申明习惯国际法的规则仍然适用于本公约没有规定的事项，

议定如下：

第一部分　导　言

第1条　本公约的范围

本公约适用于国家及其财产在另一国法院的管辖豁免。

第2条　用语

1. 为本公约的目的：

(a)"法院"是指一国有权行使司法职能的不论名称为何的任何机关；

(b)"国家"是指：

(一)国家及其政府的各种机关；

(二)有权行使主权权力并以该身份行事的联邦国家的组成单位或国家政治区分单位；

(三)国家机构、部门或其他实体，但须它们有权行使并且实际在行使国家的主权权力；

(四)以国家代表身份行事的国家代表；

(c)"商业交易"是指：

(一)为销售货物或为提供服务而订立的任何商业合同或交易；

(二)任何贷款或其他金融性质之交易的合同，包括涉及任何此类贷款或交易的任何担保义务或补偿义务；

（三）商业、工业、贸易或专业性质的任何其他合同或交易，但不包括雇用人员的合同。

2. 在确定一项合同或交易是否为第1款(c)项所述的"商业交易"时，应主要参考该合同或交易的性质，但如果合同或交易的当事方已达成一致，或者根据法院地国的实践，合同或交易的目的与确定其非商业性质有关，则其目的也应予以考虑。

3. 关于本公约用语的第1款和第2款的规定不妨碍其他国际文书或任何国家的国内法对这些用语的使用或给予的含义。

第3条　不受本公约影响的特权和豁免

1. 本公约不妨碍国家根据国际法所享有的有关行使下列职能的特权和豁免：

(a) 其外交代表机构、领事机构、特别使团、驻国际组织代表团，或派往国际组织的机关或国际会议的代表团的职能；和

(b) 与上述机构有关联的人员的职能。

2. 本公约不妨碍根据国际法给予国家元首个人的特权和豁免。

3. 本公约不妨碍国家根据国际法对国家拥有或运营的航空器或空间物体所享有的豁免。

第4条　本公约不溯及既往

在不妨碍本公约所述关于国家及其财产依国际法而非依本公约享有管辖豁免的任何规则的适用的前提下，本公约不应适用于在本公约对有关国家生效前，在一国法院对另一国提起的诉讼所引起的任何国家及其财产的管辖豁免问题。

第二部分　一般原则

第5条　国家豁免

一国本身及其财产遵照本公约的规定在另一国法院享有管辖豁免。

第6条　实行国家豁免的方式

1. 一国应避免对在其法院对另一国提起的诉讼行使管辖，以实行第5条所规定的国家豁免；并应为此保证其法院主动地确定该另一国根据第5条享有的豁免得到尊重。

2. 在一国法院中的诉讼应视为对另一国提起的诉讼，如果该另一国：

(a) 被指名为该诉讼的当事一方；或

(b) 未被指名为该诉讼的当事一方，但该诉讼实际上企图影响该另一国的财产、权利、利益或活动。

第7条　明示同意行使管辖

1. 一国如以下列方式明示同意另一国对某一事项或案件行使管辖，则不得在该法院就该事项或案件提起的诉讼中援引管辖豁免：

(a) 国际协定;

(b) 书面合同;或

(c) 在法院发表的声明或在特定诉讼中提出的书面函件。

2. 一国同意适用另一国的法律,不应被解释为同意该另一国的法院行使管辖权。

第8条　参加法院诉讼的效果

1. 在下列情况下,一国不得在另一国法院的诉讼中援引管辖豁免:

(a) 该国本身提起该诉讼;或

(b) 介入该诉讼或采取与案件实体有关的任何其他步骤。但如该国使法院确信它在采取这一步骤之前不可能知道可据以主张豁免的事实,则它可以根据那些事实主张豁免,条件是它必须尽早这样做。

2. 一国不应被视为同意另一国的法院行使管辖权,如果该国仅为下列目的介入诉讼或采取任何其他步骤:

(a) 援引豁免;或

(b) 对诉讼中有待裁决的财产主张一项权利或利益。

3. 一国代表在另一国法院出庭作证不应被解释为前一国同意法院行使管辖权。

4. 一国未在另一国法院的诉讼中出庭不应被解释为前一国同意法院行使管辖权。

第9条　反诉

1. 一国在另一国法院提起一项诉讼,不得就与本诉相同的法律关系或事实所引起的任何反诉向法院援引管辖豁免。

2. 一国介入另一国法院的诉讼中提出诉讼请求,则不得就与该国提出的诉讼请求相同的法律关系或事实所引起的任何反诉援引管辖豁免。

3. 一国在另一国法院对该国提起的诉讼中提出反诉,则不得就本诉向法院援引管辖豁免。

第三部分　不得援引国家豁免的诉讼

第10条　商业交易

1. 一国如与外国一自然人或法人进行一项商业交易,而根据国际私法适用的规则,有关该商业交易的争议应由另一国法院管辖,则该国不得在该商业交易引起的诉讼中援引管辖豁免。

2. 第1款不适用于下列情况:

(a) 国家之间进行的商业交易;或

(b) 该商业交易的当事方另有明确协议。

3. 当国家企业或国家所设其他实体具有独立的法人资格，并有能力：

(a) 起诉或被诉；和

(b) 获得、拥有或占有和处置财产，包括国家授权其经营或管理的财产，

其卷入与其从事的商业交易有关的诉讼时，该国享有的管辖豁免不应受影响。

第11条 雇用合同

1. 除有关国家间另有协议外，一国在该国和个人间关于已全部或部分在另一国领土进行，或将进行的工作之雇用合同的诉讼中，不得向该另一国原应管辖的法院援引管辖豁免。

2. 第1款不适用于下列情况：

(a) 招聘该雇员是为了履行行使政府权力方面的特定职能；

(b) 该雇员是：

(一) 1961年《维也纳外交关系公约》所述的外交代表；

(二) 1963年《维也纳领事关系公约》所述的领事官员；

(三) 常驻国际组织代表团外交工作人员、特别使团成员或获招聘代表一国出席国际会议的人员；或

(四) 享有外交豁免的任何其他人员；

(c) 诉讼的事由是个人的招聘、雇用期的延长或复职；

(d) 诉讼的事由是解雇个人或终止对其雇用，且雇用国的国家元首、政府首脑或外交部长认定该诉讼有碍该国安全利益；

(e) 该雇员在诉讼提起时是雇用国的国民，除非此人长期居住在法院地国；或

(f) 该雇员和雇用国另有书面协议，但由于公共政策的任何考虑，因该诉讼的事由内容而赋予法院地国法院专属管辖权者不在此限。

第12条 人身伤害和财产损害

除有关国家间另有协议外，一国在对主张由可归因于该国的作为或不作为引起的死亡或人身伤害、或有形财产的损害或灭失要求金钱赔偿的诉讼中，如果该作为或不作为全部或部分发生在法院地国领土内，而且作为或不作为的行为人在作为或不作为发生时处于法院地国领土内，则不得向另一国原应管辖的法院援引管辖豁免。

第13条 财产的所有、占有和使用

除有关国家间另有协议外，一国在涉及确定下列问题的诉讼中，不得对另一国原应管辖的法院援引管辖豁免：

(a) 该国对位于法院地国的不动产的任何权利或利益，或该国对该不动产的占有或使用，或该国由于对该不动产的利益或占有或使用而产生的任何义务；

(b) 该国对动产或不动产由于继承、赠予或无人继承而产生的任何权利或利益;或

(c) 该国对托管财产、破产者财产或公司解散前清理之财产的管理的任何权利或利益。

第 14 条　知识产权和工业产权

除有关国家间另有协议外,一国在有关下列事项的诉讼中不得向另一国原应管辖的法院援引管辖豁免:

(a) 确定该国对在法院地国享受某种程度、即使是暂时的法律保护的专利、工业设计、商业名称或企业名称、商标、版权或任何其他形式的知识产权或工业产权的任何权利;或

(b) 据称该国在法院地国领土内侵犯在法院地国受到保护的、属于第三者的(a)项所述性质的权利。

第 15 条　参加公司或其他集体机构

1. 一国在有关该国参加具有或不具有法人资格的公司或其他集体机构的诉讼中,即在关于该国与该机构或该机构其他参加者之间关系的诉讼中,不得向另一国原应管辖的法院援引管辖豁免,但有以下条件:

(a) 该机构的参加者不限于国家或国际组织;而且

(b) 该机构是按照法院地国法律注册或组成,或其所在地或主要营业地位于法院地国。

2. 但是,如果有关国家同意,或如果争端当事方之间的书面协议作此规定,或如果建立或管理有关机构的文书中载有此一规定,则一国可以在此诉讼中援引管辖豁免。

第 16 条　国家拥有或经营的船舶

1. 除有关国家间另有协议外,拥有或经营一艘船舶的一国,在另一国原应管辖的法院有关该船舶的经营的一项诉讼中,只要在诉讼事由产生时该船舶是用于政府非商业性用途以外的目的,即不得援引管辖豁免。

2. 第 1 款不适用于军舰或辅助舰艇,也不适用于一国拥有或经营的、专门用于政府非商业性活动的其他船舶。

3. 除有关国家间另有协议外,一国在有关该国拥有或经营的船舶所载货物之运输的一项诉讼中,只要在诉讼事由产生时该船舶是用于政府非商业性用途以外的目的,即不得向另一国原应管辖的法院援引管辖豁免。

4. 第 3 款不适用于第 2 款所指船舶所载运的任何货物,也不适用于国家拥有的、专门用于或意图专门用于政府非商业性用途的任何货物。

5. 国家可提出私有船舶、货物及其所有人所能利用的一切抗辩措施、时效和责任限制。

6. 如果在一项诉讼中产生有关一国拥有或经营的一艘船舶、或一国拥有的货物的政府非商业性质问题,由该国的一个外交代表或其他主管当局签署并送交法院的证明,应作为该船舶或货物性质的证据。

第 17 条　仲裁协定的效果

一国如与外国一自然人或法人订立书面协议,将有关商业交易的争议提交仲裁,则该国不得在另一国原应管辖的法院有关下列事项的诉讼中援引管辖豁免:

(a) 仲裁协议的有效性、解释或适用;

(b) 仲裁程序;或

(c) 裁决的确认或撤销,但仲裁协议另有规定者除外。

第四部分　在法院诉讼中免于强制措施的国家豁免

第 18 条　免于判决前的强制措施的国家豁免

不得在另一国法院的诉讼中针对一国财产采取判决前的强制措施,例如查封和扣押措施,除非:

(a) 该国以下列方式明示同意采取此类措施:

(一) 国际协定;

(二) 仲裁协议或书面合同;或

(三) 在法院发表的声明或在当事方发生争端后提出的书面函件;或

(b) 该国已经拨出或专门指定该财产用于清偿该诉讼标的的请求。

第 19 条　免于判决后的强制措施的国家豁免

不得在另一国法院的诉讼中针对一国财产采取判决后的强制措施,例如查封、扣押和执行措施,除非:

(a) 该国以下列方式明示同意采取此类措施:

(一) 国际协定;

(二) 仲裁协议或书面合同;或

(三) 在法院发表的声明或在当事方发生争端后提出的书面函件;或

(b) 该国已经拨出或专门指定该财产用于清偿该诉讼标的的请求;或

(c) 已经证明该财产被该国具体用于或意图用于政府非商业性用途以外的目的,并且处于法院地国领土内,但条件是只可对与被诉实体有联系的财产采取判决后强制措施。

第 20 条　同意管辖对强制措施的效力

虽然必须按照第 18 条和第 19 条表示同意采取强制措施,但按照第 7 条的规定同意行使管辖并不构成默示同意采取强制措施。

第 21 条　特定种类的财产

1. 一国的以下各类财产尤其不应被视为第 19 条(c)项所指被一国具体用

于或意图用于政府非商业性用途以外目的的财产：

（a）该国外交代表机构、领事机构、特别使团、驻国际组织代表团、派往国际组织的机关或国际会议的代表团履行公务所用或意图所用的财产，包括任何银行账户款项；

（b）属于军事性质，或用于或意图用于军事目的的财产；

（c）该国中央银行或其他货币当局的财产；

（d）构成该国文化遗产的一部分或该国档案的一部分，且非供出售或意图出售的财产；

（e）构成具有科学、文化或历史价值的物品展览的一部分，且非供出售或意图出售的财产。

2. 第 1 款不妨碍第 18 条和第 19 条（a）项和（b）项。

第五部分 杂项规定

第 22 条 诉讼文书的送达

1. 送达传票或对一国提起诉讼的其他文书应按以下方式进行：

（a）按照对法院地国和有关国家有约束力的任何可适用的国际公约；或

（b）如果法院地国法律未作禁止，则按照求偿方和有关国家关于送达诉讼文书的特殊安排；或

（c）如无此公约或特殊安排，则：

（一）通过外交渠道送交有关国家的外交部；或

（二）采取有关国家接受的不受法院地国法律禁止的任何其他方式。

2. 以第 1 款（c）（一）项所指的方式送达诉讼文书时，外交部收到该项文书即视为该项文书已送达。

3. 在必要时，送达的文书应附有译成有关国家正式语文或正式语文之一的译本。

4. 任何国家在对其提起的诉讼中就实质问题出庭，其后即不得声称诉讼文书的送达不符合第 1 款和第 3 款的规定。

第 23 条 缺席判决

1. 不得对一国作出缺席判决，除非法院已查明：

（a）第 22 条第 1 款和第 3 款规定的要求已获遵守；

（b）从按照第 22 条第 1 款和第 2 款送达传票或其他起诉文书之日算起，或视为已送达之日算起至少已四个月；并且

（c）本公约不禁止法院行使管辖权。

2. 对一国作出任何缺席判决，应通过第 22 条第 1 款所指的一种方式并按该款规定将判决书的副本送交该有关国家，必要时附上译成有关国家正式语文或正式语文之一的译本。

3. 申请撤销一项缺席判决的时限不应少于四个月,时限应从有关国家收到判决书副本或视为有关国家收到判决书副本之日算起。

第 24 条　法院诉讼期间的特权和豁免

1. 如一国未能或拒绝遵守另一国法院为一项诉讼的目的所下达的关于要求它实行或不实行一项特定行为,或提供任何文件,或透露任何其他资料的命令,则这种行为除了对该案的实质可能产生的后果外,不应产生任何其他后果。特别是,不应因此对该国处以任何罚款或罚金。

2. 一国对它在另一国法院作为被告方的任何诉讼,均无须出具无论何种名称的担保、保证书或保证金保证支付司法费用或开支。

第六部分　最 后 条 款

第 25 条　附件

本公约附件为公约的组成部分。

第 26 条　其他国际协定

本公约不影响与本公约所涉事项有关的现有国际协定对缔约国所规定的,适用于这些协定缔约方之间的权利和义务。

第 27 条　争端的解决

1. 缔约国应致力通过谈判解决关于本公约的解释或适用方面的争端。

2. 两个或两个以上的缔约国之间关于本公约的解释或适用方面的任何争端,不能在六个月内谈判解决的,经前述任一缔约国要求,应交付仲裁。如果自要求仲裁之日起六个月内,前述缔约国不能就仲裁的组成达成协议,其中任一缔约国可以依照《国际法院规约》提出请求,将争端提交国际法院审理。

3. 每一个缔约国在签署、批准、接受或核准本公约或加入本公约时,可以声明本国不受第 2 款的约束。相对于作出这项保留的任何缔约国,其他缔约国也不受第 2 款的约束。

4. 依照第 3 款的规定作出保留的任何缔约国,可以随时通知联合国秘书长撤回该项保留。

第 28 条　签署

本公约应在 2007 年 1 月 17 日之前开放给所有国家在纽约联合国总部签署。

第 29 条　批准、接受、核准或加入

1. 本公约须经批准、接受、核准或加入。

2. 本公约持续开放给任何国家加入。

3. 批准书、接受书、核准书或加入书应交存联合国秘书长。

第 30 条　生效

1. 本公约应自第三十份批准书、接受书、核准书或加入书交存联合国秘书长之日后第三十天生效。

2. 对于在第三十份批准书、接受书、核准书或加入书交存以后批准、接受、核准或加入本公约的每一国家,本公约应在该国将批准书、接受书、核准书或加入书交存之后第三十天生效。

第 31 条 退出

1. 任何缔约国可书面通知联合国秘书长退出本公约。

2. 退出应自联合国秘书长接到通知之日起一年后生效。但本公约应继续适用于在退出对任何有关国家生效前,在一国法院对另一国提起的诉讼所引起的任何国家及其财产的管辖豁免问题。

3. 退出决不影响任何缔约国按照国际法而非依本公约即应担负的履行本公约所载任何义务的责任。

第 32 条 保存机关和通知

1. 联合国秘书长应为本公约的保存机关。

2. 联合国秘书长作为本公约的保存机关,应将以下事项通知所有国家:

(a) 本公约的签署及按照第 29 条和第 31 条交存批准书、接受书、核准书或加入书或退出通知的情况;

(b) 本公约按照第 30 条生效之日期;

(c) 与本公约有关的任何文书、通知或来文。

第 33 条 作准文本

本公约的阿拉伯文、中文、英文、法文、俄文和西班牙文文本同等作准。

本公约于 2005 年 1 月 17 日在纽约联合国总部开放供签字。下列签署人经各自政府正式授权在本公约上签字,以昭信守。

公约附件

对公约若干规定的理解

本附件旨在列出对有关规定的理解。

第 10 条

第 10 条中的“豁免”一词应根据本公约全文来理解。

第 10 条第 3 款并不预断“掀开公司面纱”的问题,涉及国家实体故意虚报财务状况或继而减少其资产,以避免清偿索赔要求的问题,或其他有关问题。

第 11 条

第 11 条第 2 款(d)项所提到的雇主国“安全利益”主要是针对国家安全事项和外交使团和领事馆的安全而言。

1961 年《维也纳外交关系公约》第四十一条和 1963 年《维也纳领事关系公约》第五十五条规定,条款提及的所有个人都有义务遵守东道国的法律规章,包括遵守东道国的劳工法。同时,1961 年《维也纳外交关系公约》第三十八条和

1963 年《维也纳领事关系公约》第七十一条规定，接受国有义务在行使管辖时，不对使团或领馆开展工作造成不当妨碍。

第 13 条和第 14 条

“确定”一词不仅指查明或核查是否有受保护的权利，而且也指评价或评估此类权利的实质，包括其内容、范围和程度。

第 17 条

“商业交易”一词包括投资事项。

第 19 条

(c)款“实体”一词系指作为独立法人的国家，以及具有独立法人地位的联邦制国家的组成部分、国家政治区分单位、国家的机构或部门或其他实体。

(c)款“与被诉实体有联系的财产”一语应理解为具有比“所有”或“占有”更广泛的含义。

第 19 条并不预断“掀开公司面纱”的问题，涉及国家实体故意虚报其财务状况或随后减少其资产，以避免清偿索赔要求，或其他有关问题。